20世纪中国科学口述史
The Oral History of Science in 20th Century China Series

从练习生到院士——方俊自述

From a Trainee to an Academician:
the Autobiography of Fang Jun

湖南教育出版社

《20世纪中国科学口述史》丛书编委会

主　编：樊洪业
副主编：王扬宗　黄楚芳
编　委（按音序）：
　　樊洪业　李小娜　黄楚芳　王扬宗　熊卫民
　　杨　舰　杨虚杰　张大庆　张　藜

方俊院士晚年在工作

中国科学院测量与地球物理研究所
科研工作报告专用稿纸

就看见沈部长在站台上跟某一位首长在谈话。我们问一个人，说那个人就是陈部长。我就上叶光金部长问"那是什么长？"他说"头部沙是同济的教授"。说着,邓来了,沈就赶上去跟上车来说："快走,陈部长请我们即到他的车里去。"这是挂在车后后的一节车厢。与其他车厢是隔断的。不开窗站,无法来开来。我们到那里,只车里已有几位客人,都是上海公立医院来的儿科教任等到。陈部长高兴闲谈,与他们一块儿说话。他说了一些的战争故事,也对国民党的一些将领作些评论。例如,他说"王耀武很厉害!"也说到王是怎样被俘虏的。原来他是怎逃脱,装成一个农民。就怎发现他去"出恭",让他所用草纸,不是一般农民所有的,就发现了他。他又说到上海被美大轰炸后的困阶情况,说这时他几乎晚上都能接多而困扰,而不能休息。后来他说"来冬,天因花主任下江南,京跃飞机来了。"发飞机之美是某有所说的,此时,才从他口中得到证实。那时中央也对十些干部的居住比有研

方俊回忆录手稿一页

主编的话

以挖掘和抢救史料为急务

自文艺复兴以来,西方经过宗教改革、世界地理大发现、科学革命和产业革命,建立了资本主义主导的全球市场和近代文明。在此过程中,科学技术为社会发展提供了最强大的动力,其影响至20世纪最为显著。

在从传统社会向近代社会的转型中,国人知识结构的质变,第一代科学家群体的登台,与世界接轨的科学体制的建立,现代科学技术学科体系的形成与发展,乃至以"两弹一星"为标志的一系列重大科技成就的取得,都发生在20世纪。自1895年严复喊出"西学格致救亡",至1995年中共中央、国务院确定"科教兴国"的国策,百年中国,这"科学"是与"国运"紧密关联着的。百年中国的科学,也就有太多太多的行进轨迹需要梳理,有太多太多的经验教训需要总结。

关于20世纪中国历史的研究,可能是格于专业背景方面的障碍,治通史的学者较少关注科学事业的发展,专习20世纪科学史者起步较晚,尚未形成气候。无论精治通史的大家学者,或是研习专史的散兵游勇,都共同面临着一个难题——史料的缺乏。

史料,是治史的基础。根据20世纪中国科学史研究的特点,搜求新史料的工作主要涉及文字记载、亲历记忆、图像资

20 世纪中国科学口述史
The Oral History of Science in 20th Century China Series

料和实物遗存这四个方面。

20世纪对于我们，望其首已遥不可及，抚其尾则相去未远。亲身经历过这个世纪科学事业发展且作出过重要贡献的科学家和领导干部，大都已是高龄。以80岁左右的老人为例，他们在少年时代亲历抗日战争，大学毕业于共和国诞生之初，而国家科学事业发展的黄金十年时期（1956—1966）则正是他们施展才华、奉献青春、燃烧激情的岁月。这些留存在记忆中的历史，对报刊、档案等文字记载类史料而言，不仅可以大大填补其缺失，增加其佐证，纠正其讹误，而且还可以展示为当年文字所不能记述或难以记述的时代忌讳、人际关系和个人的心路历程。科学研究过程中的失败挫折和灵感顿悟，学术交流中的辩争和启迪，社会环境中非科学因素的激励和干扰等等，许多为论文报告所难以言道者，当事人的记忆却有助于我们还原历史的全景。

湖南教育出版社欲以承担挖掘和抢救亲历记忆类史料为己任，于2006年启动了《20世纪中国科学口述史》丛书的工作计划，在学界前辈和同道的支持下，成立了丛书编委会，于科学史界和科学记者群中招兵买马，认真探索采访整理工作规范和成书体例。通过多方精诚合作，在近两年中已出版图书20种，得到了学术界和读者的认可。

近年兴起的口述史（Oral History）热潮，强调采访者的责任，强调采访者与受访者之间的互动，强调留下"有声音的历史"。不过，口述史内容的"核心"是"被提取和保存的记忆"（唐纳德·里奇《大家来做口述历史》）。把记忆于头脑中的信息提取出来，方法上有口述与笔述之差别，但就获取的内容而言，并无实质性的差别。因此，本丛书当前在积极组织从事口述史采访队伍的同时，也积极动员资深科学家撰写回忆文本，作为"笔述系列"纳入到本丛书中来。

科学，作为一种社会事业，除科学研究之外，还包括科学教育、科学组织、科学管理、科学出版、科学普及等各个领域，与此相关的人物和专题皆可列入选题。

本丛书根据迄今践行的实际情况，在大致统一编辑规范的基础上，将书稿划分为5种体例：

1. 口述自传——以第一人称主述，由访问者协助整理。
2. 人物访谈录——以问答对话方式成文。
3. 自述——由亲历者笔述成文。
4. 专题访谈录——以重大事件、成果、学科、机构等为主题，做群体访谈。
5. 旧籍整理——选择符合本丛书宗旨的国内外已有文本重新编译出版。

形式服务于内容，还可视实际需要而增加其他体例。

受访者与访问整理者，同为口述史成品的作者。忆述内容应以亲历者的科学生涯和有关活动为主线展开，强调以人带史，以事系史，忆述那些自己亲历亲闻的重要人物、机构和事件，努力挖掘科学事业发展历程中的鲜活细节。

书中开辟"背景资料"栏，列入相关文献，尤其注重未经披露的史料，同时还要求受访者提供有历史价值的图片。这些既是为了有助于读者能更好地理解忆述正文的内容，也是为了使全书尽可能地发挥"富集"史料的作用。

有必要指出，每个人都会受到学识、修养、经验、环境的局限，尤其是人生老来在记忆力方面的变化，这些会影响到对史实忆述的客观性，但不能因此而否定口述史的重要价值。书籍、报刊、档案、日记、信函、照片，任何一类史料都有它们各自的局限性。参与口述史工作的受访者和访问者，即便是能百分之百做到"实事求是",也不能保证因此而成就一部完整的信史。按名家唐德刚先生在《文学与口述历史》一文中的说法,口述史"并不是一个人讲一个人记的历史,而是口述史料"。史学研究自有其学术规范,不仅要用各种史料相互参证,而且面对每种史料都要经历一个"去粗取精,去伪存真"的过程。本丛书捧给大家看的,都是可供研究20世纪中国科学史的史料,囿限于斯,珍贵亦于斯。

受访者口述中出现的历史争议,如果不能在访谈过程中得以澄清或解决,可由访问者视需要而酌情加以必要的注释和说明。若对某些重要史实有不同的说法,则尽可能存异,不强求统一,并可酌情做必要的说明或考证。因此,读者不必视为定论,可以质疑、辨伪和提出新的史料证据。

本丛书将认真遵循求真原则和史学规范,以挖掘和抢救史料为急务,搜求各种亲历回忆类史料,推动20世纪中国科学史的研究!

欢迎各界朋友供稿或提供组稿线索,诚望识者的批评指教。谨以此序告白于20世纪中国科学史的研究者和爱好者。

樊洪业
2011年元月于中关村

从练习生到院士
——方俊自述
From a Trainee to an Academician: The Autobiography of Fang Jun

CONTENTS 目录

	出版说明	001
第1篇	**家世和求学时代**	002
	我的身世，我的童年	002
	苏州入学	017
	迁居北京	033
	进入中学	041
	进入唐山大学	052
第2篇	**从练习生到地质调查所**	072
	走入社会	072
	进入地质调查所	091
	国难家愁	127
	游学德国与回国西迁	144
第3篇	**大学任教时期**	162
	在中央大学任教	162
	李庄时期	177
	国难未已	193

第4篇	**从上海到南京再迁武汉**	210
	解放了,学习,学习,再学习	210
	渐入佳境	236
	又入困境	263
第5篇	**重建测地所**	290
	为事业而斗争	290
	枯木逢春 壮志不已	315
	安度晚年	337

附录	355
方俊1951年赴藏区考察途中家书选	356
方俊亲属人物关系简表	361
方俊年表	363
方俊主要著述目录	365
人名索引	367

从练习生到院士
——方俊自述
From a Trainee to an Academician: The Autobiography of Fang Jun

出版说明

本书是著名大地测量学和地球物理学家方俊院士的遗著。

方俊（1904—1998），字君选，原籍江苏武进，出生于广州。少年时代，他先后在苏州和北京就学。他就读的北京崇德中学，是一所著名的教会学校，在那里他打下了良好的英文和数学基础。1923 年，方俊考入唐山交通大学预科，后就读于该校土木工程系。1926 年，他因家贫辍学，考入天津顺直水利委员会（1927 年改名为华北水利委员会）当练习生，在河北、山东及辽宁等地从事测量工作。1930 年，方俊进入北平实业部地质调查所，参加申报馆地图集的编纂工作，由此开始了他的科研生涯。在丁文江、翁文灏的指导和支持下，方俊和曾世英是申报馆中国地图的主要编纂者。方俊以其勤学和聪颖深受丁、翁两位大科学家的赏识。经过他们的推荐，方俊得到中华文化基金委员会奖学金资助，于 1937 年赴德国，在耶拿（Jena）的地震研究所进修，师从著名的重力测量学家曼塞尔（Otto Meiβer，1899—1966）学习地球重力学，开始地球物理研究。1938 年，由于日本侵华，国内经费中断，方俊辗转回国，在重庆北碚的中央地质调查所工作，任技正。1941 年，方俊转任中央大学土木系教授，讲授大地测量学。1943 年受聘为中国地理研究所大地测量组副研究员，并兼任同济大学测量系教授，移居四川宜宾李庄。抗战胜利后，方俊随校迁回上海。1947年，他接受申报馆委托，编制《中国新地图集》，仍兼任同济大学教授。1949年中国科学院成立后，于次年筹备中国科学院地理研究所，并设立大地测量组。1950年8月，方俊教授被调往南京，任该组组长、研究员。1957年，该组成为独立建制，扩建为中国科学院测量制图研究室，方俊任主任。1958年2月，该室由南京迁至武汉武昌，至1959年2月，该室扩建改名为中国科学院武汉测量制图研究所，方俊为首任所长。1961年，中国科学院机构调整，测量制图研究所与武汉高空物理研究所、湖北机械研究所三所合并，改称中国科学院测量及地球物理研究所（1965年改名为中国科学院测量与地球物理研究所），方俊继续担任所长。"文革"期间，方俊遭受迫害。1970年，测量与地球物理所被划归国家地震局建制，组建为国家地震局武汉地震大队，研究所遭到严重破坏。从1972年起，方俊为恢复该所做了种种努力。直到1978年，全国科学大会之后，经上级批准，方俊带领部分原测地所人员脱离武汉地震大队，重建中国科学院测量与地球物理研究所，方俊继续担任所长，直至1983年卸任，任名誉所长。方俊院士晚年仍然从事科研工作，1991年还在《中国科学》上发表重要论文。

方俊于1980年当选为中国科学院地学部学部委员（院士），1978—1987年任第五及第六届全国政协委员，1958—1985年任中国测绘学会副理事长，1980至1988年任中国地球物理学会副理事长。1998年5月5日，方俊院士病逝，享年94岁。

方俊是中国现代地图学、大地测量学和地球物理学的重要开拓者。他是著名的申报馆《中华民国新地图》地图集的无名英雄。这份地图充分利用了中外测绘新成果，被称为中国现代地图集的划时代之作。方俊虽未署名，但正如丁文江所说，方俊出力最多。此后，方俊对地图投影学进行了深入的研究，其主要成果集中体现在他的《地图投影学》两册中。方俊于1937—1938年留学德国后，率先在我国开展了地球形状和重力场的研究，20世纪40年代至50年代初，他在国内外刊物上发表了一系列有关论文，受到地质和地球物理学界的重视。1956年，他参加12年科学技术远景规划，为测绘科学的规划做出了重要贡献。他倡导设立国家测绘局，创建并长期领导中国科学院测量与地球物理研究所。他参与和领导20世纪50—60年代中国重力基本网及天文重力水准网的建设，开展地球形状与地球重力学的研究，"文革"前后，他率先开展人造卫星轨道的地球引力摄动研究。满足了空间科学急需的测绘保障。他对地震研究也有独到的见解。20世纪50年代末，方俊开拓了中国固体潮及地球自由振荡的研究，为我国动力大地测量学的发展奠定了基础。他在80高龄发表了中国第一部系统论述固体潮的专著《固体潮》，钱学森赞誉说："你八十岁了，还能写出这部专著，令我佩服……"关于方俊院士的科学贡献和学术思想，他的学生许厚泽院士和张赤军研究员的有关论述做了很好的总结[①]，这里就不赘述了。

方俊在年近90时撰写回忆录，历时一年有余，已基本完成，全书没有定名，共19章，约25万字。编者根据方俊院士的经历，将全书分为5篇。其中，"苏州入学"、"迁居北京"、"进入中学"还写了二稿，详略取舍略有不同。由于此书写于

---

① 许厚泽，方俊，卢嘉锡主编.《中国现代科学家传记》第二集. 321~328页. 北京：科学出版社，1991；许厚泽，张赤军，方俊，孙鸿烈主编.《20世纪中国知名科学家学术成就概览·地学卷·地球物理分册》. 第79~93页. 北京：科学出版社，2010。

作者耄耋之时，完成后因保管不善，以致原稿部分遗失。其中，原稿有两章损失最多。有一章前13页遗失，约5200字，内容为作者在德国留学情况的大部分；另一章前15页失去，约6000字，主要回顾作者在重庆北碚中央地质调查所期间的情况。整理时，我们只好将这两章合并为一章，即"游学德国与回国西迁"。此外，原稿"在中央大学任教"损失了前3页约1200字；"李庄时期"中间遗失5页约2000字；"枯木逢春，壮志不已"遗失了原稿第34页以后的内容，包括20世纪80年代的大部分年月（1982—1988）。全书遗失约2万字，这是不可弥补的损失。

尽管如此，方俊院士的回忆录仍然是一部不可多得的老一辈科学家回忆录。其重要价值主要在于：第一，这是一部忠于历史事实的回忆录，坦率直白，朴实无华，却具有十分丰富的历史信息。方俊有非凡的记忆力，只要我们翻阅一下本书的前两章，九十高龄的方老回忆童年往事，仍历历在目，如在眼前，不能不佩服他的记忆力惊人。更有意义的是，方老在回忆录中，直抒胸臆，爱憎分明，无所隐讳，表现出科学家求是求真的态度。当然，方老的认识和叙述有时不可避免地带着特殊时代的印记，有时笔锋所指，或许在今天的人们看来显得尖锐甚至偶尔难免偏颇，但这也正好反映了作者的性格以及时代的特征。第二，方俊长期工作过的地质调查所是民国时期著名的科研机构，中国科学院是中华人民共和国的自然科学最高学术机构，他与这些机构中的丁文江、翁文灏、杨钟健、竺可桢、夏坚白、王之卓等著名科学家都有密切的联系。他的回忆，见证了20世纪中国现代科学发展的坎坷历程，对研究20世纪中国科学、科学机构和著名科学家，都具有宝贵的价值。第三，方俊的家庭关系，联系着近代中国许多著名的人士，包括他的本家大兴方家，其外祖父陈家，外祖母庄家，其夫人杨家等，其中的一些著名人物，如赵烈文、陈季略、陈范、陈衡哲、庄耀孚、庄思缄、方重、丁绪宝、刘西尧等，回忆录中都有所记叙，是在其他资料中难以见到的独特史料。如本书关于陈范的回忆，为"苏报案"提供了人所不知的幕后之秘。第四，方俊院士学历不高，是极少数自学成才的中国科学院院士之一。他以"勤能补拙"为座右铭，无论处境多么艰难，都献身学术，自强不息，知难而进，锲而不舍。在学术上，他着眼于学科前沿和国家需求，不断进取，开拓创新。他的治学精神和治学经验，以及爱国主义情操，在他们那一代中国科学家中具有代表性，很值得当代的中国读者体悟和理解。

  方俊院士的回忆录是一份遗稿，需略加编辑以便出版。受丛书编委会的委托，王扬宗、王勇忠对回忆录原稿进行了必要的编辑整理。我们所作的工作，主要是依据现行出版规范，对文句、段落划分和标点符号进行了统一处理，但实质内容一律不作删改，以尽可能维持作者的原意和回忆录的原貌。我们还酌情增加了一些注释，以便于读者了解书中提到的人物和事件等内容。对存有二稿的各章，选择内容最为翔实的一份原稿为基础进行整理，将另一份原稿独有的内容并入其中。编定稿还经丛书主编樊洪业先生审读，改正了一些错误。

  在整理出版过程中，方俊院士的长子方夏先生给予我们大力的支持，他不仅提供了作者的全部原稿和大量的家藏照片，还编写了本书涉及的方家、方俊夫人杨家、方俊的外祖父陈家和方俊外祖母庄家的人物关系表，使读者对本书经常提到的家庭人物关系一目了然。作者的学生张赤军研究员也提供了一些照片。我们依据方夏和张赤军先生提供的照片，选择了一部分作为本书的插图。方夏先生还提供了方俊参加中国科学院组织的西藏工作队进入四川藏区工作途中写给夫人杨明士和长子方夏的几封家信，我们据以编入作为附录，可补充回忆录中的有关记叙。另外，我们还根据丛书的统一要求，编写了方俊年表和他的主要著作目录。由于我们的水平限制，编辑和整理过程中可能存在问题和错误，请读者不吝指正。

王扬宗
2011 年 4 月

父亲是很和蔼的人,对人从来没有疾言厉色的态度。他总对我们说他们都是和我们一样的人,家里穷,没有办法,出来做佣工,我们要可怜他们,善待他们。这是我从小所受的庭训。所以,我出来工作后,对那些跟我工作之人我从来不敢以上级自处。我们可能会为有些事争得红面赤颈,但我从来也不敢以上级的地位去申斥他们。

第1篇 家世和求学时代

我的身世，我的童年

我家原是浙江湖州府德清县人。始祖（原有家谱皆以他为第一代）觉亮公在明初，以锦衣卫指挥使千户"扈跸入燕"。这时大约在明永乐初年（约1405年）。如果以他为大兴县方氏的第一代，我应该是第十七代。

方氏世代书香，出了不少学者。如八世祖从哲公（名国栋，字干霄①）在万历末官任首辅，到了清初又出任苏松道布政使。大约也在此时，我家就落籍常州。就在他在万历末从政期间，其兄希哲，隐居讲学，不入城市。从哲的事迹载在《顺天府志》甚详。我见到《北京晚报》（1986年9月26日）记载着北京最大的具有较完善现代设施的高标准住宅区——方庄就是当年我家大兴方氏的居住地方。到了13世履筬（字彦

---

① 这里作者误将方从哲与方国栋混为一人。方从哲（1562—1621）明万历年间官至首辅。方国栋为清初顺治三年（1646）举人，曾官任苏松常道。——编者注，下同。

闻，1790—1831），这就是我的高祖了。他著作等身，如《金石萃编补正》《富衡斋碑目》等，并有《万善花室诗文集》十二卷。他曾做过福建闽县知县，所以家谱中称他为闽县公。我从前曾有他坐在柏树下的一幅图像，可惜在抗战后复员①之时，随我托学校代运的一个木箱一起沉入江底。下一代弟兄几人，其中长子骏谟（元征）就是我燮尹大伯的祖父，曾做过安徽直隶州知州。三子骏谧（幼静）是我的曾祖，曾做过河南灵宝知县。记得我于20世纪30年代到灵宝去测量经纬度时，曾接父亲的信，说灵宝公是很有政绩，很受地方人士爱戴的，要我去查查县志。我查阅了县志，并与县中一些老人谈过，说他确是很受当地人民的爱戴。特别是有一年灵宝受灾，他曾请求上级免除租税，但是，州长竟一意孤行，横征暴敛。他向上级告了一状，把州长告下来了，他也因此去职。在离开之时，三挑行李，其中两挑是他多年积聚的碑帖。灵宝公之后是我的祖父恮（子静），他是赵烈文（惠甫）的女婿。烈文公曾做过曾国藩的幕僚，在攻克南京之役立过大功，因此，官居要职。祖父就在他任易州知州时为其幕僚，是一个才华出众的人，受到当时相国李鸿章的器重，可惜只活到30岁就去世了，遗著有《退斋文集》，事迹入《顺天府志·文苑传》。祖父死了之后，祖母即烈文公的长女赵柔也殉节了。先是，噩耗传到常熟，家中人是瞒着她的。但是，她从家人的神情中已经觉察出来。家中开始防备很严，后来，祖父灵柩运回，她竟一点悲伤都没有，哭了一场也就算了。所以，家里的防范也放松了，就在此时她竟自缢而死。其实，此时如及时抢救还是可以得救的，但是，在那个封建时代竟以妇女殉节为光荣。她父亲说："成全她罢！"这时，我父亲才6岁，孤苦伶仃，跟着外祖父和外祖母，在

---

① 指抗日胜利后随同济大学由四川宜宾李庄迁回上海。

那所大房子里，过着悲惨的生活。

烈文公也是个了不起的人物。他年轻时就算定清朝气数只有50年。所以，他是不做清朝的官的，也不参加考试。他有自己的年号，有一班文人墨士随着他。他是有很大的野心的。有一晚，他梦见他的事情败露，被抓起来，送到刑场问斩。在危急之时，母亲来了，为他松绑，说"今后要小心谨慎"。这种事说迷信也不迷信。他日有所思，心中总是提心吊胆的，所以就做了这个梦。他的母亲也是我们方家的姑太太，也就是灵宝公的姑母。从此，他取消了年号，同跟从的宾客也疏远了，开始参加科举考试，后来就做了曾国藩的幕僚。那时，曾老九国荃正与太平天国忠王李秀成对峙在南京附近，粮饷不济，军心涣散，而李鸿章的淮军驻在长江北岸，虎视眈眈。曾国藩怕两人勾心斗角，年年征战毁于一旦，就派烈文公前去协助国荃。果然不久就攻克了南京城，忠王李秀成也成为阶下囚，但是，他始终不服，说自己的失败是天国内出了叛徒。他自知太平天国已经完了，不能再成事了，所以，他利用这个机会希望说服曾家弟兄起来反清。所以，他的供词五六万言，都是不能公开的，送到北京的供状是经过修改的。他才华洋溢，烈文公和一些幕僚都为他倾倒，他们经常在监内监外和诗的。后来，西太后下令要把他押解赴京，亲自审问。曾国藩等怎么敢将他送到北京，就急急忙忙将他处决了。曾国藩下令免除凌迟。这些事都可以从烈文公的《成静斋日记》①中看到。我小时候也常常听到父亲对我述及此事。

我的祖父弟兄三人。下面是他的三弟恒（子永，我应叫他六叔公。可能在大排行中还有其他的弟兄）。六叔公的后人就是我的三叔粹（伯全），

---

① 应为《能静居日记》。

他早年逝世。生有一女儿是我的匀姐，后来常与我见面。下面就是次子毅（叔远），他的母亲六叔婆也是烈文公的女儿。所以，他与我的父亲不仅长相相同，性格也很相近，两人是很友好的。四婶只生了两个女儿，即于姐和安妹。后来，四叔把我七叔婆的大丫头珠接了去做如夫人。我在1912年到苏州后也经常见到她，是个很漂亮而能干的女子。她到四叔家生了四个儿子即开、仲达、同及陆，和一个女儿弥。但是，她却是一个女奴，吃饭都不能上桌，每天从早到晚做牛做马，连儿女都不叫她娘，而是称她为"邱姐"。记得我和明士①在1932年回镇江之时，曾在她家住了两晚。明士发现她竟是睡在楼梯下的角落里。可见封建家庭的罪恶。

我再谈谈我们的另一支系，即元征公的后裔。他的儿子恺（子可）生有三子，即宾穆（燊尹）。这是我小时候常见面的大伯。他那时经商，常到北京与我们见面。他的长女端，是张叔弢的夫人。我在1917年才见到他们。燊尹大伯的儿子岑一也是经商的，在加拿大，我们经常通信。其次是宾殷（义秩）三叔早逝，他的儿子莱。最后是宾砚四叔，生子重。莱哥和重哥都是清华学文学的。他们于1924年赴美留学。莱哥竟不幸身死异邦。重哥（字芦浪）回国后一直在大学任教，我们见过几面。

我的父亲与烈文公的孙女，他的表姐结了婚。婚后不久，生了一个女儿。后来表姐去世了，女儿

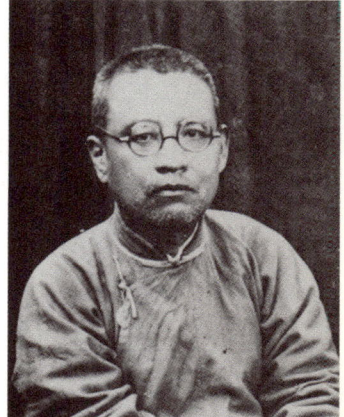

父亲方遥

---

① 杨明士，作者的夫人。

也夭折。他十分悲伤，终日寡欢。我的外祖父陈韬①（字季略）与他从小是好朋友，只比他大三岁。两人曾在苏州城南的青旸地游玩。青旸地当年是十分繁华的地方，一些文人都在那里聚会，论文和诗。因此，到那里的唯一通道运盘门也是相当热闹的。后来，青旸地变成日本租界，居民就纷纷搬离，商店也迁回城里。这里就日渐冷落了，运盘门也变成冷水盘门了。季略先生见父亲如此忧郁，就说：“像你这样才华出众之人，还怕将来没有妻室。我的女儿太小，不然……”这话也是只说了半句，两人就分手了。过了四年，父亲已跟他的七叔到广州了。忽然，季略先生接到他的来信"你在青旸地所说是否当真？"季略先生已把此事忘得一干二净，还是外祖母记起当年他回来所说的那半句话。于是他回信说"算数，算数"。父亲回到常州与我的母亲结婚。此时，母亲才16岁，而父亲已是31岁了。

我的外祖父是一个很有才学之人。他也是常州人。后来因为家庭的一个事故，竟不承认是常州人。他的大哥②是西太后时的御师，妻子死了，思量要娶常州恽家的女儿为续弦。三弟陈宦③也看中了这个美丽的女子，就急急忙忙把自己的妻子休了，将这个尤物抢到手。大哥一时大怒，就利用职权弹劾三弟的长官，长官便将陈宦革职。陈宦到上海，躲在租界之内，在苏报馆大骂西太后。西太后对他无可奈何，就要把他的大哥处决，已经押解到菜市口了，是许多大臣跪在西太后面前恳求，才得免于处死，送入监牢终身监禁。大哥在常州士绅中是很有威信的。于是，很多士绅闹

---

① 陈韬（1869—1937），字季略，号玉螭公，光绪举人，四川崇庆州知府，乐至、郫县、奉节等县知县。
② 陈鼎（1854—1904），字伯商，光绪庚辰（1880）进士、翰林院编修，曾任浙江乡试主考官、馆阁纂修、军机处行走等职。
③ 应为陈范（1860—1913），原名彝范，晚年更名蜕，字叔柔、蜕庵，号梦坡、退僧、退翁，光绪二十六年（1900年）购得上海《苏报》产权，鼓吹变法，后倾向革命。"苏报案"发生后脱险东逃日本，1905年春返国，在上海被捕入狱，翌年获释。

到陈家祠堂，说是太卑鄙了，将陈宦开除出常州。此事的带头人就是明士的外祖刘葆祯先生，这时他刚考中会元。外祖父却十分同情他的三哥，也从此不承认自己是常州人，要到湖南衡山去寻他的同宗。其实他从未到过湖南，一句湖南话都不会说。他与外祖母谈话是一口的常州话。现在的人都不了解当时的情况，因为陈宦曾经骂过西太后，就把他捧得很高，也不知道他为什么骂西太后。特别是那些常州编写文史的人，对于这个公案应该是可以调查清楚的。

我的外祖母庄耀孚（莳史）也是一个很有才学之人，她的画在当时是很有名的。她的妹妹庄闲是上海陆稼轩医生的夫人，写得一手好字，也是有名人物。外祖母的哥哥庄蕴宽（思缄）先生是我七叔公的盟兄弟。当年在岑春煊总督的幕府中都是很有名的人。他们都是同盟会员。革命之后，他是第一任江苏都督。后来，革命失败，他投靠袁世凯，官居肃政所长，

约1907年陈季略夫妇与子陈扬在四川奉节县

这是相当于御史的职位。所以在北京居官的常州人都叫他都老爷。袁政府倒台之后，他又任故宫博物院院长①。他很有学问，是当时的名流。他因与七叔公之故，而且七叔公之死与他有关。所以，对我父亲照顾得无微不至。在他的兄妹之间，还有一位二姑太太是嫁到吴家的，她就是近来名人吴祖光的祖母。

我的七叔公子顺公是光绪辛卯（1891年）优贡朝考第一，以候补知府到广东的，在岑春煊都督府任职。他是提倡科学的。与庄思缄是盟兄弟。他也与国民党元老如吴敬恒（稚晖）和钮永建（铁生）等都很要好，并且同是同盟会员。我的父亲也是在他的支持之下，才能在广州办学。

父亲与母亲结婚之后，就带她到处游玩。他同她到了苏州、无锡和常熟等地。母亲是从未出过家门的，此时竟兴高采烈，手舞足蹈，看着什么都很新鲜。父亲常对我们形容她那时的幼稚可笑的憨态，说她竟不认识牛，说"这匹马怎么头上有角"。当然，有些事情也是父亲编造的，说得生动，以博一笑而已。母亲到了广州是过了几年的舒畅日子的。那时，父亲是学校的监督（相当于校长），每月薪金300两。母亲常说起每月学校送来薪金总是一口袋银子。那时，中国还没自铸的银元，市上有些银元流通是外来的，如墨西哥的"墨洋"，西班牙的"站人洋"②等等，每块的价钱也不等。广东人总是把它们切开，和在那些碎银子通用。我们住的房子也很大很漂亮。房子最后是一个大花厅。里面陈设的桌椅都是红木的，还放着很多名花。我父亲工作的那张红木书桌也是很时髦的。我每日总是坐在他旁边，看他工作和读书。他是很勤苦的，每天都要工作到深夜。他

---

① 1925年故宫博物院开幕时，庄蕴宽为主席，后任故宫博物院图书馆馆长，但没有担任过故宫博物院院长。

② "站人洋"为英国铸造的银元，币面图案为一手持叉杖的不列颠女神站像，故名。西班牙银元被称为"本洋"。

只是在家中跟一些老师读过几年的旧书。但是，他却能通过自学的道路，钻研高深的数学原理。他每天都要上三四小时的课，但是晚上还在努力学习。我记得他案头的书是很多的，年深了也不能说出是什么书。只记得有一本陈文的代数学和秦沅、秦汾的数学。这些学者都是英国剑桥或牛津的留学生[①]。书是香港买来的，印得非常考究。他自己也在写一本《微积分学》。他的写作方法也是我后来写作的榜样。例如，先经过一些计划，将这段的意思写在另纸之上，考虑叙述的次序，然后再正式写在稿上。写错了，就用纸贴上，予以改正。但是，他那时的工作比我后来不知难上多少倍。那时，他只是用毛笔写在毛边纸上，也没有现在印好的格子纸，只是将白纸蒙在一张画有格子的纸上。他那勤奋和百折不挠的精神是我终生难忘的，也是我后来能够坚持向学的榜样。这本书没有出版。他把稿子寄给四叔，后来就石沉大海。

我原先总是怀疑，我们怎么能住在那样一幢高级的房屋。后来，想通了这个问题。原来此屋是七叔公的官邸。他以一个随员的身份是不可住这样高级的府（邸）第的。后来，七叔公去世，七叔婆也搬到苏州，我们就占了这幢房子了。除了那个对我印象很深的花厅之外，还有一个很大的花园。园中有一个鱼池，养了不少金鲫鱼。园中种了很多花木。靠北墙还有一片竹林，这都是我们弟兄游玩之地。那幢房子在制台衙门附近，前面一条大街，记得名字是"厚祥街"。我问了许多广州人，都不知道这条街了。但是，是应该可以查得出来的，因为这是黄花岗烈士起义的所在地。大门右侧是一条小巷。就在这巷的第二家也是一幢大房，说是凶宅，长期没有

[①] 商务印书馆出版的《民国新教科书·几何学》《民国新教科书·代数学》等为秦沅、秦汾编著，署名为"日本理科学校毕业生秦沅，美国哈佛学校天算硕士秦汾"，翻译《查理斯密小代数学》和《大代数学》的陈文为留日学者。此处作者记忆有小误。

人敢去住。说是曾经有母女二人住在那里，有一天忽然死了。到了1911年初，就有人搬进这所房子。来了许多男人，也有女人，还有小孩和童仆。后来，知道女人都是香港雇来的妓女，小孩也是雇来的。她们一个一个地离去。这就是三月廿九日起义的总部。

我是1904年10月26日出生的，这天是阴历甲辰年的九月十八日。这天正是父亲前妻的忌辰。母亲迷信，就把生日改为九月十九日。在我出生几个月，七叔公去世了。母亲告诉我，他的死是很冤枉的。因为督署要派庄思缄到一个外县去考察，庄不敢去，说那里瘴气很重。七叔公认为这次任务很重要，就毅然决然自己去了，回来之后就病倒了。请了医生来，那时也没有什么医院，只是有些香港的英国医生轮流来开个临诊所。医生也说不出是什么病，不久竟去世了。我是以承重孙的名义，披麻戴孝为他送丧。据说他曾有遗嘱，以我接他的香火。不久，六叔公同着四叔来到。在他的主持下，为七叔公立后，以四叔兼祧。我母亲说无非是为财产问题，因为七叔公是有不少积蓄的。但是，母亲很高兴。因为如果按七叔公的遗言办理，她就不能不与这位难说话的婆婆住在一起了。那时，大臣死了之后，都要到北京去报丧，还要带许多贡品去孝敬一些当事之人。父亲为此奔走，得了一些赏赐，就为七叔婆在苏州买了房子，也将七叔公的灵柩运回苏州安葬在七子山下。七叔婆是苏州邓氏，那幢房子在饮马桥塊十梓街口。

父亲的学堂办得很有成绩。他请了不少教席，如名画家汤涤（定之）、陈箓仙，还有龙伯纯、姚伯宦等。他自己也兼任数学教席，为广东培养了不少人才，如汪精卫和胡汉民（当时名字胡雁鸿），还有著名文学家许地山（笔名落花生）。几年之后，将学校改为广东大学堂。广东之有高等教育是从他开始的。校舍在观音山下的积厚坛（现在的越秀公园）。

我开始懂事之时，广州就一直动乱，总是每年春节之后就谣言蜂起。

每次谣言起来，父亲总是把母亲和我们兄妹送到沙面英国租界的旅馆去居住。在那里，晚上有电灯，账房内有电话（称为德律风），吃得又好，而且有很多草地，可以任性游玩，所以我们总盼望要"乱"。因为一乱，我们就有些舒服日子好过。稍微大一点就有了一些革命的认识，这是我们的一位书童传授给我的。他大约十四五岁，可能是父亲学堂职工的子弟，读过几年书。他总是拿着一本小书在念，是一种木刻印刷或石印的小册子。那时，广州还没有报纸，可能香港是有的，只是一些机关才订阅它。所以，那种木刻或石印小册子是唯一传递讯息的工具。我第一个印象很深的事是温生财刺杀清朝将军孚琦。这个刺杀案是轰动一时的。但是，详细的经过则是从这位书童那里听到的。他一边念书，一边解释。温生财不过是一个普通的华侨，他并不是同盟会员，也不是受到什么指示，他只是出于义愤去行刺的。那天，孚琦到沙面去观看一个外国人的飞机表演。在回途中，他坐了四人大轿，二三十个兵勇，前呼后卫保护着。温生财躲在一个小巷口，对他们开了两枪，兵勇都逃走了，轿夫也躲起来了。他便从从容容地掀开轿帘向孚琦开了四枪，把这位将军结果了。但是，他并没有逃走。他要以自己一死来引起人民的重视。所以他就被捕牺牲了。从书童的介绍中，我开始知道我们都是奴隶，是满清皇朝的奴隶。这事给我的印象如此深刻，以至我几十年后还要去找温烈士的墓址，向他致敬。第二个震动人心的是将军凤山的遇刺。这次，革命党人是有预谋的。他们作了细致的调查，研究这个将军的行径。他们布置了两个据点。可是这个人却十分狡猾，都逃脱了。最后是他的大队经过一个革命党人的据点，他们正在试验所制造的地雷，就把地雷滚下去，无意中把他炸死了。

这些事都是我那位可敬的书童老师告诉我的。父亲虽然也常给我讲些事情，他对于清朝的官吏也是没有好感的，但是，他总没有那些劳动人民的感情。父亲是很和蔼的人，对人从来没有疾言厉色的态度，他总对我们说他们都是和我们一样的人，家里穷，没有办法，出来做佣工，我们要可怜他们，善待他们。这是我从小所受的庭训。所以，我出来工作后，对那些跟我工作之人，我从来不敢以上级自处。我们可能会为有些事争得红面赤颈，但我从来也不敢以上级的地位去申斥他们。我坐汽车总是坐在前面，与司机并坐，人家都笑我小孩脾气。他们不能了解，我是要与司机平起平坐。我也可以通过与司机的谈话了解他的家庭情况，知道他有什么困难，司机都喜欢我。有位雷德隆同志是西安测绘局调来的，长期为我开车，我们建立了深厚的感情。后来他升为科长还常常为我开车。记得当初，我到北京到科学院要车不太容易，但是只要他在北京总是向院里借辆吉普把我送出送进。父亲对子女也是非常和气的。他总是说小孩有错，打是不能解决问题的，这只能使他产生反抗，要培养他的自尊心。我们错了，他从来也没有声色俱厉，也不责骂我们，更不要说打了。所以，我对他十分尊敬，把他的话作为立身处世的标准。

我的母亲却是一个脾气暴躁的人，动不动就发脾气，尤其与我过不去，有了气总向我发泄。但是，她对我的弟妹却不是如此。所以，我小时候总是怀疑她是不是我的生身母亲。当然这只是胡思乱想，是不可能的。可能我是老大，比较懂事了，对父母也知道孝敬了，她就把有辫子的先抓。她也是很关心我的，经常要我把手举起来，抓个拳头给她看。这是为什么？我小时候曾经吃过一个奶妈的奶。有一天，一个邻居来看母亲，看见那个奶妈白白胖胖的，就对我母亲说，广东的年轻女子都是很瘦的，面孔也是发黄的，这个人可能是一个麻风病人。那时，广东的麻风病是很可怕的，说不好就会传染上此病，说不能与麻风病人同床，也不能同桌吃饭，特别是不能同喝一碗汤。你吐痰，如果麻风病人也吐一口痰在上面，你就会感染此病。麻风病人也很想传染别人，因为这样就可以减轻他的罪过，使他的病可以痊愈。我母亲听了就立刻将这个奶妈辞退了。但是，终是不放心，时时要看我的拳头，因为麻风病人总是有浮肿的，抓成拳头，小指下面就没有那个尖端。

那时，没有什么正当的娱乐。先生们见了面只要有四个人，就打起麻将，在牌桌上一边打牌一边谈天。太太们也是如此。母亲尤其喜欢这个玩意。但是，她却打得不好，输了钱，气总是发泄在我的头上。她打我是背着父亲的，也不许我告诉父亲。她知道父亲对此是很反感的。有一次，父亲同她到香港去游玩了几天。回来之后，就发现我的兄弟走路总一翘一翘的。父亲怀疑是否摔了跤，就找了工人来把花园里竹林的半截竹根都挖去。后来又同兄弟去找医生。我前面已经说过，在广州并没有医院，只是有些香港的英国医生在此开诊。医生检查了兄弟的病，也说不出是什么病。父

1907年母亲陈鸿与方俊（右）及其弟摄于广州

亲见他老是在那里翻书本，就感到此病是很麻烦。但是，除了走路不好之外，也没有什么病痛。

父亲经常同我们到茶楼。我们小人懂什么品茗？无非到那里可以吃到一些点心罢了。这也是我印象很深的地方。我后来每次到广州，总要到茶楼去吃碗茶，吃些点心。那间大厅摆着茶桌，一个直通楼上的楼梯，楼上

也是一个大厅。几十年没有改变。父亲也经常被邀请到酒楼去参加宴会，总是要到妓院去叫条子来侑酒。父亲也有相好，也不瞒母亲，母亲也不责怪他。这是那时的风气。但是，父亲从不在外住宿，也不过是逢场作戏罢了。广州有个大沙头，就是珠江大桥以东的江岸，那里停靠着很多船，里面住着疍户，据说是从前不许上岸的遗民。这时就发展成为不正常的娱乐场所。他们把船只用铁索连着，成为一条住宅区，中间一两座小桥可以通向河岸。进去了就好像到了北京八大胡同一样，都是妓院。一些官员和有钱的人都喜欢在这里请客。有一天，天还未亮，有人来敲我家的门。仆人开门问是何事。那人就问："老爷在家吗？"仆人说："在，在。"那人说昨夜火烧大沙头，死了很多人，他知道我父亲是经常去参加宴会的，不放心，所以来问一声。后来父亲也去看了，回来对母亲说，昨夜是一个富商请宴，请了许多人，父亲也被邀请，因事未去。说是一盏大汽灯从顶上掉下来，烧起来，因救火不力以致把唯一通向河岸的过道烧毁。全船人员逃不出来，几乎全被烧死。父亲有多位朋友也在场，隔夜还再三劝父亲去参加的。他想看看是否有认识的人。他看见河边上用绳子拴着一只手，一看正是昨天劝他去的人之一。

这时，叛乱风声一天紧似一天。到了1911年，刚开始就传着不祥的消息。那年的除夕（阴历）到处听到"汤圆，汤圆"之声，这可能是外地来的人挑着汤圆担叫卖。但是，这在广州却是很不祥的。广州人说"汤"就是"杀"，汤圆者杀完也。母亲很迷信，也深信是不祥之年。到了三月底（阴历）消息就一天紧似一天。三月二十九日早上，母亲坐着轿子到龙伯纯家。龙是广西人，但是他的夫人是苏州人，与母亲十分亲热。龙家夫妇都是大麻子，长子自强也是麻脸，次子自立则是一个很漂亮的小子。这也说明那时医术的落后。我们到广东之后，才开始有种牛痘之事。

那时种牛痘也很马虎的,所以我左臂还留着很大的疮疤。而在此之前,都是土法引种,种了也不一定能免疫。母亲到龙家原是打听消息去的,但是,太太们一见面总是麻将一场。牌一打,什么事都忘了。那天,父亲也没有去上班,在家里写信。我从前总以为这天是星期日,因为他只有星期日才能在家里。后来一查,原来是星期四,也可以想见那时人心的不安了。父亲写着信,听见"嘭,嘭"两响,初以为是隔壁书柜的门摔下来了,去看了什么也没有。这时那个书童却跳了进来说:"好了,好了。清朝完蛋了。"原来他看见那幢怪房子门口站着许多头上包白布,腰围毛巾,手里拿着长枪的人。他们问:"你家老爷是干什么的?"他说是教书的。他们就说读书人我们不伤害他,叫他快些离开,这里太危险了。父亲就带着我们弟兄二人,还有一位过去学校的老师姚伯宦先生的儿子自重。姚是死在任上的,把儿子托孤在我家,已经两三年了。我们出来之后,发现那个抱着大妹的女佣竟未跟来,我们就回去找她。但是已经不能回去了,后路被驻守人员堵住了。我们只好往前走,而前进道路十分困难,所有路口都有人在把守。此时,头上子弹呼啸而过。正在危机之时,来了几个巡逻之人。中间一个人竟认得父亲,他是学堂的一个学生,就派人把我们带出险地,一直送到沙面。父亲把我们三人交给一家谢姓的朋友,他自己独自去观音山找我母亲,并到学堂去看望。我们住在谢家,十分舒适,有明亮的电灯,住在一个碧纱厨里。到了第三天,父亲来了,说是叛乱平息了。死了很多人,路上都是死尸。他同我们回家,沿途也没有看见什么战争的痕迹,也没有看到死人。只是走到一个巷口,遇见一个米店的老板。此人可能是认得父亲的,把我们领到一条小巷,说:"我家全毁了。现在还有几个革命党人在米店里,把米袋堆起来作防御,与清军对垒。"他把我们引到一个安全的地区,告诉我们怎么走法。我们就回到了家里,看见大妹安全无恙，十分高兴。那个女佣告诉我们那一夜几乎一夜都没有睡，对面的炮火对准她们，炮弹就在头上飞过去。我家花园落下一个炮弹，落在水池里，幸而未炸。那位吕梦云太太闹着要寻死，她一直守着她，不敢离开。吕梦云先生是父亲从江苏请来的教席，此时，正出外有事。不久，母亲也回来了。说起此次起事原定是九月初一。因为消息泄露了，所以，提前一天。总指挥黄兴也未及时赶到。指挥不当，所以失败了。

这就是黄花岗七十二烈士之事。死的人远远不止此数，这七十二人不过是革命当中所知道的有名有姓的人。其他参加和后继被镇压处死之人都不在内。还有许多平民也死在此役之中。革命是失败了，但是却激励了全国人民反清的决心。由此引出各地革命行动。不久，武昌起义于10月10日一举成功。各地纷纷响应。不久，广州也于11月9日（阴历九月十九日）光复。父亲把我们送回上海。他住了几天，不放心学堂之事，又回到了广州。但是，广州政权已落到一些革命党人之手。他的靠山也没有了，学堂当然无法再办下去了。于是，他只好将学堂交与他人，他自己一人回到上海。

那时，正值隆冬大寒季节，我们在广东住惯的人有些受不住了。当然我们都好，人虽然很苦，还是可以熬过去的。但我那兄弟竟大病起来，高烧不止。到了第二年的春节临近，父亲回到上海，把我们搬往苏州，住在护龙街的南口，苏州叫这条街为马龙街。开初之时，我总不了解，为什么要住在苏州，并且住在马龙街。后来才弄清楚是江苏都督府在苏州的书院巷。在革命之初，苏州是掌握在顽固派原来的江苏总督程德全的手里。孙中山先生在南京当选大总统，委任了庄思缄即我的三舅为江苏都督。思老是七叔公的盟弟，而且七叔公之死与他有些关系。所以，他总把父亲看作自己的子侄，对他十分照顾。他接任后，就将我父亲安排在都督府工作。都督府在书院巷，就在马龙街的附近。

苏州入学

我们于1912年春季搬到苏州,住马龙街(正名护龙街,即现在的人民路南口)。住的那幢房子,一进大门就是一大块平地。北面有一排五间平房。平房西头是灶房,那时苏州烧饭都是用稻草把。灶房前一个井,用水都从井中汲取。进屋时正值园中蚕豆花盛开,清香扑鼻。我在广州从来没有闻过这种香气。广州似乎没有蚕豆,至少我从来没有见过这种东西。

到了苏州,第一桩使我家担心之事就是兄弟的病。他当时已经发展到腰部脓肿,不久就烂穿了,经常流着脓血。父亲令他到天赐庄美国人开的博习医院去诊治,擦了药和吃药都不见效。他当时已是6岁了,但还像一个三四岁的小孩。他已不能平卧,日夜坐在一个轮车里呻吟。经过八个月的痛苦折磨,竟夭折了。全家人都很痛苦,特别是母亲竟哭得不能自持。

当时,母亲已怀着我的三弟俨(小名幸福)。父亲到衙门上班,母亲在屋里做月子。一个"新来人"(这是苏州对年轻女佣的通称)提着小桶到老虎灶去取开水。临走时,要我看好大门。说是去不久就回,不必关门了。她走后,我看见有两个人进来,我就意识到是贼。他们肯定要来偷我的那台宝贝留声机。于是我就使劲地看住这台留声机。"新来人"回来后,怨我:"叫你看好门,你不看。晾的褥子和衣服都没有了。"这才觉得自己的糊涂可笑。这个女佣年轻活泼,只是做事很马虎。有一次也是去泡开水回来,她提了一个水桶。大妹站在路旁,她走得很快,竟把一桶水泼在大妹身上,烫得大妹直叫,背后竟烫得起了泡泡,养了一个多月才好。大妹后来背上就有了一大片黑癍。

父亲为母亲买了一架缝纫机，是美国胜家公司（Singer）出品，花了150元。可见当时我家的经济情况是很好的。谁知母亲不慎竟被钢针在手指上扎穿了一孔，由此感染脓肿，后来竟生了疔疮。到医院去开刀，还割下一节指骨。因此，母亲的左手中指是短一段的。

到第二年中山先生辞去了总统，江苏都督也被满清遗臣程德全抢回去了。父亲衙门里很是空闲，经常在家里。他开始布置他的花园。他找人来做了一个竹篱笆，把道路隔出来。在空地上种很多花。当然都是些普通的草花。其中有一种午时花，说是开花时是午时。我很留意它是否是正午开花。那时，没有授时的工作，人们全靠在"王废基"的一声"午炮"来对钟。我试验好几次。当然这花决不会每次都是正午开放。父亲似乎是听到一些朋友的意见，他开始种菊花。他向一些花匠请教，向他们索取花芽，开始种植。这些花匠也常来我家。父亲向他们学习，做笔记。他对此很钻研，和在广州时钻研数学一样。我又一次看到他那不顾劳累的学习精神。我听他讲述种花技术，说不但要使花开得鲜艳悦目，并且要使一棵花枝叶都精神十足，每片叶子都青绿可爱，从上到下都不能有一片枯叶。而每一盆花的布局也要预先安排，一盆花一朵两朵，至多也不能超过三朵。要达到这种要求就要随时观察，例如如何分枝、如何和在什么时候掐芽，都有一定的时机。他经过一些实践，竟能在一棵花在初长成之时，就知道它是什么花。在那个时代，决不会有现在这种方便而干净的肥料。那时只能用粪便，要向掏粪的人去买来，沤在缸里。他都亲自动手。这也是一个关键。他不仅向花匠学习，更重要的是实践和试验。这是我第一次跟父亲种花。

这一年，园子篱笆边就开了很多菊花，还有几十盆盆装的。到了第二年（1913），他的决心就更大了。他到处访问名种，都不是用钱买来的，而是去要来的。这时他已有了很多经验,也有了许多花友。这时他主要精力放在名种之上,都是种盆里的。到了秋天,一盆盆鲜艳的盆装盛开了。其中有"玉狮子"、"绿毛菊"、"麒麟角"和"麒麟带"等等。第一种是白色花瓣,下垂成带状,每瓣三四寸;第二种是绿色花瓣,近看一丛深绿的花蕊;第三、四种其实是一个品种,但形式不同,都是里面朱红,外面黄色的花瓣。前者是角开,花瓣包着花蕊,后者是带状下坠的。还有其他很多品种。当时,不仅亲戚朋友都来观赏,很多不相识的人也来观看。我后来常常去观看一些菊展,还没有发现比那时我所看到的更好的品种。

到了第三年,他继续种菊。当时他已有了本钱,所以向人索取名种也不是白要了,而是人家来求他,而他向人家索取更稀少的品种了。

这时,我的外祖父已从四川搬回江苏,住在常熟的赵园。烈文公的长媳就是外祖的大姨。赵家虽已开始衰落,但是"百足之虫,死而不僵",还有许多田地。父亲把外祖母接到苏州,住在我家。我每天搬来几盆他心爱的花,请外祖母写生。外祖母是一位名画家。她开始画这些名花,前后一共一个多月。她画了12幅册页,每一幅三朵花,都是父亲心爱的名种。后来,这个册页一直存在我处。我对它非常珍惜。这是两代人的心血,父亲经过三年的探索研求,精心培养出来的花朵和外祖母的精心描绘。后来我的大妹菁一定要拿去。她是学美术的,更有理由来保存这份遗产。起初她也是以借去看看拿去的,后来竟不归还给我。到了抗战后期,她竟把这份珍贵的画册在香港失落了。我十分懊恼。不过后来我也想开了,如果仍在手中,它的结局也不会好的,也是随着我那箱书沉在长江底了[①]。

这年之后,父亲到了北京,到庄思老的肃政厅去当官去了。

[①] 作者的一箱书在抗战胜利后复员时,交给同济大学图书馆代运,随船沉入长江。

我到了苏州之后，一口广东话，我不大喜欢苏州人那种娇声娇气的言语。但是，也没有人再与我用广东话对语。慢慢地也走了样子，变成一种谁也不懂的南腔北调。我为此也吃了一些苦头。我于1913年夏季进入第一师范的附属小学，在沧浪亭畔。入学的第一天，我站在一个沙坑旁，一个同学找我，意思是要我同他去玩。我回了一句话，他不懂，以为我骂他，就抓了一把沙子，塞在我嘴里。我大哭了一场。我看到那些高年级的大学生荷着长枪在体操，身穿厚衣戴着面盔的人拿着长木棍互相刺杀。但我们这些小学生也只荡荡秋千或坐在摇船上荡来荡去。那个浪木也是有些经验的人才能上去。一排五六间平房就是教室。在教室对面是个小小动物园，养猴子、鹅、鸭和兔子。有一个雨中操场，一幢上有屋顶四面没有墙的建筑，是下雨天体操的。早上的朝会也在这里举行。

开学那天，校长杨葆恒对我们训话，讲了读书的道理和应守的规则。他是前清的举人，是讲科学的。他为人平易近人，受到全校师生尊敬。但不幸于1914年赴京领经费时从洋车上摔下，跌落门牙逝世。其他老师也是在前清有功名的，或是秀才，也有中过举的。这些人都是维新人物，主张向西方学习、改革我们社会的。那时的初等教育也是初创，没有经验，没有一定的规章，课本也是自己编的。所以，每一班都是按照级任老师自己的安排，各班不同。譬如我们的孙荺清老师就有他自己的一套教学方法。他从不考试，而是根据学生平时的表现、在课上问答的情况、作业的好坏来评判一个学生到年终能否升级。他是无锡人，是一个非常和气的人。孙老师是一位秀才，他十分崇拜德国的工业科学的进步。他经常对我们讲演德国兵器精良，所以常打胜仗。他说德国母亲缝纫时把针落在地上是如何教她儿寻找的，事先用粉笔在地上画成方块，然后一格一格寻找。毕业后我一直想念他。一直到1932年我奉丁文江先生之命到黄河峡谷去考察，在河津县见到县长白公。他知道我曾在苏州读过书，就问是否认识孙葑清，我说"他是我们的级任先生"，他说"那我们是同学"。原来孙先生后在太原阎锡山所办的讲习班教过书，遗憾的是我竟忘记问他孙先生的住址。比我高一班的主任老师吴研因也是个很好的人，也常常找我们谈话，他的教学方法另有一套。后来他在印尼、泰国等地教学，解放后长期任教育部的初教司长，我常去探望他。其他的老师如美术先生须戒已也是很和蔼的人，他经常架着画架在操场附近写生。他也是音乐老师，编了许多歌曲。这种歌不但我们学校采用，并且还传到他校。他又是一个热心体育之人。他组织了学校足球队，经常出去比赛，甚至有时与中学比赛还赢了球回来，是有名的"附属小鬼"。队员们背着那个漂亮的足球，一个外面发光的牛皮球袋，里面是橡皮球胆。将里面的球胆的气管挑出来，打气，然后塞进去，将外面套球用的绳系紧就可以踢了，与现在的足球是大不相同的。我们小学生是摸摸都不许的，我们只能拿着自己的小皮球在外面大球场上玩玩。

老师也经常对我们进行爱国主义和乡土观念的教育，以激发学生的爱国爱乡观念。例如，引我们到虎丘去参观五人之墓，为我们讲五人故事。明代天启六年（1626年），太监魏忠贤派人去抓东林党人周顺昌，引起了市民的愤怒。群众打死一个缇骑，把周顺昌抢走。魏的爪牙苏州巡抚毛一鹭开始镇压，抓走了许多人。市民颜佩韦、杨念如、杨杰、沈杨、周文元五人，为了保护市民，挺身而出，自己承认是打死缇骑之人，因此遇难。苏州人为纪念他们，把他们葬在虎丘山下。这就是有名的五人之墓。老师也讲文天祥的事迹，他的《正气歌》我们都背熟，还有史可法的英勇事迹，都是要激发学生的爱国热情。他们也讲一些外国的事情。如巴黎蜡人馆，有一个普法战争的展览室，把法国人惨败的情景都表现得淋漓尽致。

正如文章作者薛福成所说的，任何国民都要宣扬自己的胜利，为什么要把这惨败情景表现得如此？这无非要使法国人民看到了，激发自己的爱国情思。我从小就懂得热爱祖国，有了国家才有我自己，都是受到这种教育的结果。现在的一些青年，不知道自己国家的历史，特别是不知道近一二百年来我国的悲惨历史，只觉得外国好。他们不知道我们民族是历史悠久、古代文化灿烂的民族，只是近百年来，在满清异族的统治下，处处屈服于帝国主义的淫威之下才落后了。我们的爱国主义教育搞得太少了。这不能不说是我党的一大失误。那位须戒已先生的歌曲也很动人的。有一首《虎丘歌》，现在我还记得：

　　夏日初长，联袂登山，虎丘塔穿天欲蔽云。
　　闻钟声，经殿喃喃诵经咒，千人石伴试倾听。
　　箭池旁，双井下，当年曾作阖闾坟。
　　数徘徊，遇见铁道一线横，利权被夺痛华人。

又如《青蛙歌》：

　　青蛙变化甚奇，出生溪水湖里，小小黑点如棋，
　　背后生有尾，未几四足生齐，尾自与体分离。
　　换了一套新衣，青青真美丽。哇哇，哇哇哇，宜水又宜陆。
　　儿童争相嬉戏，大功保五谷。

学校每逢春季，总带着学生出去游玩。那时叫作"远足"。小时候，不过在城里的园游览，如拙政园，狮子林等。比较远的则有留园和西园。有时到木渎和虎丘山。沧浪亭则在学校之南不远，这是北宋诗人苏舜钦所建的名园，我小时常去。因为那里有个美术学校，里面的老师都与父亲要好。其中有两人也是从前在广州父亲的学校教过的。长大了，就到较远的地方去远足，如天平山。那里有我六叔公和七叔公的坟墓。我们又到无

锡。因为我们的级任老师孙葑清是无锡人。每次都到惠泉山。那里有两口井，两井靠得很近。但是水的味道是不同的，一口是甜水，另一口则是苦水。初喝时也不会觉察出来。如果你喝了一口井的水，再喝另一口井的水，就很清楚地尝到它们的不同。如果把小钱掷到井里，就可以看到小钱不是直落水底，而是左右晃荡，慢慢落下去。这也可见水的密度是很大的。

我在学校是不用功的，在教室不注意听课，回家的作业也不好好做。我父亲不在家，母亲照顾小弟，也不大管我。但是我却有些自己的爱好。我经常将母亲给我的零用钱到小店去买洋画，就是香烟盒里的那张小画片。那时，香烟都是零买的，小店就将里面的画片卖给我们，也很便宜，一个铜板可以买好几张。这是一个很有意义的事，从画片上可以学习到不少东西。例如，有一套画片是表示世界矿产的分布，如"地图红色处的产铜地方"等等。又有一套是世界各国议会的，背面的说明详细告诉你这个议会是什么时候成立，他们的主张是什么，有多少人等。也有很漂亮的画片，如一套鸟的画片，说明是什么鸟，生活在什么地方，它们的习惯如何，等等。还有印在绢上的画。我都一一收集。我又喜欢收集邮票。过去清朝的大龙邮票和民国的帆船邮票，都收集很多贴在本子里。有一两张是印错了的邮票。如果留下来，现在都是很值钱的，可惜都失落了。试问哪里去了，请问沉入长江口那个书箱。

我对一切东西都感兴趣，就是对读书没有兴趣。但是，我究竟也学了些东西，我认识了不少字。有些东西也引起我的注意，要去探索它的原因。譬如那个"科"明明是"浮"音，广东人叫孙科都叫"孙浮"，怎么读作"可"音。又如有一种补药是"屈臣氏补药"，它的英文写着Watson。后来经过探索，才知道是地方的读音不同。广东人把屈字读

"或"。我们班里的同学30多人,谈得来的,经常在一起玩的,也不过是翟光耀、陆圭、司马廉、马彭年等几个人。我与光耀更是要好。我很佩服他,他功课好,他的知识远远超过我。他的父亲是商务印书馆的一个小职员,做些抄写工作,但却写得一手好文章。光耀的字也写得很好。他和母亲及外祖母住在金狮河沿,是我常去的地方。他家里也很穷。他经常把家里的破烂拿去卖些钱来接济家用。有一次学校开办童子军,我们都报了名,每人要交24元,作为制冬夏两季的军服之用。我回家告诉了母亲,母亲不答应我的要求,说家用都不够,哪里去找这24元钱。我也只好罢了。心想光耀也肯定交不起这笔钱,哪知他竟将家里一些上代留下来的古砚、香炉去卖了,凑齐了24元去交了。我不能不佩服他的机智。他穿了一身漂亮的童子军服,戴了那顶宽沿的呢军帽,作为童子军第一队"狮"队的队长站在那,使我羡慕不已。我想古人所说的圣人都才学兼优,又是品德很高之人。翟光耀也就是这样的人。有一天,四姨和五姨到我家来,就对我说:"大古(我的小名)快出去,圣人来了。"此时"翟圣人"之名,已是闻名遐迩了。

1917年,父亲将母亲和小弟接到北京。我和大妹寄居在外祖家。外祖家人口很多。外祖父母之外有我们的大舅陈扬(逸飞),他在工业学校读书。我的四姨雁(衡粹)、五姨鹇(成双)都在上小学。一个在教会学校振华,一个在女附小。二舅益比我小3岁,六姨比我小5岁,也都进了小学。还有一个三舅,他可能比我小弟大1岁,回到苏州不到一年就夭折了。家里有几个女佣,还有两个丫环。大的叫长春,跟我母亲到北京去了;小的叫富贵,据说是一个强盗的女儿。强盗被处决时,请求收留这个女儿。这人虽小,也是很倔强的。外祖父是很喜欢我的,他34岁就得了这个外孙。但是,他性情暴急,动不动就大发脾气。有一天,我兴高采烈地回家，他问我为什么这样高兴。我说袁世凯死了，学校里开庆祝会。他竟大怒，把我骂了一顿，罚我跪在天井里。我开始想不通，后来就知道他为什么这样发怒。他长期在四川做县太爷。现在，这种日子一去不复返了。我发现我已从一个进入资本主义的社会回到封建社会了。

外祖母是个很有学问的人，她的画是有名的。此时在女师任教员，她也是一个很能干的主妇。如果她生活在现代，肯定是一个很有作为的女领导干部。但是，她不能发挥她的特长。所以，只是在亲戚朋友家中作些三姑六婆的事情。有些事她确是好心，但是却造成不少不好的后果。外祖父有个外甥叫魏贞度，妻子早死了，在窑子里买了一个妓女作为侧室，已经几年了，相处得也好，这个妓女也一心一意跟着他。后来，外祖母看到邻居王老先生的老处女，就自作主张地要魏贞度娶她为妻。因为他们觉得小老婆生出的儿终是庶出，不能继承香火，必须明媒正娶，娶个好人家的女儿来接替香火。结婚不久，就发生了纠纷。那个王二小姐天天来哭诉，外祖母对此十分烦恼，把魏贞度叫来大骂一顿。我想明明是她自己做错了事情，却把责任推在外甥身上。

外祖母非常迷信。每到过年，就把祖宗神像挂出来祭祀。这是纪念祖先，是完全应该的。可是她也祭祀天地，送接灶王爷和财神，都是摆了一桌子酒菜。这也不过是不费之惠，这些酒菜也是供祖宗用的，何况最后也是大家吃掉。记得以前也是阴历年关，她在供财神，父亲也在旁边。老太太磕头，也要我磕头。她却不敢要我父亲磕头，她是深知父亲的脾气的。父亲看得十分无聊，就把桌上供的一只鸡腿撕下来吃。这鸡腿有什么吃呢，也无非是他不赞成此事，表示抗

外祖母庄耀孚

议罢了。外祖母还供狐仙,每逢初一、十五,煮两个鸡蛋放在桌上供它。这两个鸡蛋往往被吃掉。这分明是那个小丫头吃的,但她却信以为真。我后来想她怎么会不知道这种事,她这样聪明的人。这竟是一种治家的法宝,她是以此吓唬那些佣仆。她不仅仅对大家讲鬼神之事,她丢了东西,就说她梦见狐仙,告诉她一些事情。这种方法往往生效。那个丢掉的东西会找出来。我在小时,从来不知道鬼神的什么。此时我开始怕鬼了,不敢一个人待在屋里,也不敢到后院和前面的大厅去了。这又一次证明我从一个光明的科学社会回到了黑暗的鬼神时代了。

这时,二姨(陈衡哲)在美国,我以她能够冲破封建势力,出国留学而自豪,觉得她将来回来一定会大有作为,为国家做不少事情。她经常寄给大舅一些东西。如柯达照相机,这是我从来没见到的。又寄了一种地理杂志。我虽不懂英文,但是,看到那些图片使我也长了不少知识。

我的三姨是嫁给刘家的。他们是湖南人,因为外祖的关系也定居在苏州。刘老太爷也是四川的县太爷,是一个非常和气的人。他们喜欢小孩。所以,每到星期天总把我和二舅叫去公园去吃茶。三姨夫(刘砚青)是个很忠厚的人,但是,资质差一些。父母都不喜欢他,三姨也看不起他。两个孙子就是我的表弟桂官(锡荣)和金官(锡尧)。桂官为祖父钟爱,母亲也喜欢他。金官是他父亲的命宝,因为父亲在家庭中没有地位,所以,也同样不为祖父母和三姨宠爱。我一直注意着这两位表弟。同是一个家庭出来的人,一个荒唐无聊,一事无成;一个则是努力前进,后来成为国家的领导干部(后改名刘西尧)。

不久,我母亲回到苏州,并住到外祖家。我家原来是比较富裕的。父亲每月寄回来50元。像我们这五六人的家庭,是足够的了。由于母亲不善于处理家务,所以总是不够用。寅支卯粮,总是亏空。此时中交票子

（中国银行和交通银行的钞票）贬值。开始是七折八折，后来越来越少。家里就十分贫困了。我常常看到她向外祖父哭诉，乞求借贷。我们兄弟也十分痛苦。她整天在外祖家，打牌取乐，置家庭于不顾。她不回来，女佣也不敢做主。我每天中午从学校回来，要等很久才吃上饭。她因穷困，不得不将佣人辞退了。有一天，她烧了一锅水，那锅水烧得沸腾，又懒得回屋去取一块布垫着把锅拿下来，就用两根筷子去抬那口锅，结果浇在脚上，把脚烫伤了，在床卧病很久。

我们住的这幢房子是很大的。一进大门就是一个大厅。过了大厅经过一个天井，里面是三合院，在北面的一排还有楼房。外祖父就住在这个楼上。我住在东边的平房，与二舅同睡一床。还有那小丫头招呼我们。二舅日里淘气，夜里就尿炕，我常常在梦中被尿水浇醒。他虽比我小三岁，但是我长辈，我怎好说呢。

这幢房子后面是一块空地，在北墙外是一片沼泽地，中间一个池塘，周围长着芦苇。在池塘对过就是女子师范，但是不能直接走过去，搞不好会陷入泥潭里。房子的大门对着一条小河，这河是污脏的，什么脏东西都在河里流动。有时还会漂个尸首下来。河上一座桥就是思古桥。过了桥是驸马都堂前。向左即向北一座桥，叫作三多桥。桥上放着许多轿子。这是苏州城中唯一的交通工具，要雇轿子必须到这里来叫。有一个管事的人，他不但管理轿夫，也是这个地区的管理人员。大概就是轿头三阿爹的人物。过了桥，一条横路，东边是书院巷，西边是侍其巷。我前面所说托孤在我家的姚子云就住在这条街上。我的六叔婆也住在附近的杀猪弄。从三多桥往北是春育巷，这是往北的主要道路，但是很狭窄。在下雨天，打着雨伞走。两边屋檐上的雨水都同时落到雨伞之上。

大舅结婚了。这位舅母当然不可能是他自找来的，也不是外祖母亲戚介绍的，是一卖花婆所说的。那时的婚姻多半是由这种关系搞成的。外祖母听了卖花婆的话，就托人去私访，觉得还可以，才托媒人去联络，然后下定，决定结婚日期。在结婚那天家中宾朋满屋，大厅里排着喜幛和对联，把新人用花轿迎来成婚。外祖父每逢这种喜庆日子，如他和外祖母的生日等，都会大发脾气。我很奇怪，曾去问过外祖母。她说："他是一贯被人捧惯的。平时有人恭维对他说好话，在喜庆日子，大家忙碌，也不招呼他，他就觉得人家冷落了他。"那天在举行仪式时，主婚人和介绍人都穿得整整齐齐，都要上前去说话。那位太亲翁，即新娘的祖父也是毕恭毕敬讲了话，并用颗鸡血藤的大印印在婚书上。他外祖父竟穿着十分陈旧的衣服，上去说了两句客气话，并用一个陈季略的木戳盖在婚书上面，而且是横盖的。外祖母对此很不高兴，说是不吉利。

外祖母发现有一家亲戚新近搬到苏州，这就是张丹铭先生的一家。他们与外祖母有亲，他们的儿子是外祖母妹妹吴老太的女婿，而小儿子则是我燮尹大伯的女婿。弟兄二人对我来说是两个辈，一个我要叫姨夫，另一个则是我姊夫。这种复杂关系在中国是搞不清的。张丹铭在江西做官，死了，老太太带了家属住到苏州。下边有她的大儿媳和两孙女张静和张碧，后来是我四姨的同学和好朋友。二子张景熙（仲函），夫人死了，改娶了吴家在常州的远房本家的一个女儿。我认识他们就在他们的婚礼之时。三子景煊（叔弢）和夫人云端。此外还有老姨太太的女儿贵姑（景怡）。姨太太也已去世。还有仲函前妻的儿子承基。此外，还有老太太远房侄孙张志基，父亲在湖南洪江当邮政局长，母亲死了，老太太怜其年幼失怙，把他接到苏州。这是我后来的一个要好的朋友。

外祖母因为我母亲回来，儿子又结了婚，房子不够住了，思量要搬一个大点的房子。张老太也想找房子。两人一起去看了一阵，找到在盘门东大街开元寺对过的一幢房子。这就是我们所住的汪瑞凯的房子。这家过去肯定是做过大官的，不然，他们决不会有这么大和漂亮的房子。汪瑞凯我从来没有见过。解放之后，我看浙江省的一个名单上有建设厅汪瑞凯，不知是否同名。这所房很大，一进大门就是几间门房，看门的姓吴，他的儿子吴德生是我在附小的同学。一条弯弯曲曲的甬道，要拐五个弯才到二门。进了二门，是一个天井，然后是轿厅。然后又是一个天井，到花厅。一道门，正三门才是正房，三合院子。这是张家所住的。东边一排，南边两间大屋，是外祖母的居室。此屋之南，一个天井旁有两间屋子，是大舅的住处。南房以北，隔一个天井，是一个很漂亮的花厅。这是外祖母供菩萨之处。再往北，一排四间是我们家。再往北就是厨房。在这排房以东，通过两个门，到一个大花园。中间一个鱼池，养着金鲫鱼。鱼池的东南角有一个亭子，有一棵大山茶花。花种也是普通的，但是却有几棵很名贵的山茶，种在……①

外祖母有个画友。当初是慕名找上门来的。这就是我们家的常客钱太太。她有两个儿子钱阜（师莱）和臬。师莱是个活泼的人，身体不好，有严重的肺病。他喜欢音乐，结交了一些卖唱卖艺的，当然就不可避免地和一些不正经的女人交往，因此，把身体搞坏了。他为外祖家做了不少事情。例如，外祖父母的生日，都要找一些弹唱说书的人来演唱，这里边就有他的相好。如为我们找了变戏法的人。后来他竟成为外祖家的常客。我们搬到北京，他也跟着去了。

我每天上学总是走过去常走的原路。就是走三多桥经过书院巷的路。有一天，下着大雨，母亲就要隔壁的张老头牵了一头黑驴把我送到学校。

---

① 以下原稿丢失一页，约400字。

此时我才发现可以走盘门东大街以南的一条石板路。此路比原路近得多，这就是孔庙前的官道。我小时候曾经由老师带到孔庙去观看祭孔之事。那天要杀两头牛、十头猪和十只羊，这是祭这位祖师爷的太牢了。当然，这些牛肉和猪羊肉都是以胙肉名义分给当事人和有功名人吃掉的。

我前面已经讲到一些学校教育的措施，但是也是很肤浅的。后来我年岁大了些，就慢慢地体会到学校教育的深刻意义了。我记得小时候，同学们常常因一些小事吵嘴打架，他们经常说些不堪入耳的脏话。老师不管怎说，甚至为此罚站，都不能禁绝。有一天老师就在堂上宣布说如果再有人说脏话，就要用肥皂水漱口，并且买了很多漱口杯陈列在校长办公室边的一间房子内。从此这种风气就禁绝了。如又有些学生在上课时总不好好地坐正，有的趴在课桌上，有的斜靠在桌子旁，教师也是苦口婆心的劝说，也始终无效。于是就做了许多木架子，说如果再不坐正好好听课，就要将木架架着下巴了，并且当场表演如何架法。也做了许多架子陈列在那窗户里。当然，他们是不准备实行的，但是起了很好的作用。又如我班里有个同学陈世德，人很聪明，功课也不错，就是经常与人打架吵嘴，在课堂里也不好好听课。孙老师对他做了很多工作，总不生效。于是在一个学期将结束时将他留级，而下面一级的主任立刻宣布不能接受这个淘气的学生。这样他就要留两级，他哭哭啼啼地跪在孙老师面前，保证今后一定听话不再犯错误，从此也变成一个好学生。这些潜移默化的教育，都是老师们经过精心策划所想出来的。又如学校都要开恳亲会，无非是让家长们来看看子弟们一年来的成绩。有一年，是袁世凯做皇帝之时，我们每一班都布置了一个展览室。有一间房里塑个袁世凯的像，还有几个卖国贼，都挂着"卖国贼"的木牌。此事被袁政府在苏州的特务知道了，就派人来把这个屋子里的装饰砸了。大家都很气愤，想把它重新修起来，老师说来不及了，就教我们把房子里面用黑纸糊了，窗口上留几个缺口，可以略微看到里面的东西。门也封了，在门上写着"黑暗世界"几个大字。

1915年，日本人趁欧战初起无法东顾和袁世凯想做皇帝的机会，向我国提出21条无理要求，而袁政府屈服了。这就是哄动一时的5·7国耻日。不过在苏州、上海等地是纪念5·9，意义是一样的。北方是纪念日敌向我国提出无理要求之日，而在南方则纪念我国屈服于淫威答复之日。这时苏州就发动了抵制日货的运动，学校为此事做了不少工作。老师带着我们去宣传，讲过日本帝国主义的种种无理要求。我们去检查日货，并派童子军站岗，以防不法分子从中捣乱。

在此之前，驻在青旸的日本领事慕我外祖母之名，派轿子来接我外祖母去教他夫人画画。后来，外祖母受到我们的影响不肯去了。但是，那个日本女人还是常常来向我外祖母请教。有一天我看见她掉着眼泪向外祖母哭诉，说这里不能住了，想回去。她在青旸地方什么也买不到，很多中国商店都搬走了，一个经常给她送菜的人也不来了，到菜场去买菜也没有人理她。日本人的商店也没有人去买东西。可见这次抵制日货是很彻底的。

1917年夏季，大舅从工业学校毕业。他的功课是很好的，考了第二名。第一名是他的远房舅舅庄均。这时苏州政府曾宣布工业学校考第一名毕业的人一定留在苏州，薪水是50元。这在苏州是相当高的待遇了，很多人都羡慕不止。但是我的大舅到了天津，在一个新成立的疏浚海河工程局却是每月160元。这当然是他的舅父庄思缄的力量。但是，还不尽如此，这个机关是外国人一力主办的，它的经费另有来源。我在后面还要谈这个问题。因为后来我也曾在这个机关的后身工作过。

我们家经常闹贼。他们从我们的围墙掘洞进来偷窃。那位甘大爷自仗胆大，又有关圣君的神佑，每晚都到花园去巡逻，看看后门是否关好。他自告奋勇,将张家的厨司父子二人和看门的吴大爷组织起来守夜。他们拿着菜刀、扁担等作为武器。我也兴高采烈加入他们的行列。果然一夜无事。但是刚刚天明,女佣就叫说贼进来了。外祖母供狐仙的香火也偷了去。原来是从花园的围墙掘洞进来的。真是防不胜防。找到了街坊管事的人,他们来见了壁洞,还很有把握地说,从掘洞的方式就可以认定是那一帮贼做的事,可以手到擒来。可是哪有这样容易?有一天,我的三舅公庄思缄来到苏州,住在我们家,外祖母将失窃之事告诉他。他便要人拿着他的名片去把县太爷叫了来,我们躲在走廊,看他如何对这位县太爷说话。他声色俱严地责骂这位县长。县长坐在椅子上,却好像是跪着的样子。两只手垂着,在发抖。他骂完了,县长好像还想申诉。他叫"端茶",把他赶了出去。我看到这个平时对平民作威作福,不可一世的县太爷竟对这位毫无隶属关系的京官如此卑躬屈膝。第二天就听说围墙外的那些棚户都搬走了,茅棚也烧掉了。从此就再没有盗窃之事了。

　　1918年夏,我小学毕业。我考了两个中学都没有考取。我的好友张志基是前一年毕业的,考了两所学校都考取了,而在工业学校是以第一名录取的。我的一个表舅汤心济,就是我前面提到过的那位在父亲学堂教书的画家汤定之的儿子。定之是外祖母的表弟,我要叫他表舅公。心济也是一个很用功的学生,可是很淘气。他与同学打架,同学追赶他,他从饭堂窗口跳进去,不慎被玻璃划伤了脸,弄得满面的血,回到家又被晚娘痛打了一顿。他也是一个很用功的学生,与志基一同考取苏工,是第二名。我没有考上中学。外祖母便把我送进一个私塾。这个私塾在观前稻香村的楼上。老师是一位老学究,他教我读《东莱博义》,文字更是深奥。我在他家吃顿中饭,每月一元。饭菜都是师母亲自调理。记得第一天吃饭时,师母来说今天添了两个人,没有准备好,每个人加添一块酱猪肉。这就是从楼下买来的。每块寸半见方，一寸来厚的五花三层酱肉只卖一个铜板。那时一元钱可以换150个铜板。可见那时的物价是很便宜的。我每天早上出门，志基兄也与我同行。他要到马医科的一个英国人那里学习会话。

这时中交票进一步贬值，只打一两折了。父亲觉得家庭很难维持了，就把我们接到了北京。外祖家同时搬迁。我们雇两艘大木船把人和一切家具都运到上海。这种事都是由钱师莱和甘大爷办理。

我在苏州住了8年。我对苏州是很有感情的。我钦佩那种见义勇为和敌忾同仇的精神。我舍不得离开我热爱的老师，也舍不得我的几位好朋友。但是我在苏州8年却病了8年。每年到了秋天总是生病。饮水不干净是主要原因，而在夏秋蚊子也是致病之源。

迁居北京

1918年秋季，我们和外祖家离开苏州。先是乘民船到上海，然后从上海搭海轮北上。记得此行一共是15人。除了两家11人之外，还有两个丫头。那位甘清泉也愿意同去，此外，还有一位钱师莱先生。钱家是外祖母到苏州时才认识的，老先生已过世，钱太太也是一个画家。他们可能是陕西的一个小地主，生活是依靠那里土地上的收成接济的。师莱那时二十多岁，没有进过学校，只是受过私塾的教育。但是，人很聪明，文章和字都写得很好。他自愿同我们一起走，可能是想到京找个工作做做。

在上海住了五六天才上船启行。几天中，有人带我们去看了两场电影。这是我生平第一次看到电影。当然是黑白默片，并且字幕是英文，看也看不懂。我们上船之前，已有一些亲友再三告诫我们凡事注意，上海滩上是什么花样都有，不小心就要上当受骗。我们上船后送行的人也一一离去。年岁大点的人都住在房舱里，我们小孩子则坐统舱，外祖母坐在临窗的一张桌子后。忽然来了好几起卖东西的人。有一个人手里拿着香水、肥皂和镜子，说只要一块银元，就可以买五六样东西。大家想起临走时朋友的交待，谁都不敢去张罗。站在旁边的四姨、五姨就闹着要买，说是太便宜了。外祖母也想试一试，就在口袋里拿出一元钱，用毛笔在袁头上写上一个"吉"字，递给那人，伸手去接东西。哪知，他将银元在嘴边吹一口气，放在耳边听，然后用大拇指将那个"吉"字擦去，立刻将银元丢在桌上说"这是哑板"。手脚之快，确如变戏法一样。我起初看到外祖母在银元上写字，觉她确实很精明的。但是，再精明也斗不过这些江湖上的人。

开船之后，不久即出吴淞口，看见大海，真是心旷神怡。我坐海船这已是第二次。1911年秋冬，我离开广州到香港，再从香港坐海轮北上到上海。可能那时年纪太小，并且也未遇到风浪，所以，一些经过，也记忆不清了。此次则印象很深。大约所乘之船是一艘货轮，所以乘客的舱位不多。它是直奔天津的，中间只在烟台停靠一次，航道也离岸较远。刚出吴淞口很平静，哪知走了一天之后，船上人员就对乘客打招呼，说快要进黑水洋了，要大家不要乱动。果然，到了半夜三更，船就开始颠簸起来，并且不停地晃摇，在床上连坐起来都觉困难。满舱的人呕吐不止，狼藉满地，脏秽不堪。我们几个人，受此颠簸已经难以忍受，更为此臭气所熏，也竟都大吐起来。两昼两晚，滴水不进。所幸不久轮船驶出深海地区，朝着海岸开去，船才开始平稳下来。我们像大病初愈一样，体力慢慢恢复，但是，一时也起不了床。所以到了烟台竟无一人上岸去看看。烟台已在渤海之内，开船后，一路风平浪静，第二天中午就到了大沽。到岸则知北京已有两人来接。我不记得怎样到天津的，可能是坐火车去的。我们在天津住了两天就坐火车到北京。这就是当时的东车站，是京奉铁路的终点。对面是西车站，是京汉铁路的终点。出车站就是前门。我看见雄伟的正阳门。此时，我的二妹已经出世，取名丰姑，入学时改为"荤"。

我们到北京的第一个住处在北长街路西的一个四合院，仍旧与外祖家住在一起。记得此房子离北长街北口很近，北口向西走就到了北海。那时，北海尚未开放（记得是我们迁京的第二年才正式开放的）。往东走就是紫禁城北护城河岸，路北则有景山公园。那时故宫博物院尚未正式成立，因此也不接待游人，但是，可以到清华大学去借参观券进去参观。我们到京之后，曾用清华借来的参观券去过两次。从住家往南走，经过紫禁城的西华门就是南长街。我家在北长街住了一年后，就搬到南长街离南口很近的一条小河北岸（路西）的一幢较大的房子居住。出南长街南口便是西长安街，那时的西长安街当然没有现在的宽阔，但是，对于我们长期住在苏州的人来说，确是觉得极为宽敞的了。记得在那个时期，只有西长安街西段才是柏油路面。经常看到养路工挑水来用长瓢泼水。两个人站在马路中央分别向左右两边泼，可以泼到路边。往西不远的路北就是总统府，一路的红墙，一直到西华门。但是，那时的新华门不是临街的。外面有一个半截围墙，上面有铁栅栏。东西有两道大门，卫兵就守在大门内。在新华门之东，红墙内有一所艺文中学，校长高仁山是共产党员，是最早采用美国道尔顿制办中学的，所以很有名。后来，北平政府杀害了这位校长，学校也被迫停顿。解放之后，才得恢复，改名第28中学①。

---

① 高仁山（1894—1928），江苏省江阴县人，美国哥伦比亚大学硕士。1923年回国后任北京大学教育系教授。1925年创办北平艺文中学。1927年9月28日被捕，1928年1月15日被奉系军阀张作霖杀害于北京天桥。高仁山被捕后，学校被强行封闭，1928年秋重新开学。1928年改名为北京市第二十八中学。1999年第二十八中学与北京市第六中学合并为北京长安中学。2004年长安中学并入北京市第一六一中学。

中山公园的前门进门就可以看到一座大牌坊，上面写着"公理战胜"。这四个字在当时是有一定的意义的。原来这个牌坊是将东单牌楼附近的克林德碑拆除，移到公园的。克林德是德国公使，被义和团杀了，德国政府就强迫清政府为他树立那个碑。1918 年，德国战败才使当年所受的屈辱得到平反。解放之后，这个碑额又改为"世界和平"。在前门约右方，有一网球场，旁边还有一所房子，是行健会①所建置的。里面有弹子球台，还有地球场（现在称保龄球），但是，必须持会员证才能去打。记得父亲曾给我讲过，有一位杨景苏老先生经常去打网球。他是讲求武术的，除了打网球之外，还经常打拳。又说起在辛亥革命之前，也在广州大学堂教书，是父亲请去的。后来，我竟成为这位老先生的女婿，这是 1930 年以后之事。

我们搬到南长街之后，就经常到这个公园去游玩。那时，它还有一个后门可以进去。这是在西华门往南有一条小路，过一个小木桥即到公园的后门。进门后，通过很多古柏的空地就可以到社稷坛。记得当时那里还有一个旱冰场。那时，近代的溜冰还不通行，那个旱冰场也只存在了一两年。解放之后，公园后门也封闭了。

我们到京之后，曾到清华大学去找我们两位堂兄，方莱和方重。前一位，对我十分亲密。因为他的寡母住在苏州，他每年暑假后回苏一定要为我补习功课，是我十分敬爱的兄长。他们二人于 1920 年前后毕业赴美深造，莱哥竟不幸死在美国。可怜我的三伯母守寡十几年，盼子成龙，竟是一场空。方重则学成回国，一直在国内大学任教。记得我们初次到清华园

---

① 北京最早的公共体育活动组织，1915 年 5 月成立，由中山公园董事长朱启钤任会长，次年在园内建成九间西式建筑，为行健会活动场所，设棋类、台球、网球、投壶、弓矢等项目，并聘请武术教师教练拳术和剑术。至 1951 年停办。

是坐小火车去的，那时，城里的交通工具全靠人力车。自行车虽有，但是只有少数人骑乘。至于政府官员，高级的是自备的马车。像我的三舅公即庄思缄老先生，那时做到审计院院长，也只是马车。一些低级的官员，则是自备人力车。像我外祖父和父亲那样科长上下的官都有自己的人力车。有轨电车是1924年以后才有的。当然，有些阔人和一些洋人是有汽车的。那时外国人还有自己驾驶的双轮马车，北京人叫它为"汉司姆自拉缰"（Hansom），马车夫是站在主人座位的后面的。这种东西我是永远不会忘记的。在我们到京不久，就听说一位同我们一起进京想到京谋差事的吴姓亲戚，在王府井南口的御河桥上（现在御河早已填平，桥也不存在了）被一辆外国的马车撞倒，洋车被冲翻，人跌得老远，当时就死在路上。外祖母得到这个消息立刻请那位钱师莱先生去料理。后来钱回来说，头颅都跌碎了。钱先生找到公安局，派了人去找那个外国人，他死也不肯认错。此事后来如何结局我也未过问。总之，在那个时代，外国人在中国横行霸道，我们的政府绝不敢为自己的百姓去伸张正义。

初到京之时，也去逛过在西直门外的动物园，那时叫作万牲园，或三贝子花园，可知是清末的一个王公的私人花园。里面荒凉不堪，饲养的动物也不多。又由于路远，没有街车可搭，只有乘人力车去，往返所费很多，所以游人稀少。不过门口收票的是两个北京有名的"长人"，据说都在两米左右。其中一人后来去美国了。记得有一次看到饲养工人正将牛肉送入狮笼，两个小狮子，每个一小块。我很好奇，问工人这点肉怎够狮子吃。他叹了一口气，说恐怕连这一点也供给不起了。这种小事也是与国家兴衰息息相关的。

在北京经常可以看到电影。初到时只有东安市场的吉祥茶园才有电影可看。后来，才有专门放映电影的场所。有的电影院还请了专人在台上对观众做翻译和必要的解说。那时的电影大多是美国片子，都是20集甚至30多集的，每次只放映两集。每场结束时点是惊险的场面以吸引人们下次必来。两集之外则放些小节目，多半是滑稽戏。我那时是第一次看到卓别林的片子。那时他的名字译作贾波林，卓别林是解放后改的。电影票虽不很贵，但是往返车钱，亦颇不赀，家中困难也不能常常看。特别是上学之后，更无时间消磨在影院里。

那时，已有电灯，但不普遍，特别是在西城、北城一带，大部分房子都不安电灯。由于偷电的人家很多，电力不足，灯光十分暗淡，不得不换用低压的灯泡。原来市电是220伏，改用110伏的灯泡就可以亮得多。家家为此耗电也愈来愈大，于是又改用更低压的灯泡。此事是什么时候改正过来的，已记不清楚。

房子里也安有电话，是叫号的。每次打电话总要半个多小时，才能接通。电话簿上所载的用户也不过50家。

记得没有自来水。每天早晨有卖水的车子来为家家户户送水。那是一辆独轮车，两边安着两个大水桶。夏天用冰也是有专门卖冰的人送来。这都是天然冰，是他们隔年冬天，将北海、什刹海等处的冰凿开，运到冰窖储存。所谓冰窖也只是一个并不很深的地窖，上面盖着芦席棚。我曾去看过。想不到竟能将冬天的冰储存到第二年的夏、秋。当时，家家户户所用的冰柜或冰桶，都是用这种冰来镇凉的。电气冰箱在当时是极为珍贵的设备，都是外国进口的。烧饭所用的煤球也是自己做的。每过两三个月就要请人来制煤球。其实手续也不复杂，两个工人将煤渣与一定比例的黄土加上水，和成半干的稀泥，在地上摊成泥饼，用铲子切成小方块。然后，铲进箩筐内摇动，那些小方块就变成圆球。再倒在一边晒干备用。冬天取暖也靠煤炉。在机关的一些较高的官员每年都可以得到一张煤票，用此票可以买到一吨质地极好的红煤，只要5元钱。这种煤很干净，用手抓也不会脏手。烧完之后，成为一堆白灰。这种煤都是从城外运来。运输工具就是大车。其他笨重的东西也都是用大车运载。一般是由马或骡子拉。或者只有一匹驾辕的骡马，有些载重大的车子则还有一匹或两匹牵引的骡马。一些道路由于常行驶大车，路上留有很深的车辙。大部分的马路都没有路面，就在西长安街从总统府到天安门一段，车辙是沿着路南边的矮围墙而行的。后来，1924年开始建设有轨电车，车辙仍在其旁。

初到北京的前几年，几乎年年都是战乱频仍，各派军阀争战不已。袁世凯死后，就发生了黎元洪与北洋军阀即段祺瑞之间的矛盾。黎密令张勋带部队辫子军入京。哪知张竟借此复辟，强行解散国会并迫黎退位，将那个小皇帝抬出来，将民国六年改为宣统九年。段祺瑞马厂起义，打走了张勋。于是以再造民国之功垄断朝政，开始形成军阀之间的矛盾。1920年7月发生了以段祺瑞为首的皖系军阀与以曹锟、吴佩孚为营的直系军阀之间的直皖战争，后者还得到奉系军阀的支持。最紧张的几天，北京城里听到炮声。在战争之初，皖系的大将徐树铮部下有一个装备精良的步兵师驻扎在蒙古库伦（即今乌兰巴托）。为了应付内战，将此师调离回国。这师一调离，蒙古即独立。后来皖军惨败。于是，就形成了直系与奉系争霸的局面。1922年四五月间就发生直奉军阀之间的战争。直系的主将是吴佩孚，奉系则是张作霖。奉军失败逃出山海关。这是第一次直奉战争。结果直系得势，在京进行贿选将曹锟推上总统之位。这一臭名彰著的选举当然受到全国人民的抵制。

两年之后又发生了第二次直奉战争，由于冯玉祥班师回京，发动政变，使吴佩孚失败下野。北京政权就落入张作霖之手。北京居民深受那些无法无天的驻军骚扰之苦。皖直时代是如此，现在奉军来了，其暴戾更是有过无不及。坐车不给钱是司空见惯之事，弄不好车夫还会挨一顿痛打。后来有了电车，常坐满了军人，售票的人谁敢向他们卖票。前面所谈到的偷电问题，对他们来说，已经不是偷而是公然抢电了。他们将线接在路灯的线上，电厂的人，谁也不敢去查问。只有冯玉祥将军与他们大不相同，我从小就对他很钦佩。当然与我进的中学是一所教会学校有关。一般的外国人都很敬重他，说他是基督将军。他确实有很多令人敬佩的地方。有一个时期他的部队驻扎在南苑，就是现在的东高地以南的地带。现在，还有当时遗留下来的一些地名，如三营门、八营门等。他对部队士兵约束极严，是不许进城的。在很多地方也可以看出他与当时的军阀大不相同。但是当时有些北京人却不喜欢他。说他：一、倒吴佩孚的戈；二、将宣统皇帝赶出紫禁城。我认为这种非议正是他最了不起的地方，所不足的就是为什么不把宣统杀掉。记得1925年李烈钧将军给我们做报告就提出此事，说"留下这个祸根将来总要出事"。解放之后，我们党对他的评价很高。这不是偶然的。我一直是很佩服他的，但是从未见过面。而与他的夫人李德全却有数面之缘。1932年，我从晋西北长城外，搭乘长途车到太原。中途上来一位中年妇人，带着两个男孩，就坐在我一旁。人很和气，也很健谈。我觉得她很有知识，问她姓什么，说姓李。我们到了太原就分手了。到了1936年，那时地质调查所已经搬到南京，所址在珠江路马标。有一天副所长周柱臣先生忽然要我去接待一批南京妇女协会来参观地质展览的女同志，只告诉我领队的是冯玉祥将军的夫人李德全。走在楼梯上，她忽然问我："方先生，你还记得我吗？"我说："您是冯将军夫人李德全？"她说"你再想想，在雁门关的长途车上。"我才回忆起四年前与她见面之事。我说："您不是姓李吗，我问小孩姓什么，也说姓李。"她才说当时是长城抗日怎能暴露身份。此后，又过了近20年，我随代表团赴波兰开会，回途时在莫斯科机场候机。突然这位冯夫人又走到我面前，与我握手，高兴地说"我们又见面了"。那时她也是卫生部长，带代表团去莫斯科参加十月革命节。她那种平易近人的态度和从她谈话中感觉到的她对国家大事的关心，不能不使我佩服。我过去总有一种感觉认为冯玉祥后来的思想很可能是受到她的影响的。直到"文化大革命"之后，我读到张克侠的回忆录，才证实了这种猜测。

我们搬到北京之时（1918年由苏州迁来），是在五四运动之前半年。我那时只有15岁，当然对很多事情不清楚，只知道那是青年学生的爱国运动，不少学生被捕了。后来，由于全国的支援，不断地罢工抗议，才迫使北京政府不得不把学生放了，并将曹汝霖、陆宗舆和章宗祥三个卖国贼罢免。这是大快人心之事。但是，带来一个问题是公立学校经常停课，以致我父亲不得不把我送进英国教会办的崇德中学。

进入中学

我家1918年秋季由苏州迁居北京，主要是因为经济困难，与父亲分居两地，每月入不敷出，已经不能维持下去。

对我来说，父亲不在身旁，无人管教；功课不好，也没有人来督促。我母亲虽然也是念过些书的，但是，对于我的学习，也帮助不大。父亲到底是在广州办过十多年学，也教过书，并且数学很好。他对教育小孩子是有一套办法的。我到京之后，每天晚上，他就给我补习数学。他是非常有耐性的人，从来没有疾言厉色，对自己的儿女也是如此。我是从来没有挨过他打的，我的弟弟妹妹也是如此。我的国文很不好，连一篇文章也写不好。他就鼓励我多看小说。那时不像现在，小说极少，像《红楼梦》、《水浒》等整部的小说是不容易看到的。家里也不会收藏这种书，说是海淫海盗，会坏人心术的。商务印书馆出了很多童话，我也收集了很多。但是，对一个将要进中学的人，似乎又太浅近些。那时，家中却藏有很多商务印书馆所出版的林译小说如《撒克逊劫后英雄略》、《块肉余生述》等等，都是文言的，但也不很难懂。看到一些难懂的文字引用典故，总要父亲指点，才能理解。要知道那时的困难，不是现在的人可以想象。首先，不认识的字没有字典可查。那时，虽然已有了《康熙字典》，但并不是随便可以买到的，并且也不适合中小学生用。家里还有一部石印的《资治通鉴》，父亲指定我每日读一段。这就更难懂了。不过只要坚持下去，不懂就问也是难不倒人的。如此，经过几个月的努力，自己也觉得，我的功课大有进步。为我不久后考取中学，创造了条件。而更主要的是树立了信心，觉得自己并不是一个很笨的人。并且，开始对读书感到有兴趣。我后来进中学，也进了一两年大学，那只是去接受一些基本知识，而大部分的学识则是自己从书本中学到的，完全是走自学成才的道路。这是与当年受父亲的指导与启发分不开的。

1920年春节之后，我考进了英国圣公会所办的崇德中学。这是这个教会在北京所办的三所中学之一。其余两所都是女校，即笃志中学，与我们一样，也是一个平民化的学校。另一所名培华女中，是一个贵族学校，所招学生多半是当时政府中达官贵人或当时社会名流的女公子。记得梁思成先生的夫人林徽因就是这个女校的高才生。崇德中学在西城绒线胡同西头路北，解放后改为第31中学。当时校长名叫Thomas Scott[①]，人家都叫

[①] 史多玛（Thomas Arnold Scott，1879—1956），毕业于剑桥大学基督学院，1908年来华传教，1913—1920年任北京崇德中学校长。

他史主教，但是，他更喜欢用他的中国名字"史多玛"。他一个妹妹也在校内，名字是史玛丽（Mary Scott）。两人都教英语，而史多玛还教《圣经》。我的家庭是不迷信鬼神的，在小学所受的教育也是反对迷信的，并且，学校中也经常对我们进行爱国主义的教育，认为外国人利用传教的机会，来达到他们侵略的目的。外国人在我们国土上犯了法，我们的政府不敢管，而一些不好的中国教徒为非作歹，国家也对他们无可奈何。所以，我从小就对外国的教会没有好感，对于外国人也是敬而远之。现在要我天天听他们教训，日子是很难过的。尤其使我痛恨的是对我们学生十分凶狠，对外国人卑躬屈膝的两个洋奴。

学校只有一幢三层的楼房。东边一个大门进去，一、二层的七八间是中学的教室，西边房子比较多一些，由另一个大门进去，是小学部的教室。三层楼是寄宿舍，有几位单身的中国教员住在那里；还有少数几个学生也寄居在那里。大楼以东，隔一道围墙是另一个院子，是外国人居住的房子。我们学生很少去过。所以究竟住了些什么人，也不清楚。只记得史主教和他的妹妹都是单身。大楼以西，是另一个院子，住着那位管事的，也不记得他叫什么，只知是学生最讨厌的"瞎张"。还有一位名叫裘祖培的也住在那里。此外在大楼以南，正对着大门，是一个小教堂。每天八时，摇第一次铃时，不是到课堂上课，而是进入这个小教堂，由校长领导唱《圣经》，并且还要讲一段《圣经》上的话，前后不过20分钟。然后才到教室去上课。如果哪天你去晚了一些，小教堂的门关上，不能进去，那就很麻烦了。在上上午最后一堂课之时，那位裘君就拿了一个本子，到你班上点你的名，说"×××，十二点钟见校长"，见校长自然是挨他训斥一顿。但是，事情并没有完，要准备饭后到操场做体操。因此不能回家或到外面去吃饭，只好临时买一张饭票，在学校饭厅吃一顿。饭后，在操场排队，那个姓裘的手持藤鞭，指挥我们。不论冬夏都必须将外衣脱下，说不好背上就会挨上一鞭。这是我从小都没有受过的侮辱。尤其是在严冬季节，脱去棉衣在场上跑步，很容易感冒。所以大家对那位姓裘的痛恨入骨。我也曾将这种苦恼向家中诉说，但也不能为这点小事闹着去转校。何况我也明知道父亲送我到这所教会学校的苦衷，所以也只好耐心待下去。我那时也已经懂得要努力读书的重要性。每天按时上学，下课后即回家，有时晚上温习功课直到深夜。学校也没有运动的课程。在那个时代，篮球在中国并不通行。操场上可以踢足球，但是，也只是少数人偶尔踢踢。后来，在那位校长鼓励之下，组织了一个足球队。每到星期五的下午，就有东交民巷英国驻军的足球队来校比赛。在长期的比赛训练中，竟锻练出几名足球健儿。球队经常与外面的球队比赛，也曾与被认为北京最强的清华大学比赛。后来这些人中就有两三人考入清华，其中有当时被人唤作"黄牛"的黄中孚，也有我的二舅陈益。当时，他们都在小学，比我低三级。我是从不参加这种运动的，也很少看电影，一心灌注在学习之上。但是，尽管如此，到了暑假，还是留了级。此事对我的打击甚大，觉得非常丢脸。我在苏州之时，虽然很不用功，却从未留过级。但是，后来想想，也是很自然的。因为我寒假进去，是插班的。上半年的课根本没有接触。特别是英文，一时也很难补上。这是对我的打击，也是对我的督促。我没有因为这种打击而气馁。

暑假过后，我就与刚从小学升上来的同班。一共有三十几人。其中有几位与我很说得来，在学时常常在一起，在学习上彼此帮助。就是我离校之后，也常见面。如王世铨，是一位很突出的学生。据说在小学六年中，年年考第一。就是后来与我同班，也是如此。那位校长对他很器重，常常表扬他，把他当作一个标兵来颂扬。他的父亲是清末的状元，当时传说是末代状元，其实不是。因为后来又从师大附中转来一个学生，名刘海云，也在我们班。他的父亲刘春霖才是最后的状元。刘春霖是清朝最后一科（甲辰科，1904年）的状元，而王寿彭则是光绪二十一年，即乙未（1895年）的状元，比刘要前三科。早年曾听到一种传说，王寿彭中状元是属于侥幸，因为名字起得好。那年正是西太后的60寿辰，主考官看到他的名字，灵机一动，竟把他的名字提到第一名。此事果然大得太后的欢心，就点了状元。还有杨度的侄子杨康祖，此人与我十分要好，经常要我到他家里去。那位杨度老先生也十分和气，很喜欢我。但是我总认为他是筹安会的头子，不愿意与他接近。解放之后，才得知他是一位十分正直和爱国的人士，为我们党做了不少有益的工作。为了支援党的地下工作人员，他把自己的全部收入和积蓄都拿出来，并将自己的家产也变卖掉。其中当然也包括我当时常去的北京祖家街的房子。他于1929年加入了共产党。康祖兄于1923和我一起去参加唐山大学的考试，他未考取。后来，他赴美学习经济。40年代初期，他在重庆中国银行，我当时在中央大学，还经常见面。至于王世铨学长则在我进唐山大学之后两年，才考进来。所以，比我晚两级（1930年）。后来，他赴英，在格林尼治学习造船。也是40年代初在重庆，在民生造船厂当工程师。抗战胜利后，回到上海在交大任教，我们也常得相见。至于刘海云学兄，中学毕业后，进入北平的工业大学。解放初期，我们尚有机会见面。大约在50年代去世了①。

至于老师，在中学部专职的教师也不过五六人。校长史多玛教英文，也教《圣经》。在我留级那年，他就调到济南去做主教了。后来，就由他的妹妹史玛丽教我们英文。老校长离校一年多，又回到学校。他一回校，

---

① 刘海云在50年代改名为刘新民，在建设部工作，"文革"期间去世。

就到我们班来。他是老惦记着他最喜欢的那位优秀学生王世铨。他说了几句分别后的话就提出"今年考第一名的是谁？我猜想一定是王世铨"。果然，王世铨站起来了。他十分高兴。又问第二名是谁，我站了起来。他想了很久，大为惊讶，说："你是方俊！在我离开的时候，你是留班生。我教书十几年了，还没有见到一个隔年留班，不到一年就赶上去了。"并在黑板上，写了一句英文成语：Slow and steady, always win the game. 这对我的鼓舞很大。从此之后，他对我就十分亲热。由于他的态度，其他老师也开始对我另眼看待。他主要是在济南，有时虽然回来，但是，不在学校教课了。留下来的英文课就由他的妹妹玛丽讲授。开始时所用的课本与北京的中学所选用的完全不一样，所讲的大多是英国的事情。例如课本开始就讲到1066年，诺曼底的征服者威廉如何征服英伦三岛，而把盎格鲁-萨克逊民族融入现代的英国民族等等。也有些课讲到他们征服印度之事。文法则是结合课本的课文讲的。所以每一课虽然很短，但是，讲授的时间却很长。并且，要求学生将每一句课文都能用图解分析出来。我当时觉得更重要的是，要正确地掌握会话能力。到了第二年，就换了课本，讲授《艾丽丝异乡漫游》。这是英国的一个数学家的著作，由于这本童话，他成了大名人。

那个时代教授数学和现今的大不相同，是将算数、代数和几何作为三门课分开讲授的。初等算数大部分已在小学教完，中学就开始讲几何与代数两门。老师名叫卫淑祎，也是一位英国老小姐。她讲课十分清楚，并且很有耐性。对于一些难懂的问题，总是不厌其烦地反复解说，唯恐学生不能接受。记得当时代数所用课本是 Hall and Knight 的《代数入门》[1]，进一

---

[1] Henry S. Hall and Samuel R. Knight, *Elementary Algebra for Schools*, 此书于1885年初版，是通用的教科书。

步就是这两位作者的《高等代数》①。所用课本都是英国出版的,每一章之后都附有大量的习题。有些习题后面括弧内都注明是某年的牛津或剑桥的试题。当时,北京的中学也多有采用这些课本的。并且,经常以能否解出那些难题作为衡量个人的数学程度的标准。几何学没有固定的课本。基本上是按英国的欧几里德几何学教程讲授的。我总觉得我后来能够在数学上完全靠自学取得不少进步,应当感谢这位老师为我打下了坚实的基础。我在1923年离开崇德之后,就再没有见到她,也得不到她的信息。一直到了1943年我到同济大学任教,校址在四川宜宾下游60里的李庄。而梁思成先生的营造学社也在那里,因而与梁常常见面。因此,也见到他的夫人林徽因,才知道她与卫淑祎是常有信往来的,才知道卫老师在20年代离开我国之后,一直在印度教书。又从林先生口中得知她是剑桥毕业的。当时,女生毕业后是没有学位的。由于她教书十几年,也有了著作,学校才授予她硕士学位。

至于中国老师也不过三四位。一位贺振三老师,年岁最大,已经50多了。他是前清的举人,教我们国文。所用的课本是《左传》,讲得很详细,也教我们作文,看文章非常认真。这使我们得益匪浅。另一位年纪略小一些的刘聿牲老师是前清的秀才,教我们《四书》,也就是《大学》《中庸》《论语》和《孟子》。在所有的公立中学中,已经不再教这种书了。我能够有机会读到这些书,是进了外国人办的教会学校。这位老先生教书非常认真。但是,后来我知道他却是一位很虔诚的基督教徒。那时,我们在父亲的督促之下,每天要读一段《资治通鉴》。加上两位老先生的教导,使我对中国的旧文学产生兴趣。特别是,贺老师所讲的《左传》,

---

① Samuel R. Knight and Henry S. Hall, *Higher Algebra*, 此书于1887年初版,多国通用。

与《资治通鉴》是相衔接的。我总觉得一个公民，总应该了解自己国家的历史，然后才会热爱自己的祖国和民族。《资治通鉴》文理深奥难懂，一般人读起来比较困难。近来，已经把它翻译成白话文出版，这种困难已经解决了。还有一位年轻的教员李新吾。可能因为年轻，他与同学很接近。他教我们一切不很重要的课，如修身和一般的史地等。

到了二年级以后，增加了西洋史。先生是从培华女中请来兼课的一位英国老太太，记得名字是 Borden Smith。她先从罗马帝国讲起。不知为什么到了第二年，她不来了，于是课程也中断了。又增加了一门理化课。教些物理和化学的基本知识。先生也是临时请来兼课的。学校在这方面一点设备也没有。这位先生也是英国人，人倒也很和气。他讲课总喜欢卖弄他的北京话，所以，讲课时常常夹一些中国话。一次，他忽然想到一个字"Foreigner"不知怎么说，就把这个字写在黑板上，要我们告诉他。哪知，坐在我旁边的王世铨竟冲口而出："洋鬼子。"他一声不响，把讲稿卷卷就走了。那时，还没有下课，大家都不敢离开。不久，那位前校长史多玛怒气冲冲地来了，先把大家训斥了一顿。王世铨就站起来说，"是我说的，与大家无关。"这下可把他气坏了，急急忙忙出去拿了一条藤鞭回来，命令王世铨站出来，用藤鞭在他手心狠狠抽了十几鞭，说"你是我一直赞赏的好学生，今天你使我们丢脸，我也必须在众人面前，使你丢脸"，还说了不少很不礼貌的话。这样就引起全班同学的反感。我就是从这件事情起，才开始产生离开这所学校的念头的。

这已经是三年级快要结束之时。就在此不久，学校宣布要改制，即将中学改为初中和高中两级。我们读完三年级，就算是初中毕业。然后升入高中再读三年。这倒是遵照当时教育部的命令行事的。我当时想这倒是一个机会，可以借此考到别的学校去。

我的想法，同学们也有知道的。特别是那位杨康祖同学，我们是无话不谈的。忽然有一天，他告诉我见到报上广告唐山大学招生。招预科一年，也招预科二年级的插班生。我们两人就商量着去报名，并由他打听考试课程和目前所用的课本。他的熟人比较多，打听到学校预科所学习的课程，并所用的课本。这些对于我们都很有用。我们就按此做准备。我们两人都报考预科二年。因为，考一年级要中学文凭，我们没有。考预科二年级插班反而不要文凭。但是，只取六名。我们都抱着试试看的心情。即使考不上，也可以取得一些经验，使来年再考更有把握。那个时期我日夜温习功课。特别是康祖兄借得一本美国的《商业地理》，说是去年预科一年级就以此为英文读本。我日夜读此书，到考试前夕，已读了大半本。由于日夕忙碌，临考之时，竟得了中耳炎。我开始时也不在意，只找了中医，吃了几服中药，并用红灵丹外敷。临到考期，竟十分严重起来。我是抱病应试的，考卷上还留有我耳中流出的脓血。考完之后，才放心去医院。总算还没有耽误太久，不久就完全好了。

　　上天总算不负苦心人，不久就得到通知，我考取了。原来报上所登的是预科二年级插班生只取 6 人。但是发榜之时，竟取了 14 人。杨兄竟未被录取。此事不知怎么竟传到学校。我得到通知后到学校，一方面告诉学校当局我考取之事，并且希望学校出一证明列入我几年来的成绩。哪知，一进门就遇见那位老校长。他见到我就叫起来，说："方俊，你怎么跑了！"但是，他不是责备我，而是为我高兴。他说："你跳班考取大学，这也是我们学校的光荣。"他自从升任山东主教后，常常回校。那时，学校校长已换过两次。起初接他的是新西兰人纪铎甫（Grifith）。不到两年，又换了在剑桥学神学的中国人凌贤扬。后来得到通知，史玛丽小姐约我去喝茶。这是我到校三年没有受到过的殊荣。1923 年的秋季，我暂时离开

北京，到唐山去上学。那时，我19岁。

自从1918年秋季我随家搬到北京，至此已是5年。在这几年中时局总是动荡不定，经历了两次军阀内战，北京城里都能听见炮声，北洋政府也腐败不堪。我已不记得中交票子的贬值是何时得到控制的。只记得初到北京之时家中经济还可以过得去。初到的头一年，父亲和外祖父都有一辆自备的洋车，各有一个车夫。我和二舅（他上小学）分别坐了自家的车子上学。到了第二年，搬到南长街北河沿之后，就将车夫辞去，车子也卖掉了。我就坐街车上学。不久，可能看到家中的困难情况，就主动地不坐街上雇的车子，走到学校。中午则在绒线胡同西口的羊肉铺子吃一顿饺子或到西长安街西头靠近西单牌楼口的一家苏州面馆吃一碗面，都只需十几个铜板。

那时很多衙门都欠薪。大约在我考上唐山大学之前不久，欠薪已到了十分严重的程度。每逢节日，即春节、端阳和中秋之前两天各机关有派人到财政部去坐索，磨上两三天，好的时候可以得到五六成，有时只得到两三成（20%或30%）。这就是说一年也只能得一个月多一点的薪水。所以家中的经济情况是可想而知的。父亲在审计院中的官衔是协审官，上面的一级，也就是院中最高的职位是审计官。实际上，以父亲的资格和与院长庄思老的关系，是早应提升的。但是父亲总是照顾庄院长的困难，几次出缺轮到他提升时，总是推辞。到了1923年春天，又出缺了。此次思老就告诉父亲不要再推了。此事可能在院里已经传开。有一天晚上，忽然有一个人送了一封信来，还附了一张200元的支票。父亲看了信，手都气抖了。原是来信的人是一位逊清的皇族，信中意思是希望父亲此次再推辞一下，并向思老推荐他，先送此数，如果成了，以后每月照此奉送。我就劝父亲何必生气，把支票退回去就是了。父亲很久才缓和过来，写了一封很客气的信，并说，此次提升绝不是我，外面谣言请不要相信。第二天，就赶去与思老说通，请另提别人。这桩事对我的教育是很深刻的。但是，我当时不能理解。那时欠薪严重，正薪也只拿到一二成，提升一级最多也只能加三四十元。他这样做，图的是什么？后来父亲才告诉我，这些皇族家里有的是钱，所缺的是官衔。因为有了官衔，特别是级别较高的官衔，就可以提高他在皇族中的地位，在宫中也可以向那个退位的小皇帝骗取更多的恩赏。记得父亲曾向我谈过，他那里有一个旗人，是个一般的职员，薪水24元钱。但是，每天坐着两个车夫轮流拉的极高级的洋车。24块钱薪水就是三个人平分，每人8元。

那时，我家已是七口人。除了我和我的大妹和弟弟之外，又添了两个小妹妹。父亲的月薪，七折八扣，每月至多也只能拿到二三十元。经济之困难，是不难想象的。但是，出乎我意想之外，我竟得到一笔意外之财。原来在苏州之时，母亲每月给我一块钱，作为我的零用。我也没有什么用途，所以，每月的月钱总是存在那里。有一次，有人劝我把钱存入上海法国人办的万国储蓄会。那时，我已经在报上看到这个储蓄会的广告，是按月储入12元，到15年后，可以得到2000多元。如果中途得奖，则可以提前拿到此款。后来，又增加了一种所谓的简易储蓄，每月只交1元，到15年可得150元。中间如开奖得中，也可提前得到此数。也可以想象这种人在中国搜刮钱财是无孔不入的了。那时，我就开始每月上会。到北京之后，也继续按月交1元。这个储蓄会在北京的分会在王府井，离我家较远，所以，往往不是按时交款。就在1923年的春天，我忽然在报上看到他们的开奖结果，看到简易储蓄的中奖号码是"31"号，是我储单的号码。而更凑巧的是，我已经两个月未去交款，而就在这个月的月半之前，因为到东安市场去买东西，顺便把款交清了。不然就虽得中也领不到奖。

那个下午，我也无心听课。下课后，立刻雇了一辆洋车赶回家。找到那个储蓄折子，又匆匆忙忙坐车到王府井。所幸还没有到5点钟，储蓄所还未关门。我向他们要了一张对号单。当然简易储蓄的中奖号码是"31"号没有错。我才告诉他们我中了，并把存折交给他们。他们就把我领到一个很漂亮的客厅。不久，来了一个法国人，自己报名，说是经理。知道我能用英文与他对谈，就十分高兴。大谈这种储蓄的好处，有吹嘘他们是信用卓著。当时，就希望我再认一两个整会（即12元一月的）。我当然不会再去上当。后来，来人交给我一张道胜银行的支票是250元，又给我26块多钱，说是还本的钱。我想我入会4年多，所交之款在50元以上。如今还本不到半数。我拿到钱，支票已来不及去取。匆匆走到灯市口，买了一支康克林自来水笔。这是我想了三四年的东西，这时才敢于去买到手。又买了一双皮手套，两件东西一共不到10元。又花了十来块钱，为弟妹买了一些糖果和点心。回到家中，父亲似乎已经听见家里人说我找存折之事，也猜着可能去领奖。但是，绝不敢相信有这等好事。我将支票交给父亲，他的手都发抖了。这笔钱虽然不多。但是，却使他的心情舒畅了很多。事实是，除了还了一些欠债之外，还用这笔钱贴补了好几个月家用。

进入唐山大学

1923年秋季，我离家奔赴唐山，进入唐山大学。这是一所历史悠久，在当时颇有名气的工科大学。它的前身是1896年设立在山海关的北洋铁路官学堂。1905年搬到唐山，改名铁路学堂，一度曾改名为路矿学堂。可能是因为设立在唐山为了兼顾开滦煤矿的需要，才增设矿科。但是，不久之后，仍旧以铁路为主。在我进入此校之前，它又是属于交通部的三个铁路学校之一。所以，一度称为交通大学唐山学校。其他二校一是上海的交通大学，它的前身是由南洋公学改成的上海工业大学（当时也属于交通部），另一则是设立在北京李阁老胡同的铁路管理大学。在我进入学校的那年，才将唐山的机械专业转到上海，而上海学校的有关土木工程部分也转到唐山。所以，在我班中有好几位上海来的同学。

唐山大学当时是很有名气的。它办学十分认真而严格。据说初开办之时，学校的教席有些都是从英国请来的。特别是总教席一职总是聘请英国有名的工程专家，薪水都很高，竟可达到每月400余两银子，比当时政府的官员高得多。由于开始时请英国教席教课，当然是用英文。以至后来形成一种传统，不管是中国先生或外国先生讲课一律用英文。如果这位中国教师不能用英语教课，学生就看不起他，甚至于要轰他。这种不正常的习惯不知是哪年才改过来的。但是，总是引进了不少当时欧洲高等教育的先进经验。如大学一贯四年制，学校设立了实习工厂，学生有下厂实习的课程；至于测量学则除了在校内实习外，还需赴北京西山或南口进行实地测量工作；而更重要的是到了四年级，每个学生要在指定的教授指导下，撰写毕业论文，并上报邮传部审查。用现代的标准来看，这些都是办大学的起码条件，并没有什么可以夸耀的地方。但是，要知道在将近一个世纪之前，能够在开办大学之初，即建立了这一整套制度，不能不认为是开风气之先。其他高等学校，也只是在这之后，逐渐效法的。所以，这所学校在开办不久即受到政府的重视，是北方有名的大学。

记得我于1923年进入此校时，在礼堂上就高悬一块大匾，上面写着"竢实扬华"四个字，据说这就是学校的校训。一些老同学告诉我这块匾得来很不容易的，是学校的光荣。后来，才慢慢地了解到它的来历。原来是民国五年（1916年）春季，当时的教育部为了评比全国各高等学校的成就，在北京举办了一次专科以上学校成绩展览。全国有74所高等学校将历年成绩送上评比。当时，唐校以总成绩94分名列第一。同时，尚在该校读书的茅以升又以个人成绩获得第一名。所以，唐校和茅先生皆名噪一时。由教育总长范源濂颁发了上述的匾，在校师生都引以为荣，而对于茅以升（唐臣）先生则尤为称道不止。一些老同学都告诉我，当时唐校毕业生到美国后，大多数是进康奈尔大学，很受美国人的歧视，特别是，该校的教授都看不起中国学生。但是，看到茅的努力学习，仅用一年时间就获得硕士学位，并且成绩优异，才开始认识到中国学生的智慧绝不亚于西方人，有时还可能超过他们。所以，校方就宣布"凡是持有中国唐山铁路学堂的毕业证书来康奈尔进修的人，可以免除入学考试"。由于茅以升的努力和突出的成绩为母校赢得了荣誉，也为后来的同学赴美深造打开了方便之门。茅老当然是一位极为突出的学者，但是，我所以对他极为敬佩还是因为他是一位十分爱国，具有高度事业心的人。据我当时所听说的，像他一样的优秀学者并不是个别的，还有不少毕业生，分散在全国几条铁路上，成为各条铁路负责工程的骨干。这就是当时颇负盛誉的"唐山人"。

在我进入此校之时，学校的校风仍一如往昔。先生教书也十分严肃认真。譬如，那位教务长罗忠忱①——大家都叫他C. C. 罗，更是严厉非常。据老同学说，他从来没有给过学生满分，往往总是能够60分及格，就是十分满意的了。他尤其讨厌学生在操场上玩，认为总是不好好用功的，所以，常常在总分上扣去半分，使原来可得60分的，差半分不及格，要补考。不过在我进校的第二年就有了改变。那年教育部下令要提倡体育，并

---

① 罗忠忱（1880—1972），福建闽侯人，毕业于康奈尔大学土木系，1912年到唐山铁路学校任教务长兼土木工程教授。

且规定体育也是一项课目。他就不好过于干预了。第二年我们升入本科一年。一门十分重要的课——力学,是他亲自讲授的。并且,十分严格,每两个星期就要测试一次。这就说明他认真负责的地方。其实,所谓测试也

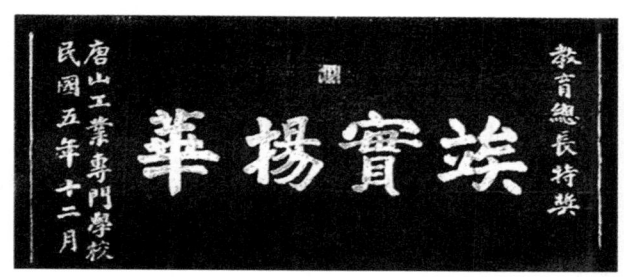

教育总长范源廉赠给唐山工业专门学校的"竢实扬华"匾

不同于考试,不过看看大部分学生是否真的理解了,总是出两道计算题。按例两题都对了,应该得 100 分。但是,从没有人得过。教数学的是黄寿恒教授①,是回国不久的,教书也很细致。教我们英文的是李斐英教授②。此人英国文学很有根底,所用课本是美国欧文的短篇文集,同时对我们讲解修辞学。他虽然很认真,但是,我们得益不多。主要是由于自己不努力,总以为我们是学习工程的,又何必在英国文学上下功夫。另外几位老教授,如顾宜生、伍镜湖等,则是教高年级的专业课的。我未能升入高年即中途离校,故对他们不熟。但是,知道他们都是当时的名教授,教书都非常负责。有两位美国教授。一位名伯顿,教我们测量学。另一位则叫作伊吞,教化学。他教书很不负责,并且脾气很大,看不起中国学生。所以,同学们对他很不满意。第二年,他休假回国,学生们就请求学校不要再聘请他,由此引起学潮。他也教德文。我所选的第二外国语就是他教

---

① 黄寿恒(1896—1969),原籍江西清江,生于江苏扬州。1914 年毕业于唐山工业专门学校土木工程科。1916 年考取清华庚款公费留美。1917 年在美国麻省理工学院获得土木工程学士学位,1918 年获航空工程硕士学位。1923 年任交通部唐山大学教授。

② 李斐英(1888—1954),福建福州人。1912 年毕业于美国 Syracuse 大学。1916 年起任教于唐山工业专门学校。

的。后来，也不得不再从头学起。

　　唐山当时是京东的一个小镇，人口并不很多，基本上都是工人及其家属。因为除了开滦煤矿之外，还有启新洋灰厂以及华新纺织厂。煤矿里下班出来的人都是满面黝黑，手拎矿灯；而洋灰厂的工人则浑身沾满白灰，一望而知他们是从那里出来的；而新华厂则全部是女工。此外，还有一所属于京奉铁路的机车修配厂，名叫南厂，那里的工人都是有技术的熟练技工。所以，这样一座小镇，人口不多，却聚集了这样多的工人。而行政力量却微弱得难以令人相信。很多管理机构都是天津的派出单位。例如，警察局就是属于天津警察局的派出所。而当时国民党和共产党的地下组织已经开始在那里活动。在那个时代，国民党和共产党都是非法的，抓住了都要进牢房的。也可能是当时的政府把唐山这个地区看作化外之地，不予重视。哪知到了1922年的冬季，一些煤矿工人就在共产党的地下人员的启发和鼓励下，开始联合唐山、林西、马家沟等五个矿的工人，组织五矿工人俱乐部，这可能是我国最早的工会。他们向管理局请予登记，并要求增加工资，被拒绝了，工人就游行示威。天津就派了一批武装警察到唐山镇压。当场杀死工人7名，受伤者也有60人之多。于是，引发罢工。经过多方面的调停，在第二年的春季方才复工。但是，一波未平，一波又起。在复工后不久又发生了矿井瓦斯爆炸之事。如果管理局那些当权的人能够以工人生命为重，努力进行抢救，大部分的工人原是可以脱险的。其结果将使矿井受到严重破坏，经济损失当然很大。所以，那些当权的人竟不择手段地完全听从外国工程师的"保矿第一"的错误主张，下令封矿。大多数中国工程师虽据理力争，又有何用。结果是许多原来可以得救的煤工，都闷死在矿内。于是引发另一次规模更大的罢工。学校学生也走出校门到处奔走，为工人募捐。学校当局始而劝阻，并开除了一些学生，这样就引发了学生罢课。最后是校长俞文鼎下令将全体学生开除出校,并且不许各自回家,都集中在北京的管理学院。这样学生就有机会可以天天集会,到处奔走游说。这桩事也闹了半年多,后来政府改组,交通部也换了人。那位校长也下台了,学生才得以回校复课。这是1923年的秋季,我也在此时入学。

1981年5月中国科学院第四次学部委员大会期间,出自唐山交通大学的学部委员合影留念。前排左一方俊,右二茅以升

学校的一般情况,我在前面已经讲过一些。这里想提一下当时唐山社会上以及大学里一般学生的思想倾向。唐山经过两次大罢工以及学校的罢课之后,人们特别是工人和学生的革命思想日益高涨。大家看到那时的北洋政府昏庸无能,处处听命于外国人,已经十分厌恶。那时,广东政府正

在准备北伐，人人思想上都在日夜盼望他们能早日来。而国民党和共产党的地下组织已深入各地，唐山当然更不例外。他们的宣传和鼓励是深入人心的。工人当然不必说，学校的学生也大部分同情他们。但是，我们总觉得学校的功课如此繁重，哪有空闲去参加他们的活动，何况我们大部分的人都抱着工业救国的思想，考进工业大学也无非是想学一些本事，将来为国家的建设效力。但是，无论如何，大多数的人是拥护他们，也常常参加他们的会。我也参加了他们所办的工人夜校，为工人讲课。记得当时，国民党和共产党两种地下组织，大多数同学最同情的是后者。他们还放映过俄国电影，不过字幕都是俄文，只认得1917等几个数字。估计这就是我们在解放之后所看到的《列宁在1918年》等片子。我们当时也很清楚，那些积极活动的同学也并非真正有什么革命的思想。不过当时风气所趋，不如此不足以显示自己的进步而已。何况当时唐山还有一所女子中学，也借这种活动去结交女朋友。所以，大部分的同学也都敬而远之。我进校时是预科二年，住在一座双套的四合院平房。我入学时的学号是A284。据说以前的学生号码并没有A字，这是两年以前才增加的，可能是那时号码已很大，为了避免出现三位数。上课点名时不方便才加了这个A字。记得一位与我同姓的方鹤年，他的学号是A240。他曾告诉过我，他在班里的名次是在前面的。由此可以知道当时每班学生在50名左右。正如唐山大学出来的同学所说的，考进去的很多，毕业出来的人却是很少。以我所在1923年级来说，我所知道的真正毕业出来的也不过10人而已。一般地说，大部分的学生都是由于功课赶不上而不得不退学。但是，我们那一班却是另一情况。有好几位都是中途出来到政府部门去做官了。官阶最高的是柳克述同学，他在1925年离校，后来知道他当了国民党的中央委员。一位是广东人，陈殿珍，1924年广西省政府改组，他任建设厅长，还在学校里拉了几位同学去帮他。方奎文，湖北人，是当时地下工作的积极分子，大家知道他是共产党员，也是在1925年离去。后来知道他是托派，还在汪伪政府做过事。直到1949年上海将近解放之时，他露面了。我并未见到他，但另一位在交通大学任教的同学陈本端却见到他。解放后，就不知其下落。肖吉三，四川人，此人十分活跃，大家都说他是共产党人，他也不否认，所以被选为学生会代表，并被推为主席。但是，此人在1925年学生罢课之时变节了。他是学生会主席，也是第一个在悔过书签名之人。他自知在校也没法再待下去，就到了南京去做首都建设委员会的委员。后来读完课程的同学有：

罗河　这是我在预科时的亲密同学。他喜欢数学，我也如此。我们两人经常一起讨论一些数学难题。他不十分用功，但是，能保证每门功课都60分及格，而我则有时会不及格，而需要补考。我离校后，他仍在校中继续学习，毕业后曾到英国学天文。我在1930年与杨明士结婚之后，曾一度租了北京大学物理系胡壮猷（愚若）教授的南房居住了两三年。胡教授及其夫人都是无锡人，为人十分和蔼，又是学术界的人，所以，与我们很谈得来。我们与他们的子女也亲如一家人，他们的长女胡芬后来就是罗河的夫人。因此我离校很少与罗河见面，但时常有他的消息。而在解放初年，他做了学校的教务长，也兼任了唐山副市长。有一天忽然收到他的信，说是学校在他的主张下，买了一台瑞士威尔特厂的天文经纬仪T—4，在三反运动中被认为是浪费，又不能退货，急得下不了台。那时，我在南京地理研究所主持大地测量组的工作，这种仪器正是我们所需要，而一时也还未能订到的，所以就由我们买下，解除了他的困难，也使我们能够提前开展这方面的研究工作。

陈本端　是与我比较亲近的同学。后来知道他毕业后赴美学习公路工程，曾写过一本公路工程的书。解放前后，我们都在上海。他先在交通大学教书，我则在同济。后来他也调到同济，但我已离开到科学院工作。去年（1991）冬季得到他去世的消息。

涂久成　也是我很亲近的同学。毕业后曾在武汉水利局工作。但是，我于1958年春季调到武汉时，他已去世了。他有一位兄弟名涂久政，比我们低一级，我到武汉时也未见到。比我们低一班的还有邢维堂及沈孚等。邢于毕业后，曾到英留学，后来长期在长办的测量部门。"文化大革命"之前，我们经常在一起开会。

张鸿逵　是我们班最用功、功课最好的一位同学，毕业后一直未见到，直到1950年四五月间我参加同济大学迁校的调查组赴大连了解情况。过沈阳时，听说他是辽宁的铁路局长，我找到他谈了一次。

我从预科升入本科之时，有三位上海交大调来的同学，因为同乡的关系，常在一起。他们是徐家麟、黄润韶、雷世弢。后来此三人如何不很清楚。但至少前两位是从学校毕业的。1947年，我接受申报馆的委托，在南京编纂新地图集。那时，徐家麟在南京开了一个建筑事务所，为我修理了一幢买来的破旧平房。有一个时期我们几乎天天见面。后来知道他与我同济大学测量系的同事崔希璋是表兄弟，他们都是常熟支塘人。那时，解放军已兵临城下，我已离去，回到同济大学。解放之后不久就听说他去世了。黄润韶同学当时在黔桂铁路，可能是假期回到南京，我与他会面是偶然的机会。当时有一位比我们低两班的张竟存同学在江苏公路局当局长。为了竞选国大代表而拉拢在南京的一些唐大的同学。他用局里的大客车招待我们到镇江焦山等名胜地旅游。因此我得与黄兄盘桓数日。潘世弢同学在分手之后一直未见到过。

刘光黎同学则分离后从来未见过，一直知道他在西北的铁路上。解放之后，他一直在柳州。

还有一位马懋庭兄，河南人，与我也很要好。1935年，我在河南测量一些县城的经纬度，在淅川县才见到他，他在县里的一个中学代课，盘桓了数日。直到1941年之后，我在中央大学教书，他到重庆来找我，意思可能是想在学校谋一个事。但是，我当时也无能为力。

此外，必须提一下的是与我十分亲近，并且在西斋同屋一起住了一年多的黄炽同学。他是广东梅县人。年岁比我大好几岁，是个很老成的人，一切见解比我高得多。譬如，当时社会上和学校里的活动，他是很不以为然的。我当时的思想是很幼稚的，有他在旁随时指点，使我明白了许多处世的道理。不幸的是他于1925年暑假回到家乡后，就没有再来。据一些广东同学说，他在家患病，未能得到及时的治疗去世了，我失去了一位对我十分关心的好朋友。

最近在母校校刊上读到一位同班同学罗孝登的回忆录。想起他是教务长C.C罗的侄子辈，记得罗氏孝字辈的同学还有两人，但是不在我同班。

此外，还有一位比我高一班的黎锦炯同学，他是当时很有名的音乐家黎锦晖和文字学家黎锦熙的弟兄，在学校时是一个比较活跃的人，与我也很熟。我离校后，长期未见过面。1957年我与明士在京住了些时候，竟与他联系上了。原来他的夫人张女士是明士的同学，并且很要好。因此，我们就交往了好几年，我每次到京都要去看他。他已改名黎亮，在铁道部北京勘察设计院当院长。他曾与我谈起他参加革命工作的原因。他于1927年毕业后就在京奉铁路山海关段工务处工作。到了30年代初期，日本侵略军已控制了滦东地区。他可能是因为言论不慎得罪了那些亲日的叛徒，被日本人关了几个月，出狱后回到北京在北京大学教书，心里总是不甘心在日本人控制的地方工作，思量到南京去找工作。此事被学校的地下党员知道了，就说服他到太行山一带去工作，并保护他离开北京。初去的时候当然是很不适应的，并且他的爱人也仍留在北京。后来他倒是为山区做了不少工作。其中，最重要的是在极为困难的条件下修复了南口附近的一座铁桥，为此受到党中央的表扬。到石家庄时，他是铁道部门的领导之一。铁道部成立时，他就做了设计院的院长。大约在60年代初，他去世了①。

还有一位王世铨②同学也应该提一下。他是我在北京崇德中学时的同班同学。我于1923年跳了两级考取唐大预二，他却按部就班地于1926年毕业，所以应该是1930年毕业。后来他到英国格林尼治学习造船。40年代初，我们同在重庆，他那时在民生造船厂当工程师。日本投降后，我们又先后复员到上海。他在交通大学造船系任教授。我们见过几次面。后来，我离开上海到南京的地理所工作，就不再来往。

还有一位名叫朱寅的，在预科时，我们在新宿舍，同住一屋。他十分用功。到了冬季大考临近时，他忽然晕倒，并且终日昏昏沉沉。我同他去找校医杨锦辉，也说不出是什么毛病。他要求杨医开个证明，不参加这次期考，以便到北京诊治。而这个庸医竟不肯写此证明，但又无能为力为他治病（那时，唐山是没有医院的）。他不得已，只好扶病搭车去北京。哪知就在车到丰台时，他竟在两节车厢之间跌下去，被压断一条腿。车站的工作人员，把他抬到站台，就不管了。任他在站台上惨叫，没有人去理他。这也可见当时一般职工的冷酷无情了。幸而被几个路过的农民看见，为他抱不平，去找了站长，才得准许抬上一辆煤车，运进城。而这几位农

---

① 黎亮（1900—1981），原名锦炯，字殿庸。黎锦熙四弟。1949年后曾任华北人民政府交通部副部长、中央铁道部设计院总工程师等职。

② 王公衡（1906—1987），原名王世铨，字公衡，后字以行。王寿彭次子。唐山交通大学毕业后，留学于英国格拉斯哥大学和英国格林威治皇家海军学院。1939年回国，1946年任交通大学造船系教授。

民也随他上车，到京后又把他抬到家中，但是到家时，他已奄奄一息，不久就去世了。

这个消息传到唐山，竟引起公愤，很多同学包围校医室，责问那个医生，要他引咎辞职。此事后来也不了了之。不过这个人虽然医道不高明，体育运动却是很内行，特别是网球打得很好。后来，他离开唐山之后，曾一度受张学良的聘请教其网球。他曾为学校组织了一支篮球队，每星期都与驻在唐山的美国步兵15连比赛。由于学生根本没有时间练习，所以，每赛必输。

到了1923年秋季，北京教育部对唐校不重视体育，以致学生体质虚弱，提出了批评，指示要提倡体育，并将它列为主要课程之一，学校当局方才予以注意。开始时，学校责成杨锦辉开展球类和田径运动。所以，他除了加强篮球练习外，又组织了一支足球队。当然，他最喜欢的还是网球。不过这种运动太贵族化了，一个球拍以及网球，所费甚多，不是一般穷学生可以自备得起的。所以，这个玩意，只能是他与少数高年级同学玩玩罢了。

学校又开了一项体操课，由当时的法文教员武定功任教。武是当兵出身，所以，对于教军操是胜任有余的。

第三个项目是拳术，请了一位当时有点名气的拳术师王子平[①]。他是山东马良将军手下的拳术师（据说，当时马良手下这种人很多）。师徒二人，学校给他们280元一个月。比起当时的教授（500元）差远了。他们两人都很和气，所以很多学生都选他的课。

[①] 王子平（1881—1973），河北沧州人，回族武术名家。1919年在北京打败在中山公园设擂的俄国力士康泰尔，后在陆军部马子贞（马良）部下任武术教练。1928年任南京中央国术馆少林门长，后任副馆长。解放后任上海伤科学会副主任、中华武术协会副主席等职。

唐校是一个铁路学校。一些工作的程序也大多采用铁路上的方法。例如，要考核学生是否上够体育课，也是每人发一张卡，周围边上有62个方格。每上一次课，老师就用穿孔夹剪在方格上穿一个洞，62个方格都夹满了，一学期的体育就算及格。学生偷懒，常常不去参加。就借聚会的机会，要求他多夹几下。所以，在新宿舍里，一些同学经常备些白酒、花生米与他们聚会。他们师徒二人对同学也非常亲热，无所不谈。由此，我们才开始了解到中国武术的一些事迹，和他们的经历。例如，在20年代初，一个俄国的武术团在上海打擂台，耀武扬威，说能够打倒他一个人，奖银50元。他们就跳上台去，把俄国的主将打下台来。当时，引起很大轰动。后来这个团体逃到北京，又在中央公园社稷台摆台。没想到他们会在第二天就赶到，又把该团打得落花流水。这种话都是他的徒弟讲的。当时，也从未在报纸上见过这种报道。只是在解放之后，才陆续在一些回忆文章中登载出来。

师徒二人的薪水一共是280元，比起那些教授来，当然是少得多了。但是，在那个时代，一个拳师父能够拿到200多元钱一个月，是从来没有听见过的。因此，就不能不引起当地的拳术界的羡慕和嫉妒。他们师徒二人有时出门，常常碰到一些不三不四的人，拦着路无理取闹。无非是想仗着人多，好把他师徒打倒，出他们的洋相。但是这些人怎么知道这个师父的真本事，人再多也休想打倒他。经过几个回合，这些人可能也开始认识到不是他的对手。这时王子平才说："我也知道，到这里抢了你们的饭碗。但是，学校几次三番找我，我盛情难却才来了。""我看是不是可以找个地方，我们比赛比赛。两方面都拿出自己的真本事出来。如果，我比不过你们。我二话不说，立刻卷起铺盖走。不过，如果你们比不过我，那就对不起，这碗饭应该我来吃。"

他们二人回校之后，就把此事告诉我们。我们听到要开比赛会，都兴奋得不得了。因为我们是相信他们有本事的。但是，本事究竟有多大，也从来没有看见过。现在，他们要比赛，大家都可以一开眼界了。比赛就在学校的礼堂进行。本地的拳教师有五六人参加，学校方面则有王子平师徒二人。记得先由王子平表演两个节目，第一是他拿着两把大刀，在地上打滚，对方每个人手执一个矛，向他不断地刺去。两方的兵器都是开口的。如果刺在身上，必然要受伤的。但是，我们在台下，只看到一团白光在地上打转，同时，听到矛刺在刀上的铿锵之声，根本就休想刺到他的身体。这一幕就这样过去了。下一个节目是他平躺着，把头和脚跟分别搁在一张椅子和一条长板凳之上，整个身体是悬空的。由徒弟和对方的一两个人，抬起一块大石块（估计有1米长，40~50厘米宽，十几厘米厚）放在他的肚子上。再由对方举起一个大铁锤向石板砸去。讲明要三锤将石板击碎。对方连这点本事都没有。砸了三锤石头竟纹丝未动。徒弟就不许再砸，要求立刻将石板搬下来，将师父扶起。师父重新运气，经过半个小时之后，又重新躺下。这次是由他的徒弟亲自打锤。三锤之后，石板破成两块。此时，学生一片欢呼。而本地几个拳师父也一改过去的敌视态度，鼓掌高呼，表示庆祝。还有两个竟跪下，请求收其为徒弟。

但是在我们后面，站着几个美国兵。他们是校医杨锦辉约来的。他们一直在辩论，根本不相信杨对他们所介绍的情形。美国人一直是自大惯了的，总是自认为美国第一。在那个时期，美国出了一个邓泼西①，说是在拳击中是世界无敌的。所以，他们当然不会相信，中国会有武艺超众的人。正在石板击破，王子平站起来之时，他们中的几个人就大叫"你的！

---

① Jack Dempsey（1895—1983），美国著名拳击运动员。

假的！"赶上台去。要去验证石头是假的。哪知两个人去抬那打断的半块石头，半天都没有抬起。在事实面前，也不敢再嚣张了。

这是我在 20 年代初期所亲眼看到的。每次与亲戚和朋友讲起此事，他们总是将信将疑，说我有些夸大。直到解放之后，在 60 年代前后，我们才在电视中看到这种表演。

也就在这次演习之后不久，这两师徒忽然不见了，也打听不出哪里去了。又经过了一年多，即 1925 年的冬季，盘踞在山东的奉系张宗昌与直系的李景林联合一起，与冯玉祥部队作战。当时，南方派到北方游说的李烈钧将军，帮助冯军指挥作战，大败联军，占领了天津。于是李将军当时就成了天津人心目中的英雄。各学校都请他去演讲。唐山离天津也有 150 千米，那时火车也要走 3 个小时。但是，它却好像是天津的近郊，天津的一切动静，都要影响唐山，所以学校的学生会，也请他到校演讲。那时，学校正在罢课之中。但是，大多数学生都未离开。同学们都站在礼堂门口欢迎。哪知走近一看，伴随李将军的五六个人之中，就有王子平师徒二人。我们都高兴得不得了。我们几个人听了一半报告，就将那个徒弟拉到宿舍去，探问别后的情况。原来李烈钧来北京，其目的无非是要说服冯玉祥早日出师，响应南方的北伐。冯当时正与盘踞在天津的直系李景林部队在杨村一线相持不下。李就为他策划，采取短兵相接的办法突破杨村防线，然后大队人马直捣天津。临时把王子平找去为他组织大刀队（即一手握着大刀，一手拿手枪）。由于时间短促，只选出 50 人。王子平师徒二人，只带了此 50 人上阵。李将军也是利用天津方面连日打胜仗的骄傲情绪，大刀队在半夜三更，人不知鬼不觉地闯入壕沟，见人就杀。而大军就在混乱之中，越过阵线，很快地迫近天津，直系军队只好撤出天津。这是一个很大的胜利。但是，参加大刀队的 52 人，只有几个人生还。李烈钧的讲演，我们没有听见多少。但是，其中一些话确实很深刻的。譬如，他说："冯玉祥是个基督教徒，考虑问题时，总是顾虑重重。所以做事情总是不彻底的。你既担了这个名，将宣统皇帝轰出皇宫。为什么不把他关起来。留着这个人，将来总是一个祸害。"

我与他二人分手之后，一直都没有见过他们。到了 60 年代初，我忽然在《人民画报》上看到关于王子平的报道。知道他在上海市很有名的，胸前一把大白胡子，已皤然一老翁了。又过了将近 20 年，即 1980 年秋季，我因事赴上海。临上船时，不慎把腰扭伤了。到上海即去找我的内兄杨健中，因为他在上海医界的熟人很多，他是解放前上海名医丁济万的妹夫。丁虽于解放前已到香港，但是，他的子侄和学生们都在上海的名医院当医生。健中兄同我到中医院的龙华诊所，由一位内科医生介绍去找外科医生，开了证明要我去拍照。在走出诊所大门时，我看到有几位医生在指导病人做气功疗法。我就对内兄说："想不到现在的气功已经十分普遍。我于 50 年前所见到王子平的表演现在也可以时常见到了。"内兄听了我的话就说："知道方才给你看病的外科医生是谁？他就是王子平的女婿。你拍完片子，再找他时，可以告诉他，你认识王子平。"我回到诊所时，就将我在 50 年前认识王子平之事告诉他。他听了十分高兴。约好晚上同他的爱人王菊蓉到我住处来看我，并说他岳父年青时的事，连他爱人也不很清楚。我记得那天正是阴历八月中秋。同志们为我买了些月饼和水果之类，准备招待。哪知道他们二人来了竟不能吃我们准备的点心。我这才知道他们都是回民。我告诉他们我当时看到王子平的武术表演和他参加李烈钧组织的大刀队攻打杨村之事，他们竟一无所知。因为王子平那时尚未结婚，就是有了家室之后也经年在外。从他们嘴中，我知道王子平在解放之后很受上海领导的重视，周总理每次到上海也常接见他。1960 年四、五月间周总理和陈毅副总理访问缅甸、印度等国之时，还让他们父女二人作为随员，一起出访。又知道他在"文化大革命"中受到冲击，不久就去世了。王菊蓉一直是上海体育界的领导，也是全国政协六届的代表。

我前面所提到的美国教授伊吞在1924年下半年回校。那时，我们班已没有他的课。不过我仍在他的德文班学习。我们的下一班，再次向学校提出停聘他的要求。此次不是向教务长，而是向校长孙鸿哲提出的。孙原来是南厂的总经理，在1923年暂调来校任代理校长。学生会的代表找他时，他的谈话就引起了一些学生的误会，认为上次找C.C.罗交涉，没有达到目的，是罗在包庇这个美国教授。于是，就向他提出请罗辞去教务长之职，但他也模棱两可。于是，学生会就派了几个代表到北京去找茅以升先生。他那时是交通部的育才科科长，希望他回校接替教务长之职。茅先生到校，第一次讲话，使学生很高兴。但是，过了三天，他的态度就变了。他对学生会代表表示，如果定要他来，是否可以考虑做校长。学生当时表示："我们欢迎你来，主持教务，主要是佩服你的学问。校长现在并没有辞职的意思，你怎能做校长。"茅先生也十分爽快，二话不说就回北京了。于是，学生就开始罢课。所以，从1925年春季起，就没有好好地上过课。

那时，兵荒马乱，唐山首当其冲。不久，奉军进关，学校被军队占据，竟勒令全体学生迁出校园，而学校当局也借此将全体学生开除，限期离校，我也从此失学。其实，我不能继续在学校读书，也不能全怪学校。因为，不久学校就复课了。寄给每个学生的通知书中附带着一张悔过书，只要在悔过书上签字，回去是毫无问题的，何况我在校也是安分守己的。但是，我家的境况已不再允许我去念书。

通知书由家中转给我的时候，我已经考上了顺直水利委员会，在山东参加测量工作了。每月正薪60块大洋，还有出差补助费40元，大部分可以寄回家中补助家用。所以，我就没有将信寄回去。从此，下定决心，走一条十分艰苦的"自我奋斗"的道路（但是，到了"文化大革命"时期，这都是我屡受批判的大罪状）。其困苦情况，不是现在的青年人可以理解的。

首先是学习资料的问题。在那个时代，科学书籍很少。中文书当然不必说了，就是西文的也是寥寥无几。那时有一个伊文斯公司，是可以代向国外订购书的。但是，有些书也不是我们这种穷书生可以买得起的，而我又是常年在野外，住无定处，所以，也很难托朋友去借阅。不过，我深信只要自己下定决心，就没有任何困难可以阻挡我前进的。这只是自己的毅力而已。我十分欣赏荀子《劝学篇》的几句话：

骐骥一跃，不能十步；驽马十驾，功在不舍。

锲而舍之，朽木不折；锲而不舍，金石可镂。

离校之后经常想回去看看，一直没有得到机会。后来得知，学校于1972年迁往四川峨眉山下，改名西南交通大学。通过一些校友会的同志转告，得知那里地方偏僻，连请教授都十分困难，所以常常挂念此事。后来，1976年唐山大地震，据说震中就在学校附近，校舍全部塌陷。所幸，大部分设备和图书早已移往峨眉，教师学生亦多离去。在1978年五届全国政协期间，茅以升先生曾几次找到我们几个唐山交大同学谈起希望恢复唐山交大之事。他说在美国，交大老校友林同炎（1931级，也是国际有名的桥梁专家）与他写过几次信，说唐山交大是一个国际上有名的大学，在国外，唐大的校友很多，大多是很有成就和威望很高的工程师或学者。他们都希望将学校搬回唐山，恢复原来校名，并表示在美校友都愿意负担学校的搬迁费用。茅老为此事曾几次去见当时铁道部的领导，都没有结果，不得不在茅老的带头下，在政协提出议案。记得曾连续两年提过两次。不久，茅老去世，此事也不了了之。事后得知，铁道部已批准唐校迁往成都，这样就可以解除聘请教授困难的问题。可见铁道部还是十分重视这个学校的。我们也应当看到当时的情势，解放之后全国的铁路建筑重心已经移向西部，把这个全面培养铁路建设和管理人才的高等学府设立在四川，也是理所当然的。何况，唐山大地震之后，那里百废待兴，各方面都在重建，其中当然也包括高等工业大学。

　　那时,几乎没有人懂得地图投影学,所以我不久就受到清华大学地质系主任袁复礼教授的聘请,在那里讲课。每两星期去一次,在工字厅住一夜,第二天下午回来。一个大学未毕业的人经过几年的自学,能够走上大学的讲台,自己也觉得有些飘飘然。但细细想来,难道不是与丁在君先生对我的器重有关吗?

第2篇 从练习生到地质调查所

走入社会

我自1923年暑假考入唐山大学预科二年，实际是跳了两级。到校之后，换了一个环境，一切事情都觉得十分新鲜，学习更加努力了。只是有些课程如物理、化学等，过去没有学过，在学习上存在一些困难。化学是由美国教授教，此人教课极不负责，大家对他都很不满，后来竟发展到驱伊吞和驱罗的风潮。前面已经讲过了。物理学教授是一位姓顾的教授，由于学生的不满意已被辞退了，所以就没有上物理学的课程。后来到了本科一年级，由教务长 C.C. 罗亲自执教的力学课，我就感到十分吃力了。好在他教课十分认真，讲得很慢，但很清楚。每两周就要测验一次，一般是两道题，再发还答卷时，往往还要对一些不符合要求的答卷，提出批评。所以，他教书是很认真的。只是人比较严肃，也很固执。此时我班已没有伊吞的课，只因学生会的意见我们也必须遵守，发展到反罗以致驱罗的风潮，则很多同学都不很赞成。

那时学生会那些人听了代理校长张鸿哲的话，竟搞到这个地步。张是个小官僚，对罗的大权独揽当然不能容忍。后来，发展到全校罢课，以致学生被开除出校，前面已经讲过了。前面也讲到奉军进关，占据了学校，把学生开除，并驱逐出校。但是，这也只是一部分理由。主要的还是家境的困难，使我不能继续求学。不然我还可以在复课之时，填写悔过书，也是可以继续入学的。这些在前面已经讲过了。

我一直在打算是否可以回到北平找点工作，一方面可以贴补贴补家用，还可以积蓄一些，作为继续入学之用。我在小学时的好友翟光耀当时在上海沪江大学读书，也是因家贫，不能继续。后来，教会帮助他在广州汕头的一个教会学校找到临时教员的工作。教了两年书，积累了一些钱，才把沪江读完。当时，他正将受聘去汕头，来信劝我是否可以走他的那条路。但是，我多方托人，毫无结果，连个家庭教师的位子也找不到。

当时，父亲已不上班，衙门里是一个钱拿不到，曾一度到一户人家教小孩，每月收入也不过 20 元。他也曾考虑过在广州找个工作。广州的朋友和学生也有劝他去的。但是，他总觉得年岁大了，其实那时他也不过 50 出头。国民党元老吴敬恒（稚晖）曾两次到北平，两次父亲都领我去见过他。他再三提醒父亲那个胡汉民正在得势。胡为读书时托父亲帮他在叔祖（方怡——那是总督府的幕府）前为他到日本之事进行疏通，此事未办成因而记恨。十几年了，还提到此事。所以，吴劝父亲小心。后来，他为父亲在北平的政治会议上安排了一个委员，有些车马费，也是菲薄得可怜。

从 1925 年秋到 1926 年暑期，我一直在北平。回忆此时，可记的是帮父亲在房子旁空地种花。那所房子在皇城西北角的太平仓，环城的有轨电车经过此地。所以，就有人在那里盖了些上海式的弄堂房子出租。市面也热闹起来。我们住的一个三合院（北东西三面是住房，南边只是一道围墙），墙南是一大块空地。父亲闲着无事，就将此空地开垦种花。我自1912年定居苏州时，帮助父亲种菊花前后三年，前面已经说过了。父亲说在北平种菊花不上算，辛苦大半年到开花时，已经是冬天，要搬进屋内。而屋里生上炉子，花朵被炉火蒸熏，马上失去它的鲜妍。可能是他的花友的建议，他在一家日本花店买了很多牵牛花种子。按照附来的说明书栽培，竟种出上百盆各种颜色的牵牛花，并且花朵极大，虽然不能像说明书中所介绍的，可以开到直径一尺左右，但是六七寸到七八寸是可以达到的。我们每天很早起来，只有在太阳还未出来之前，才能看到真正鲜妍的花朵。父亲说日本管这种花叫"朝颜"，而北京人则叫它"勤娘子"，只有十分勤快的人，才能看到这种鲜妍的花朵。

他那时有好几位花友，其中有东四隆福寺和西四护国寺花店的老板，他们都是种花能手。其中一位还因花种得好受到当时一位财政部长[①]的欣赏，而受到重用。这位部长后来因为金佛郎案吃过官司，也坐过牢，也是父亲的花友之一。此外，还有退休教师杨呈吾。这也可以看出父亲凡事都善于向人学习并且也很肯下功夫。父亲年青时凭着几本书，就能把基本数学学习好，教授学生，还写过一本微积分学。在苏州种菊花，也是如此。

这次种花之后不久，我就得到工作，出外谋生了。但是，这种情景，特别是那所房子是我长久不能忘的。记得解放以后，直到50年代末，我每次到京开会，有时去环城街乘车，每过太平仓时，我总要注意看一下。那时，一切如前，只是房前设立了一个加油站。但是，母亲却是不喜欢这

[①] 李思浩（1882—1968），字晓沧，号赞侯，浙江慈溪人。早年肄业于京师大学堂师范馆。民国初年历任北京政府财政部主事、盐务署场产厅厅长、财政部次长、代理部务兼中国银行总裁、财政总长等职。1924年复任北京政府财政总长，次年10月辞职。

所房子，说是凶宅。原因是在我离开后，有一年冬天父亲忽然大病一场。有一晚母亲到厨房为他烧些吃的，忽然，眼花看见一个人影。当时，她的困苦、劳累是可想而见的。所以，她常闹着要搬家。

就在这年的初秋，我忽然接到大舅从天津来信，说是他所在的顺直水利委员会要招练习生，要我去参加考试。大舅陈扬（逸飞）是苏州甲种工业学校毕业的。这所学校教书很认真，一所普通的工业学校，课程相当于后来的专科学校，出来的人都能独当一面。当时，苏州政府曾宣布，毕业第一名将留在苏州，薪金50元（银元）。这在当时苏州是相当高的，大家都羡慕得不得了。结果第一名庄均是大舅的本家舅父，大舅考了第二名。这是1916年暑期之事。到了1917年，天津水灾，北洋政府在外国公使团要求下，设立了疏浚海河委员会（这是顺直水利委员会的前身）。大舅也前去应试，成为薪金160元的工程师。这就更使人羡慕不止了。所以，他班里就有五六个同学前去参加，如蔡杨（仲留）、李文澜（海观）等。当时，大舅的薪金高是由于他的后台。因为他的舅父庄蕴宽是当时北洋政府的大官，但是，更主要的还是这个机关是洋人开办之故，经费很充足。譬如，我后来考取练习生（当时美其名曰"练习工程师"），一个大学未毕业初出茅庐之人，每月也可以拿到60元薪水，出差外地测量还加40元（均是银元）。

现在要说一说为什么。原来民国六年（1916年）天津水灾，把一些洋人的财产都淹没了，于是在北京的外国公使团就要求北洋政府设立治理海河的机构。当时政府经济困难，不肯承担。他们就出主意，说是此事既是与外国商人利害有关，似乎可以动用"关余"。但是什么是"关余"？原来鸦片战争之后，清朝政府与英国签订了丧权辱国的《南京条约》（1842年），除了割让香港，开放上海等口岸之外，还赔款白银2100万两，并且在英帝国主义胁迫之下，将我国关税交与英国人代办，税率也由他们任意决定。于是洋货充斥市场，使我国开始出现的一些近代工业受到致命的打击。例如，当时我们常州的织布业相当发达，但是，以这种粗布与美国进口的竹布相比，质量上还不能相比，何况洋布因不受关税影响而价钱反而比粗布还低。所以，不到两年，常州织布厂都纷纷倒闭。这是帝国主义侵略的另一途径。直到国民党政府成立之后，才于1929年逐步收回。但是，说起也是很可悲的。据说当英国人接办关税（后来，美法等列强也都参加了这种管理）之前，关税在清政府里，也是收入不多。主要是管理不善，政治腐败，大部分的税款都落入一些官员的腰包。自从外国人代办之后，每年除了归还赔款和战债之外，还有很多节余。这就是所谓的"关余"。此款在原则上应当归还政府的，但是，代表洋人利益的公使团有支配这笔款的权利。所以，1917年成立顺直水利委员会之时，公使团就同意由此款内拨付。

我到天津参加考试，被录取了。表面上虽然是经过考试的，但是，实际是我大舅之力。他自1917年进入这个机关，至此已将10年，是一个有经验的高级工程师了。何况在此前不久，他又与会中主要领导魏易（仲叔）秘书（即与林琴南合译英法小说的魏易）结了亲，娶了他的女儿为继妻。当时委员会会长是熊希龄，是北洋政府的元老，曾经做过国务总理，但此时也已经退下来，专心一致办他的香山慈幼院，就是水利委员会之事也只是挂了名。所以，委员会的实际领导是魏易和一位总工程师挪威人艾立逊（Elisson）①。此人原是个船上的水手，后来积蓄了些钱到美国去学习，此时可能刚刚毕业。当时，公使团是挪威公使值年，所以，委员会

---

① 即安立森（S. Elisson），挪威人，后来任黄河水利委员会主任工程师。

的总工程师由他委派。当然，挪威政府不会为中国的事派出得力的人员，所以就临时以一个大学初毕业的人来塞责。此人不学无术，当然对于水利更是一无所知，但是，为人却比较正派。

那年，我们一共考进去12人，其半数以上是苏州工业学校的毕业生，如沈念乔、陈晋模、周文贤等，因为后来分配在一个测量大队，所以至今还记得他们的姓名。陈晋模（子正）在解放之后，1958年我们搬到武汉还时常见到他。那时，他在一个水利机关工作，后来下放到县里，就没有再见到。我们在天津总部里见习了一个月，到9月初就出发到河北、山东一带。

当时共有四个测量大队，每个大队设有一个队长和一位高级工程师领导的四人小组，下设一个控制组，也是四人，即由导线班和水准组组成；另外，则是五个地形班，每个队由一位老工程师和一个助手组成。我被分派在第三大队，即我大舅任主任工程师的那个队，队长名苏以昭。在此队中我所在的地形班的工程师叫李文澜，也是苏工毕业的，与大舅同级，并且也很要好。此人除了喜欢喝酒之外，没有其他嗜好，并且好读书，写一手好字，文章也写得很好。所以，我与他相处得很好。那时，他30多岁，因为家贫，所以还未结婚。我与他认识之时，他有了女朋友，是苏州实验小学的主任丁味余。他们的通信也不瞒我，知道他们已经考虑结婚之事。一年之后，我被调到另一个班工作，知道他结婚了，并且真的把酒戒了。我为他高兴。但是，习惯难改。几年之后他旧病复发，又终日沉缅于酒中，以致夫妻不合，终于离异。但此是后话。

此时，我与他跟随大队从北京坐火车到直鲁交界的连镇（在河北境内，但离德州很近）。下车后，各个队和班分别雇大车（这是当时北方陆路交通的唯一工具）驰往预先定下的驻地。我和李的第一个住址是南宫县南的一个名叫十三青冢的小村。据本地人介绍这是汉代窦太后的坟墓所在地。因墓上生长一种多年生的草本植物,是冬夏常青的,故名青冢。我一生的征途就从这个荒村开始。

当时,由于这个地区十分平坦,不需用三角测量作为控制基础。所以,采用导线方法。当然,导线的格局是按照预先拟订的方案进行的。控制组就按照这种规定布置导线,使每幅将要测绘的地形图都有导线经过。水准组就沿着导线施测水准。将其结果送到队长办公室,室里工程师再将这结果画入预先绘好的地形图上。地形测量是按百分之一进行的。每幅图南北纬差是 $2'5$(两分半),经差则是 $3'75$(三又四分之三分)。按当地纬度计算大约是南北 4.5 千米,东西 5 千米。将这些画有导线以及注有方程的空白图分发给各个地形班,后者就可以从任意一个导线点出发,用视距方法向外扩展,并引出辅助导线,由此可以逐步将空白地区布满地形点,并根据自己的观察和持尺测工的报告,知道哪点是在道路上、干河上或村庄的房角等等。这种工作十分简单,一学就会。何况我在学校已经上过由美国教授伯顿讲的课,也做过几次实习。每个班测绘一张地形图,至多也不过一星期,所以,在一驻地至多也不过住一星期,搬家是十分频繁的。

队中规定每个工程师必须雇佣一个仆人,除了做饭,还要为搬家的事料理和照顾一切。我们每天七八时吃过早饭即出发工作,中午也不回来,带了个饭盒(那时都是两三层的圆形搪瓷饭盒)。那时也没有暖壶,中午临时找了小村花几个钱请代为热一热,并烧壶水。有时村庄太远也就将就吃一顿。可是到冬季则比较困难。有时我们也带两个棒子面粉饼子,藏在棉袄内,中午吃也不太冷。总之,一切须为工作着想。好在年纪轻,对身体也没有什么影响。早上七八时出门,一般是下午五时左右回住处。每天行走路程经常是 40 里。这也是青年时的一种锻炼。回到住处，吃完饭后，就要开始自习工作。我往往看书要到晚上一二时。李先生则在饭后，总是喝酒，读《汉书》，有时也朗诵一些文章。我们彼此不相干扰。记得 1927 年，我翻译了一本英国的《近世几何学》，请他作序。序言中提到当年我与他同在农村时的情况，颇能看出当时的情景。记得有："……我醉歌眠，一觉醒来，方君犹埋首治算，盖其勤如此，其术遂日以益……"可惜此书已找不到了。

当时，我们二人日间一起在野外工作，晚上则住在一起。在北方农村中，有时住在破庙中，有时则在农民的草屋，而有时又可住到地主的书房。在冬季，北方的寒是可想见的，尤其在荒山破庙中，往往在睡梦中被寒风吹醒。但是身体并没受什么影响，这可能是每天 40 里的奔波，反而把身体跑好了。那时的学习说来也很可怜。除了在学校念的书之外，也没有资料。那时学习的困难恐怕也是现代青年人不可以想象的。中国的科技书籍可以说是一本也没有，外国的也很难买到。但是我手头竟有一本 Goursat《数学分析》① 第一册，也不记得此书从何而来。这本书是数学分析的入门，但是，有很多应用课题。读了此书不但为我打下了数学的基础，并且对我正在进行的测量工作也有参考价值。

我当时的学习盲无目的。除了温习从学校带来的书籍外就读这本书。到了第二年我忽然收到在北京的朋友寄来的一本美国 Hosmos 的大地测量学的翻印本。这可能是我国最早翻印的一批外国科技书籍。那时的翻印是十分简陋的，是直接将原书的每一页的印刷字版直接压在石印机的石板上，然后印出来，不但字迹不清，还有许多经过修描而产生的错误之字，

---

① 法国数学家古尔萨（Edouard Jean-Baptiste Goursat，1858—1936），所著《数学分析教程》十分有名。

所以读起来很费力。这本书也是十分肤浅的。但是，在当时对我却起了启蒙的作用。以我当时的水平，当然也不能全懂。只是对我所进行的工作有很多启蒙。例如我们地形班每次拿到的空白图纸上面所画的格线是怎么画的。有一次，我到队部去，看到一位工程师在画格线，是根据一个表上面标明为 logM 及 logP 画的。我就问他，此表代表什么，他竟不知。问了一些老工程师也说不知。说是此事恐要问总工程师，即艾立逊。我好容易等到暑假，见到他提了这个问题，竟被他训斥了一顿，说："你的任务是测好地图，问这些事做什么？"可见他也不懂。后来，我有一次被调到队部。一天正在画图格，忽然想起书上所说，不觉恍然大悟："这不就是经纬线段的长度吗？两端略向上翘不就是纬线的曲率吗？"后来才知道这是美国在一些测图中所常用的所谓多圆锥投影。在图幅不大，例如我们所测的 $2'5 \times 3'75$ 的图幅，甚或更大一些的图幅上，直接以等长（当然按比例尺）的直线来代表经纬线就不会产生明显的误差。但是，在那个时期又有谁能给你讲地图投影问题，只是书上有时遇到这个名称而已。

　　我与李工程师当时的生活就是这样简单。从早晨出发在外工作（大部分时间是赶路）一日，黄昏时回住所，晚饭后就开始我的学习。一点娱乐也没有。就连找朋友谈谈天的机会也不可得。而且一个驻地至多也不过待一星期，所以搬家频繁。每大队有两个护兵，可能是从附近县里借来的。那时地面比较平静，护兵并没有什么作用。他们都是本地人，对地面比较熟悉。所以，队里就把"打店"之事，即根据各班组测量的计划，为联系新的驻地，并与地方上的村长或保甲长商量照顾等事，交给他们。这两个护兵每月还须轮流到天津一次，除了将已定稿的测图送回总部，将一些寄到总部的信件带回，并且还可为队员们买些东西。也无非是油盐酱醋，一些干菜或腌鱼肉之类。那时，食品罐头是没有的。所以，我们的饭菜也是一个难题。在那个地区村庄很稀疏，根本没有商店。蔬菜是没有地方买的，肉更不必说了，除非你赶到附近的镇集。但是离驻地起码十几里乃至二十多里地远。我们两人每人用一仆人，每天忙碌料理住处之事，不可能去赶集。所以就地取材。那里每家农户养鸡，价钱也不贵。所以就几乎顿顿吃鸡和鸡蛋。开始时，也觉得很可口。但一两个月，顿顿如此就腻了。这也是我后来不吃鸡肉之故。两个仆人为我们做饭，包括我们在野外，中午时的饭盒。但是，他们的重要性还不在此。每星期的搬家，从收拾行李，捆扎装车，一直押运到新的驻地，然后布置新住所，也够他们忙的。我们二人以及测工不能为此耽误工作。仍照旧出发工作，只是收工时直接奔赴新址而已。仆人工钱各十元，加上伙食（连同仆人的），每月30元是少不了的。所以，我只能每月寄70元回家。家里每月还需还些历年积欠，也不会很富余，当然，比过去是好多了。

次年春季，我们各测量队已测近直鲁交界处山东临清县，这是沿运河的一个大码头，商业十分兴盛。大队队部也从河北的泊头镇搬来。我们在测量接近城区之时，也在城里住了几天。他们都住在一个富商的房子里。这个富商，在地方上是相当有势力的，可以左右县里的一切事务。到此演出的戏班或走江湖的妓女都需先去拜访他，不然就休想在此立足。队部驻在他家，苏队长与他天天见面，互相应酬，陪他打牌，也无非希望测量队在外的工作能够进行得顺利些。那时那一带农村确实不很平静，并且越来越严重，我们的工作遇到很多困难。原因是那里的红枪会运动日益猖獗，这都是当年义和团留下的余孽。他们是有组织的，有些地区叫作红枪会，也有的地区则叫大刀会。大部分的人是受当地地主雇佣的，利用他们来对付当地的土匪。有些地主的子弟也参加这些组织。他们练习武功，宣扬刀枪不入的功夫。这本来也是未可厚非之事。但是，地主中有些却把测量队看作眼中之钉。因为他们认为测量无非为了修铁路。修铁路就要圈划地方，迫着一些村庄迁移，而铁路修到哪里仗打到哪里。这当然是当地人民的无知，也怪测量队不作任何宣传。修铁路也是好事，把事情讲清楚也不会引起这种误会。另外是测量队在那里工作，多多少少会使农民蒙受一些损失。例如，我们把测量路线通过麦地，在麦地里来回行走，就不免损伤农作物。何况四个测量队，三四百人，总难免良莠不齐，有些人作出些不法之事。我在参加测量队之初也曾听说四个测量队有"酒色财气"的雅号。我想这也不过是别人之事，不能概括其余的。但是，有些事也是相当严重，影响很大的。例如，四队的孙泽芹队长是个很好的领导，我一度与他相处，觉得为人很正派，对人也很和蔼可亲。但是在两三年前，他所领导的测量队却因测工酗酒，打死了人，引起很大的麻烦。原因是他当时好酒，队员、测工也常在醉中。有一天，一个地主家出殡，抬了棺材沿道路而来。而当时测队的工头竟把住路口不让过去。开始时，那地主家还是相当客气的。令孝子跪在标杆前，请求将标杆移一下，而此工头竟拒绝了。由此引起口角，终而动武，测工竟把孝子打死了。这就不能不引起公愤。当然，测量队就无法在这个地区工作了。后来还是老会长熊希龄出面，省里派人下去疏通，才赔了些钱了事。孙队长也因受此刺激，竟吃起素，念起佛来。上有所好，下必甚也。所以后来那个队的队员和测工竟有不少人信佛的。这当然也是地主们的一个口实。总之，他们对测量队没有好感。虽然不敢公然出来干涉，阻止测量队的前进，但是暗中破坏。例如，叫一些小孩以拾柴为名偷偷将导线组打下的标志木桩拔出去，甚或移到另一个地点，打入地内。有时则在选定的村庄找不到住处，等等。

正在此时，红枪队和大刀队在广宗附近的村镇开八县联盟大会。有人为我们出主意，说这是个机会，可以派人送封信去，说明测量的目的。最好找个文学好的人起草，文字要写得漂亮，字写得好。因为他们有个老学究是前清的秀才，自以为文章写得好，也喜欢一些文学好的人。此事就落在海观先生身上。他用"四六文"写了一封长信，字也写得很漂亮，说明了我们工作的目的，并说将来兴修水利，农村是首蒙其利的。此信果然起了一定的作用。据去送信的测工回来说，当时他们头在会上就宣读此信，希望回去之后注意保护。当然保护是不会的，只是一时不再发生破坏之事罢了。

不久，进入暑期，农田已"青纱帐起"，高粱已有一人多高，测量就真的不能进行了。在那个地区，一年两季，自冬季种上小麦，来春收割，再播种高粱，产量很低。在地主的剥削下，农民的生产积极性是不高的。在那个地区往西直到河南东部临漳一带，在民国初年，历来是土匪出没的地方。两年后我曾随测量队在此地区工作过，就常常为此担心害怕。此是后话，以后再谈。而我们直鲁交界地区的工作一年未曾遇到土匪的干扰，未始不是红枪会在起作用。

野外工作暂时结束，照理应当回到天津在绘图室工作。但是，此时要有少数队员分派在各大河的指定地点，观测河流的流量。原来，水利委员会的成立是为解决海河的问题。测量了好几年，地图确实测了不少，对于河北河流的治理，也有一些方案。但是，那个北洋政府哪有能力去执行，所以，也只能做一些治标的工作，也就是在洪水时期派一些人在几条大河驻守按时测量流量。如流量超过所规定的数量时，就立即电告驻天津总指挥部。他们根据各路的报告推算同时流入海河的流量。如果超过海河容量时就必须在某一河道上游决口。我当时是很反对的。你想为了保护天津，使许多农民流离失所，于心何忍。解放以后我们也有为了保护大城市在农村决口之事。但是，其性质是完全不同的。在决口之前总是预先将该地区居民迁出，在生活上予以特别照顾，使他们安然渡过洪水侵犯困难。事后，回到家园，也要拨付专款为他们重建家园。这是新旧社会的不同之点。

参加这种观测的人也并不是会里或队里指派，而是自愿报名参加。所以参加者都是家不在天津的，特别是像我这样的年轻人。因为回到天津，野外津贴没有了，而生活上的花费又大。所以自愿去的大多是我们新进会的人。但是，仍须有一些老工程师。每班只有两人，外加四五个测工。领导我班的是一位叫崔炳廉的工程师。他可能是北洋大学毕业的，年纪并不很大，为人和蔼可亲。我们驻扎的地点是滹沱河与京汉铁路的交会处。滹沱河发源于山西五台山，流入河北与滏阳河相汇合，称为子牙河，是河北五大河之一。我们的住处就在滹沱河铁路桥南2千米的柳辛庄，距石家庄5千米。工作很简单，只是在铁桥上流选择一个剖面，在水小时把剖面测好，洪水来时，就观测流速，由此测出流量。当流量超过标准时就必须立刻打电报到天津。平时也没有什么事可做，只是派一两个测工在桥边守候而已。所以，我读书的时间很多。

那位崔工的家就在附近的行唐。他把工作向我交待清楚后就回家去了。他为了我方便起见，把我介绍给在石家庄站一位主持护路工作的王工程师。他也是唐大的校友，与我很亲热，经常派摇车来，把我接到石家庄。那时也没什么娱乐，那些工程师有闲总以打牌来消遣。我去了也邀我参加。我觉逢场作戏，也是无所谓之事。哪知有一次，从邻站来了两位工程师，也约我去参加。那次竟被这两人抬了我轿，我输近百元之多。我那时赤贫之人，哪有能力可以偿付这笔钱。还是那位崔工程师为我先垫出，以后我陆续归还。我初出茅庐，涉世不深，所以栽了这一下。但是，对我一生也未始不是个好事。从此之后，我从不接触这个玩意儿。

崔工大部分时间住在他家里，回到驻地已接近结束了。不久我们都回到天津，知道委员会已由南京的国民政府派员来接收了。派来之人是一位水利专家，名李书田。他长期追随当时颇负盛名的陕西水利学家李仪祉先生，又到美国去学习了几年。所以，我对他确也抱了一些幻想，认为今后可以会真正搞些水利建设的实施，不再毫无休止地进行测量。不久，这种幻想也破灭了。那时，委员会虽然改组，但工程技术人员一个也没有辞退，只是将那位外国总工程师辞退了。魏易自动告辞，大部分的行政人员也被免职。一时新的行政队伍未能配齐，很多工作都临时调用一些工程技术人员。

我回到天津，经济就十分拮据。因为此时只有薪金60元，北京家用每月仍须寄出，天津生活又比较贵。后来，还是我的外祖母为我联系了一家亲戚，让我住在他家。此家除老夫妇之外，还有儿子刘印紫及女婿钱铭如等，前者是省政府的一位科长，后者则是天津部队的一个营长。他们待我都很好，把我安置在一个小客厅内居住。居住地点则比较远，在河北的六纬路。我每天早上坐电车到日租界以北的东南城角，然后步行到意租界五马路的会所。中午一顿是在附近小馆子吃的，下午下班之后才回到刘家，在他们那儿吃顿晚饭。晚饭后，有时也陪他们聊聊天。他们总喜欢打牌，此事我就不肯奉陪了。所以晚上仍有很多时间读书。

在这个时期，我曾翻译一本英国出版的《投影几何学》（我的译名是《近世几何学》）。那时的著作很难找到出版的地方。后来，我父亲得知此事后就叫我寄给四叔方毅（叔远）——他是父亲的堂弟，又是表兄弟，即父亲是亲兄弟，母亲为亲姐妹，所以十分热近。他自从清末追随陆尔奎开始做字典和词书的编辑，到此时已经十多年，在商务印书馆也是一个有地位的老人了。我将译稿寄给他。但是，如石沉大海，几年都没有出版的希望。后来，日本侵略军占据东北（九一八事变），他们发动侵沪的战争，派飞机轰炸上海，把商务印书馆炸了。四叔给我来信，说起馆中损失惨重，他几十年辛辛苦苦收集的几柜资料全付之一炬。但是，信中却说此事可能对我是好事，因为积稿烧毁，到我的稿子为止，所以认为可能有出头之日。果然不久就接到商务来信说我的书已出版，并寄来了第一次的版税。数目不多，不过百多元。这是我最早的稿费。而四叔则从此走入仕途，到铁道部做官了。此书现在恐怕已找不到了，可能老的图书馆如北京图书馆或北大、师大图书馆或可找到①。

我在天津大约住了大半年，结交了一些工程人员。回忆起来，有些人确对我很有影响。我每天早上上班，中午就在附近吃顿中饭。既要省钱又想吃得舒服些，到处打游击，总是找不到一合适的地方。有一次在一个饭馆内遇到一位在会中设计室的工程师徐邦荣。他是天津人，因为住得远，不想回家午餐，所以也在附近吃午饭。他就劝我同他在一起，每天中午在那个饭馆吃饭。他已在此吃了一年了，所以，与一些伙计和老板都很熟，也不用点菜，由店里安排，并且也不用每天付款，只是每半月结算一次。由于是老主顾，所以菜也很可口。当然也不是什么贵重的菜。我们两人只吃一个"和菜"，就是蔬菜又加一些肉丝而已。如果炒的时候多加些油，就很可口了。我和他每天在饭馆里见面谈天，觉得此人思想是比较进步的，后来我参加测量队出发，就分散了。一直到解放之后，大约是1952年五一，我到北京开会，有幸参加天安门的观礼，忽然发现他就站在离我不远的地方。我们二人相见十分兴奋。我知道了从我们那次分别之后，他就参加了党的地下工作，后来天津沦陷到了解放区工作，当时他已是河北

---

① 《近世几何学》，（英）E. A. Askwith 著，方俊译，上海：商务印书馆，1933年初版，342页。此书国家图书馆（即原北京图书馆）藏有初版本。

省的水利厅厅长①。此次见面之后，也没再见过。

测量队回津，使办公大楼十分拥挤。我们这些人都分散在各个办公室里。我被安排在绘图室中。绘图室主任是福建人吴思远，是英国格拉斯哥大学毕业的。副主任则是30年代领导我们在北京地质调查所编纂申报馆地图集，并相处十年的曾世英（俊千）先生②。他也是苏州工业学校毕业的，可能比我大舅低一两级。他初进去的时候也在绘图室，工作平平，没有什么特殊的地方。后来，他被调到图库，代替一个不大称职的管理人员。那时的图库，在历年的不断测量中，也已经积累了几千幅图。所以，要想找一张图，总要两三个人进去，翻箱倒箧，一天半天也不一定找到。自从曾世英进去，经过一番整顿，就有些次序了。有一天，那位总工程师艾立逊到绘图室要张地图。根据过去经验，他估计是一时拿不到的，与吴主任谈了几句话就准备回去。哪知脚未出门，那张图已经拿出来。他十分惊讶，问是如何搞得。曾告之几个月来，他将所有图幅一一按经纬度编上号码，分别放在图架的不同隔层，又绘制了一张索引图，要哪张图只要在索引图看号码，按号码从图架的有关层次抽取所要的图。艾对此十分赞许。不久，就将曾提升两级，并升为绘图室副主任。艾虽然是学识平平，无所建树，但是，我对他善于识别人才，提拔人才却十分佩服。

我去的地方是在两位做计算工作的工程师的旁边。二人一姓许，一姓张，都是北洋大学毕业的。由于数学好，所以分配做计算工作。他们一天

---

① 徐正（1891—1972），原名徐邦荣，天津武清县人。1920毕业于北洋大学土木系。先后在运河工程总局、顺直水利委员会、华北水利委员会、整理海河委员会等处工作。1946年参加晋察冀边区工作。1951年任河北省水利厅厅长。1962至1966年，任河北省政协第二届委员会副主席。

② 曾世英（1899—1994），地图学和地名学家，江苏常熟人。1918年苏州工业专门学校毕业。曾任顺直水利委员会（华北水利委员会）副技师和绘图室主任、地质调查所技正和简任技正、新华地图社社长、国家测绘科学研究所研究员兼副所长等职。

到晚摇计算机（记得是两架 Marchant 计算机），主要任务是将一个地区的控制测量进行平差，以便与以前的测量能够衔接。与他们谈论，看他们的工作，我开始了解到控制测量中的误差和如何处理的问题。他们的数学都是很好的。我也是很喜爱数学的，常常与他们谈话，也是得益不少。

1928 年春季，我们测量队终于出发了。此次是一个新测区，在河南东北部新乡以东的地区。参加者只有两个大队，即前文所提到的孙庆泽的四队和耿以礼领导的二队。我属后者。早就听说此人很难相处，经常有一些队员为一些小事与他吵起来。他人也老了，但也不过 50 过头。队员尊重他年老，总是让着他。我与他此次相

方俊等在进行测量工作

遇，后来又在东北相处大半年，没有少受他的气。

我开始与一位名林庄的福建人在一个地形班。他是英国留学生，很奇怪的是他对一切科学知识很肤浅，工作时经常出错。有一天，我和他散步，走上一山坡。他忽发奇想，说："密斯特方，可见地球是圆的。"我说："是的，但是为什么会发此语？"他说："方才我来看不见前面的房子，现在慢慢看见屋脊，看见房屋了。"我真是啼笑皆非。后来了解到他是学经济的，回国后一直找不到工作，还是吴思远主任为他在队里安排了一个技师的位子。可见当时求职之难，真正难于上青天。政治腐败，各种

事业都不能发展。一些学有专长的人才，也不能发挥其专长，不得不做他们外行之事。所以，我反而与他很相亲。他年岁也在50左右。我对他很尊重。此人很讲究吃。有一天他打听到我们测量地区（淇县）的淇河是出产鲫鱼有名的。他就派了一个测工到大来店的鱼塘去买了两尾大鲫鱼（每条有一斤半，是我从未见过的大鲫鱼，但是价钱也够贵的，每斤6角，是当时肉价的3倍）。他拿出带来的福建红糟烹调，口味十分鲜美。后来，我才了解到淇河之鲫是自古有名，与河鲤齐名。

我们测区也是历史上有名的，古迹甚多。如汤阴的羑里是商纣王禁闭文王之处。汤阴又是抗金英雄岳飞的故乡，城中有岳庙。淇县是战国时的卫地，安阳则是商都之一，古迹是很多的。但那时我没有时间去参观，也没有这种兴趣。那个地区是土匪出没的地方，特别是靠近临漳一带，更是猖獗。枪击绑票几乎是十分常见。但是，我们在那前后八九个月，竟安然无事。难道真像我们去年在直鲁交界处，被红枪会逼得无法，一度住在号称土匪窝的贫苦村庄里所听见的"你们几千里来到我们这地方无非为了谋生，也是穷人。几千里都没出事，难道我们会伤害你们！放心好了！"其真有"盗亦有道"乎？后来我被调到队部，就一天到晚与那位队长闹气。

1929年夏，耿队调回天津。我们略加整顿，就出发东北，到辽河去测量。这是应东北当局的请求去的。原来东北张作霖被日本人在皇姑屯炸死之后，一些老臣就扶持少帅张学良，很想振作一番。但是，东北的主权也被老帅断送殆尽，再振作也是有限的。例如，修条铁路都须得到南满路的准许。他们修了一条从四平街到白音太来（后称辽源）的铁路。日本人认为是南满路的补给线，同意了。后来，他们又从京奉铁路的打虎山修了一条支线到辽源。于是把南满路西部包围了，北满物资可从此路运到奉天，再由奉天用京奉路运进关，也可谓用心良苦了。此时，他们在修建葫芦港，如果再把辽北打通，则北满的物资就可以直接出海，所以要我们去测量。我当时不想去，免得天天与那位不讲理队长打交道，还是崔炳廉工程师劝我，希望我协助他测导线，我就去了。

记得是1929年9月从天津出发。到达奉天后，又由铁道局调来一辆客车和一辆铁篷车，前者坐人，后者则运载行李及仪器标尺等。在我们上车之时，忽然来了一位穿西服的人，一口流利的东北话。我们都认为可能是新闻记者。他一上车就坐在队长的旁边。队长也不认识他，可是很兴奋，告诉他我们的任务和去东北的意图，谈得津津有味。过了两站，那人要下车了，拿出一张名片给队长。看姓名上一个"込"字不认得。他就笑笑说你们中国没有这个字，我们读作"Komi"。这才知道他是日本人。我不能说，在我们后来工作中到处碰壁与他的失密有关。因为日本人之于东北是处心积虑的，难道这种事情不会打听出来。但至少可以看出队长的糊涂。我们到达工地之后，沿着辽河及两边的地方进行测量。开始时倒也很顺利，但是，崔工程师有一次从大车上摔下，把胫骨跌伤。先送到四平街，后到奉天的南满医院住了些日。再后来，他竟回家乡去养病了，留我一人独自领了一些测工进行工作。开始我也不在乎。但是，到了此年春季，测量接近铁岭，这是辽河与南满铁路交会之处，工作就开始发生麻烦。测工经常挨打，也经常发生标志被拔或移动之事。但是，日本人并不出面，都是一些汉奸在那里捣鬼。我也把问题看得很简单，认为大约是地方上的一些流氓在闹事。所以，写信给队长请他与当地政府交涉一下，派些人来保护保护。他竟置之不理，反怪我多事。后来越闹越凶，并且探知是日本人在作梗，我才开始觉得问题严重，就亲自到队部与队长商量，请求他下来一次，亲自看一下，然后商量一些对策。如报告总部，请他们向东北当局交涉，或者暂时放弃这个地区让测队调到另一测区去工作，等交涉有了结果再回来继续工作。他竟一口回绝，也不肯下来看看。

此事我十分气恼，但也对他无可奈何。回来之后，忽然接曾世英先生从北京的来信，说他已到北京地质调查所，并将为丁文江和翁文灏先生编纂《中国地图集》。他在信中告诉我丁、翁是当代有名的地质学家，问我是否有意参加他们的工作。我当然很愿意参加这个工作，但是如何脱身去则想不出一个办法来。我给他回信，告诉他我很愿意前来参加，并诉说我目前的困境，是否可以由地质调查所向水利委员会调用。去信之后不久，我又一次到队部请求队长下来。此次后来闹得很不愉快，我们最后大闹一场。我回来之后郁郁不乐，个把来月，一直不能工作。此时，又接曾的电报，大意是如有意可以先告假回京，他们会向水利委员会去调函。我就卷了铺盖，带了我的仆人，离开测地。临行留了一封信给队长，也只说身体不好，目前又不能工作，要请假到北京看病。当天到了四平街，次日又坐了南满路车到奉天，从奉搭京奉车回京。沿路所见真是触目惊心。在四平街住客店，查店的都是日本兵，而在街上巡逻的也是日本宪兵。上了南满路火车，不用说了，早是日本世界，只有坐上京奉铁路的火车才感觉自己回到了祖国。看到那些无票乘车的东北兵还在喧呼作乐，我的心也碎了！

进入地质调查所

我到家之后，住在我外祖家。此时，我家已移居镇江。父亲在朋友的帮助下，好不容易才在镇江的教育厅谋到一份差使。薪水虽不多，但也可以勉强维持了。特别使他高兴的是三舅公庄思缄老先生已就任江苏通志馆的馆长，办公和住处就在焦山。父亲就将家安在那里。他每天早上乘小船到镇江上班，下班后又乘小船回焦山，母亲和两小妹［莑与蒪（后改名烨）］也在那。在这一段时间，他的心情是比较舒适的。据他来信说，在那里春天还可以吃到刚捞起来的新鲜鲥鱼。我的大妹菁和兄弟俨都在北京读书，此时大妹妹进美专，兄弟在师大附中，不久也考入清华大学。两人生活费每人每月25元，所以，如果父亲没有工作，我就很难应付了。

到京的第二天，我就到兵马司地质调查所去找曾世英，由他介绍认识了丁文江和翁文灏先生。此时丁已不做所长，但是他每天仍在图书馆楼下的一间小屋里工作。翁文灏是当时的所长。我当时就留在那里参加工作了。当时后楼，即沁园燃料研究室大楼还没盖好，我就在所的对面一座平房——此房前门是丰润胡同，后门则在兵马司与9号的研究所大门相对。那时已请了几位前陆军测量学校制图科毕业，并在测量局工作过几年的绘图员，如安秉坤、鲁巨川、白蕘彬、张继绵等人开始工作。他们将当时图书馆收藏的十万分之一和五万分之一的地图缩成百万分之一的比例尺。前者是调查图，是不很可靠的，特别是高度有时可差得很多。后者则名为实测图，原则上是用小三角测量作为控制所绘的地形图，但是准确程度则各省不同，特别是省与省的交界处不能衔接。我与曾的工作主要是收集资料，我们终日在图书馆里找资料。地质调查所的图书馆当时是相当完备，当然也只是对地质学来说，至于

方遥、陈鸿夫妇和女儿方烨在镇江焦山

地图资料还是很少。当时，北京图书馆已经成立，主持地图部的一位王庸主任也是江苏人，对于我们十分热心，不但将馆中历年收藏的图或与地图有关的书籍一一为我们介绍，并且为我们提供一些线索。我记得当时的内部18省东部都有十万分之一图或五万分之一图，只有福建是例外。据说是因为福建离日本盘踞的台湾太近，为了保密，有意识地不测，所以我们编制福建地图时，只是根据一些路线图拼接的。东北三省当时也没有实测图，是采用帝俄时代所出版的1∶84 000，即1俄尺等于100俄里的地图。后来，1936年我在南京改编申报馆地图集时，留日的地质学家马廷英先生冒了很大风险带回3箱东北的1∶50 000地形图，是当年张作霖时代所测量。由于保密，国内竟无人知悉，九一八事变后落入日人之手。马先生买到一份，带回来，赠给了地质调查所，我才能利用它来修正旧图。在兴安岭地区，高度竟差到一千多米（俄图太高了），但此是后话。西部如甘肃、青海，以至新疆、西藏地区则大多用外国资料，或者是探险家所测的路线，或是印度测量所刊印的地图。那位在敦煌盗窃古物的斯坦因的书中也有几幅河西走廊的地图可资应用。我们编图之初，瑞典的斯文·赫定（Sven Hedin）也在新疆探测。此时，政府已有一定觉悟，就由北京的一些学者出面要求有中国人参加，所以改称中瑞科学考察团，并且订有合同，所有收集到的标本以及所测地图必须留给中国一份。他们所测量的一些图，以及路线图都留在我们的制图室，由他的一位秘书诺林（Norin）与我一起整理。我和曾先生都怕忽然变卦，所以我们二人有一天乘诺林不在的机会，把图抱到天津，在水利委员会的复制机（photostat）一一照了下来。我们连续工作达一天一夜之久，也不觉得累。第二天，我们将图抱回去，仍旧照常上班。可见在当时，就是一张图片，对我们都是有用的。

在丁先生的主持下，决定将此图送到日本去印刷，他认为在国内无此条件。曾世英为此曾两次到日本去接洽，最后与三林印刷公司签订合同，由他们刻铜版印刷。此事引起了国内图商的抗议，在报中大肆攻击。其实他们本意并不在此，出版地图是利润很大的，他们已意识到此图一出必然要抢去他们大部分生意。这事当然是在君先生之事，他是很善于打笔墨官司的。当时的图商不外上海"太平洋人"和武昌的"地图学社"。他们辗转抄袭，也不知他们的原始图是哪里来的（一说是日本出版的地图），表示方式也很落后，如用笔架式和毛毛虫来表示山脉，至于地图投影则更不知是用的什么投影。我曾将他们的图用尺量过，大部分都不合规格的。我们的图则正式用规则的地图投影来绘制，地形用等高线和分层设色来表达，这是当年我国地图绘制的一大进步。

那时我们的分幅图都逐步编成，并清绘送交日本去刻铜版。此时，我们必须考虑另一问题，即全国的总图如何画法。记得最初提出的是亚尔勃斯投影，即等面积圆锥投影。这种知识是哪里来的？我前面已经讲过，我那时经常在图书馆里找资料，后来终于发现了一套美国海岸陆地测量局（U. S. Coast and Geodetic Survey）的不定期刊物。这套丛书那时已出到一百几十册，都陆续寄赠地质调查所。这套丛书对我一生起着很重要的作用，我后来所走的科研道路，大多都是发源于此书的指引。例如，我前讲到在水利委员会时，所测地图都是用多圆锥投影。将此投影用于我们所编的图幅，即东西南北的误差都在2°~3°，在图幅的边上也有明显的误差，但还不严重，但是用于全国总图，南北达四五十度，东西七八十度，则其误差之大就不能容忍了。在这套丛书之中，就找到很多关于地图投影的著作，作者是该局的数学家亚当氏（O. Adams）。书中不但有地区性的投影，更重要的是全球的各种投影，这些都是数学的应用。我是很喜爱数学的，所以他的书竟把我吸引住了。亚尔勃斯是这样提出的，后来又提出了兰勃脱投影，即圆锥正形投影，为此我计算了很多表。

那时，几乎没有人懂得地图投影学，所以我不久就受到清华大学地质系主任袁复礼教授的聘请，在那里讲课。每两星期去一次，在工字厅住一夜，第二天下午回来。一个大学未毕业的人经过几年的自学，能够走上大学的讲台，自己也觉得有些飘飘然。但细细想来，难道不是与丁在君先生对我的器重有关吗？次年，我又一度在北京大学的地质系讲了一些时候的测量学。那时，丁先生对我是很关心的，经常到我的绘图室来（这时，那幢沁园燃料研究室大楼已竣工，我们搬到三楼工作）。有时，也把我叫到他的办公室，问些关于数学的问题。当时的地质学家对于数学是不关心的，但是此时他正研究人类问题，经常找一些人去测头额，进行统计。对于统计学，我也不懂。他把一些书给我看，希望在数学方面帮助他一下，我也尽力而为。他的虚心好学是我一生难忘的。

现在，我要谈一谈我的婚姻问题。我少年时，即在中学时期是有一位女友的。那时外祖父新认了一位湖南衡山的本家陈梅生，他是前清的翰林，也是袁政府的议员。他的儿子也是一位议员，他们都是衡山的地主。这位翰林和他的儿子（我叫他二舅）经常不在京，大部分时间都在家乡，但是二舅母带了三子一女长期住在宣武门外丞相胡同的湖南会馆。他的第二子陈盛可与我很要好，到外祖家时总是与我在一起。有时他也邀我到他家，如此就认识了他的妹妹陈佩鑫。我在中学读书之时，几乎每个星期日总要去她家与盛可等谈天，就是我不去，盛可也会来找我。此外，她还有长兄和三哥两位兄长，此二人都是不肯好好念书之人。长兄陈茂其后来在一个警犬学校训练警犬，他的夫人唐国桢却是一位很努力学习的人，女师大毕业后就工作。国民党政府成立时，她竟是国民党的中央委员。她当然是不会与她的丈夫生活在一起的，不久就离异了。茂其则在1937年12月日本侵略军的大屠杀中被枪杀。至于三哥则是一个神经很不正常之人，也是青年时死去。我与佩鑫几乎每星期都要见面，两人谈得也很投机，但是从未想到是否可以发展成更亲密的关系。我那时年纪很轻，也知道自己家景困难，不能考虑这个问题。她似乎也只是把我当作一个朋友。她家还有一位常客，就是汪振武君（后改名健君）。此人不是学校出身，可能由于家学渊源之故，他的文学很好，字也写得很漂亮，后来在清华大学注册科工作，很受校领导和一些老教授的器重。我在解放后，一个偶然的机会与他相见，一直互通消息至今。我每次到京开会，总要到清华西院去看望他。佩鑫则在我考入唐大之后，特别是参加野外测量，长期在外后就疏远了。后来她与一位福建人郑逸群结婚，婚后二人双双赴德留学。我于1938年春季在柏林时还到过他们的家，知道他们都在攻读化学。直到日本投降两年之后，他们才回国。他们到南京找我，我那时在地质调查所内忙于申报馆地图的新版工作，相见之下，十分兴奋。我知道郑在德是专攻制铝的，在工厂工作过几年。那时中国的炼铝事业还未发展起来，资源委员会正在筹备炼铝厂，我就把他介绍与翁文灏先生，后来得知他们不久就到台湾去就任铝厂的工作了。以后，我们也从未见面。盛可则与我经常通信，这是我少年时的朋友。

我住在外祖家，外祖母很关心我的婚姻问题，可能我在镇江的父母也时常写信提起此事。起初她和几位姨母总认为我与佩鑫很可能发展为更亲密的关系，后来知道我们不过是一般朋友的关系，外祖母就开始托人。有一天，她的表弟汤滁（定之，我应叫表舅公）来看她。谈到我的婚姻问题，汤说有一人家是很有钱的，有个独生女儿，正请他为她物色女婿，并说："君选是很努力的，找个富室招为女婿，也可以出国深造。"外祖母把此事对我说了，我说："我是赤贫之人，怎么敢娶富家之女，何况是个独女。"外祖母把此话向定之先生说了。不久他又来了，告诉外祖母说他的亲家杨景苏家有几个女儿，大的都已出嫁，第六女新宝是他未过门的儿媳，中间还有一个五女明士，正待字闺中。并说景苏先生从前也是在广东，在父亲的学堂教过书，革命之后分散了，两家也不相来往。外祖母与我提起此事，使我想起初到北京之时，父亲同我到中央公园（现在的中山公园）去，进门后，指着东边的一所平房和一个网球场说，这是行健会，有位杨老先生是提倡体育的，经常在此打拳和打网球。我将此事写信告诉了家里。后接父亲信说杨先生是一位很正派的人，这个家可能是很好的，但不知他们是否愿意把女儿送到我们这穷家庭来。外祖母将此事告诉了定之先生。事情的发展竟出乎意料之外。不久，他的次子汤逢即来找我，约我同去杨家。我记得那时是八月中秋以后不久，我按汤逢给我的地址——崇文门内洋溢胡同西口找到了杨家，见到我未来的岳父母，杨志洵（景苏）和其夫人，那时他们也不过50多岁。也见到了五小姐明士和其六妹新宝（后来是汤逢的妻子）。定之先生是我的表舅公，他的长子汤心济我要叫表舅，而汤逢自动落了一辈，成为我的连襟。中国这种亲戚关系是算不清的。那时，他们的长女院生与一位美国回来学习电讯的沈权吾结婚，四女满生则与当时名教授物理学家丁绪宝结婚（二女早亡），老三是个儿子，即杨同宝（后改名健中，字介眉）。明士、新宝之下，还有一子一女，儿子望宝，八女云宝等，当时都年幼。

第一步是相亲，两家约好在公园。那天五姨同着我、我的大妹和兄弟来到中央公园，一进门就看见孔雀开屏。五姨说大喜呀，肯定成功。所谓相亲只是一个名义，我们在长美轩的茶桌上坐着，远远看见那边一位老太太同着两三个小孩对我们这边看。我希望可以看到我将来的新娘，找了半天也没有看见一个女孩。我看见那位老太太也望我们这边张望，如此而已。我的妹妹和弟弟为了一些小事大吵起来，两人指手画脚地叫闹。五姨说完了完了，人家看见我家这样凶横的小叔子和小姑子，谁还敢把女儿嫁到我家。过了几天，汤逢来找我，约定日期，并告诉我她家住在崇文门洋溢胡同12号，要我自己去。那天，曾世英约我到中央公园来今雨轩一个西餐馆为我选亲。他是大舅的同事，又常到我外祖家，以长辈的身份，这是他一生唯一的一次请我吃饭。座上他对我说要我谨慎，说他的兄弟由于不注意，娶进了一个好吃懒做的夫人，最后终致离婚。我饭后走出公园，不敢去得太早，怕叫人看不起，所以就慢慢地步行前去。进门走进大厅，我以为新人一定会在那里迎接我，并且会与我握手。走进大厅，未来岳母（一位小脚老太太，此时已50多岁）和未来老岳父迎接我，竟不见我想的那新人。后来才远远看见内屋里有两三个人，其中可能有我所想见之人。岳父坐下来和我谈话，说："我从丁先生那里知道，你是一个努力向学之人。一见很高兴，希望以后常常来往。"我想完了，原来如此。他请我吃烤鸭，是一个店员在此一边片切、一边吃的，没有酒，因为岳父是不喝酒的。就这样度过了第一关，始终也没有见到新人。

回去之后向外祖汇报。姨母问我是如何去的，穿什么衣服，我说就是这一身。五姨说："完了，一条白帆布的裤，一件没有领子的衬衫。"我说不会的，他家也是很朴素的。第二天我想再去，五姨说："急什么，急了反而会坏事。"于是我又耐了性子，到了第三天实在耐不住了，以为这一去一定可以见面，并且可能进一步一亲芳泽。此次明士出来了，没有坐，站了几分钟又回房去了。等了半小时，我也只好出来。此后就常常去，当然一次比一次有进步，可以两人谈谈了，岳母允许她女儿陪我出去走走了。我当然不敢稍有非分之想，两人并排着走，问话也只敢问她学习情况。她说原来叫杨明宝，同学一见她就唱"杨明宝、杨明宝，抱着沙锅满街跑"，她要求父亲，才改了今名。可见她也是很幽默的。她在慕贞女中读初中，她十分赞赏那些美国人，说美国很富裕又很民主，我们中国人如果由他们统治，我们就会过好日子了。这是大大地和我的想法相反的，可是我怎么敢在这样美、这样可爱的新人面前暴露我的思想，我就极力地称赞她，说她很有见解。这是第一次战役。后来好了，可以出去更长的时间了，但是我仍旧不敢作非分之想。

有一次，她一见面就与我握手，并且试着拥抱我。我说："你怎么啦？"她说："你这书呆子。昨天母亲问我，我说还是那样。母亲说'他不敢，怕把事情搞坏，你可以表示一点意思'。于是我想我们已不是一般的人了，已是二合一了。"我这才敢开始告诉她，你那天的话，说美国好是错的，我就把中国什么倒霉都是外国侵略的结果告诉了她。她也不是对我如此放心的，在拥抱之前曾经问过我，你住西城，有没见过日本的一二三馆？那里可好玩了，很多大学教授和一些学生都去过。我说我从来没听见这个地方。那是日本妓女活动的地方，她为什么问我这个，原来是试探我。我对她所说的在她之前从来没见过一个女人的话，她是不相信的。大门开了，什么话都可以讲了。已经到了中午，我就请她到四时春去吃饭，要了两个菜，一个炒虾仁，一个回锅肉，还有一碗汤。她看了很生气，说你怎么可以这样花钱，将来怎么过日子。她生气时的美丽使我更为倾倒。两盘菜基本都没有动，这样我也没有送她回家，我自己回去了。

又有一次，她带了八妹走到一个影院前，她说："这平安电影院是外国人开的，里面设备很好，是否可以进去看看？"，又说："你是反外国人的，不去也罢。"我说我怎么反对外国人民呢，人民都是好的，我反对的是那些侵略成性的野心家。于是，我们就买票进去。在买票之前，我还看了一下价目表，有半票，因为我只带了二元五角，所以就买了两张半票。

走到门口，收票人竟把我们拦住，说半票是外国军人的，小孩不能用半票。幸亏八妹已在忙乱之中钻进去了，不然我就要在女朋友面前露馅了。

不久就要完婚了。外祖母根据我的财力准备了一些珠宝和衣件去下定。那天杨家有一位亲戚在场，说你怎么这样对待五妹，五妹手上头上戴的就这一点东西，算什么！我很生气，正主不说，你来多嘴。回去之后我对外祖母说她家也有个大麻皮很讨厌，四姨听见立刻走了。外祖母说我错了。我错什么？外祖母指指脸面，四姨也有几点麻子。到了月底，结婚的日子到了。我在金店里买了两枚戒指，反面刻着"明俊20.1.20"，就是在民国二十年（1931年）1月20日结婚。我亲自将戒指给明士戴上。

外祖母为我定了西长安街西口的一家小饭铺，布置一番。杨家在东边一家有名的信忠饭庄请了几十桌客。丁文江和翁文灏先生相继来贺，为我增添了光彩。此时，外祖父又来发脾气了，记得在我大舅结婚之日就曾闹得满座失惊。外祖母说："这是外孙媳婆呀，叫人看不起。"外祖父也觉悟了，转怒为喜，整天都欢欢喜喜的。外祖母说你媳妇命大，这个爱发脾气的人也笑容满面。明士坐着两匹白马拉的一辆马车来到，我站在门口迎接她。现在戏剧中都有一套烦琐的过程，即新郎要用红绸带拉着新娘，还要跳过一个火盆以除邪气。北京也有这个风气，但我们是不会有的。我

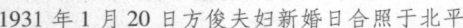
1931年1月20日方俊夫妇新婚日合照于北平

等明士走近，就与她并排走进礼堂，有两个伴娘扶着她，后面还有两个男孩和两个女孩拉着头上的长纱。走进礼堂，就开始行礼。外祖父喜气洋洋地说了许多话，盛赞杨家的美德，又说新娘的外祖父刘葆祯是个会元。景苏先生接着发言，他说他十分尊敬陈老太爷，他是我们的前辈。又说我父亲是一名才华出众的学者，他不过读过几年私塾，竟能通过自学，而通晓高深数学，创办广东大学堂。广东之有高等大学是从他开始的，我们都是他聘去的，如许地山这样闻名全国的学者，都是他的学生。

我和明士，两位伴娘，四个拉纱的儿童坐了辆马车跑到王府井大街一个照相馆拍的结婚照。我穿着马褂袍子，也是外祖母根据我的财力安排的。回到家中已是五六时了，屋里挤满了贺家。陈佩鑫和她的两位兄长也来了，闹房不已。我劳累了一天不能支持了。佩鑫提出要我抱着新娘取挂在电灯线之上的一朵花，我说："好，我抱您上去。"这样说无非想将闹房之事迅速结束，我与佩鑫过去是无所不谈，可是这个失言惹恼了她的二哥陈清，他指着我的脸大骂，愤怒而去，所以讲话是要谨慎的。外祖母为了使我们得安息，组织了三桌麻将，请他们去安排。我和明士才得到了安憩。哪知窗帘竟被他们拉开，原来他们在我离去之时，把拉线穿出窗外，于是我们就不得安寝了。虽然将电灯熄灭，但两个烛台红蜡烛是不能吹灭的，我只好靠在床背上。一觉醒来，看见那蜡烛竟把烛台烧化了，几乎发生火灾。我回床休息，一觉睡到天明，这个睡眠竟如此香甜。我过了金圣叹所说的"人生最大乐事之一"——洞房花烛夜的第一夜。天明我们匆匆起床，不敢稍迟，以免贻笑大方。小张妈端了两碗莲子红枣来，是外祖母所安排的，是"连生贵子并且是连连生"。她又端了两碗稀饭与我们。我说"小张妈，你也来吃"，她笑了笑出去。明士说"你怎么要和这个媳妇吃同床羹"，大有醋意。

如此过了三朝，我如何也受不住了。回到调查所处，先去看丁先生。他说："给你两星期假，好好伴陪新人，不到下个星期四不许回来，怎么今天才三天就回来了。"我说我实在不能忍耐了，我一天不工作就要生病。丁先生说"你这个人啊"。我走到后楼——也就是沁园燃料室的三层楼。燃料研究就是想从植物油中提炼汽油。那时中国一滴油都没有的，都要从外国进口。一旦发生战争，即此一项就可以置中国于死地。所以丁、翁二先生提出这个问题，从清华大学请了一位化学家金开英教授来主持此事。没有经费，需要募捐，金的姨父沁园先生首先捐了一万元，并协助丁、翁募捐了十余万元，所以将这个研究室定名"沁园燃料研究室"。除金先生之外，我还认识了宾果和熊某等，他们刚从清华毕业，是助理员。

　　我到所里去时，丁先生已就任中央研究院的总干事，翁先生也不在家。绘图室中的工作也不紧，几位绘图员与我十分亲近。他们与我是十分亲近的，觉得我不像曾先生那样严厉和不近人情。他们对我说："每天曾先生坐在那里监视我们，出去撒尿也瞪着怒视。我们去送了礼，也还数说我们，不收就不收罢了，又何必如此，不像你这样平等待我们。我们去看你，你也来看我们。他拿多少钱我们是不知道的，听说是你的好几倍，事情都是你做的，他做了什么？"我说我也没有做什么，都是你们大家做的。他们说："看丁、翁两位非常看重你的，看他对丁、翁那种可怜相，丁、翁见了他，也没有什么好样。我们总觉得丁、翁是以老师对你，对他则是一个奴才。"我常常为他们讲解一些数学和英文。他们失学，要帮助他们，使他们可以成为有才识之人。他们说人家都问这个图到底是谁的力量，你应该是第一。我说它们是集体的创制，你们也出了不少力，我有很多东西都是向你们学到的，你们都是陆军测量学校毕业的，是经过正式训练的。

　　陈佩鑫知道我与明士订婚后，就从来不来与我见面，到我结婚那天才来道喜，以后就常常来了。有一天她来了，我不在家，明士就细细地盘问她我们过去的关系，无非是想知道我说的是否是真话。明士说："以你与君选的关系这样密切，你们为什么不成功？"佩鑫说："我们很好，但不敢说，只希望方俊他外祖母提出来。后来从我母亲口中知道曾经提过，但我母亲认为他太穷，不肯。在那一次最后见面之前，很可能会谈到婚姻，因为彼此都有此意，但被那家的表兄冲散了。后来知道君选已经认识了你，就不敢再找他了。"明士说如果那时也像现在可以彼此交谈就好了，她说那也轮不到他，我与汪振武的私交比他要长得多。又问到为何不与汪家结亲，佩鑫说汪家是很保守的，他父亲总认为这受过学校教育的好，总是不可靠的。明士又问："现在你是否有对象？"佩鑫说没有。明士就想到我所说的那位刚从清华毕业的宾果，要我请宾来家吃饭，以便了解他家的情况。

还有一位卞美年①兄，他父亲是当时中国银行的北方总经理，家中十分富有，而卞兄却十分朴素，也是外国人的办法，只培养到大学毕业以后就不再给他钱了。不够是可以借，但必须写借据。我很奇怪父子之间竟好像是商人之间的关系。其实是很有道理的，借的钱当然不要归还的，有了借据就不好意思再去借。他有兄弟5人，即彭年、柏年、松年、万年及一个妹妹嫣年。兄弟和妹妹都一个一个出国了，没有他的份。我说有这样一位好老师翁文灏，还怕没有出国机会？我常与他开玩笑说你兄弟姐妹都以彭、柏年等命名，你的美年是什么意思呢？可能是"大王八"之年。这不是我的发明。记得老舍的《老张的哲学》中一稿描写了他与房东老太太之事，老太太要他写个中国字贴在帽子上，他写个"美"字，老太太却把这

---

① 卞美年（1908—2002），地质学家，古脊椎动物学家，石油地质学家。江苏扬州人，生于美国罗德岛，11岁随父母回国。1931年毕业于燕京大学地质系，随即进入地质调查所，参加周口店的发掘工作。1935年起主持周口店野外发掘工作。1946年赴美进修，后长期在美国工作和生活。

个贴倒了。佩鑫与宾果不会成功，她总以我的标准衡量对方。美年兄却是我家最受欢迎的客人，特别是娇儿金星，一天到晚叫"我要卞伯举高高"。卞来了总是把他举起，也向上抛。有一天带了一条蛇，盘在儿子的颈项，明士见了吓得大叫，她不知道卞是学生物的。宾却是一个不受欢迎之人。他经常为一些菜蔬的不好，说："你这样的菜还请我来吃饭。"这是主妇们不喜欢之事。

　　我们南房是一暗两明，我请裱糊匠将那大房一隔为二，为我弟妹的住处。他们在我婚前连星期天也不回家的。我结婚后有了这个家，但是两人往往为了一点小事争吵，彼此对骂，这是我家不好的习惯。我在结婚之前，总是入不敷出。我每月工资140元要给弟妹各25元，还要寄钱与父母。结婚之后收支还是如此，但家中竟可以常常留客来吃饭，还雇了一个金妈（老金妈究竟年岁大了，明士不忍让她太劳累），而每月还有一些节余，是我第一次见到银行的存折。从电影中我看到"结婚省钱"等语，真是如此，也可见明士的贤惠。

　　结婚之后，我的生活才有了规律，不像过去那样杂乱无章了。特别是岳母不放心她的女儿，怕来了吃苦，就将在家工作十多年的老张妈派来，此人对我们照顾得无微不至，做的饭菜也十分可口。

　　不久我们就搬到离地质调查所很近的小院胡同一号居住。二房东胡壮猷（愚若）是北京大学物理系的老教授，是美国留学生，又在日本呆过很长的时间。他总认为我国没有哪点不如人家，只是政治黑暗，频年内战，处处受外国人制压，才落成这样的局面，所以我总觉得他是很爱国的，对他很钦佩。他是无锡人，与明士是同乡，夫人则是苏州人，对我们也是很关心和照应。他们有二子四女，长子胡筠，那时在大学学习，此人后来与我交往很多。接着是一对孪生女儿胡芬和胡芳，她们与明士十分亲密，我不在家时常常来坐陪。其他则当时还年幼。我们租了他们的南房，一排三间，二明一暗。我找裱糊匠来将前者用席蓬一分为二，东边一半是我工作、吃饭和会客的地方，西边则作我大妹和兄弟周末回来休息之用。西边还有一间厨房和一间女仆的卧室。胡家则占了四合院后边的北房及东西厢房，与南房之间一墙隔开，并有大门可以隔断。此外，在房子的东边还有一个东院，有几间房子。我们搬去不久就来了北大的经济教授赵迺传夫妇居住。他们都是美国留学生，可能回国不久，也与我们很亲热。有一天，赵太太来我家看见满书桌摆了很多书和图纸，就批评我说："你们新婚夫妇也不知道出去玩玩。"她建议说："我请你们吃饭，你们请我们看戏。我们去散散心！"于是当晚他们就把我们引到西单牌楼南、宣武门北的一家吃烤羊肉的铺子去吃烤羊肉，后来才知道就是三家烤肉苑之一，但那时并没有这个名称。我小时，父亲也曾带我去前门正阳楼去吃涮羊肉，烤羊肉则另有一番美味。赵先生告诉我："你看这些跑堂的伙计、切肉的老师傅以及掌柜的都是一家人。他们都是附近的农民，平时都在家乡种田，只有冬季农闲之时，才来这里做生意。不久，春节过后又回去务农了。"又说："你看这些烤肉的铁篦子，都是明朝的东西，300多年了。"

　　后来我们就到西单路西口旧刑部街去看富连成的小孩戏。这也是他们教给我的，认为又近又便宜，并且那些学童个个卖力，每出戏都演得很出色。那时富连成的前四班"富、连、盛、世"，前两班都已出师，如谭富英、马连良都已在正规的班子演唱，并且也初露头角。第三班盛字辈如叶盛章、叶盛兰等则刚刚出师，前者是武丑，后者是青衣。至于世字辈，如袁世海、李世济、王世芳等则方未出师，后来这些人都成了大名。王世芳有小梅兰芳之称，可惜在日本投降不久，一次飞机失事中牺牲了，叶盛章可能也没有等到解放，不然他们名望绝不会在乃弟之下。我在第五届政协时，曾与袁世海在一个组（特邀组），我们常常相见。提起当年事情，他也不胜感慨。那时富连成总在旧刑部街的"哈尔飞"剧场演出，解放后西长安街加宽了，将牌楼以东的头条和堂子两条胡同拆去，西边则拆到旧刑部街，因戏院面临大马路，现在改名西单剧场。

愚若先生是一位学识广泛的人，名气很大，很多野鸡大学都聘请他兼任，所以收入很多。他每逢寒暑假一定与儿女们讲演《三国演义》或《水浒》，伴以各种表演，有一次竟把一个火炉踏翻。夏天，他不吃饭，以西瓜来充饥。他自诩为西瓜专家，天不亮就到瓜市去，抱了一车西瓜回来。他天天去，以致西瓜太多，不得不叫他的儿子抱着西瓜送给我们。他告诉我北京西瓜品种很多，但只有一种最好的西瓜名"勃脛"，是青皮之上有许多突出的筋。他说选西瓜要选重的，这表示糖分多。又说西瓜刚上市之时要选熟的，快收市之时要选生的。他以选瓜为乐趣，家里西瓜已经吃不完了，他还每天抱回许多西瓜。有一天，他对明士说："方大嫂，你看这几个大白瓜如何？"明士说好得很。他就叫儿子抱两个送给我们。原来以为这是一个外来的新种，他买了四个回去，每个都在一元以上。回去一看，上当了，受到夫人的批评，压力很大，所以要快快把它送掉。

胡夫人十分关心明士，知道明士怀孕了，就立刻告诉明士种种生育知识。她还为明士请了一位日本收生婆斋藤，也是明士出生时的收生者，在北京已30多年了。斋藤与明士诊视，告诫了许多妊孕时的知识。胡太太真是关切备至，每天都来看她。岳母也时常来，与胡太太竟成莫逆。九一八事变发生了，我就要把斋藤辞退，胡太太说何苦呢，日本人也有很好的，侵略我们的只是那些军阀。我是不能相信的，胡太太只好为明士介绍了道济医院的白大夫，她是一位很有经验的妇科医生。明士去诊断，得知分娩日期。到那时，我将明士送到医院。我不肯走，白大夫说你在这里不方便，只好走了。临盆那天我去了，我一直等到明士进产房，护士说你这总不能去了，那里都是光着屁股的女人。我只好在走廊的角里找了一张椅子坐下，心中十分恐惧，怕从此永别了。过了很久，我从梦中被护士叫醒，说你的儿子出世了。我不知道我心爱的人怎么样了，我抱着她垂泪说："明士，我对你不起，你为我受这种痛苦。"她说："没有什么，当然是很痛的。"我哭了。她要我去看我们的成绩，护士陪着我去看我和明士的娇儿。我看到这样可爱的小孩想去抱他，护士不许，只好走了。我不忍离开我那为我受创伤的爱妻，白大夫说我们添请了一位特约护士。直到太阳落山，我才回到家。明士不许我再去，说："这是很丢我脸的。母亲每天都送鸡汤去，她会陪我的，你放心。"所以我照旧上班，到她出院之日才去接她。她回家之后我才安心，天天抱着我的娇儿。

那时国难当头，日本侵华的意图已十分明显，蒋介石的"攘外必先安内"和"不抵抗"政策更助长了侵略者的气焰。9月18日，日军炮轰北大营很快就把整个东北都占据了，还派一些浪人伙同汉奸在平津一带闹事。记得我和明士的长子夏是在那年的11月9日出生的，就在他出生的隔夜，那些所谓的"游击队"在天津闹事，引起一场动乱，死了不少人。国家多难，前途茫茫，使人忧心忡忡，而我和我的小家庭也是多事之秋。我的兄弟俨那时已考入清华大学，他忽然得一种怪病，终日呕吐不止，并发高烧，由学校送进协和医院。我得到消息去看他，病情已十分严重，但神智还是清醒的。他在那里住了几天，一直没有好转。初说是斑疹伤寒，打针吃药（那时，他是滴水不能进）也没有效果。后来一位美国的外科大夫叫劳克斯的，认为可能是肠子打结，于是决定转外科。那时协和医院在北京的名声是不好的，都说是"阎王殿"，进去了出不来，我也很紧张。我有两位崇德中学的同学裘祖源与许建良在协和医学院学习，此时都已是医生。许是外科的，在学校时与我也比较亲密。我去找他，他对我讲了一些吾弟的病情，又说到市面上舆论的攻击也不是完全没有根据的。有些疑难病症，不到严重关头也不会送来，不久就死了，这些事我们怎么负责任。并且目前的医学水平不过如此，有些病症医生也是束手无策的。我们学医无非是为了济世救人，哪里会草菅人命，你兄弟之事我们总要尽力而为。最后，他劝我将我兄弟转入二等病房，多花点钱可使院里更重视一些。于是我就去办理转外科及病房之事，那位劳克斯医生就决定次日即动手术。哪知，第二天北京大风，那时北京的风沙是很可怕的，几乎看不见几米以外的东西。医生为了慎重起见，没有动手。就在当晚，他到兄弟的病房，听诊了一下，满面笑容出去。不久，护士送进一小杯水给病人喝。他起初不肯，说吃下去无非引起呕吐。护士说"医生所给，总有道理"。他喝了竟无事，后来又来了一大杯水，也喝了无事，证明已安度险境。饿了一个星期，也开始吃了一顿可口的西菜。后来知道这种病是肠子落入腹膜的间隙，由于受到刺激而紧张，使腹膜越围越紧，但是是会脱出来的。这也可能是转二等病房，医生较为慎重之故。就是这么短短的十天左右，把明士与我结婚之后省吃俭用省下来的300余元，花得精光，还借了些债。

接踵而来的是日本侵略军进攻上海，即所谓的淞沪战争。抗日名将蔡廷锴、蒋光鼐率领了十九路军浴血抗战，而蒋介石却出来阻止，与日本签订了丧权辱国的《淞沪停战协定》。在战争之初，父亲恐怕会危及镇江南京一带，就把我母亲和两个小妹送到北平。他到天津时（那时还没有直通的车子）到外祖家去，一进门，外祖父就问："幸福（我兄弟的小名）怎么样了？"父亲茫然，可能没有收到我的信，所以不知兄弟生病之事。外祖父就把一位亲戚给他的信给父亲，信上说："幸福得了怪病，不幸被乃兄送入协和医院,而今竟以解剖闻。"这个亲戚我也不愿提他的姓名,不知为什么总是与我作对。父亲等急急赶到北京,我到车站接他们,当然一见面就问起兄弟之病,我说大概不要紧。我不能多说,因为那时刚刚脱离险境。当天就同他们去医院,确是很好,才放下心来。父亲住了几天,因为镇江那边也不能多请假,就回去了。我送到车站,上车时他对我说:"兄弟之事,多亏你。"我说:"这是我的运气,如果出点事,恐怕你也不能原谅我。骨肉弟兄,我怎么会害他!"

此时,我的工作仍旧很忙。申报馆的地图工作又进入一个新阶段。此图的编制原来是申报馆经理史量才与丁在君在上海商定,要出一个纪念建馆60周年,丁先生就建议出一册好的地图集以满足国人的要求。现在受到舆论的压力,报馆是不能不考虑的,所以与丁、翁等商量在国内印刷。当然,刻铜版之事已与三林订有合同不能改变。于是,由申报出面招标承印。投标的两家,商务印书馆及中华书局——都是当时国内最大的印刷厂,后者开价较低,中标了。

他们又考虑到此图的印刷,特别是在日本刻铜版费用很高,将来售价总要20元左右,不是一般读者可买得起的,于是就考虑再出一本普及本,价格要尽量低廉,并应采取读者接受的形式。我们那种用经纬线分幅的办法国际上也少见,所以认为应改为分省图。此事说起来很简单,因为全国的编制已经完成,改编普及本时只要转绘一下就可以了。其实困难是很大的:第一,为了降低成本,应改用照相制版,此事书局是一点把握都没有。派人到三林去考察学习,我们也必须尽力去协助。例如,图上的注记,如地名、

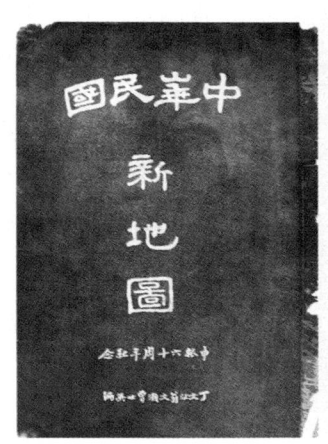

申报馆出版的《中华民国新地图》封面

河流、山脉的字体究竟应采取什么字体，字的大小，笔划粗细等能够达到既不占据太大面积，又能在印出来后清楚醒目等等，都是经过很多试验才形成最后的形式。所请的几位绘图员都是测量学校制图班出身，又在制图单位做过几年工作。他们练就了一手好字，特别是他们所说的"地图字"，也就是"等线体"，但是尽管如此还是经过很多次的试验，才慢慢形成最后的形式，他们确实出了不少主意。又如当时还没有规定的简化字体，但是民间却有很多简化字，但苦于不能统一，他们对此也比较熟悉，编制这份地图究竟谁出力最多，我总认为是一个集体创作。但是，待遇却是大相悬殊。我们薪水140元，对我来说是相当高了，而那些绘图员则尚不到我的一半。至于曾先生拿多少，我从来没有过问过，据绘图员说是相当高的。后来地图出版，每年两次版税，每次的收入都是我一年的工资，我也略有所闻。总觉丁、翁对我如此器重，曾也对我很好，他自以为是我大舅的同学，又是好友，对我十分关心，所以我从不把这种事放在心上。但是一点芥蒂也没有，当然也不是事实。我总遵循庭训"与人争名夺利是最耻之事"。我为此图又忙碌了一个时期。后来，此图出版竟风行一时，销路很广，而那本大地图则只印了1000本，每本25元，据说还没有完全售完。

此图开始印刷，我就有些闲工夫。有一天，在君先生找我，对我说"现在有些人认为黄河峡谷似乎可以筑坝发电，你是否可以替我去看看？我本来想自己去，总抽不出时间。"于是我就接受命令出发。那时到山西太原必须由石家庄走，而石家庄到太原的正太铁路又是窄轨，从北京到石家庄后至少要住一晚。那时，我住在正太饭店，房间非常好，每天也不过2元。我到太原后即坐了长途车到黄河峡谷南口龙门的河津县。到县政府去联系，县知事白君接待我，很客气地把我留在县政府里住了两天。有一天，他问我："你是江苏人，又在苏州上过学，可认识一位孙蒪清先生？"

我说："他是我班的级任老师，为人很好。"他说："那我们是同学了。"原来孙先生后来受阎锡山之聘在太原办了一个讲习所。我很后悔当时忘记孙先生的地址，后来回程时也没有去趟河津，想起来很后悔。他又告诉沿河是没有路的，必须由这里雇牲口到吉县，然后西行，可以直达壶口。但是，我竟拗于丁先生的嘱咐——"沿河谷考察，到壶口在瀑布附近最好测张地图"，所以还是领着一个仆人和两个本地雇的工人沿河出发，带来的两个工人则压着行李雇牲口绕道吉县而行。那个仆人是我岳父家的老厨师，曾在丰泽园学徒，所以做得一手好菜，能拉七种面条。此人名张德裕，后来一直跟着我。此时，我们四人走进龙门峡谷，张和两个本地工人则轮流背着一个蔡司Ⅱ号经纬仪。走进峡谷，开始还有土路，走了大约半里之后，路就逐渐不明显了，但河边还有土地。此时是新秋，河水已经长得很高。再往前走沿河的土地也没有了。河边就是直立的峭壁，在直立的岩壁上有上下两排方孔，显然是为人们大水之时，可攀缘而过。一个工人去试了一下，认为可行，我们就陆续爬行过去，好在不远，只爬了几十个洞，又看见河边有土地。此时，我们考虑是否回河津，并绕路而行，但是总觉得还是继续前进。我们在河边土地上走了大约一里路，又遇到第二个峭壁，也是要手扶上面的洞，脚踏下面的洞攀缘过去。如此土路、峭壁、土路，我们在两天中竟经过了四处之多。第一天夜里也得不到可以休息的地方，好在气候还不是很冷，四个人在河边土地上休息。到了第三天才出了第二个峡谷，即石门。此时，也看见一些草棚，是山那边放羊人的临时宿所。我们找到他们，才知我两天只走了20里，前面还有百把里，不过也再没有石门以下的险情了。我们又走了两天，慢慢见有村落，当然是很小，只有四五家的居民点。这时我们已疲倦不堪，所带干粮也吃完了，就在一家用稻草铺在地上，睡了半天。记得那个较大的村子名师家滩。一直到第六天，我们才走到目的地。那两个运行李的工人已在两天前到达此处，他们住在河边的一茶馆里。本地人告诉我这里地名是"龙王汕"（龙王休息之地）。他们说此地有三大奇景即1."水生烟"——这是我们在老远就已看见。瀑布上水汽蒙蒙，直上云霄，走近了则烟雾迷茫，只要在附近多站几分钟就浑身淋得精湿；2."平地一声雷"，我们老远就听见前方雷鸣，在附近，两个人谈话都听不清，这是悬崖瀑布的轰鸣；3."陆地行舟"则是指上游运粮船只到此必须靠岸，将船上粮食运到上述的茶馆，然后将船拉上岸在圆木上滑行，绕过瀑布，大约在下游几百米处，再拉入河道载粮南行。那些船工都住在茶馆大厅的大炕上，后面有一所砖房，我们就借住在那里。要测量这个地区十分困难，我原以为一个月即可事毕回平，但是竟在那里住了两个半月。大致地形是在瀑布以上（北）河面宽约1千米多，到了瀑布附近，河面突然下降，将大量河水灌入一个30多米的石槽中，上下水位差达15米。

我已想不起我是怎样回来的，当然不会再去走那个峡谷，可能是翻过河边的大山，雇牲口到达吉县，然后由吉县乘长途车到太原转北平。回北平之后，即向丁先生汇报，并在所中作了报告，写了一个报告书，在国防委员会的专刊上发表。

接着我又受新生代研究室的委托，测量周口店猿人发掘区的大比例尺地图。此事的原委是：我们总想买一架计算机，用来计算投影表。有一天，曾先生看见报载美国邮船公司在上海办事处的广告，说有一架旧的门罗电动计算机要出卖，价钱是1500元。制图费用中抽不出这笔钱。此时正值新生代研究室（是美国罗氏基金团资助成立的，主任是杨钟键（克强）先生）为了要在周口店进行有系统的发掘，要制作一个石膏模型，这就需要进行测量。我们就接受这个任务，条件是事成之后他们付给我们1500块钱。

我这次是同了一位新来绘图室的工作人员王锡光一起去的。他是文安庄人，读过几年书，在水利委员会测量队当测工。吴思远主任见他很聪明，又好学，把他推荐给曾世英。他来了之后，在国内工作中也显示出他的能力，并且每晚到青年会去学习英文。我因为他在测量队呆过几年，有一定的经验，所以就把他带到周口店。那时，在那里办公室长驻的只有裴文中、卞美年和贾兰波三人。贾当时刚从高中毕业，也是一个见习生。这个单位是罗氏基金团资助的，经费很充足，我们的伙食不要自己花钱，并且吃得很好，经常可以吃到进口的美国水果罐头，当然鸡鸭鱼肉是不必说的。我们四人天天在一起吃，闲时也在一起聊天。

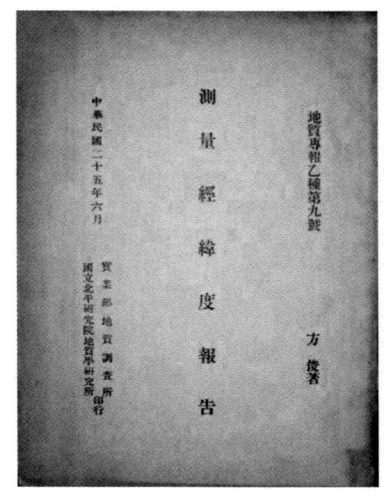

方俊著《测量经纬度报告》(1936)

这个测区很小，纵横都不过 200 多米，但是测两百分之一比例尺的图，则是过去没有碰到过的，地面上的一个小堆也可以在图上显示出来。特别使我困难的是那个"鸽子堂"山洞，这时几乎已完全挖空，地质学家就是从这个洞里所找到的化石，才断定这里可能有古人类的化石的。这个洞约 15 米高，50 多米长，不但测量上很困难，并且如何在图上表示也成了问题。这也是经过反复测试，才最后画出图来。还有一个下洞，也就是裴文中先生发现包裹猿人头那块大石头之处，也是经过一番周折才测好。我前后在那里工作了四个多月，最后将图测好。当然有许多剖面图，必须制作模型，模型也是由我们代办。买了一台门罗 10 位 × 10 位的电动计算机，就免得用当时十分费时的对数计算了。我们又请了一位高中毕业生钱奎为我们计算了很多投影表，后来又为我在外的天文测量计算。

母亲在我们家总挂记父亲一人在镇江没有人照应，决定回去。此时，我在周口店的工作还没有完。我回北平送她，从周口店到北平要走30里路，先到琉璃河东站搭火车。我可能走得急一些，一身汗，在车站等车又在一个茶馆喝了一杯茶，到家就病倒了。起初只是发烧，我还是把母亲和两个小妹送到车站，哪知回来后发起高烧来。我们那时生病总是到西长安街去找那些个人诊所。一位力大夫是胡家介绍的，那天明士把他请来，他总认为是有肺病，此时来竟责备说老早说你的病需要休养你不听，现在弄得如此样子。他开了药走了，明士却十分紧张，就给她的姨母打电话。姨夫戴陈霖（雨农，本姓陈，过继给戴家所以是复姓，《顾维钧回忆录》中的陈霖就是他）过去长期在外国如西班牙、法国等作公使。当时，北平有一位颇有名气的留法医生朱广相当年是她家的常客，这时也成为北京的名医，一直把戴家当作自己的家一样。戴夫人打电话给他，他立刻开了自己的小车去接戴夫人。他听了很久，说不是肺病，是假伤寒，两天就会好。这时我已高烧乱叫了，明士开头也有点不相信。他把我送到西什库天主教堂的一个临时诊所，他知道我家境贫寒，不能住法国医院。他让护士给我打针，当然不是现在那种吊针，那时是没有的。他见我一切正常才开车把戴干娘（明士称戴夫人为干娘）送回去。他也住在东城，本来是可以不必再回来的，但是他怕我寂寞，回来陪着我。第二天他见我一切正常，才告诉我："你肺上是有病的，但是这次病不是肺而是肠胃。"他劝我吃生蒜，说印度人很少得肺病，因为他们常吃大蒜。又说照医生的看法是应该到一个地方去休养，但你的经济能力不许可。要我打一种印度的大蒜针，要一块钱一针。现在是不算什么的，而在那时却是很贵的。我不厌其烦详细地写出来，无非是想引起一些医学界同志的注意，他们无意之中的一句话是可以制人于死地的。

我请王锡光把周口店的工作结束，将模型做好，拿了1500元买了那台计算机，又请了一个高中生为我们计算。我此时已经写了地图投影学的初稿，丁先生十分高兴，要我在所里作报告。我这一个只在大学里读过一年书的人，怎敢向那些从国外回来的、学识远远高于我的博士们讲学。丁先生对我是无微不至的。后来，清华大学地质系主任袁复礼（希渊）先生也要我去为他们的毕业班讲课。我总是星期六下午去讲一下午和晚上两三小时，第二天早上回来。我很珍惜我的时间，我还要好好陪伴我的爱妻和娇儿。不久，北京大学地质系也请我去讲学。我有什么，都是丁、翁两长者吹嘘出来的，所以我有一些年岁与我相仿的，甚至比我大的学生，如著名的地质力学专家孙殿卿、湖北省地质局长夏湘蓉，以及最近从台湾回来过的阮维周先生等。

……

这时我又开始了另一个工作。我一直怀疑地图上一些县城的地点，也就是它的经纬度是否正确。我知道可以从天文测量来确定这种经纬度的，这也是从我前面所说的，用之无禁、取之不尽的金库——美国海岸陆地测量局的丛书中得来的，当然是十分肤浅的，也不过是一些入门的学识。曾世英先生从广告中看到德国蔡司厂的广告，有一种所谓等仪的，也不过是60°的三角棱镜，光线从一个斜面上折入望远镜形成一个光点，同时又在一个水银盘上反射到棱镜的另一面，折入望远镜形成另一光点。同时又在一个银盘上反射到棱镜的另一面折入望远镜成另一光点。当两个光点相合之时，就是那颗星的高度60°，当然如何知道什么时候、什么方向，都有专门的表可以查到。我就是这样从对天文一无所知的情况下，慢慢地，当然是在极艰苦条件之下达到比较深入的知识的。我开始练习这种观测，经过一个多月，才慢慢地懂得一些方法，使测量达到比较高的程度，这时才

开始出发。

第一次是去山西,因为我已去过一次。我带着仪器和我的仆人,就是岳家的厨司张德裕。我到了太原、太谷,又到了霍县。我还带了两箱子书,这是最心爱的东西。我晚上测量,日里读书。这里我要提一提在霍县之事以博一笑。张德裕把我的名片送县里,回来说县太爷请我们住到县里。我去见这位汪县长,他也是常州人。他在山西居官17年,非但没有见到一位常州人,也没有一个大同乡江苏人来过,说我们要好好谈谈。他是苏州工业学校毕业的。他请吃饭,除他和我之外都是他的下属,对他一言一语都高声赞叹。有一位属员说:"方委员的仆人是一位很好的厨司,是很有名的丰泽园出身。非但做得一手好菜,还能拉七种面条。"于是大家要我请客。我与张德裕商量要买些鱼,但是很困难的。现在的人不会想到那里守着一条汾河,却没有人去捕捉,山西人不敢吃鱼的。杨钟键先生曾说过"山陕人吃鱼两手忙"的笑话。有个河南人在汾河捞到了几条鱼,一上午都没有卖出去,张德裕见了就全部买了下来,后来知道我要请客,就把鱼烧好。第一道菜就是鱼。当然那些下属不敢吃,只是吃点汤汁。这位县太爷一面吃鱼,一面取笑这些山西人,说他们不敢吃鱼。他一面吃一面取笑,竟被鱼刺卡了,于是哄堂大笑。县长叫了他们一个小僮仆,让他到后院去拿出一面小镜、一个镊子,在阳光下把鱼刺夹了出来。山西人大惊,说你们南方人不但肯(喜欢)吃鱼,而且卡了也有办法。这样我竟在霍县住了一个星期,属员们轮流请客。

这是30年代之事,现在经济发达,想来早已改观了。那天见到报上登载山西的渔业已是十分发达,当然绝不是只为出省推销,大部分应当是省内的消费。山西人的勤劳俭朴是别地方的人不可及的,而他们善于理财,更是他们的特点。

之后，我又到了洪洞等地。洪洞就是京剧《苏三起解》的地方，是真实的。在县里有全部案卷，花一元钱可以看到，我没有去看，但是结局不是京剧那样圆美。王金龙是以欺君之罪被杀的，因为他私换文件到河东道去就任。河东道就是现在的运城，那里有个盐池盛产池盐，现在成为工业基地。之后我们又到侯马等，一直到风陵渡，由此渡黄河，乘陇海车转郑州回京。

那位汪县长后来竟因我们在那里几天的应酬而丢官，这是我在很晚之后才得知。1941年，我在中央大学任教，有一次我路过重庆的上清寺，在一幢弄堂房子的大门外忽然遇见了他。他对我讲起当时另有几位省里派来的委员，他竟把他们安排在小客店里，这些人回去告了他一状，就此被免了职，他也乐得回家乡去享福。他有两个儿子，记得一个叫汪溜，是在德国学弹道学的。后来也有一个汪溜，是我们的一个领导干部，不知是否他的儿子。

我在北平住了一个月，又出发了。此次出发已有很多经验，例如，我带了很多书。因为我的工作都在晚上，日间是很无聊的。记得我那本《地图投影学》就是几次在外测量所整理出来的。又觉得上次测量都把结果带回去计算，这也很不妥当。因为带着大批结果，万一遗失就前功尽弃，所以此次就决定在每个晚上观后，第二天即将结果算出来。这样，在一地或测两晚或三晚，看结果符合得好才结束再迁往另一站。所有数据及计算结果都用复写纸抄两份，一份寄回所中，自留一份。当时，困难不在于观测，而在于用无线电接收时号的困难。当时，上海徐家汇法国神父所办的天文台也发送时号，但是不很准确，电波也很微弱，在山西不易收到。我所带的一台轻便收报机也是很简陋的，是三灯泡的小型接收机，灯泡很小，美国称它为"花生灯泡"，当然，比花生还是大一些。我通过卞美年兄和一家由他的一些同学开的无线电行联系,他们很热心地为我改装,这样我在晋北就能收到一些国外的时号。记得用得最多的是美军在马尼拉所设的天文台所发的时号。要知道我测量的目的无非为了纠正我们的地图,时刻差1秒在地面上可差达450米,对于我们1/3000000比例的地图,还是微不足道的。另一个问题是地点的高程问题。我只能用气压来大致确定高度,所带的空盒气压计是不会很准确的,必须利用水的沸点计来纠正它。

经过一些准备之后,我就出发了。此次是从北面入晋的,也就是坐车到大同,然后南行。测了几个县城,在大同工作完了之后,游了云岗石窟。我对旅游之事并不很热心,所以,虽然山西古迹甚多,我竟当面错过。此次还是县里有人要去,我才跟着前去。从大同到云岗是沿着桑干河走30里,即到那里。那时河水枯竭,河中大石叠积,确是"一川碎石大如斗",行走也是不容易的。那里的石佛是闻名世界的,一尊大佛高达17米。那时,大佛仍保存无损,但是一些小的雕刻则破坏得很严重,大多是那些外国旅游者所为。我想起上次出发,在临汾(即平阳府)所见到的大佛头,也是因保护不力,而遭到破坏。此佛头周围筑有一个两层的楼保护,在楼下只能看到它的嘴唇,上一层楼(约两人高)才看见它嘴鼻以上面目。问过本地人,也不知是哪个朝代的遗物,也不知身体和手足在何地。

由大同坐长途车进入雁门关,在原平、忻县等地测了两点。雁门关是举国闻名的关隘,是军事必争之地。而关内关外则区别很大,关外干旱寒冷,一进关就完全不一样;又关外以莜麦为主食,关内人则对此吃不惯。这种粮食我曾试过,确如山西人所说的不易消化,吃了很不舒服。

以后,我又北出阳方口,在左云、右玉测量,并到了长城的一个重要隘口——杀虎口去看了一下，口外即内蒙古——当时绥远地。从一桩事可以看出当时那里的贫穷落后。我到了左云，张德裕照例（此时他已相当老练了，很多事情，例如到县衙门去报到联系，都是他的事）到县里去联系。第二天县太爷请我们吃饭。到了之后，只见方桌上放了五六个碗和盘子，中间放了醋、盐、葱花之类，有两盘中放着花生米和一块煎鸡蛋，四角上摆着四碗米饭。此时，我和张德裕及主人外，还有一位老人，是县知事的老太爷。我此时真不知如何吃法，就看他父子二人如何做，我们也如何做。只见又送来四碗汤面，他们将盐和醋加在面里，就这样吃了。然后主人说：" 你们南方人肯吃米，特意为你们准备了米。"于是，将饭放在面汤里，用花生米和煎鸡蛋下饭。从这里，我深深地体会了那个地方的贫苦和闭塞落后。

那里的交通主要靠牲口，所以我们总是雇骡马驮我们的行李——三个大箱（几乎全部装了我心爱的书籍）和铺盖等，用两个骡子驮着。我和张也骑马或坐驮轿旅行。所谓驮轿就是两个骡子驮着轿子。雇牲口之事都是县里代办，他们开了条子，到"差徭局"去联系。我们按章付了款，由局里安排，当然比我们自己去雇要便宜得多了。看了"差徭"二字，总觉得有些奴役的味道，事实上也是如此。我与那些赶脚的沿路谈话，他们竟是白白地为县里当差，拿不到一点报酬。这种差役每年总要几回，全亏好心的"委员"（这是当地人称呼省里或外来办事之人）们赏些酒钱，不然，他们来回的伙食也没有。这就暗示了到时要给酒钱。

那里的邮递的迟缓也是不言而喻的，并不是所有县城都有邮局，有些小县城只有代办所。我总是每过几天写信，主要是给曾世英的，将测量和计算结果寄去，自己也留一份复写，以防遗失，并且报告他行程日期，以便他可以按地址寄回信。给明士的信也是把行程告之。我每到一个新地方，总要到邮局看看，是否有留交之信，但是每次总使我失望，空手而回。

我由此西行，在五寨、岢岚测了两点。据本地人说岢岚是樊梨花驻兵之地，那里城门特别高，说是因为她的帅旗不能倾斜，出入城门都须直拿。现在岢岚是航天部发射中心之一，我的长媳（之卓兄长女）长期在该部一院医院做主治医生，曾经去过一两次。我把当时所见问她，也都没有注意此事。又讲起当时的落后情况，她说"现在仍是很落后"。我想她是与北京比的，无论如何总应当比60年代我所见的要进步得多了。那时，那里不是没有东西，记得那里的药材也是很多的，但交通不便，有了好东西也出不来。

由此又到河曲。此时，我租了一条船，沿着黄河南行。先到保德，这是山西西北角上的一个府城，人口多一些，也是很荒凉。沿着黄河又在黑峪口测了一点，到达军渡上岸。在我们由军渡上岸东行到柳林（那时只是一个镇店）之时，我的行李被扣留了，押架到了离石县。经我说明我们工作的情况，并当面将箱子打开，才算了结。县长却以事十分抱歉，将我们安排在县里居住。原来阎锡山自己种鸦片，也贩卖鸦片，他总怕人家抢了他的买卖，他对黄河是守得很严的。记得那次我在壶口工作时，山坡上就有一所房子，有电话线直通吉县。一个鸦片鬼在那里守着，就是防止从西边过河的鸦片贩子。在离石，我却接到曾世英的信。这信是他复写信之一，另一份则始终未收到。信中除了告诉我说所寄的信和资料都收到外还告诉我两桩事：一是他与章祥正女士订了婚。他自十多年前丧偶之后，至此才考虑续弦之事。章是从女师大分出来的女子大学的毕业生，她父亲章营荣是我岳父的好友，所以她与明士也是从小相交；二是告诉我明士已决定回北平，并且一切事情，所里会照应，要我放心。

我在离石测量之后，又到岚县、方山测量了两点，即转程回到太原，然后取道石家庄回北平。此次出行使我很满意，不但测量了很多地方，并且对晋北的风俗人情有所了解。

到北京车站，明士带夏儿来接。她是前几天才到的，一切安排都是所中通知我兄弟（俨）安排的。她告诉我已搬到兵马司西口的汪家。不记得如何要搬家，好像当时胡先生有一年休假，他利用假期到唐山大学去讲学，胡太太和长女胡芬也同去了。就在此时，胡芬认识了我在校时的同班同学，也是当时很要好的朋友罗河，以后他们结婚了，但此是后事。那时他们的房子并没有退，留一个老家人谷裕在那里看守，在京住校的子女胡筠、胡芳等有时也会去看看。

1934 年夏，方俊、杨明士夫妇和长子方夏在北平

汪家所住是一所大房子，是曾经做过江苏督军齐耀珊的房子，隔壁则是他的兄弟耀琳的房子，也是同样的大四合院。后边还有一排正房，我们所借租的就是这一排房。老夫妇二人下有四子一女。他们的第三子德熙[①]是我兄弟在附中时的同学，此时一同考取了清华大学。长子德耀[②]是留法

[①] 汪德熙（1913—2006），江苏省灌云人，高分子化学家、核化学化工专家，中国科学院院士。

[②] 汪德耀（1903—2000），江苏省灌云人，1931 年获法国巴黎大学博士学位。细胞生物学家。曾任北平大学等校教授。1943 年至逝世在厦门大学任教授，曾任校长。

学生物的，最近才回国。次子即德昭①，但是他不住在家里，与夫人李惠年住在外边，所以见面较少。老夫妇为人很和气，对我们很客气。从谈话中知道他们过去也是很贫寒的，老先生在农矿部当录事，每月才30多元。在谈吐中也流露出在这样贫苦家庭中，能教养出这样有成就的学者，也颇有自豪之感。但这是过去，那时他们已经相当阔气了。德耀与当时铁道部次长曾仲鸣是留法国同学，为父亲安排在平绥铁路局当参事，月薪300余元。德耀也很和气，他当时未结婚，听说他已与黄花岗烈士方声洞的侄女订了婚（侄子也是他的留法同学）。他很喜欢我们的夏儿，只有一点，我很不喜欢他那种"一切都是外国的好，中国没有一样好东西"的论调，所以有时谈话往往争论起来。

住进这所房子不久，夏儿就得了一种很危险的病。我们抱着他到西长安街找力大夫，诊断是膀胱炎，必须立即送医院开刀，但是，他也不能为我介绍医院。我们只好回去，准备与老夫妇商量送什么医院好。老先生就说："最好先送到前面丰盛胡同西口去找荣大夫，我亲眼看到他治好这种病人，但是他是不轻易接待病人的，你只说是我介绍的，他一定会照顾。"此时，德耀正在座，说"中医，能治好病，我真不相信"，又说"我与你联系法国医院"，说完就出门了。老先生就催明士快送去，"他回来就麻烦了"。明士抱着夏儿到荣大夫（是一位旗下贵族，家里很有钱，兄弟是吉林省的财政厅长。他不行医，所以门口也不挂医寓牌子）。他诊脉以后说是十分严重，为什么不早送来，我开个药方你试试，也不很有把握的样子。我们将药方给老先生看了，他只说"药开得很重"。我赶到医生所指定药店，伙计所认识这医生的字，说"这是荣大夫的方子，千万称准"，

---

① 汪德昭（1905—1998），江苏省灌云人，物理学家，声学家，中国科学院院士。

并告诉我药要煎透，只需吃一小调羹。我们煎好了药，两人抱着小孩。此次却很奇怪，他平时连吃口咳嗽药都跳脚不肯的，此次竟把一调羹的药一口吃了，可见小孩也自己感到痛苦了。过了不久，他说要小便。他怎能小便，早上小便也尿不出，只是流些脓血，并且痛得直流眼泪。我拿着一个小瓷盆接，也只是流些脓水。我们一面还是等那位博士先生的电话。又过了半小时，他又要小便，此次却拉出尿来，虽然还带些脓血，也不叫痛了。整个下午，我们守着他，就喝水、小便、喝水、小便，觉得小便已经通顺了，烧也慢慢退下来，面上也不像上午那样一块青一块紫。到傍晚，竟安然入眠了。德耀一直到深夜才回家。我家的窗正对他们上房的后窗，所以一举一动都看得清清楚楚。他进门之后，见了他父亲猛然想起说："方家小孩怎样？"他父亲说："你不是去联系法国医院么？人家好了！"他说："怎么可能？"他是很喜欢我们的儿子的。第二天天刚亮，他就来敲门，看见小孩正安安稳稳地睡着了，也没说什么。我不知此时他如何想法。老实说，我过去也是不相信中医的，此事深深地教育了我，开始认识到中医却有深厚的传统。可惜的是不能普遍流传，只有少数得天独厚的人才能掌握，所以，挖掘祖国的医药宝库使之普遍化，并与西医的科学方法相结合，使医药得以推进是十分必要的，但是此事只有在共产党领导下的新中国才能做到。

我总怀疑这样一个两三岁的小孩怎么会得这种病。那时，我们因老张妈年岁大了顾不过来，请了一个金妈。这个小脚娘很脏，她常常玩弄小孩的生殖器，这也是张妈后来反映的，并且那时的小孩都穿开裆裤，随地乱坐，也是引起感染的原因。我们对这种事竟毫不注意。第二天，明士又同夏儿去看医生，把脉后说："好了！不过这一打却伤了元气，要吃一个月的补药。"明士面对这样的名医，想起何不将自己的病对医生诉说，医生把了脉开了方,并嘱以后去诊治。就这样三四年的积病竟痊愈了,不久就怀了第二胎,到次年(1935)的4月1日生下女儿方华。

记得那时我们搬了家,搬到三道栅栏。为什么从汪家搬出来已想不起来了,可能是那时汪家有外来的亲戚来往,明士觉得可能他们不方便就搬了出来。新房东是一位警官,我们住他们的西房和南房。华儿实际是我们住到三道栅栏时出生,还是那个夏儿出生的道济医院,也是一位美国女医生(人称白大夫)接的生。那时,我的父母和明士的父母都在南方,小院胡同的胡太太已回来了,听见了送过两回鸡汤,明士十分感动,所以在她劝说下不久又搬回了小院胡同。

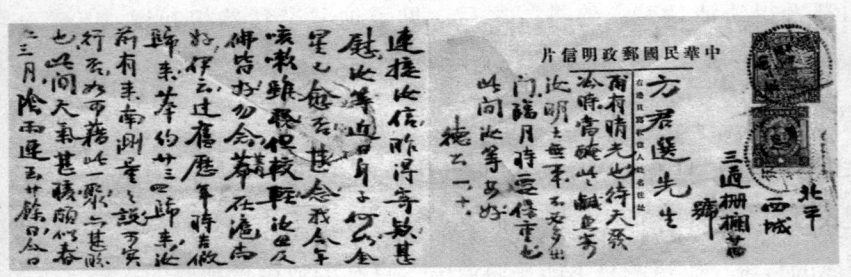

父亲方遥寄给方俊的明信片

这个时期我家的常客是我的堂姐方匀。她是三叔的女儿,即远四叔的侄女,从小父母双亡,在四叔家养大。她也是当年勤工俭学会派到法国去工读的学生之一。这次派遣我们方家竟有四人之多,除匀姐之外还有四叔的长女方于和燮大伯之子方岑(后改名岑一),以及我(由于父亲的反对我没有去成)。匀姐是学美术的,她终生没有结婚,为人十分幽默,并且对我家和赵家所知典故甚多。那时她在仁立地毯公司工作。另外,就是我在调查所的同事卞美年和宾果,他们吃不惯食堂的包饭,所以常来我家吃午饭。卞是富家子弟,他的父亲卞白眉是中国银行的华北总经理,但是美年却十分俭朴。他的夫人是珍珠港出生的华侨,后来与明士相交甚厚。宾果则比较吝啬,家景也比较贫寒,但却每饭非肉不饱。他那时在金开英先生所领导的沁园燃料研究室工作,后来,即1937年由文化基金会资送美国学习石油提炼。卞是地质古生物家。

那些年岁大一些的地质学家如谭锡畴、王竹泉、谢家荣、田奇㻛等也是当年章鸿钊与丁文江、翁文灏所办的地质训练班①出身,后分别出国深造,回来就在地质调查所工作,都是当时所中的骨干,也是开创我国地质事业的前驱者。原有一位也是训练班出身,到瑞典去学习古植物的周赞衡(柱臣)先生则是被安排在所里掌握财务。要知道当时的地质调查所是没有固定经费的,全靠丁、翁二先生到处去募捐来维持这个事业。例如,我前面已经提到新生代研究室是美国罗氏基金团资助的,新办的土壤研究室是中美文化基金会②的拨款,而我们的地图则是申报馆的资助等等。记得我自周口店工作之后,就成为该所的正式职工,名义是测量员,薪水也涨了20元。我的出差费用都是向周先生领取,回来后再向他报销。那时的规定是出差的旅宿费是每天五元,实报实销,不得超过。我在领取款项以及报销之时,周总是与我讲到所中经费拮据,希望尽量节省。他管所里的钱是很严格的,但是自己对人却很慷慨,我后来受惠于他的地方甚多,所以我总把他当作一位敬畏的挚友。

翁先生也是一位廉洁俭朴的人。他总觉得那位管庶务的吴麻子(大家都这样叫他)有些不可靠,他就到一些文具店去了解一下,并买回了一些笔墨和纸张,拿到吴处与他买的比比,说:"你看,不是相差不多,但是在某铺子买却比你买的价钱少些,以后你不妨到那家去买。"这都是无形

---

① 即农商部地质研究所。
② 正称为"中华教育文化基金董事会"。

教育人的措施。使我长期不能忘的一件事是：当时清华大学梅校长出国，请他代理校务。他每隔一天到校，总是先坐他的包月车（一辆黄色的洋车，号码是2468）到所，在那里办公室等校车来了，才坐校车到校。回来时学校汽车也只送到所，他还是乘了"2468"回家。他本是四明（宁波）的望族，但是家中生活也很简朴。记得有一次看到沈醉的回忆录，在日本投降之后，重庆的一些机关都派员去接收，经济部也不例外。有一次，在上海请客，服务人员来问汽车司机的车饭钱如何开发，总务说按规定两块钱，他一听就急了，说："我在部里每天中午一客蛋炒饭，外加一碗汤也不过四角钱！"沈醉当时笑他呆，连时价都不了解，这也说明他的廉洁简朴之处。

那时所里的客饭是很清淡的，周先生等人每月总要到西长安街的小饭店去吃一顿。记得经常参加的有谢家荣、钱声俊、田奇㻞、金开英及周、曾等人，我也忝陪末座。大家轮流作东，每顿连酒在内也不过十元左右。

所中经常开学术报告会，我虽不懂地质，有时也被邀参加。每年的年会更是热闹。那时中央研究院的地质研究所已经成立，李四光先生也参加这种会，朱家骅也以地质家的身份前来，但是总是以贵宾形式坐在台上。有时学术辩论是很热烈的，但是总不免有门户之见。记得我到所的那年，地质年会开得十分热闹，除地质家外，还邀请了一些知名人士来参加。记得那次胡适和赵元任两位先生在晚会上，为我们说了一段用英语说的相声。

我静极思动，本来想到贺兰山一带去，因为那里的图比晋北还不如，但是那时内蒙古的形势已不容我前往，临时改到河南西部。我从灵宝出发，用步测方法一直测到卢氏，翻过伏牛山脉的老君岭，由此抵达内乡等地。我在老远就听到说那里是由本地恶霸毕庭芳等三人所控制的地方自治，河南省政府是不能过问的。毕住在西峡口，所以我就故意绕道直到内乡。哪知到了内乡住宿之后，忽然有人拿着毕的名片并带一箱本地制的野葡萄酒送给我，这就是说"你不要以为我不知道"，我不得已只好去探望他，向他说明来意，他倒很客气。其实他们也不是不为地方做好事，如修水利和道路也很积极，只是不买省政府的账。我第二天到预定的地方淅川县，在这里，我遇见了在唐大时的同班同学马懋庭。此人性格犷悍，又是河南人，那时河南土匪很多，所以大家叫他"马土匪"。他一见我，还是那个老样子，动不动就给你一拳。我知道他也没有读到毕业，所以谋事很困难，此时也只是为人代课才到淅川来。此次分别又是几年。在40年代初，我在中央大学任教，他来找我，无非是想我为他介绍工作。我虽然为他奔走了一阵，也毫无结果，可见当时谋事之难，真是难于上青天。

我们工作完了之后，就搭县里到南阳运货的卡车东行。到了南阳，我照例去县政府联系。县长留我在县里住，晚上请我吃饭，见到了当时驻军在南阳的司令庞炳勋。他知道我想到北面的南召和鲁山去，就告诉我共产党的部队很可能从那里走，劝我千万去不得。我不得已只好改变计划，在方城等地测定，然后取道郑州回到北平。回所之后，知道曾先生即将赴美。南京的所址，大楼也已经盖好，不久就要迁往南京。

国难家愁

曾世英先生赴美，把绘画交给了我。此时，正是申报地图第三版修订之时，我忙得几乎晚上没有功夫。到了1935年11月，所中人员陆续南迁。我只带了明士和子女到了南京，就住在父母家中。房子在大行宫一个

1936年方俊、杨明士夫妇在南京

菜场附近的科巷，在房主周家的楼上。此时，父亲已因教育裁员而去职，在首都电厂找到了一个工作，工资只有75元。地质调查所的新址在珠江路东头，旧地名是水晶台，在马标附近。此地原是国防委员会的地址，首都电厂的办公处也在附近，所以，我总是每天早上和父亲一同出门，为他雇好洋车，才慢慢地走到马标去上班。我离家已经将近十年，此时得欢聚，住在一起，真有说不尽的快乐。父亲也很高兴，每天晚上总与孙儿孙女玩些时候，我也觉得从此两家并一家，经济总可宽裕些。何况兄弟不久就从清华毕业，在南京找个工作，我们二人共同维持这个家，父亲也可以从此息肩，不做工作，在家安心养病。但是，天下事不如人意者十常八九，我的幻想不久就破灭了。

在我们回家一个月时，父亲的咳嗽老毛病又发了，此次似乎更为严重。我同他到中央医院去诊视，那里的内科戚主任有些名气，并且他是地质所的一位职员的哥哥。平时这位戚先生也对我说过，只要告诉医生我们的关系，医生是会照顾。我随父亲去挂了号，坐在门口等。戚医生来了，我就迎上去与他打招呼，并说我是地质所的工作人员。果然，竟提前了几个人把我们叫进去。医生诊视说："这是多年的老毛病，我先开个药方试试。最好是能来院住几天，作一些深入的检查。"回去服药之后也不见效。我劝父亲到医院去住几天，父亲坚决不肯，母亲也反对，只好作罢。我打听得南京有一位名中医张简斋，我去请他，他一直到晚上才来。吃了张大夫的药，父亲的热略退了些，但是，精神总不好。所以，我就终日陪着他。有一天，父亲忽然把一张报纸给我看，原来他看到丁文江先生去世的消息，十分担心，认为今后我的工作会变得困难。我只是安慰他。有一天傍晚，四叔来看他。他们两人既是堂兄弟（父亲是亲兄弟），又是表兄弟（母亲是亲姐妹，即烈文公的二女），所以长得很相像，性格也没有什么分别。四叔比他小五岁，两人从小一起长大（父亲从小父母双亡，是在赵家长大的，他的姨母即我叫六叔婆的出力是很多的），所以，他们二人十分要好，每次见面总是谈论很久。例如，那时报纸上，或书刊中常出现一些异体字，父亲经常向他提出问题，因为四叔长期研究字书及词书，对此是有研究的。记得那个晚上，父亲曾向他提出一些字体的不统一问题，认为必须纠正。那时，我家是比较贫苦的，四叔则因女儿之故，做了铁道部的参事，收入较多，每个星期天要约父亲去吃一顿。我记得到南京后也参加过两次。四叔走后，我伺候父亲吃过晚饭，看他睡了，才回自己屋里休息。哪知到了半夜，母亲把我叫醒，说父亲不好。我急忙去看，已是昏迷过去了。那时苦于没有电话，思量是否赶快去找张简斋，但是已经来不及了。父亲竟已停止了呼吸。母亲哭得和泪人一般。此事来得如此突然，使人措手不及（这天是1936年1月11日）。我呼天抢地，痛不欲生，想到今后的担子更加沉重，真不知如何应付。我到所里向领导报告了此事，并要请假几天料理丧事。后来，所里派了王锡光来帮助我。

但是父亲一死，我竟成了一个罪人。母亲总认为此次之病是中央医院看坏的，嘴里不说，从谈话中是可以体会出来的。其实，中央医院所给的药也不过是一般的咳嗽药。并且听了外祖家一些人的话，口口声声"必须厚葬"。可怜！我每月的薪水都是全部交给母亲，只留些作为我和明士的零用，哪有余钱去办理此次丧事。

那天上午，外祖父来，坐在椅子上哭了一场。他只比父亲大三岁，他们从青年时期起一直是好朋友。因为父亲前妻（赵柔）故去，父亲终日忧郁不乐，外祖父的一个失言，竟引起与母亲的亲事，此事在前文中说过了。那时，母亲才14岁，与父亲结婚时也不过16岁，父亲已31岁了。外祖父走时留下了50元。不久，四叔也来吊唁，也送了50元。这样，我才能应付一些临时的开支。下午，周柱臣先生来，看见我那种样子，就说："君选，你很为难呀！"又说："你估计要多少钱才能应付此事？"我也没说什么。他坐下来，写了一张300元的支票给我，说是供给我的，将来"你有钱再慢慢还我！"后来，图书馆钱声俊馆长来也借给我60元，这才把丧事应付过去。

母亲又主张把父亲灵柩运往常熟父亲前妻的墓旁安葬。她说父亲临终之时，一口常熟话，并且所说的都是他年轻时之事。母亲迷信，一定要归葬常熟。此事得到四叔很大的帮助，因为常熟是他生长的地方，地面很熟悉，并且有许多熟人。记得灵柩是由王锡光等人用船运去的，四叔带着我坐长途车前往，墓地也是常熟的熟人代为寻找。记得那天下葬之时，下着蒙蒙小雨。我亲自看着安葬之后，又到离此不远的祖父母坟上祭奠一番。第二天，又到父亲坟中祭奠。那几天，我住在赵家，即烈文公次子之家，这都是四叔代为安排的。烈文公的长姐是我外祖父的胞姐，我叫她大舅婆。小时候，我曾到她家里去住过几天。那时的赵园虽然已荒凉不堪，但是亭台楼阁和架在河上的九曲桥等，还可以看出当年的规模。此次再去，此园已归他人了。正如匀姐告诉我的，"甲子年进园，甲子年出园"（1864—1924）。据说，后来是卖给盛宣怀家，盛家始终不敢住此园，捐给常州天宁寺了。我那次住的是烈文公第二子（我叫他二舅公）之家，此时他已故去多年。在那里见到两位老妇人,据说是大老爷之妾,原来都是农民,因为欠了赵家的租还不起,就将长女抵押,作为侍妾。而更应该谴责的是妹妹去看姐姐,也被大老爷奸污了。官僚地主阶级的荒淫无耻,于此也可见一般,而他们后辈的结局也是悲惨可怜!

到了暑假,兄弟清华毕业,回到南京,与我们住在一起。我总觉得似乎应该把父亲去世的情况和家庭的一些事对他说说,他竟不大理睬,谈吐中似乎觉得我很有钱,不肯拿出来。他也不知从哪里听来的,曾世英靠稿费出国了,似乎我也拿到了不少稿费。我想同他到所里去问问,以明真相,他也不肯,所以两人竟不能坐下来好好谈谈。我的大妹那时已与上海联华的导演贺孟斧结了婚,除了父亲去世后不久回来过一次,一直也没有见过面。我此时的痛苦竟是无处诉说。四叔是比较了解我的人,每星期天

1936年春,丁绪宝、方俊两家在南京的家园,赵元任摄影。
左起:杨明士、方夏、杨满生、丁绪宝、丁霖生、方华、方俊

总要约我到吴园去吃茶,但我也不好把家里的事向他说。

有一天,兄弟忽然和我大吵一场,说我对母亲不好。我当时也气极了,就说了他一顿,觉得自己辛辛苦苦、省吃俭用,供他们姐弟二人读书,并说他生病在协和治疗,我是如何日夜辛苦,为他奔走,他自然不能否认。但是,总是骂个不休,最后竟指门说:"你给我滚!"本来弟兄吵架,有时失言,说些不中听的话,也是常情。但是,明士竟有些受不了,并且骂我的话也带着一些刺伤她的话,她就带着儿女逃到她姐家,我只好也住到那里。临走之时,我把所中所发薪水,分了一半,即80元与母亲,并且说我们大小四口,您在家是三人(两个小妹,当然不算兄弟,他已自立)。这样,我们就住到丁绪宝家里。那是赵元任先生和夫人杨步伟在兰家庄所建的两幢房子之一。东边的一幢他们自己住,而把西边的一幢租与绪宝。赵先生是个极为和气的学者,并且很幽默,绪宝等和我每天总要到他屋里坐一下,听他谈笑。夫人杨步伟也是美国留学回来的,是一位很能干精明的主妇。

我那时工作仍是很忙。申报图三版修订工作和新编的 1/3000000 全国地形挂图的编纂都进展得很快。我隔一两天都要去看看母亲和两个小妹。兄弟不久在上海找到工作,去上海了。后来,与他的未婚妻楼罗以结了婚。至于他是否会对母亲在经济上接济一些,我也不好过问,母亲也不会对我说。

我上次提到与我过不去的亲戚此时又跳了出来,写信与吴稚晖告了我一状。此事是四叔告诉我的,他将吴的回信给我看,记得上面写着"方俊君居然绝母,幸即挽回,庶不负其著作等身"等语。我说:"为什么总这样与我过不去,我对他还是很敬重的,平时见着也是客客气气。"四叔说:"社会上就是有一些人,吃着饭没有事做,总喜欢东家长西家短的瞎议论。

你不必担心，我已据实回复了吴老先生。"

外祖父自我父亲去世后，一直郁郁不乐。同外祖母到北京在次子（二舅陈益）那住了些时候，也住不惯，所以过了两月又回来了。回来不久就去世了。

此时，我每天上班。有一天，周柱臣忽然把我叫了去，说："今天给你好差使。南京妇女协会要来参观地质陈列馆，你去接待一下。"下午，她们来了，领队的是李德全先生。我接待她们，走到楼梯边，李先生说："方先生，你还记得我吗？"我说："你不是冯玉祥将军的夫人李德全，鼎鼎大名，谁人不识。"她说："不是。想想看，在雁门关的长途汽车上。"我这才想起两年前，在乘长途车过雁门关时，上来了一位太太，带着两个小孩。那时，车上乘客很少，她就坐到我旁边攀谈起来。我问她贵姓，她说姓李。我指小孩，"他们呢？""也姓李。"于是，沿路都称她李太太。所以，此时我就说"你不（是）李太太吗？"她说："那时长城抗日，怎敢暴露身份？"

冯玉祥是我从小敬佩的人，可能是因为我进过教会学校（崇德中学），教会的外国人对他都是很敬重的，称为"基督将军"。但是，我对他的敬重还是他的作风。他们部队驻在南苑，从来不许进城，不像那些直奉军在城里胡作非为。北京一些老顽固说他虚伪，特别对他倒吴佩孚的戈和把宣统轰出故宫很反对他。正如他自己所说："说我虚伪也未必。如果现在的军人都像你们说的虚伪，中国就太平了，因为他们还懂得自己的所作所为是可耻的。"至于倒吴佩孚的戈和把宣统轰出来，正是他最好的地方。只可惜我从未与他见过面，与夫人李德全却有三面之缘。第三次是在莫斯科的机场。那时，我随代表团到波兰开会，回到莫斯科观礼后，乘机回京。忽然她来与我打招呼说："方先生，我们又见面了。"那时，她是卫生部长，带队到莫斯科庆祝十月革命节后，乘机回国。

1936年的6月，曾先生回国，我将地图之事向他汇报了，我的责任轻松了一大截。有一天，他忽然接到翁文灏的一封长信。他站在那里看信，忽然说："君选，恭喜你！"我不解。他说："你来看这一段。"我在旁看，上面写着："根据丁文江先生临终的遗言，方俊在地图工作中出力最多，他既无享名又不享利，我们是很对他不起的，此人很努力，应帮助他深造。"（大致如此）我对此事是记得很清楚的。但是，在1978年时，与曾先生参加政协，我想起此事，问过他，他竟忘得一干二净。我绝不会瞎说，因为后来事情的发展确是这样。像我这样一个没有大学文凭的人是绝没有资格去申请出国助学金的，我的提名是从上面下来的。

我静极思动，又决定到安徽、湖北一些地方去测些天文点。行前去见翁文灏，他说："现在兵荒马乱，怎么又要出去？"我说在家里也没有什么事情，出去跑一下。他嘱咐我如遇到困难可直接打电报给他，并告我如何打法。我带着张德裕（他当时是作为所中工人随所到南京，平时在所中工作。此时，又跟我出差）乘船到安庆——那时是安徽的省会。建设厅长姓桂，也是地质学家，与所里很熟，所以，我带着介绍信去找他。到的那天是星期日，没有找到人，第二天又是中秋。我不耐烦，就直接渡江到对岸大渡口找到一个保长。他为我们找到一个住处，是一间大仓库，当时空着，我们就将行装搬了进去。但是，上面还有一层楼房，一个梯子搁在楼顶的开口上，上面是住有人家的，而且有妇女和小孩。我当时就觉得不妥，让张德裕去请保长另找房子，保长说："一时实在找不到，你先住下再说。"那晚，我就在房子的后院做观测。哪知到了第二天早上，房子就被几个兵把守。张出去买菜，也不得进来。他记得我们所住的小屋有个后窗，就来敲窗说："房子被包围了，不能出入，怎么办？"我立刻写了一个电报稿子，是发给翁先生的，要他立刻去发，并告诉他以后也不要进来。大约在九时左右来了一个军官。我问他为什么，他也客气说："我们还是过江再说。"这样就把我连人带行李押架过江，送到警备司令部，安置在一间客房里，对我一直都很客气，房子也很整洁，并且还送了茶来。就是出不去，也不理我。中午送了午饭来，菜蔬也很丰富。一直等到下午五六时，忽然进来一个军官，对我十分恭敬，连说"误会！"他坐下来与我谈了几句，说："目前日本间谍十分猖獗，我们没有认真调查，所以误会了，十分对不起。"又说："你是中央来的人，看我们下边如此认真，也应当是很高兴的。"我只说："原来如此。你们把日本间谍放了，挪我来塞责，我是不能原谅的。"此时，张德裕也进来了，将我们的行李送到一个附近的小旅馆。我想果然像翁先生所预料的，此时出门，难免出现麻烦。第二天，我请张在旅店看好东西，自己买船票回到南京。

见到翁先生，他说："果然师出不利，接到你的电报。我打两个急电给省政府，向他们要人。"我说："也弄不明白是什么道理。"翁说："他们可能把你当作一个共产党。"我说："原来如此，这是他们的真正敌人。"

我又回到安庆，找到桂厅长，与他谈到我被扣之事，并且谈到今后的安全问题。他说可以保证我以后不会出事，但是要我每到一县必须先与县政府联系。此次之事是你性急，没有联系好，就自己去闯。据了解那个楼是一个军医的家属住家。他们想轰你，但出不了口，于是不择手段向警备司令部去报案。我的工作总在夜间，又带了收报机等与军事有关的东西。我了解了这些以后，就决定按原计划进行工作。

我从安庆到合肥，然后西行到六安、霍山等地，由此西行到皖豫交接的叶家集，进入河南省，又在河南的商城、罗山做工作，一直到信阳。记得这一段路程都是靠人力车旅行，从信阳到湖北省的花园则可坐上火车。

一进湖北省，就顿时感到形势十分严重，军警的检查也十分严格。后来才知道，两天前省主席杨永泰被暗杀身亡。在花园住的时间较长。因为工作时受阻碍，又乘车到武昌，住在蛇山上的图书馆，下面就是杨家的灵堂。居高临下，看得清清楚楚。住了几天。忽然想起我的表弟刘锡尧（后改名西尧，是我三姨的次子，比我小12岁）在武汉大学数学系读书，我去找他。那时市里交通全靠人力车。我到了珞珈山，果然找到了他，谈了很久，还在东湖里划了船。在这次见面不久，他就失踪了。一直到15年之后，即1951年，才又在武昌见面。

我在外面旅行了两个多月才回到南京。记得那天乘船东行，在报纸上看到蒋介石在西安被扣押之事，所以，那天应是"双十二"的第二天，即1936年12月13日。

1937年，方俊（左）、曾世英（中）、李春昱（右）在地质调查所向美国波士顿博物馆来访专家证实珠穆朗玛峰是世界最高峰

回宁之后知道我的出国申请已批准了，是丙等奖学金，每年只有180英镑。我的朋友宾果也是同期获得此项奖学金，是甲等，所以，他可以到美国。我的奖学金出国是不够用的，但是那时德国纳粹政权要吸收外汇，规定凡是学生或学术活动的人都可以申请用登记马克，这样就很充裕了，可以在德国过得去了。那时1英镑合国币17元，可换12个马克，而登记马克又加了一倍。

我那时准备在秋后走，在这一段时间，我比较空闲。翁先生觉得我数理基础还好，主张我去学习物理探矿，借给我几本有关物理探矿和石油问题的书。我虽不懂地质，但是对此也颇感兴趣。那时，一些学者对于石油问题都十分注意，我也受其影响，总觉得当时中国一滴石油都没有，点灯所用的煤油、汽车和工厂中所用的汽油和柴油等都全仰进口，一旦战争爆发，敌人封锁我们，怎么得了，仅仅这一点就可以置我们于死地。翁先生在地质调查所里设立燃料研究室和以后由此发展而成的焦油厂，也无非是想从植物油中提炼汽油。外国人都认定中国是贫油国。记得当时也知道陕西延长是产油的，我国和日本人都（在）那里钻探过。虽然也出些油，也是少量的。原来石油的生产主要靠两方面，即应用生油的地层，以及使油能够聚集的地质构造，延长只具备第一个条件。

那时外国，特别是美国的石油生长理论只限于海相成油，认为生物死亡后沉积海底，经过地质变迁，在高压高温下形成的，所以他们的对象只限于海相地层，物理探勘大多用一种匈牙利人厄脱弗斯（Eötvös）所发明的扭秤（Eötvös Torsion Balance）。这是一种能够测量重力位的二次导数，即重力的一对水平导数，以及由另一些二次导数所组成的"曲率函数"。根据书中所叙述：美国石油公司在第一次大战之后就派人到德国去学习这种理论，并带了两台由阿斯干尼亚厂（Askania Werke）所制造的扭秤回国。第一次测量就得到十分完满的结果，几乎所有的重力梯度方向都指向一个中心，而那些曲率函数的方向线也几乎是围绕着四周。他们按照这种轮廓钻下去，就打到一个盐丘，再钻就出了油，这就是当时很有名的"那许盐丘"（Nash Dome），阿斯干尼亚厂也大施宣传，我也着迷。中国的延长也是海相的，但是有油而无法开采。又如四川也有这种地层，并且根据黄汲清先生所说，也有聚油的地质构造，可是也不出油。这是什么原因？很可能是那里利用火井喷出的油气用以煮盐卤从明朝至今300多年了，下面的压力不够，以至流质的石油也都凝结了。我不懂地质，这也不过是当时学习时的一些想法。因为在美国一发现某地有油，一些油公司争相去圈地，总在他们的边境上尽量多打钻，以期将临近的油据为己有，但是美国的石油法律却规定了当油压降到一定程度，就不许再吸取，以免内部气压降低。

美国人是一直断定中国是没有油的，他们只知其一，而不知道天外还有天。他们囿于海相成油说，不懂得陆相也可以生油，这就是地下的碳氢相无机物质在高温高压也可以合成石油。记得在70年代，中央为黄汲清、李春昱二位专家平反之时，说"陆相生油"是黄先生首先提出的。但是，他有一天却对我说："其实也不是我姓黄的首先提出的，最早提这个问题是当年在地质调查所工作的潘钟祥先生。"可见真正的科学家是十分严肃的，绝不敢把别人的功绩据为己有！

到了1937年的夏季，我开始准备出国之事。我想乘苏联的火车西行，因为这样可以便宜很多，我到苏联轮船公司去订从上海到海参崴的船票。此时翁先生认为出国之后，所中就不发我的薪水了，就主动地将丁先生和他那一季度应得的地图版税，一人分一半给我，我拿到1800元，相当我一年的薪水。

此时，翁先生已是行政院的秘书长，同时还兼顾资源委员会和地质调查所，他每星期只来一次，就是每星期二上午的学术讨论会（那时的政府机关每星期一都开纪念周，地质所是学术机关，不搞这一套）。他每次来总讲一些话，大部分都是政府中的一些问题，可见他那时的官瘾是很大的。

那时，总有一种动荡不安的气氛，社会上的谣言很多，大有"山雨欲来风满楼"之势。果然，不久就真正的大难临头，发生了八一三事变。先是一个日本军官和一个兵乘车闯进虹桥机场，被我军开枪击毙，他们就借此大举进攻上海，这就是1937年的8月13日（一个黑色星期五）的日军入侵之事。蒋介石在舆论的压力下，特别是为了维护他那个摇摇欲坠的统治地位，不得不起来应战。从此，开始了历时八年之久的抗日战争。但是那时的人总有一种侥幸思想，认为战争不会太长的，英美出于他们自身的利益也不会坐视不管。这不过是一种他们对于国际形势无知，不了解英美也是自顾不暇的痴想。一些人认为南京是不能住了，因为日本飞机会不时来轰炸，只是想在附近的地方找个安身的地方。四姐来与明士谈，说她将同着老太太（绪宝之母）和子女住到安徽寿州去，那是绪宝六弟绪淮岳家的家乡，问明士是否愿意同去。我们对此本来也没有什么打算，现在有此去处，也很乐意同去。决定后，我就到母亲那里，告诉她我们的决定，问她是否可以同去。她不肯，说已经和房东约好，必要时跟他们到城外的秣陵关去躲几天，我只好作罢。我们搬到寿州，住在绪淮岳家——孙家的一所大房里。孙家是寿州的大族，在地方上是有些势力的。过了大约一个星期左右，母亲和两个小妹也找了来，这样使我免得心挂两头，放心了。岳父母也同着七弟（望宝）和八妹（雪宝，后改名云实）前来。如此，孙家的一幢大房子几乎住满了南京去的人，有十八九口之多。此时，岳父身体不好，感时忧国，终日郁郁不乐。他认为国家的贫弱，以致外敌入侵，国民党是要负完全责任的，觉得前途无望，我对此也有同感，所以我们很谈得来。当然，那时我们对共产党却一无了解，并且受到国民党的宣传，也没有好感。殊不知在另一个房间里，我的两个妹妹和七弟八妹却在议论另一种前途。此时明士已怀了第三胎，并且即将分娩。不久，她生下一个男孩。凑巧的是此次接生又是在北平时两次为明士接生的那位道济医院的美国女医生白大夫。原来，寿州也有一所美国教会设的医院，也与道济医院一样，是属美国美以美会（M. E. M）的。但是此子竟未长成，由于明士奶水少，又没有牛奶供应，奶粉也买不到，以致不到一个月就夭折了。

到了临船期之日，我回到南京，仍住在丁家。绪宝自从中大教授被人挤下之后，教育部请他为督学。这无非是一个因人设事的职位，但他却干得很起劲。他一人留在南京天天去上班，由于一人住着又太寂寞，又托人招请了一位北京大学的助教来同住。赵先生心脏不好，由夫人送到汉口居住，夫人则仍回南京料理家事。此时家中的东西几乎都没有搬走，但她不住兰家庄，而住在杨公井的另一幢房子里。我到所去拿信，才知道苏联的船因战争关系停航。我只得去退票，并订了意大利邮船公司的票。

我此次在南京只住了几天，却几乎被飞机炸死。那是我到南京的第三天，那天下午听到警报，我看见我们的飞机起飞，大约半小时后，就看见北方天空三个黑点飞近了，是三架飞机。我说这是中国飞机，我认为我们的飞机已起飞，当然是去迎击敌机了，现在是将敌机击退返航了。那位助教是前些时候住在励志社附近被一次轰炸吓怕了的，拉着我说："什么中国飞机，是日本飞机，我们赶快躲到房子里！"拉着我向绪宝的屋子里跑。此时，听着高射炮声由远而近，飞机开始投弹爆炸，我们二人竟摔倒在楼梯旁边。此时，又听见飞机投弹的尖叫声和沉重的爆炸声，整个大地似乎也在波动，楼房也在晃摇得嘎嘎作响。接着又是第二批炸弹，两次爆炸相间不过两三秒钟。后来知道前一批落在赵先生房外竹篱之东不远，篱笆上有许多被碎片打的洞，第二批则落在考试院前一个钟楼之旁。敌机走了之后，爆炸声不断。我和绪宝等都躲在赵太太所挖的防空壕，其实这是一个没有防御能力的地方。我们一直坐到深夜才出来，已是夜里12时了。

我第二天即赶回寿州，等待船期。鉴于上次在南京的惊险经历，我想在南京少住几天。到南京后，我到所中与同事告别。周柱臣先生告诉我翁先生要请我吃饭，我不得已多留了一天。我到翁先生家。他又一次劝我何必在此兵荒马乱的时候出国，我说一切事情都准备好了，我在所也没有什么事好做，不如趁此时出去走走。后来事情的发展也证明了我这次的决定是对的，错过这个时机，以后再没有出国的机会了。那天饭桌上的客人不多，记得有杨钟键先生。翁先生要他写信给曾经在地质所做过研究员，并在北京大学地质系做过教授的法国地质学家德日进（Teilhard de Chardin，是天主教徒，总穿着一件黑色道袍，所以所里人都称他为"法国和尚"），说裴文中先生从马德里逃到巴黎，入学有困难，请他帮忙。另有一位坐在翁先生右边，可能是那天的主要客人，是一个上海的商人，他自认是翁先生的救命恩人。原来翁先生的车祸是由于司机不负责任之故，他根本就没有想到翁先生会在大年初一（1933年，农历癸酉年春节）要出门，而且是跑长途，所以他在年三十夜与朋友喝酒赌钱，闹了大半夜。第二天要车，他只能请他的助手开，自己坐在旁边打瞌睡。车子开到离长兴不远的一个小石桥时，他忽然醒来，看见桥旁两条狗在打架，就伸手将车把一拉，车子撞在石桥柱子上。翁先生从座上冲出，撞在前面的一个汽油桶上，将额头撞瘪。司机见闯了祸，慌了手脚，和助手在路上望，希望有路过的车子，将伤人送到城市。那里平时车辆就不多，又是节日，所以一直等不到来车，就是偶尔有卡车过去，看到这种情况，也不肯装载。就在这个紧急关头，救命恩人来了，就是这位上海阔商开着一辆小卡车驶来，将翁先生抬上车子，平平稳稳地躺在车斗里运到杭州。这个商人平时很喜爱好车子，特别是装有名牌引擎的车。这辆车是他从国外订购的，几天前才运到上海。大年初一，家中宾客满堂，他也顾不得去陪他们，竟带了一个助手开车出门。他口口声声"翁先生你命大！冥冥之中，似乎神助！"为了证明此点，他把经过说得十分神奇。

第二天，我就坐火车到上海。此时，前方战争十分惨烈，但是沪宁路还是畅通无阻。我看看船期还有两三天，就到徐家汇观象台去访问。这是天主教会所创建的，已经一百多年了。除了天文观测、用无线电扩放时号之外，还开展了地震、地磁的观测。此时的台长是法国神父，华名叫雁月飞（P. Lejay）。他是弹性倒摆的创建人，用这种摆测定重力，可以在五分钟测定一个数据，仪器也很轻便，他曾用这种仪器在我国华东及华北地区测了一些重力点，这是中国最早的普遍重力测量。在观象台内有一个亭子，中间竖立了一个大理石的圆台，说是重力台。前后经过两三次的连测，彼此相差很多，他也用他的仪器从欧洲联测过来。据我们在解放后的检验，他的数据是可靠的。我与他谈了一些关于重力测量的问题。我总希望地质调查所能买一两台这种仪器，在中国进行普遍测量，但是一直未能买到。后来，北平研究院物理研究所（所长是严济慈先生）进口了一台，由张鸿吉等人在长江流域和贵州、云南测了将近200个点。我曾用他们的成果推导了中国重力公式，但是这已是抗战将结束时之事了。那时，他告诉我现在中日战争无法去测量，他也任期将满，不久就回欧洲去，希望今后常通信。

我在上海住了几天就乘船西行。那船是意大利邮船公司三条"公爵号"邮船之一，叫作"维特公爵号（Conte Verde）"，是这三条船中最小的一条，可是跑得比其他两条还快些。那时，从上海到地中海沿岸的港口都要走20多天，有的还要个把月，但是此船从上海到威尼斯只走了17

天,因为它不载或少载货,所以路上停靠的码头很少,在停靠的港口也很短,这是墨索里尼所吹嘘的意大利国宝。我买的是经济二等,其实就是三等,不过美其名曰经济二等罢了。一间舱房内住四个客人,我在上海上船,那房里都是中国人,三位客人是到香港的,其中有位是父亲当年在广东大学堂的学生,他告诉我当年父亲在广东办学之事,说汪精卫、胡汉民(当时名胡雁鸿)都是父亲的学生,又说著名文学家笔名为落花生的许地山也是父亲的学生。又说那幢校舍尚在,已经改成女子职业学校了。到了香港,三位中国乘客都别去,另外上来了三个外国人。一位在香港出生的英国青年与我谈得很投机,此外就是一个美国船公司的水手。那时,他是加入水手协会的人,乘船都不要票,并且吃饭和酒吧间的酒也只收半价,所以他一天到晚都泡在酒吧间里,晚上喝得烂醉才回房睡觉。第三位则是一个欧洲人。

　　船驶离香港后,不日即抵达新加坡。在那里停靠时间很短,所以也没有上岸。由此穿过马六甲海峡,进入印度洋。大洋上竟风平浪静,船行十分平稳。在加尔各答也没有停,绕过印度南端,在西岸的孟买靠岸。我上岸就看见一个大楼门,上面写着"印度之门(Gate of India)",这却是英帝侵入印度的大门。由此西航,驶入阿拉伯海。几天之后,就驶进红海。由此北行,到达苏伊士,这已是埃及的地面了。在那里停靠,大家都争先抢后地上岸去观光。那时是深更半夜,但是码头上却十分热闹。我们出示了护照就通过了,而印度人却受到很多刁难,有一个印度人竟被他们检查得连裤子都脱了。我想同是英帝铁蹄下的奴才,又何苦如此相煎太急。码头上都是小摊,用电石灯照明,这是我们小时候在北京常看见人力车所用的那种,是一种碳化钙石,水滴上去就产生乙炔。市面上是乱哄哄的,走着走着,就有人在后边拉你,说:"要不要找女人?"我们走了一圈后也就回船了。有些人则由此乘车到开罗玩上一天，到晚上赶到运河北口的波赛港（Porti Said），还可以赶得上原船。我与那位英国青年一直站在船头上，观看运河的夜景。忽然，他似有所悟，对我说："我们欧洲人，在自己国内都很守法的，一过这条河，心就黑了！"我想难道不是这样么，一过运河两边的埃及、阿拉伯，再东驶到印度，往远东走，不都是帝国主义铁蹄下的"劣"等民族吗？

由此进入地中海，气候突然变得寒冷不堪，此时已是初冬天气，而在运河以南还是热带的炎热气候。在地中海又航行两天，抵达威尼斯，船在上流的德利斯脱港停靠，我们在此上岸。这是一个水城，一切交通都靠船只。即有名的"冈舵拉（Gondola）"是也。大的可载二三十人，像城市里的公共汽车；小的则由一人划桨，坐一两个人，似城里的三轮或人力车。

我在此遇见我国驻扎柏林使馆的武官钟先生。在他的帮助下，知道如何到柏林，少走了一些弯路。路上也承他的照应，得益匪浅。我记得我的堂妹方端（燮尹大伯之女）和姐夫张景烊（叔弢）都在驻德使馆，他说，他们已经回国了，现在住在香港。

游学德国与回国西迁

……①有一天尔曾将我带到耶拿以东的一个村，名为柯司毕大（Kos-

---

① 本章原稿遗失前13页，约5200字。关于方俊留德的情况，其学生许厚泽院士撰写的方俊传记中说："方俊就读于德国耶拿（Jena）的地震研究所（Anstalt für Erdbebenforschung），这实际上是一所地震学、重力学及地球物理勘探学为主的地球物理所。他师从著名的重力测量学家曼塞尔（Otto Meiβer），学习地球重力学，从此奠定了他一生研究大地测量和地球物理的方向。在德期间，除去在研究所内如饥似渴地吸吮科学知识、收集丰富的科学资料外，他还同时在耶拿大学物理系听课，并多次参观访问了著名的蔡司（Zeiss）光学仪器厂等地，获益良多。"

peda）。那里有一个怪人，自称是拿破仑的后裔，自称"柯司毕大的拿破仑"。他公然对我们说，当拿破仑经过耶拿进军魏玛之时，曾与他的曾祖母住了一夜，由此生下这个后代。这种拿自己祖先来开玩笑，在中国是不会有的，也被认为是十分可耻的。但是，他为宣扬自己，竟是这样做。我的老师是学历史的，他说："这根本不可能，拿破仑那时确是从这里进军去夺取魏玛。但是他几乎整天都在森林里督促士兵在那里砍伐树木，以便他的战车可以顺利通过。"又说他的长相倒是很像拿破仑的，可惜太高了一点。此人收集并仿制了很多拿破仑生前的遗物，并印有宣传画。有一间啤酒室，和我在市区看到的差不多，桌上也刻了许多人名，大多是耶拿大学的学生。墙上和屋顶上布满了血斑，这是当年大学生在此决斗时留下的痕迹，他也舍不得把它粉刷掉。

在那段时间，与我经常来往的中国同学除江良与我同住一起外，还有陈耀庭，一位在那里学经济学的学生，以及两位学物理的学生，薛培贞和卢寿楠。我们每星期六必见面，在我的住处一起烧菜吃饭。房东老夫妇每到此时就早早吃了饭，躲到自己屋里，由我们几人在厨房里造反。记得我们常买一种荷兰的芹菜根，味道极鲜美，这是中国吃不到的。又有一种他们叫作"石鱼"的海鱼，也是好吃。这种鱼皮上有很细的鳞，不大好刮掉，所以买时总是将鱼皮切掉。我却发现鱼皮之下有一层肥油很好吃，所以每次买时总要求连皮卖给我。那时纳粹有一条法律，就是土豆不能削了皮煮，而必须煮好了再剥皮。如果发现你垃圾箱里有带肉的皮，就要把你传到警察局，搞不好还要罚款。又如天主教徒星期五是不吃肉的，饭馆在这一天也不供给肉，只供应鱼。希特勒也借此提倡，以维持他们北海的渔业。我们几个人相处了好几个月，后来我先离去，江和薛、卢也于战前回国，陈则一直到战争之后才到日本，以后也没有回国。

那时，上海的家信已可以收到。不过那时还没有航空邮递，一封信起码要走20多天。国内其他方面也无消息，也不知道地质调查所搬到哪里去了，文化基金会在哪里，所以我对从国内获资助的希望也破灭了。

这时，战争空气笼罩欧陆。英美的纵容使希魔坐大，气焰之高，真是不可一世。英美的希望无非想把他的侵略矛头指向东方，但是适得其反。当时，为了德捷交界处的苏台德地区的争执，闹得很严重。那里是捷克的工业区，居民大多是日耳曼人，希特勒煽动居民起来反抗政府，要求独立自治。英国首相张伯伦前去调解，结果在慕尼黑会议上屈服于希魔，出卖了捷克，使纳粹很顺利地占领这块土地。这是二次世界大战的引火线。我看到这种情况，觉得战乱已经迫在眉睫，我在这里干什么？

我对国内的经济接济虽也无望，但是想继续留下不是没有路的。中德协会的会长受欧根夫人和小姐嘱托对我很关心，来信说可以帮忙去申请洪堡奖学金，但是他的热情却被一个纳粹分子——他的秘书所破坏。因为他要我填一张表，表中问题都是我不好回答的。例如1. 你对中日战争如何看法？又如2. 你是否加入柏林的学生会等等。此外，也有一个热心的人，就是当年我在北平时与我一起整理中瑞西北考察团的地图时的诺林（Norlin）——他是斯文·赫定的秘书。此时，他在瑞典南部隆德大学（Univ. of Lund）任教，来信要我到隆德去，他可以帮我申请补助金。我看到当时的形势，也只好谢绝了。

我到曼塞尔家告别，教授夫妇都为我惋惜。此次分别后，过了28年我在一个偶然的机会，又见到他们。那次是我奉命去参加匈牙利布达佩斯的罗兰大学的200周年会。罗兰是我前文曾经提到的厄脱弗斯扭秤的发明人，他的全名是Lolánd Eötvös。匈牙利人姓名的排序是与中国一样的，姓写在前名字写在后。他和他的父亲都是当年布达佩斯大学的名教授。匈牙利解放之后，就将此校改名为罗兰大学。我见到座旁的曼教授。散会后，他同我去见他的夫人，我们谈了许多往事。他此时已是匈牙利科学院的院士，并告我说他不久将到美国讲学。不幸的是他不久就去世了。

……①次日，我到了维也纳。这天是 1938 年 5 月 1 日，希特勒入侵奥地利之日，他们说是德奥合并。市区正在举行入城的阅兵典礼，耀武扬威，不可一世。我到天文台去拜访台长霍普弗纳，就是我前文所说那本《物理测量学》的著者。他是犹太人，已经被迫退休了，正在办理移交，所以也不能多谈。

告辞出来，就坐火车西行，经过德国西南境的博登湖（Boden See）附近，由此进入瑞士北部的镇店赫尔布鲁格（Heerbrugg），这是著名的威尔特（Wild）光学仪器厂所在地。我在离开维也纳时曾打电报到厂里告以行期，到站就有厂的招待人员厄脱莱（Orthley）来接。他告诉我下午还有一位中国人来。下午，他同我一起去接，来客就是龚祖同先生，我与他第一次见面。他也是在柏林学习的留学生，此来是代表昆明新成立的光学仪器厂与威尔特厂商谈协作事。也因为这个缘故，很受厂里的优待，我也沾光不少。厂经理是许密特汉尼（Schmidheiny），他接待了我们。我谈到了我所关心的光学经纬仪的结构和修理问题，他便引我到一间仪器鉴定室，请一位技术人员把蔡司Ⅱ号经纬仪拆开，特别是我最关心的垂直度盘也全部打开。然后又教我如何装好，如何校正。我练习了几次，学到了一些回来有用的本事。他也把他们新出厂的，也是威尔特新设计的 T3 经纬仪拆给我看，果然比蔡司Ⅱ号经纬仪要简单合理得多。许密特汉尼告诉我：蔡司Ⅱ号也是威尔特（H. Wild）设计的，蔡司厂按照他们方案试制。在这

---

① 此处原稿遗失 3 页，约 1200 字。

个过程中，威尔特又有了新的思想，主要是那个鉴定度盘的读数系统，要求改变方案，但厂方认为全部方案都已确定，样机也制成，不同意修改，因此闹得很不愉快。威尔特就脱离蔡司，回国集资建立这个仪器厂。

那位接待人员引我们到瑞士的一些城镇去游览，并且去游了瑞士境中的最高山峰桑的斯（Santis）。山高1500米，有缆车上去。在瑞士通用三种语言，即德、法及意文。官方的告示也用德、法两种文字写出。就是地名，也通用德文及法文，如前面我提的博登湖，法语则称康斯登兹湖（Canstanz）；又如日内瓦（Geneva）德语则称为"根夫"（Genf）。我在瑞士住了两个星期，乘火车西行，夜间沿着日内瓦湖北岸驶行，看见湖南灯光辉煌的日内瓦市区，黎明到达法国的马赛。龚先生回到柏林。

我坐法国轮船回国。船上有十来位回国的留学生，除了一位是从德国及另一位从法国回去的学生以外，其余都是英国留学生。有一位名叫胡秉正与我很谈得来，后来到了重庆也与他常相见。轮船比来时的意大利船大得多，但是沿途停靠装卸货物，所以也慢得多。开进苏伊士运河，驶入埃及，在苏伊士停靠。此次是在中午，码头上的情景与来时大不相同，那种乱哄哄的现象不见了。由此继续航行，出了红海仍沿同样的航道到印度。在孟买停靠之后，进入印度洋。此次却在那里遇到大风浪，但是我竟躲过去了。那天下午，我一直和几位回国学生在打桥牌，周围站着一些人在观战。后来，看的人一个一个不见了，旁边坐着闲谈的人也不见了，这才感到船身上下颠簸，但是我们几个玩牌的人却已好像习惯于这种颠簸的情况，一点也不感觉到不舒服。那些回到自己房里去的人都躺在床上不能起来，有些人还呕吐不止。我们四人晚饭也吃得很香。可见一个人在集中思想考虑问题之时，外界的动荡对他的神经是影响很小的。到了深夜，才航行出这个风浪的地区。在孟买停靠，然后就直驶马六甲，在新加坡停了整整一天。我们都上岸观光。记得曾经到了一个"虎豹公园",这就是当年以万金油为幌子,进行贩毒买卖的胡文虎的私家公园。由新加坡直航到西贡(即后来的胡志明市——那时是法国殖民地)又停靠了很长的时间。

几天后抵达香港,我上岸去看我的堂姐方端和姐夫张叔豉,把一些无需和不能带到上海的东西暂存他们那里。不久,船到上海。我身边竟一个钱也没有,幸亏岳父在码头上接我,把我带到蒲柏坊。我与明士及两个孩子已相别七个多月,此时相见十分欣慰。我在柏林省吃俭用,买了一套电动火车玩具,这是当时国内从来未见过的玩具,但是也只能在上海玩玩。到了内地,没有供电,也玩不成。

我打听到地质调查所已经搬到长沙。我买了船票到香港,打算从那里乘火车到长沙。临行时岳父到码头来送我们。他握着明士的手垂泪说:"你只要看欧战起来,我们就难以见面了。我还有一儿一女在四川,你务必把他们照应好。"那时,一般青年都有到西北的倾向,他的担忧也是为此。

我们坐了一艘美国货船到了香港,到港之后才知道火车不通。广九铁路上一座铁桥被敌机炸毁了,不得已只好坐小船到梧州,又从梧州坐小火轮沿江北上。那时,航道都没有修好,开到险滩就必须由船员引了一条铁索上去套在岩石之上,船上再用转盘将船一步一步地拉上去,所以走得很慢。

"桂林山水甲天下,阳朔山水甲桂林",我竟在逃难之中观赏了这里的美景。到了桂林之后,我们就去找四姐夫丁绪宝。那时,他一个人在桂林,在一所中学校教书。四姐带了儿女在昆明,老太太也已过世。他见了我们十分高兴,带我们到处走走,还照了几张照片。他这个人一生只知读书和传授知识,对于自己的地位从不介意。自从在中央大学为了派系斗争将他挤出学校之后，他也没有打算到别的大学去教书的打算。还是教育部看不过，把他安排在部里做督学，这也不过是暂时的安排。因为战争，各学校也不很安定，有些学校正在搬迁之中。后来，厦门大学发生教授反对校长之事，请他去调解，也无非是由于他当时在教育界的地位，有些教授还是他的学生。哪知他竟认了真，把两方面都得罪了，他只好引咎辞职。到了汉口，在报上看见桂林一个中学招聘理化先生的广告。他去信应聘，也不说他过去两次留美，回国后已做了十几年大学教授，在东北大学时还是一位高薪的特级教授。后来，他的大哥丁绪贤先生到桂林，教育厅长请他吃饭。问起他的兄弟，厅长竟不知他在桂林。还是大哥拿出他住处的地名，才知道他在一个中学。此事使厅长十分难堪，这样一位名教授在桂林一两年，厅长竟一无所知。后来，把他安排在李四光先生主持的雁山科学实验馆。在浙江大学迁往湄潭之后，才到那里任教。这都是我们那次见面后之事。我们虽是连襟，但是他比我大十一岁。当我还在中学读书之时，他已从美国学成回国，成为一位名教授，所以我总对他很尊敬，尤其是他的为人和与世无争的高尚品德，更不能使人不对他肃然起敬。

我在桂林，忽然发现一家门口挂着"中央研究院地质研究所"的牌子。进去一看，见到李四光先生。他知我将要到长沙时，就说："你不要去了，他们也要搬到四川去了，所中还有些人在此。"我按照他所告知的地点去找，就遇见了李善邦先生和秦馨菱、刘庆林等人。我们约好结伴一起入川。过了两天，又遇见李善邦在北京时的一个实习员贾连亨。他是从北京逃出来的，经过很多周折才到了上海，又从上海经香港，来到此地。同行者有一位北京中国大学的代理校长祁大鹏先生。我在北京时与他曾见过几面，此人喜欢为人"看相"。见到夏儿说："他将来是当兵出身，读书不多，但是管的人却不少。"又说我们的华儿是个书生。后来竟一一应验，真是奇事。

我们从桂林搭长途汽车到柳州。住了几天，又从柳州到贵阳。然后，从贵阳到重庆。那时，翁文灏已经做了经济部长，地质调查所也归属此部，所长是黄汲清先生。他正忙于在北碚寻找房子，可为此所迁往北碚后的临时办公和家属住居之用。

在重庆时，中央大学地理系主任胡焕庸（肖堂）① 曾来看过我，说请我到地理系兼课，并说与翁先生已谈，翁也同意了。我说："我刚到还未见到所长，等见到他，看他的意见如何。"后来，黄到办事处，也对我说起此事，认为我可以把家眷送到北碚。所里目前正在兴建一幢办公楼，要几个月才能竣工，我可以去兼课。于是，我就把明士和小孩送到北碚，住在渔塘湾一幢何家院子的房子里。渔塘湾是当时土壤研究室所看定的临时办公室和实验室以及家属居住的地方，例如室主任侯光炯的办公室就在何家院子的南屋（我家住东边一排房子）。安顿之后，我一人到中大去教书。

那时，中央大学在沙坪坝修建了一些简陋的房子，就是一个木结构的框架，四壁用竹篱围着，竹篱上涂上一层黄土，外面用石灰粉刷，美其名曰"竹筋洋灰"。所谓"洋灰"就是黄土外刷白粉。每排有四五间，地理系与物理系、地质系同在一幢之内，所以十分拥挤。其他各个科系也都是几个系挤在一处。这里离重庆大学不远，那里是老校舍，所以都是高楼大厦。我住在学校附近的一个焦油厂的厂房之内，此厂是当年北京地质调查所的沁园燃料研究室的扩建，厂长就是金开英主任。记得秦馨菱、刘庆林和贾连亨也都住在那里。我在那里除了地理系有课时去上课，平时在房里

---

① 胡焕庸（1901—1998），江苏省宜兴人。地理学家。1923年毕业于东南高师。1926—1928年赴法国进修。1928年9月回国任中央大学地学系教授、中央研究院气象研究所研究员。1930年任中央大学地理系主任。1953年以后任教于上海华东师范大学地理系。

备课之外，也没有其他工作。我在地理系担任两门课，即测量学和地图学。系主任是胡焕庸先生。有一位气象专业的先生朱炳海却与我很谈得来。那时的气象学还没有脱离地理学的系统。我所教的第一班有吴传钧、高咏源等人，后来都是地理研究所的研究员，与我同事前后七八年之久。旁边一间房子是地质系。系主任李学清是丁、翁地质训练班出身，资格很老。因为周柱臣先生的介绍，与我也很亲热。还有一处是物理系办公室，室主任周同庆先生也是常见面的。

到了1939年春季，北碚的大楼盖好了，我们都搬了回去，但是因为地理系的课没有讲完，我每隔两星期都要去一次。这时，我家也从渔塘湾搬了出来。所中为我们修了三间简易房子——就是上文所说的"竹筋洋灰"房子。表面上说是由所里垫款修的，将来要从薪水中扣还，其实我们也没有出多少钱。这三间分别由我家、李善邦家以及徐克勤与周其义一起住。这些房子盖得十分简陋，每在大风雨之时整所房子都好像要摇晃得塌下来。

我仍旧每两星期到沙坪坝一次。有一次我又去沙坪坝，隔夜与李善邦先生一齐同行，因为他也在物理系兼课。哪知我早上去叫他，他竟未起床，我只好独自乘船出发。那时从北碚到重庆有两种办法：即乘小火轮到瓷器口，上岸后走些路就可到沙坪坝了；另一个办法是从北碚坐长途车经青木关、歌乐山等站到达重庆。他可能是打算坐汽车去，但是我们都知道得很清楚，重庆上午一般都是雾，敌机是不会这时候来的，到了下午天空晴朗就难免遇见警报。

那天中午我到学校，胡焕庸先生对我说："今天是五四的20周年，学校请翁文灏先生来作报告，讲他在苏联参加地质学会时的观感。你是否不去上课了，与翁先生见见面？"我听了他的话，就没有去上课而到会堂去听讲。会议主持人是罗家伦校长，他以"五四健将"自居，在会上竟讲了一个多钟头，刺刺不休，竟把请来演讲之人抛在一边。就在他话还没有讲完之时，忽然听见警报，于是大家都躲进了防空洞。在那边呆了一个多小时，敌机未来，也未听见解除警报之声。大家议论纷纷，有的说可能已解除警报，没有听见；有的则说可能是弄错了，敌机不来了，于是大家又回到礼堂。此时，罗校长还是在讲台上讲话。就在此时，敌机却真的来了。大家乱作一团，也来不及到防空洞，只好在附近的松林中暂时躲躲。飞机飞过我们的上空，到了重庆，掷了很多炸弹。此时，已近黄昏。我们从沙坪坝看去，半边天都红了。后来，终于解除了警报。回到会场，罗校长又讲了许多话，这才让翁先生讲话。此时，大家都已精疲力尽。翁先生只讲了半个小时。此时，应当可以散会了，不料又为派"三青团"进城去救护之事与学生吵了起来。我看台上翁先生已偷偷地溜了。好容易等到散会，我一看手表已经将近夜里12时了。校门口正好有一辆卡车要进城去，我爬上车子到城里。

此时，我第一桩事就是要去看我的兄弟。他们夫妇到重庆来也是我费了很大的气力请来的。我为他在资源委员会找到工作，在电业处。此时，他一人在重庆，弟媳楼罗以住在北碚我家里。我去找他，真是心惊胆战。沿路房屋都已炸毁，在瓦砾堆里找路前进，不时还看见几个死尸倒卧在地上。到了他的住处，房子竟是完好如故。他坐在屋里，也似乎没事的样子。原来他初到重庆，人生地不熟。警报时，他跟着邻居一起躲进防空洞。警报解除后，才回到自己的房里。我劝他暂时到北碚去躲躲，他不肯也就罢了。

我到小十字金坊小巷里的地质所房子去，见到几位同事。记得有王钰先生，还有几个工人。我问起李善邦，他们竟笑得直不起腰来。说是他是

方俨（右二）和同学一起溜冰（清华冰球队成员）

下午才到，正遇见敌机轰炸。他们都躲在一张大桌子的下面，忽然看见一个黑东西从天而下，把前屋的屋檐穿了一个大洞。大家都以为是炸弹了，可是并没有炸，仔细一看，才知道是临近建筑的一块洋灰柱子。也与李先生看了，他总不信，背两台地磁仪走了，也不知道到哪里去了，一直到深更，他才回来。原来那天他乘汽车到了上清寺，又坐洋车到所办事处。洋车夫说已经解除了警报，他还说人家说谎。哪知刚到小十字，敌机已在头上。他急忙走到办事处，此时正是那块大石从天而下，他就不顾一切背起仪器就走，把它存在中央研究院办事处，才又走回来。这两部仪器是他回所时才到的，他就借去香港取仪器之名，顺便还乡，想把家眷接到重庆。再回北碚之时，又因拖大领小，行李很多，竟把仪器留在重庆，对此，所中一些人对他颇有意见。这是他一块心病，所以此次不顾一切，总要把仪器保护好。他神情十分紧张，回北碚之后，在很长的时间里，总是歇斯底里似的。

……① （我的兄弟）得了伤寒，又不送医院，请了一个江湖医生诊

---

① 此处原稿遗失 15 页约 6000 字，回顾作者在重庆北碚中央地质调查所期间的情况。

治，到了病危时才通知我，使我措手不及。我又与谁去申诉呢？面对那些只知要钱的商人，我又如何说呢？我将带去的600元交给罗以，以为丧葬及今后的费用，就回到北碚①。我回家里，如何对母亲说，竟是个难题。母亲也已猜出了一些，后来知道儿子死了，竟哭得晕了过去。不久弟媳楼罗以到了成都，与大妹在一起。日本投降之后，她结识了一位空军，结婚后到台湾去了，以后就没有见过。

此时，所中同仁生活进一步恶化，而敌机每次到重庆轰炸必经过北碚。我们几乎每天都要到附近小山的防空洞里躲上一两个小时。敌机虽然经常经过，但是从没有掷过炸弹。工厂那个小徒弟好玩，从不肯进防空洞，认为敌机不会掷炸弹，有一次竟出乎他的意料掷了两个炸弹，当然是

---

① 关于作者的弟弟方俨，作者的妹妹方菁有一段回忆，摘录如下，以供读者参考："大哥（指方俊）大学念到一半便辍学，托人找了个事，以接济家用。我和弟弟方俨初中便双双失学了。我在家习画，弟弟则自学。弟弟是个淘气的家伙，整天不知道鼓捣些什么名堂。手不闲，脑子也不闲，老有新主意。虫子苍蝇什么的抓一大堆。我俩在家没少打架。他在院子里养鸽子，整天咕咕叫，我就捂着耳朵骂：'讨厌死了！'小弟最喜欢琢磨自然现象。晚上有时候大家在院子里乘凉，他一人却在旮旯里聚精会神地看蜘蛛结网，一看就是一两个钟头。有一次他不知弄了什么机关，把一只苍蝇放到蜘蛛网上，可那只倒霉的大蜘蛛一碰到那苍蝇，立即触动机关，燃起了小火苗。可天资聪慧的弟弟，后来居然通过自学考上了清华大学，学电机。弟弟成了一位英俊潇洒的大学生，成绩优异。然而，顽性仍旧。礼拜天，他一回家就冲进屋里，关在里面一整天不出来。我冷眼探看，原来他不知道从哪里搞来许多牛虻，自制好多纸条，上面用工整小楷密密写上日期，捕获地等等，还有'祈请捕获此物者寄还××胡同××号方俨收'等字样，一一粘牢在牛虻身上。他做好以后，一声不响，带着牛虻们出去了，想来是放飞了。第二个礼拜，他从学校回来，我刚开门，他就冲我急切地问：'姐姐，有我的信没有？'我又好气又好笑，啐道：'你的信？你还以为真有谁跟你似的傻瓜呀！'到了儿也没有人给他寄回牛虻来。弟弟以优异成绩毕业，可刚毕业就赶上七七事变。本来德国西门子公司已经聘他，为了爱国，他选择了中国自己的国防工厂。在上海战事时，他亲自押运工厂设备从远郊转移进城。后来他来到大后方，在重庆南岸工作。谁知在1941年重庆大轰炸的时候，他突然染上了伤寒；因为日机封锁江面，日夜狂轰滥炸，无法送他渡江到重庆城看病，竟就死去了，死时才二十九岁。据后来揭发的资料，日军那时在重庆上空应用细菌战，造成疾病大流行，伤寒是其中一种。这样想来，我的小弟很可能是传染上了日本的细菌……我调皮可爱、机灵善良的小弟！一想起他心里就痛。"见方菁外孙女的博客：http：//blog.sina.com.cn/s/blog_4cb47f9a0100bz9n.html

轻磅的，两个炸弹竟在他的旁边炸开了，他竟未受伤，总算运气。他从此也听从我们的劝告，跟我们一起进洞躲上一两个小时。

此时与我家经常来往的，除周柱臣之外，还有卞美年夫妇。他们究竟是有底子的，虽然也十分俭朴，但是生活上总是好得多。我的夏儿此时已在一个小学读书，与卞的两个儿子卞铄师、里仁是同学，每天一起上学下学。我们两家过从也很密切。有一个时期，卞夫人罗文湘（即黛石）得了伤寒，在她养病时期，明士每天去为她料理家务和照顾小孩，并为她梳头。那时，妇女还留着长发，每天要梳通，挽成发结，搞不好生一头虱子，主要是从女佣那里染过来的。后来，日本投降之后，他们都移居美国，长期信息不通。到了1958年之后，我家移居武汉，美年的大哥卞彭先生从华中师范调到科学分院的物理所任研究员，就住在我们邻近，从他那里得到卞美年的一些信息。到了80年代初，美年回国探望，特意约了贾兰坡先生来到武昌，我们得以相聚。他回忆当年北碚时的情景，说黛石始终不忘当年明士对她的照顾。那时，卞彭已调到北京。我每次到北京总要去看他，从他那里得些美年夫妇的情况。卞彭也曾去美国去探望他几个兄弟（他们弟兄五人，即彭、柏年、万年、松年、美年及六妹菊年），还照了合家欢带回来。不幸就在他此次访问之后，黛石去世。卞美年曾几次想回国定居，丧偶之后，可能已改变初衷。

这时同仁的生活已进一步恶化。有一天，忽然有两个同事来找我和李善邦去开会。到了会场，才知他们在谈论生活问题。在座者大多数是比较年轻的人，也有些事务方面的人，大家认为物价一天天上涨，已经到了山穷水尽的地步，而部里对于我们都一概不闻不问。一些从大学分配来的人谈到同是大学毕业生到了地质调查所，薪水都比人家低得多，这还不说，在大学里有米贴，有的单位也办了合作社，可以买到一些平价的东西，如此等等，议论纷纷。当时，就有人提到似乎应当请所长来，听听大家的意见，于是就要李善邦和我去请尹所长。那时，黄汲清所长已经辞职，部里任命尹赞勋先生继任所长。他是留法国的，是一位古生物学家，不是丁、翁的嫡系，所以与一些老的地质学家也不很和睦。他到了会场，听了大家的议论，有些坐立不安。而一些人的发言又十分激烈，认为所长早就应当把同仁的困难向部里，特别是翁先生反映。散会之后，他把李善邦和我叫到他的办公室，把我们二人申斥了一顿。我们一再强调，我们事前也不知道他们在开会，也是临时拉去的，但是他一口咬定是我们二人鼓动起来的。我们竟是有冤无处诉，越想越难过。我想我又何苦在此穷得连饭都吃不上，工作又搞不起来，心中就萌发了离所的思想。当然，福建是去不成了，我无法带着老母前去，留在这里又无人照顾，正在进退维谷。

正在此时，我接到朋友胡筠先生的信（他就是我在北京时曾经住在一起的胡愚若老教授的长子，与我一直很要好），来信说中央大学改组，前校长罗家伦已去职，由顾孟余先生接替。他已受聘为电机系教授，问我是否愿意到中大去教书。我接信迟疑不决，主要是对地质调查所的留恋。想起我在所十年，受到当代学者丁文江、翁文灏以及许多老一代的地质学家的青睐，在他们的感染之下，从一个毫无知识的青年，走上努力自学的道路。这里是我成长的地方，我怎么会离开它。当然，现在的地质调查所已大不如前了，人与人的关系也变得冷酷无情了，不过还有像周柱臣先生这样的长者。

还在这种进退两难的时刻，尹所长有一天忽然通知我，说："部里要调你到中央训练团去受训。"我当时听了此话，心中十分愤怒，竟脱口说"像陈立夫、张道藩这种CC分子，我平时骂他还不够，怎能去受他们的训。"我自知失言，这种话怎么能够在一个当权的人面前说。但是，此时他对我很客气,说:"这也不过是为你好,你何必如此?"我就对他说:"在这里生活困难,连饭都吃不饱。我有个老母亲,对这种苦日子也过不下了,工作又搞不起来。"我把一些苦楚都向他诉说,他倒也很同情我,说:"你打算怎么办?"我说:"打算走!"我就将中央大学找我之事对他说了。说也奇怪,他竟同意我走的意思。他说:"你写个辞呈来,可是千万不可提起受训之事。"我回到办公室写了一个简短的辞职信交给他,之后我到我的五姨陈鹏那里。她比我小一岁,功课一直是品学兼优,从小学到中学总是考第一名。我们从小生活在一起,彼此性情很合得来,我有了疑难之事每每去同她商量。姨夫周介寿(仲眉)是一个四川银行家的儿子,此时他在北碚中国银行支行任主任。他一见我就说:"君选,我们一路嘛!"我说:"什么一路、二路的?"他就说他也是这次去受训。我说:"我是不会去的,我已经辞职了。"他说:"你这傻瓜,去受训,就是蒋介石的学生,将来他会提拔你的。"可见当时的人都把到中训团去受训作为一种殊荣。

但是,我总很奇怪为什么尹所长此次对我如此客气,又怎么会如此爽快同意我辞职。后来才慢慢地知道他总觉得我们这些老人只听翁先生的话,而看不起他。同时,我也了解到我虽对受训之事弃如蔽屣,而谋此事者却大有人在。我去找到周柱臣先生,把这个决定对他说了,他对我的走确实很惋惜,但是考虑到我的前途,还是同意的。我就这样离开了地质调查所。

后来,我也了解到尹所长是先同意我走,后才报到经济部。据说翁先生曾大发雷霆,并且声言要用种种方法,把我调回去。记得此事是中央大学工学院院长告诉我的。他说:"你不必担心,你现在是在工学院,他的势力达不到这里。"所以,我总觉得尹所长如果先报部,我就走不成了。

翁先生过去对我的恩情，我是不会忘的。

我在地质调查所工作 11 年，开始是个雇员薪水 140 元，两年后成为正式职员，名义是测量员，薪水加了 20 元。地质所归属经济部之后，铨叙为"荐任技士"，薪水仍是 160 元。物价高涨，生活贫穷，已到了不能维持的地步。我最近读了《竺可桢日记》，日记中记载了一些内地物价上涨情况，摘录一些于后，以见一般。物价上涨无非是通货膨胀的后果，国民党到了后期，就靠大量印刷钞票，以搜刮民财。

	1939 年		1943 年
米	每百斤	12.50 元	每市斗 30 元（百斤约合 300 元）
猪	每斤	0.5 元	每斤 10 元
母鸡	每斤	0.5 元	每斤 14 元
鸡蛋	一元买 18 个		每斤 10 元（1 元买不到一个）

（蒋委员长到中央大学）前后讲了四个多钟头，……他说："你们在这里读书就是我的学生了。做我的学生，有许多好处，在校时可以享受别人享受不到的福利。"他交待要办好合作社，多搞些平价物品。如此等等。我站在那里，听他这种无聊的讲话，而且刺刺不休，毫无止境，不免联想翩跹。

第3篇 大学任教时期

在中央大学任教[1]

……

朱森[2]先生受学生的欢迎，但是那些人是不会甘心的。他们无法在正面对抗，却处心积虑在支节问题上来捣乱，居然在米贴问题上被他们找到空子。原来，那时外来的单位都是发米票，而重庆大学是省属的单位则发实物，每半个月由工友担了半担米送到家里。朱教授是9月份到中大的，9月份的薪水和米票也照发无误，但是他们竟查出朱家在重大已领了9月份的五斗米。按常理这不过是一时的疏忽，把五斗米退出也就罢了，但是

---

[1] 本章原稿前3页约1200字遗失。
[2] 朱森（1902—1942），湖南郴县人，地质学家。1928年毕业于北京大学地质系后进入中央研究院地质研究所工作。1934—1936年留学美国哥伦比亚大学，获硕士学位。1938年任重庆大学地质系教授，次年任系主任。1941年任中央大学地质系系主任。1942年7月6日病逝于重庆。

他们的目的却不在此，无非是想借此把朱森搞得声名狼藉。于是大张旗鼓，由系里一个姓姚的教师向教育部揭发此事，又在校内大肆宣扬，用心之恶毒令人发指。教育部也下令追查，使事闹得满城风雨。朱先生本有胃溃疡病，受了这种恶气竟胃病发作。那天，我正在他那里，地质系那时也进口了一台蔡司Ⅱ号经纬仪，也是度盘读数不清，要我为他们修理。我那天拿了一些工具到系里。起初，朱先生还是兴致勃勃地看我拆卸仪器，还在旁问我一些问题。我专心在修理仪器，忽然觉得他不在旁边，回头看时，看他躺在两张椅子上呻吟不已。我问他怎么了，他说胃痛得不得了，我立刻出去找到两位系里的助教，把他送到医院。我也没有去看他，因为我想不久他会病愈出院的，哪知此次分手竟是永诀。他到医院，医生诊断是胃穿孔，经过两次手术，竟去世了。此事发生后，全校师生都十分震惊。我想到李四光先生的担心，确不是偶然的。学生尤其愤怒，要为他开追悼会，派人到教育部想把部长陈立夫请来，听听大家的申诉。当然，他是不敢来的，派了次长顾毓琇先生前来参加。学生等他进了会场，才把灵桌旁的挽联挂出，上面是"大部长万贯缠腰，小教授五斗丧身。"要次长讲话，竟是结结巴巴，不知讲些什么。他听了几位同学的申诉，坐立不安，好容易盼到追悼会结束，才溜出大门回去了。

这桩事情对我无疑是一个警告。我长期在一个学术机关工作，对于一些世故人情都不十分注意。尽管到了北碚，情况有所改变，也从没有为此操心。我深深感到在这样一个过去长期为CC分子控制过的地方决不能掉以轻心了。俗话说"害人之心不可有，防人之心不可无"，是很有道理的。

我在工学院土木系任教，院长杨家喻先生为人很好，与我也很说得来。此时，土木系的四位老教授，即张云清、卢恩绪（孝侯）、陆志鸣和戴居正，也是工学院的元老。他们在改组之后，既不肯当院长，也不愿担任系主任，所以系主任就由一位比较年轻的刘树勋教授担任了。他是东北人，为人比较爽朗。教授中除我之外，还有一位从波兰回来的教道路学的方福森教授，此外还有一位讲师黄继渼，原来教测量学的教授白季美也离去到复旦大学去任教了。黄继渼很和气，与我也能合作。我曾向他探听白教授在校所教的大地测量学是如何安排的，他说也无非是按美国教科书Hosmor的大地测量学照本宣科。

我总觉得此书过于浅薄，于是不得不花些时间为学生编写讲义。这是我在土木系所教的一门，另一门则是与大地测量学有关的"最小二乘方"。但是，我在这里的教学是失败的。首先，因为我对于这两门功课都没有经验，而更主要的是那时土木系的学生并不把大地测量学看作重要的课。正如有一次系主任刘树勋对我说："你的大地测量不如我的小地测量。"我明白他的意思，就是大规模的控制测量不像小规模的地形测量那样有用。在那个时代是有一定的道理的，一个国家如果没有整体的规划进行大规模的建设，大地测量又有何用。这是我们的悲哀，也是无可奈何的。

那时的困难也在于没有实习的机会，带学生出去实习是要钱的，钱从何来？也只好在课堂上空口说白话讲讲而已。有一天，杨院长忽然问我："前两年你在地理系兼课与胡焕庸先生很亲热，现在怎么不来往了？"我说："可能有些误会。"原来在1939年胡曾想拉我到地理系，问我的意见，我说："我本人是无所谓的，只怕翁先生不答应。"他就约我第二天到经济部去见翁。我回到焦油厂，将此事向金开英厂长说了。他说："你此事办得太糊涂。如果翁先生问你的意见如何，你怎么回答呢？"我说有点不好办。他说："反正是得罪他，你明早一走了之。"于是我第二天一早就乘船回到北碚，而胡先生在部里等了我一个上午。后来知道我走了，当然很生气。杨院长说："这种人你怎么好去得罪他，我设法为你转寰。"后来，他劝我在土木系课程之外，到地理系去兼四小时课，仍旧教过去的两门课，即地图学与测量学。于是，我与胡的关系也慢慢地好了。他那时已兼了新疆学院的院长，但还未去就职。

那时的局势急转直下。第二次欧洲大战早于1939年9月开始，9月1日，德军进攻波兰，两天之后，英法对德宣战，英法军节节败退，一再呼吁美国出来干预。美总统罗斯福也很想出兵去参战，而苦于国会不得通过。1941年12月7日日本飞机偷袭美国的军事基地珍珠港，一举击毁美国战舰10艘，飞机260余架，那个率机去袭击的山本五十六竟成为一时的英雄，美国此时才开始参战。近来有些人认为当时罗斯福已经得到情报，故意隐瞒，造成事实，使国会认识到战争的不可避免。我认为这种论断是毫无根据的，罗斯福既然知道日机要来偷袭，为什么不让部队布置兵力给他个反击。战争已成为事实，不打也不成了，为什么用这种苦肉计呢？但是，当时他们的麻痹确实是很可笑的。

日机对重庆的轰炸也日益频繁。记得我到中大任教之前不久，竟发生了重庆大隧道的惨案，使几千名重庆市民没有死于敌机的轰炸，而死于那些毫无人性和责任感的国民党官吏和办事人员之手。此事发生于1941年6月5日，日机来袭时，大批市民躲进那个防空洞，管理人员竟将洞门反锁，自己不知躲到哪里去了，及至解除警报仍未回来。里面的人乱作一团，都争先恐后地向外挤，而里面的空气也很坏，也没有一个管理的人员，挤死和踩死的以及窒息而死者竟达几千人，有说是五千的，也有说是八千的，莫衷一是。此事是后来张宗燧教授对我讲的，他那次也在洞里躲警报，但是他没有和一般人一样乱挤，而向相反的方向挤了出来，所以大家都觉得他到紧急关头有急智。

这使我想起国民党官员另一个草菅人命之事，那就是1938年11月12

日的长沙大火。那时，日军占领武汉，进军湘北。蒋介石慌了手脚，竟以焦土政策为名，下令湖南省主席张治中火烧长沙。大火烧了两天，城里房屋大部分焚毁，死伤居民二万余人，但是日军却并没有立即入侵。他们为了平息民愤，把三个当事人酆悌等枪决了。其实此事是蒋亲自下命令，张治中亲自指挥执行的。湖南人把张治中恨入骨髓，记得这样一副对联，据说是挂在长沙城门上的："治绩为何，两大政策一把火；中心何忍，三个人头万骨灰。"上面四个大字"张惶失措"。

同时，也使我想到花园口决堤之事。1938年6月日军侵入开封，国民党军队不战而溃。蒋氏竟下令炸毁花园口黄河大堤，企图淹杀日军。日军未受任何损失，而当地人民却死伤枕席，并且河水泛滥形成黄泛区，遗害无穷。所有这些都是这位委员长施于全国人民的"德政"。

此时，我住在第六宿舍，是一些年轻教授的聚会地方，上面所说的事情是我们议论的课题。接近了年轻人使我的思想大有转变。老实说我过去对于蒋介石还有一些不切实际的幻想，认为只是一些官员的贪污无能，特别是孔、宋等人的贪得无厌，以及陈立夫等CC分子横行霸道，蒋还能抗战，还是可以的。其实，他的抗战也是出于形势，不得不如此，他的本心始终不忘"攘外先要安内"，一心一意要消灭共产党。他的拙于御敌，而勇于内战，不是很能说明问题吗？

第六宿舍是我们谈论和娱乐的地方，一些年轻的教授都愿意来此。几个相聚就打桥牌。此时，胡笳、李旭旦和张宗燧等都是积极分子，还有陈百屏也是很热情的人。那时，他还是个讲师。此人不修边幅，生活上也是很随便的。他在星期天进城时，总是把房门钥匙交给我，以便来了客人可以在他房间里休息。有一次，我与李旭旦两人坐在他的木板床上，竟被臭虫咬得腿上都是疱。我们两人觉得此人太不会照顾自己了，我们将他的床板抬到院子里,向工友要了两壶开水,替他消灭臭虫。晚上,他回来了,也没有对他说知此事。第二天,我问他昨夜睡得如何,他竟茫然。我把为他消灭臭虫之事告诉他。他竟说:"阿耶!怪不得我昨夜竟一夜未睡着了。"这当然是他在说笑话,但也见他对于臭虫的干扰是不在乎的。

那时,常来六宿舍的还有理学院院长孙光远教授。他比我们年纪都大得多,但是也是兴致勃勃的。他是一个性情开朗,说话也无所顾忌的人,所以有时不免为教授会那一帮人所利用,但大家对此并没有什么顾忌,可见大部分的人的眼睛也是雪亮的。打桥牌时,他总是与张宗燧做伴,两人为叫牌和出牌的问题上常常闹起来,声音之大使四邻不安。在宿舍的东头住着一位外文系的老教授伍叔傥和西头中文系的孙老夫子都很有意见。我因桥牌打得不好,不去参加他们的战斗。有时,他们要比赛,我和陈百屏就为他们做牌。有一次,在一副牌上,孙张二人竟吵得面红耳赤。张说"不要吵了,此牌我记得",便将那副牌重新摆出,然后如何叫法和各家如何出牌,并指出错在哪里,说的一点不错。其记忆力之强,是使人不能不佩服的。可惜这样一位聪明绝顶之人竟不能永年,只活到五十多岁就去世了。

常来第六宿舍的还有一位女将,她就是天文学家张钰哲教授的夫人陶强。张虽是中大数学系教授,但是长期在昆明天文台工作。他是研究小行星的,这是一个很有意思的工作。就是在自己选定的天空某一区域进行连续的摄影,从中发现一些运行不正常的光点,测其坐标,由此推算出其轨道。这样,常常可以发现天文学家尚不知道的小行星。他曾发现了几个由他命名的小行星,这也难怪他乐而忘返了。夫人陶强却在沙坪坝,在中大附中教书。她是我六姨陈鹨(吴大任夫人)的好朋友,她们在中学时三位异姓姐妹——陈、陶之外,还有吴大猷夫人阮冠世。她们都比我小五六岁,在中学毕业考大学时,我都为她们补习过功课,因此很熟悉。我与这些科学家的熟悉和交往都是因为她们之故。我最后一次见到阮冠世是1946年从李庄复员过重庆之时。我到中央研究院去看朋友，无意中遇见吴大猷教授。他同我到他住处，此时阮冠世卧病在床，她的肺病已十分严重，人瘦得只剩一把骨头。我问大猷作何打算，他说："同她到美国去，只有这样或者可以挽救她的性命。"后来知道他们到了美国，不但将阮的病治好，而且阮还进了大学得了博士，又工作了近20年才去世。

有一天，重庆大学土木系的主任叶明升来找我，请我到他系去兼课。我说我在中大每星期有12小时课，但是他却说可以为我解决住房问题，我也就答应了。此房在重大的办公大楼旁的一幢砖房——即饶家院子内，当时正有一大间空房。这样，我就可以把母亲、明士和小孩搬到沙坪坝居住了。到重大兼课另一个好处是可以利用他们的图书馆。那时中大的图书馆中大部分书箱都没有打开，并且很多有用的书也都分散在各系的办公室里，找一本书是极困难的，并且重大的图书馆的阅览室也很整洁，光线也好，我可以常去看书。

明士到了沙坪坝之后，陶强女士也常来我家。她劝明士出去工作，说"小孩也大了，何不出去工作，也可以借此消消心。"这样，明士就到了中大的图书馆工作了，我家又多了一张米票。

此时，我的三妹已考入中央大学，在地理系的气象专业学习。她中学并未毕业，是借了别人的文凭去报考的，从此她就用了文凭上的名字，改名方烨。地理系中教气象的是朱炳海先生。我在1938年在那兼课之时就与他相识，并且很要好，他也为我的事很热心。后来他曾为我找到中央大学的另一处房子，这就是梁家院子。这间房子比饶家院子的要大一些，并且光线也好，又有电灯，于是我们就放弃了重大的房子搬到新居。此房是两开间，中间没有隔墙。我们在中间挂了一个布帘，我和明士及小孩住一边，母亲则住另一边。那时有一个保姆，不住在一起，只是早上来了工作几小时即回去休息。这个梁家院子是一幢很大的房子。在我家西边房子住着一对年轻夫妇，带着一个小男孩，即新从英国回来的张万九教授。记得他是广东人，普通话说不好。他也是在土木系教道路学，与方福森教授一起。

东边的一大间则是历史系贺昌群教授的家属。贺是四川马边的少数民族，年青时负笈浙东，在一个书院读书。山长夏公见他勤奋好学，人又很聪明，对他很器重，后来竟成为他家的女婿。夫人夏志和文学很好，并且也是一位很能干的主妇。他们子女很多，那时已经是三男三女，即龄萱、龄川、龄华、龄渝、龄乐。龄乐之前还有一个女儿，过继与兄弟，长期住在家乡。因为子女多，家中没有工作的地方，所以贺先生总是住在学校的另一幢单人宿舍里，因此我们的见面机会很少。一直到了解放前后我们同在南京，才开始熟悉起来。记得两家的密切来往是从龄乐开始的，他每天总来我家。我与明士都是很喜欢小孩的，来时总给他糖果吃，后来贺太太就让他叫我们"干爹、干妈"，于此也可能使得我们两家的关系密切了。

那时，我们虽然请了一个保姆，但是生炉子和做饭之事都是我自己动手，保姆也只是为我们洗洗衣服和打扫卫生之事。我们的炉子都放在房后门的屋檐之下，每天清早我们三人——贺太太、张先生和我都在那里生炉子，所用煤炭就是我前面说过的岚炭。由于没有经验，同时，劈材也没有干透，所以常常要反复几次才能生好。我和张总不免要向贺太太请教，我也从贺太太那里学到不少烹饪方法。那时虽然已有了味精，但是价钱很贵，也不易买到，其实如果烧得好也是可口的。在那个时期，猪肉虽然很贵，还可以买得到的，当然也只能几天吃一次，至于鸡鸭就不敢问津了。我经常出去买菜，四川的蔬菜也很丰富，例如他们叫作"桑脑壳"的芥菜头都是很好吃的菜。有一种现象我始终不解，就是在春夏之交毛豆上市时，摊上所供应的毛豆都是连根拔出，一棵棵地出卖。当然很可能那时的家庭大多是烧柴灶，枝杆晒干了可以生火，但是我注意到解放后仍是如此出卖，则不可理解了。

此时，夏儿已经10岁了，上学却是一个问题。好容易在迁沙坪坝的第二年，即1942年秋才考进沙坪坝中心小学。

胡焕庸主任也住在梁家院子，他是老教授，当然占的房子多。在张家以西有一块很大的打麦场，他的家就在这个场西北角的五六间内。他原来有个老母亲同住在一起，此时老太太刚刚过世，他们与妹夫范从政夫妇住在一起。范那时是土木系的助教。

1942年夏，胡先生从四川的一个实习公司募集了一些经费，组织了一些人到川西去考察。他也邀我参加，所以我就有机会带着几个地理系的学生到峨眉山游历。我们乘长途车到成都，又乘车到峨眉，然后由此步行上山。我的任务是用步测的方法踏勘从峨眉到金顶的路线，并用空盒气压计测定约略的高度。我们用了四天时间去完成这个任务，途中也经历了一些事情。例如我们到了洗象池，正在一个庙里等吃饭（那时的饭食是有规定的，即每人每顿四角钱），此时忽从山下上来了四乘轿子，两个很阔气的商人穿着新缝制的大皮袍，每人带着一个从成都妓院陪来的妓女到了庙里。和尚对他们十分恭敬，预备出一桌十分丰富的饭菜。此时他们出去了，我带来的一群学生就上去把饭菜吃个精光。和尚出来不答应，但是，怎么能够斗得过这些"丘九"呢，也只好忍气吞声，每人收四角钱了账。我们出去之后走到一顶小石桥，上面有几个猴子在玩，一个学生竟用花杆将一个坐在石栏杆上的猴子打入沟里。这下可闯了祸，很多老猴子都从树上跳下来，拦住我们的去路。一个小和尚说："这只有老和尚来能解围。"他跑进庙里把老和尚拉了出来，老和尚穿着很整齐的袈裟，对着猴群念念有词，要了一块钱买几升包谷向猴群散发，才把猴群散开，但是还守在树上监视我们过去。这是我们所见到的第一个猴群，另一群则在九老洞。我们不久走到那里，看见很多猴子都在庙前天井里拣包谷吃，一个老猴子战战兢兢地跟在小猴子之后拣剩下的包谷吃。和尚告诉我这是原来的猴王，现在老了，被体强力壮的后来猴王打倒了，所以不敢与群猴抢吃。可见猴子社会也有它们的纪律。我注意到猴子好像很听和尚的话。此时，有一个西装革履的年轻人来到庙前，头上还带了一顶新买来的草帽，和尚就要他出钱买些包谷散发，他置之不理。不料屋檐上的一个猴子跳下来把他的帽子抢去，在屋顶上将帽子抛来抛去。和尚再一次要求他出钱。此人还是不理。我注意到这些猴子很注意和尚的手势，和尚将双手一挥，说"算了，算了"，猴子就连扯带咬把那顶帽子撕得粉碎。

不久，我们走到主峰万佛顶，也就是金顶。那时有个大庙。我们去晚了，没有找到住处，所以，只好在金顶之下不远的地方，即锡瓦寺找个住处。金顶上有块平地，平地以北是个绝壁，叫作舍身崖，据说有些人就在这个地方跳崖自杀，所以有这个名称。崖上立有几块石碑，也是劝人不要轻生之意。在此可以看到日出和佛光等胜景，我们因为不能在那里久留，所以没有看到。锡瓦寺的和尚是一个很势利的人，在我们房里老讲去年蒋委员长在他那里住过，如何赞扬他等等。学生见他可厌，把他骗出去，将房门闩上，他还是以送茶水来的理由时时敲门要进来，我们也不理他。我们也因为打算明早一早要起程下山，就早早休息了。

第二天天不亮，我们几个人就下山了，带了一些干粮，在路上也不打算进庙里去吃饭。从早上四五点走起，一直到了下午四五时，才到了山脚下的峨嵋。按照本地的说法，从峨嵋到金顶是240里路，但是根据我的步测，所谓里也不过是一百几十至二百米左右，不然我们怎么能够在12小时走完这个路程。我用气压计所测金顶的高度是2900米，当然，与现代实测的3099米差得很多。但是在那时却是一个比较准确的数字。

学生们把我拖上一辆卡车，司机说这是军用车，不许我们上去，学生们与他说了许多好话，并答应到乐山时送他酒钱，这才搭了他的车到乐山。当然，是没有座位的，我们都站在车里，好在并不很远，不久就到了。我一到乐山，就找到武汉大学的宿舍，住到六姨陈鷟、吴大任那里。他们从英国回来后，一直在武大数学系任教。我的二妹方搴也在此校英文系读书，也住在他们家。当晚还见到我的堂兄方重（芦浪）。我记得在20年代初期与他常相见，那时他与莱哥都在清华读书，后来一同到美国深造，莱哥竟客死异域。重哥回国之后，一直在武大任教，分别已20年了，此时才得相见。他的夫人也是从美国回来的，是湖北人。我又见到武大的一些教授，如桂质庭、高尚荫及李国平等。桂是我国最早提倡地球物理学的学者，那时他是中国科学社的负责人。他知道我在峨眉山踏勘，要我写文章。记得我曾写了个简短的文章，这并不是为他，而是也要向胡焕庸有个交代，但是文章并未发表。

在六姨家还见到一位亲戚，就是我的端姐夫张叔弢的侄子张承修，但是，他的父亲张仲函我却要叫表姨夫。中国这种亲戚的辈分账也是很难算清的。他是我们和张家同住在苏州盘门东大街时才出生的，此时在武大物理系学习，毕业后到美国进修，我国解放后回到武汉，在科学院武汉物理研究所工作，我们一直是邻居。

此时，武大正在招生，很多教授都聚在一起阅卷，所以我去找芦浪时总与他们聚面交谈。有一天，他们告诉我乐山有个大石佛，是全国有名的，身高20余丈，大脚趾上可以站几个人，耳朵眼也可以摆张方桌打麻将，他们打算去游览，问我去不去。我此时十分疲倦，急于回家好好休息，因此没有同他一起去，但是我却很注意这个石佛之事。后来，我在报上读到一篇文章，是讲这个石佛之事的。原来这个石佛是唐代开元初期（713年）一个和尚开始兴建的，前后经历了八九十年才竣工。他建造这个石像的目的是镇压河神，因为乐山是岷江与大渡河、青衣江三水会合之处，过去河水泛滥，每年都要闹水灾，自从建立了这个石佛之后，从未闹过水灾。因此文章认为这个和尚肯定是一位深通水力学的人，他不过以造佛像为名将河岸的石壁凿开以加宽河床和整理河床，使汹涌的河水得以缓和而已。在那个时代，很多善举都是以宗教名义来进行，不然就很难得到支持，也募集不到足够的资金。这个石佛身高71米，是全国最大的石佛。

我乘船到宜宾，又从宜宾坐长江轮船回重庆，与我同房的也是一位中央大学的教授，即物理系的王恒守先生。他是物理学家，但却热衷于星相之事，沿途每到一个码头，他必上岸去找小诸葛（那时对这种江湖术士的通称）。他也为我看相，说我气色不好。我说："这很自然，我从上峨眉山确实很累，到现在还没有休息过来。"但是他说："你要得大病。"我也不在意，不料回到家中却得了痢疾。那时，医疗条件很差，只能找校医吃药。此病竟使我不能去上课，拖了一个多月才得痊愈。

有一天，忽然有一位贵妇人坐着汽车来校找我，名字叫赵淑嘉，我竟不认得她。她说："我是你父亲的表妹，你小时候叫我启姑的。"我这才想起，依稀记得过去常来我家的"启姑"。她此时是邹鲁夫人。原来，她后来一直在上海工作，国民党政府成立时，她做了邹鲁的秘书，后来成为夫人。邹鲁的夫人很多，也不知道是第几位。她说："你是我在重庆的唯一亲人。"要我时常与她来往。当时就把我接到她家，见到了邹鲁。他是国民党元老，是西山会议派的头目，是坚决反共的死硬派。此时他已失势，挂着一个中山大学校长的头衔。吃饭时，他劝我到中山大学去任教。从此，我在重庆就有了一个歇脚的地方。在过去，从重庆回校总要到两路口去搭一种小马车，有时到晚了，马车开走了，就不得不步行回校。从两路口经过小龙坎回校，起码要走一个多小时。

我每到她家总要睡在客厅的客床上，此床是什么人都可以去住的。有一晚，我竟在床单上发现一个虱子。我是最怕这个东西的，因为我知这是传染斑疹伤寒的媒介。记得我在山西旅行之时常常闹一身虱子回家，我那时出外总是睡行军床，按理是不会传染虱子的，后来才知道可能是从洗衣人那里传来的。我为此就不敢再在那床上睡觉。有时去了也不在她那里吃晚饭，早早回校。我见了她总不免想起赵家子孙零落。她的景况终算是好的，后来抗战结束，她也带了儿子到美国去了。

此时，明士大姐院生已带了一儿二女（沈瑶、珍、理）从上海来到重庆，由于房子不好找，寄住在朋友家里。大姐夫沈祖衡（权吾）则住在机关里。他长期担任电政同仁公益会工作，此时仍旧担任此职。有一天，我去看他们，知道八妹雪宝回到重庆，曾经到他们那里去过，并约好要到我家来。我把这个消息告诉了明士，她十分高兴。记得约定那天正是年三十，即壬午年的除夕，明士弄了很多菜，等这位分别很久的妹妹来吃年夜饭。她直到傍晚才到，也没有进房间，只是在房门口与我三妹谈话。我与明士都在忙碌饭菜，哪知一眼不见，她已走了。明士为此很生气，也很伤心，不知什么时候得罪了她，竟如此决绝。后来（当然是解放后之事）才知道她那天是与中共从重庆撤退的人员一起，跟邓颖超启程到延安去。当时恐怕烨妹也不知道，还在那里瞎猜测说可能在附近的中学教书。有一天，我因事进城，遇见胡秉正，即我在回国船上所结识的英国留学生，这时他是江津十四中学的校长。我把此事托他，他说："这好办。我此次到重庆是为领经费来的，带有全校教职员工的名册，你可以查一查。"当然，我不可能查到她，就是从籍贯、年岁看也没有一个相似的人。

到了1943年，学校气氛就有些异常，主要表现在学生派系之间。校长顾孟余起初还很关心，开过几次会，企图使矛盾和缓，后来可能也受过那些C.C分子的气，于是他竟一去不返，躲在南温泉，不肯回校。这当然是陈立夫等人求之不得之事，正在准备换校长，而此时那位蒋委员长却想来过过校长之瘾，要来兼任校长，陈立夫虽再三劝阻，也没有用。他把湖南教育厅长朱经农调到学校当教育长。他来校的第一迹象是宪兵把门，全校师生出入校门都受到监视，带的东西也要检查。而他又不时来到学校，来之前附近山头都架着机关枪，如临大敌。有一天，他带着几个随从来校，因为是星期天，学校负责人都不知道，他竟带着几个人闯进了女生宿舍。那时正是大热天，女学生都只穿了汗衫和短裤睡在床上。他一进去，还要训斥女生，还是随从把他劝了出来。又如有一次，他在校里转了一圈，走到校门口，看到几个学生在打篮球。学生总认为校长是提倡体育的，所以仍在打球，他竟站在那里很生气。一个侍从高呼："校长在这里，为什么不致敬？"学生慌了，立刻排队向他致敬。致敬完了，当然可以继续打球了，但那个侍从又高呼"校长还没有走，好放肆"，如此等等。他处处要显示他的威严，其实在学生眼里却是威信扫地。

凡是他当校长的学校下面总设一个教育长，此时是朱经农，以下才是三长，即教务、训导及总务长，此时是胡焕庸、沙学浚及戈定邦三人。

有一天，我们得到通知，说校长要来校训话，凡是教职员都要到校门口去恭迎，学生则经过挑选只有一部分参加。我们在校门口列队等候。先来了三辆卡车，载着四五十名穿黑衣服的特务。下车后，站在我们后面，每四五人就由一个特务监视着。最后蒋的车子到了，由他的保镖簇拥着，最触目的是他那位听差头子黄仁霖。我们都恭恭敬敬地排队进入礼堂。他站在台上讲，后面站黄仁霖和几个侍从，朱教育长则站在一旁。我们都站着恭听，每四五个人后面站着一个黑衣特务，气氛是很紧张的。他前后讲了四个多钟头，也不知说些什么。开始时，他说现在学校都是"师不能师，徒不成徒"，这倒是一针见血的话，但是始终说不出如何治理这种毛病。朱教育长听了他这个警语，拿着钢笔和笔记本要一字不漏地记下他的良方，但是自始至终，四个小时竟未记下一字。他又说："你们在这里读书就是我的学生了。做我的学生，有许多好处，在校时可以享受别人享受不到的福利。"他交待要办好合作社，多搞些平价物品。"毕业后也可以得到特殊的照顾，但是犯了错误，处分也特别严重"，如此等等。我站在那里，听他这种无聊的讲话，而且刺刺不休，毫无止境，不免联想翩跹。我想他是国家元首，又是军事统帅，现在国家经济已濒于崩溃的边缘，这都是由于那些贪官污吏的贪污无能所造成的；前线军事节节败退，也是由于他手下的那些只知搜刮民财，而毫无战争经验的将领作战不力之故。这些他都应该管，并且是责无旁贷的职任，对此他似乎是不介意的，不然怎么会有这种闲情逸志，在此奢谈什么"校政"。在此，也不免使我想起两年之前，也在这个会堂，听见周恩来先生的报告。我虽然因为去得晚了些，只能站在离讲台很远的地方，很多话都不能听得很清楚。不过就在我能够听到的一些话，觉得他对事理的分析是很中肯的。特别是他平易近人的态度，使我对他产生敬仰之心。中国人说"不怕不识货，只怕货比货"，相形之下，自有优劣之分。所以我总觉得一些年轻人，其中也包括我的三妹和明士八妹向往延安，认为中国的希望将来在延安，是很有道理的。

听了这些话，我觉自己只有一条路——"赶快走"，所以那年的聘书我就没有接。在那个时期，一些大学教授有一个陋习，就是如果觉得薪水太低，就将第一次的聘书送回去，学校就可能给加些薪送来。但是我这次却是真要走，退聘总要有个理由，我当然不敢说因为蒋介石来了才走。杨院长总觉得我与系主任刘树勋合不来，我也趁此以错就错。第二次聘书送来也退了。第三次退是我夏儿去送的，后来他告诉我在路上遇见杨院长，把聘书交给他，他叹了一口气说："想不到你父亲是这样绝。"两年来他对我的关心，我是很感念的，但是我怎么能告诉他我要走的原因呢。

我要离开中大的消息出去之后，就有一些学校来信。第一个是复旦大学，他们要我去地理系任主任。我想："天呀！我怎能做地理系的主任呢。"我虽在那时的地理研究所呆过，但是我与地理学界的交往并不太多，而且复旦大学离北碚太近，也是不方便的，所以只好谢绝了。第二个是当时在贵州平坝的测量学校，聘书外附了教育长曹谟先生的一封信，并且把旅费和预支的两个月薪水也寄了来。这是我应该也很愿意去的地方，但是仔细一想还是不妥，测量学校是军事学校，校长就是蒋介石，我去了不是自找麻烦么，所以也只好去信，感谢他们的好意，托故不能接受。第三个是同济大学，那里有个测量系，是我理想的地方。校长是丁文渊，是在君先生的四弟，他附来一封很客气的信，说是早年已从在君先生知道我了，所以我就接受了这个聘书。在此以后不久，四川地质调查所的李春昱所长也拿了翁文灏先生的信来找我，他说尹所长已下台，由他接任地质调查所所长之职，希望我回到所里，但最终我还是选择去了同济大学。

李庄时期

我到校后还来不及去拜访校长，就有几位教授到我家来，其中有梁之彦、张肇瑾、江鸿、罗云平、童第周和谢苍莀等，都是我从未见过的人。

他们对我讲了校长丁文渊许多不得人心之事，说他独断专行，听不得一些不同意见。又说"他完全是一个法西斯分子"，说他对学生讲话时，竟说"我们德国如何如何"，又常常举起手来高呼"希特勒万岁"等等，所以现在已有24位教授签名，要求撤换这个校长。他们走了之后，我去对楼看了那几位青年人，把刚才听来的话告诉他们，他们异口同声地说完全是事实。不久，王之卓先生也来了。我与他在北碚时经常见面，所以彼此熟悉，无话不说。那时，地理研究所因为经济困难，已由朱家骅做主把大地测量组及海洋组分别交与同济大学和厦门大学代管，所有经费包括员工的薪水也都由学校支付。此时，曹谟和夏坚白已到了测量学校，王之卓也已调到一个军事单位，但是此时尚未去上任。大地测量组由陈永龄先生任主任，此时他正在印度测量局访问。我把方才听到的话告诉之卓，他说确实如此，说丁独断专横，不得人心，只有教务长薛志高站在他一边，薛也是一个不得人心的人。他说："但是，我却为你很担心，你是丁校长请来的，你似乎不好去反对他。如果你站在丁的一边，那就必然会很孤立的。"他最后说："你是否可以把关系倒过来，即在大地测量组任职，而在同济兼课？"我与他考虑了很久，觉得这倒是一个可以解决矛盾的方法，所以第二天我去看丁校长，就把聘书退了，说是我与夏、陈、王等早有预约的。他可能也明知我是被一些教授所包围了，也不好说穿。不久，叶雪安主任来了，带来了另一张聘书，改成兼任教授，但是薪水仍是490元，对我是很客气的。叶先生也是初次见面，但是他的大名早已知悉，他是第一个在大学里开办测量系的人。此人完全是个学者，书教得很好，很受学生的尊敬。

我既决定到大地测量组任职，就去找前楼住的几位青年人。他们是朱成燐、张文汉、熊全滋、徐芝荪、朱顺之、唐馀佐等人，都是同济测量系的前后毕业生，分配到地理所，此时又回到李庄。他们同我到大地组的办公地点，即羊街一号的一幢平房。一进大门就是一间坐北朝南的房子，此处是主任陈永龄的办公室。我就在他的桌旁另加了一张桌子办公。东西厢房是两间打通的大房，这些助理人员就在西间办公，东厢房空着，摆着一架石印机，此时似乎没有用。

李庄是川南油粮的集散地，似乎比它所属的南溪县还重要些，由此到宜宾有60里，有小轮船可通。这里是地主张家的天下，他们的头面人物，如张官周、张舫琴及张芝音等都是可以左右一切的人物，所以同济大学在此的一切事情都要与他们商量，征得同意后才能执行。同济的办公处设在禹王宫，图书馆借用紫云宫等都是他们的安排，就是学校职工的宿舍也大多是租用张家的房子，羊街一号也不例外。张官周还是学校的顾问。与这些地主往还，总免不得要时时请客应酬。当然，他们也常常请客，我们这些教书的人也常常有机会去吃一顿。在张家之外，还有一家"大夫第"王家。这家过去是有人做过大官的，但是已经中落了，但是某些方面还是有一些势力的。测量组有一个事务员姓张，他是个袍哥，虽然年纪很轻，但在哥老会里辈分却很高，在社会上有一定的影响。后来，我发现这是一个很难对付的人，他就一直住在"大夫第"。

不久，陈永龄主任回到李庄，带回来很多印度测量局的刊物，如大地测量报告等，这对我是很有用的东西。我也知道叶雪安主任家里藏有 *Zeitschrift für Vermessungswesen*①，但不借给别人看，后来他对我非常友好，竟答应可以借我阅读，但是也很不放心，借了一两天就要了回去。我不得已，只好将一些认为有用的文章，整篇地抄下来，留下慢慢细读。有一

---

① 德文的《测量学杂志》，简写为"ZFV"，自1872年起出版至今，现名为 *Zeitschrift für Geodäsie, Geoinformation und Landmanagement*（《测量学、地理情报与土地管理杂志》）。

次，我在重庆的一个研究所看到一本 Kruger 所著高斯分带投影的文章，也把它借到李庄，全部抄了下来。这些都对我后来的研究起了很大的作用。

那时，我在测量系只教两门课，即重力测量学和地图投影学。这些都是当时测量科学的前沿学科，却很难引起学生的兴趣。

这时，我才知道我在测量组的职位是一个副研究员，薪水370元，陈永龄也是如此。我当然不能超过他，我也处之泰然。此时，地理所的所长是黄国璋——当时地理界三个大头之一，其他二人是胡焕庸和张其昀。地理组里的研究员是李承三和林超。此二人也是彼此不相和好的，此时却联合起来反对黄国璋，所以他们总想利用我。我对黄也是很不满的，因为他总是把应该汇给我们的经费推迟半个月或20天，以便从中得悉利息中饱。我有时竟不得不亲自跑到北碚去面索。

不久，学校在蔴柳坪所建立的宿舍完成，我家也从紫云宫搬去居住。顾名思义，可知此处是过去很荒凉的丛葬之地。每幢房子有两间大房和一间小房，还有厨房等，一共三四排，每排有五六家。我家与陈永龄家住在最南面的一排，往西就有教务长谢苍蓠，然后为黄席椿、仲崇信及卓励之等教授之家。北面一排则住着张肇骞、沈尚德等教授家。此外，还有单身的薛培贞、卢寿楠、范学文等等。此时，陈永龄先生已经调到铁道部测量总队去当队长，但是此时仍住在李庄。他的夫人高棣华是清华大学毕业的（与秦馨菱同班）。他们已有一子，与岳母高老太太同住在一起。老太太早年守寡，棣华也是个孤儿，由她扶养，从熊希龄的幼稚院起，一直读完清华大学，老太太确实费了不少心血。

此时，同济学校里校长与教授之间的矛盾越来越严重。他们的后面也都是有靠山的。24位教授的后台就是教育部长陈立夫，而丁文渊的后台则是朱家骅。陈立夫总认为同济是在朱家骅的势力范围之内，也不大敢于插手此事，也只是希望从中调停。此时，中央研究院历史语言研究所的所长傅斯年先生也在李庄，他也想去调解一下。他拿了 24 位教授的告状信去找丁文渊，哪知校长没有找到，却碰了教务长薛耆高的一个大钉子，竟告诫他"同济之事，你没有资格来指手划脚"。于是竟把这位老先生搞火了，他便在 24 位先生的信上加了很多批语，写了很多对丁文渊不满的话，将信转给教育部。陈立夫得到此信，如获至宝，就以此为借口，将丁校长免职。此时，朱家骅也爱莫能助。不久，就任命了新校长徐诵明，他是一位药物学家。教务长薛耆高也因此去职，另任谢苍蒗教授为教务长。这两人都是比较稳重的，对人也和蔼可亲。

不久，陈永龄先生也到渝就职，测量组之事就由我负担起来。我考虑的第一个事是将过去测量组所刊行的刊物《测量》恢复起来。那时也只出了两期，是送到外面印刷厂铅印的。此时，我们已没有这个条件，主要是没有这笔经费。于是，我就想到利用组中所有的那架石印机。我雇了一个石印工人，开始将我所写的几篇文章——主要是关于重力测量及地图投影学的，用石印印在毛边纸上，目的也不过是作些宣传而已。

到了第二年，即 1944 年，我家的次女芊芊出生。她的生日是 1 月 21 日，但是阴历还是前一年，即癸未年的除夕前三天。她是出生在家里的，由一位同济的护士接生。她出生之后，也是因为母亲奶水不多，而又没有牛奶供应。虽然到宜宾或可买到奶粉，但是也没有这个能力去买来。那时，童第周教授的夫人常来我家，看到这种情况，就说他们系里一位吴教授的夫人，儿子已一岁了，奶水仍是很多，要我去与他们商量，是否可以将每天挤出的奶水给我们一些。他们也答应了，但是后来竟把隔夜的剩奶给我，芊芊吃了竟大吐大泻起来。于是我们也不敢再去取了，所以也只好喂些米汤之类，所以她后来对于饮食的孤癖，也是那时养成的。

此时，明士是在图书馆工作，也没有什么事可做，去了也只是坐着打打毛衣，或看看小说而已。馆长魏以新以及夫人也在一起工作，他们也相处得很好。我在芊芊稍微大一些时，常常抱着她到江边一条小路口去等她妈妈，往往可以在停在江边的小船上买到一两条鱼。那里出产一种江团，是有名的好鱼，还有一种名为"水泌子"的小鱼也是味道十分鲜美的。

在我家住房的前面有一大片空地。我和夏儿二人每天在那里开垦，想把地面整平，可以种些花草，哪知下面竟是大块大块的鹅卵石，都是直径为七八寸的大圆石块。这说明此地原是大江的河床，现在则已高出长江水面几米了。我们不得不把这些石块搬开，垒在路边，又买了些竹竿，找人来编了围篱。我们在里面种了些草花和菜蔬，种子都是高棣华从北京托人买来的。草花都是很普通的，如洋菊花等，但是也种了几棵除虫菊。记得经过两三年后，菊根竟长得像茶盘那样大，也注意到我家里的苍蝇和蚊子特别少，是否因为院中有几大棵除虫菊之故，则不得而知了。菜蔬中有菠菜，这是那时在重庆一带吃不到的菜蔬。我当时对它也有一种迷信，因为西方人总是把它烧成菜糊，强迫小孩子吃，认为是营养价值很高的菜蔬，也看到过一些电影宣传此事。后来才知道这是很片面的，因为菠菜虽然有某些优点，但是它含有一种草酸，可以破坏某些维生素，吃多了也是有害的。我们又种一些土豆，这也是四川买不到的东西。我看到种子发芽、出土、长出枝叶，然后开花结出许多铃铛，其中包着黑色的种子。至于地下的根块却很小，也不过是鸽蛋那样大小，但是很好吃，是当时所吃不到的东西。记得在解放初期曾经读到一篇苏联的文章《土豆是怎样传到俄国的》，说是当年俄国有个农奴主收到从欧洲的朋友寄来的一包种子，标名是"波太多"，说是很好吃。他将此交给了他的农奴种到地里。他每天去观望，看着种子发芽，长出枝叶，然后结了许多铃铛。他认为这就是所谓的"波太多"了，于是遍邀亲友到他家去尝异味。他将铃铛用油煎了请大家吃，家人尝了一个，觉得索然无味，并且酸得难以下咽，他自己也觉得无味，认为上了当了。不料到了次年春天，农奴翻地耕种，才发现真正的"波太多"。后来，我也知道这种东西在长江流域是很难种的。当然，现在的播种不是用种子，而是将根块切片，即利用根块上的芽来播种，据说一两年后就退化了，根块逐年变小，必须常常向北方去采种，不知现在如何。记得过去我在晋北长城一带测量时，看到那里土豆是丰产的，那时一块钱可以买到500斤土豆。

我和夏儿在家里的另一个任务是打鼠。四川的老鼠是很可怕的，一个老鼠不连尾巴，身长竟达五六寸。我是最怕这种东西，因为它可以传染多种疾病，不但它啃过的东西可以传染病，就是它们身上的跳蚤也可传染毒菌。并且它们的破坏力也极强，常常将家里的箱笼等啮穿，在里面做窝。我们的房子都是很简陋的，它们就在墙脚下打洞。那时洋灰是买不到的，我们只能用黄泥加些石灰来堵，但是这是没有用的，它们很容易将未干的黄泥啃开。我们把玻璃茬掺入黄泥中，这下它们都不敢在原处打洞了。但是最彻底的办法还是打，所以我们就故意留一两个洞给它们，旁边放着一块绘图板，我和夏儿就可以照常看书或工作。因为那时已经有了电灯，我们往往看书看得很晚，随时留意那两个洞口，一见它进来了，我就暗示夏儿注意。我们立刻将图板堵住洞口开始打它，所用武器也只是一根木柴。后来发现木柴很难打准，于是我们就左手拿一个扫把，因为所扫的面积较大，很容易扫着它，此时右手的木柴下去一击，往往可以把它打死。这是个"大发明"，所以我们父子二人在蘇柳坪是有名的"打鼠将"，常常到别家去打，或传授经验。

此时，陈永龄又在重庆找到房子，要将家搬去。我也接到所中通知要到北碚开所务会议。我就将高棣华母女和外孙安安送到重庆，然后到北碚。参加这种会是很不愉快的，两个研究员李承三和林超反对所长黄国璋，而他们两人之间也是矛盾很大，我夹在中间也是左右为难。当然，我对于黄也是有意见的，主要是为经费问题。我在前面说过大地测量组已经交给同济，一切经费都由他们支付，可能还不是如此，此时员工的薪水和办公费用还是由地理所汇来的，不然我也不会对黄国璋存在意见。大约在不久之后，即日本投降之后，朱家骅做了教育部长之时，组中开支才由同济大学全部承担。

我回到重庆准备回李庄，忽然知道二妹方夆由乐山转成都，来到重庆，并且因汽车失事受了伤。我急忙去看她，经人介绍，同她到一家专治跌打损伤的诊所去找医生，所幸伤势不重，但是还是每天要去按摩换药。如此经过几天的治疗，吃了些白药，看她能够行走了，才同她一起回到李庄。哪知回到李庄不久，忽然接到成都来电，说是我的大妹夫贺孟斧不幸病故。他是抗战前上海联华电影公司的一位导演，在当时是有名的。

我那时经常要到宜宾去，因为有些办公物品，如笔墨纸张等都要到那里才能买到。到了那里，我总要去看望庄家的三舅婆，即思缄三舅公的夫人。她与四子循义住在一起，那时三舅公已经去世，循义是庶出，老姨太太也住在一起。另外还有个五舅，在李庄管粮仓，所以测量组同仁在李庄的米粮都可通过他取得。此外，还有七舅庄逊，他原在测量系，听见我去了，就转到土木系。还有一位八舅在学校读政治。庄姨太也曾一度带着她的女儿到李庄我家住了些时候。

搬到李庄的学术机关，除了同济大学之外，还有中央研究院的历史语言研究所，所长就是我前面已经提到的傅斯年。他们所里有一位专门研究甲骨文的董作宾（彦堂）先生与我交往很密切，他经常把所写的甲骨文条幅送给我。从他那里我知道了不少我国古代历史的知识。譬如，甲骨文是清光绪年间（1899 年）才在河南安阳小屯村的殷墟发现的，都是记载商王朝占卜凶吉之事，已发现 4500 余字，但是能够认得的也不到半数。他那时的研究是想从古代日（全）食的记载与从天文学上所推算的日期相比对，由此确定那时王朝的年月，我曾帮助他作了一些计算。当然，我那时也对此没有什么研究，但是有几本专用的表格可以应用，计算起来也不很难的。我知道他青年时也是贫穷出身，曾经在书店当过学徒，后来到北京大学进修，成为专家。此外，还有一个社会调查所，主持人是陶孟和先生。他为人很和蔼可亲，与我也很说得来。他的副手巫宝三先生以及助理员丁文治先生（在君先生的七弟）则更与我亲密了，我们时常在一起打桥牌。还有一个营造学社，主任是梁任公的长子梁思成先生，我们也时得相见，他的夫人林徽因也是当时有名的人物。记得我在北京崇德中学读书之时，每年圣诞总要到大堂去祷告，当时都是由林女士领唱。她是林长民的女公子，当时很受外国人的重视。我与她谈到当时的一些英国教师，如一位名叫波登·斯密丝的老太太以及一位我们叫她卫淑祎老师的数学先生，她说与她们都很熟悉。又告诉我那时的美国大学如牛津或剑桥等，女学生毕业是没有学位的，卫老师的硕士也是因为她教了十几年书，并且有了著作之后，才由学校授予的。

傅、陶和梁等都是当时的著名学者，也是社会上很有影响的名流，他们经常到重庆去参加参议会。我们去找他们也无非是想听到一些新闻，特别是报纸上看不到的内部消息。那时的政治可以说是腐败透顶了，有些事可以从报纸上看到一些，但是语焉不详。例如，当时人们所关心的一桩事情是敌军攻入缅甸，把大批的军用物资都截留了。此事究竟是谁的过失，当时是众说纷纭。原来日军在缅甸登陆，英军不战而退，我们派出去的远征军也孤立无援，不得不撤退回滇。此时，曾组织一个运输公司去抢运，哪时这个公司却是孔家企业的一个分公司，他们把孔家的财产一点不漏地全部运了进来，而将大批的军用物资遗留在那里。此事经报纸的揭发，舆论轰动一时，光是《大公报》就连日发表社论论及此事，目的无非想督促政府重视此事。以后，他们在舆论的逼迫下，不得已将当事人，即运输公司的经理抓获，不到几天就把这个经理枪决了。其实枪决他的动机都是他供出这完全是根据孔祥熙的命令，并且把孔给他们的电报拿了出来作证，所以他们急急忙忙地未经判决将他枪决了，无非是怕他供出更多的内情。当时政府的腐败和黑暗于此可见。

那时的国际形势是比较乐观的。美军在太平洋的逐岛进攻已逐渐得手，已经日益迫近日本本土。那个偷袭珍珠港的英雄山本五十六也因为他的座机被击落而丧命。美国的空中堡垒即 B25 机群也开始轰炸东京。据报载最早的一次是穿梭空袭，即从太平洋上的航空母舰起飞，轰炸之后飞到中国机场降落，可能是事先没有联系好，未能到达机场，而不得不在沿海一带跳伞降落。有些飞行员落到敌军手中做了俘虏，也有几个降落在我国沦陷区，得到我国农民的保护，战后得以生还。

在欧洲的战场，得知苏军的进展很快，在 1945 年年初已经迫近柏林，而英美联军则于 1944 年的 6 月在法国登陆，不久克复罗马，墨索里尼也被本国起义的军队所枪决。1945 年 4 月 30 日，希特勒在柏林自杀。5 月 7 日，德国宣布无条件投降，欧战就此结束。至于我们国内则形势日益严重，是年 11 月 6 日，敌军攻入桂林，不久贵州的独山也沦陷了。此时，重庆一片慌乱，又有不少人向西流亡。幸而由于美军对日本本土的进迫，使日军也无心恋战，不久独山也克复了。

此时与我交往比较密切的朋友不外是住于蔴柳坪的几位教授，其中有我在德国耶拿时与我相处得很好的朋友，如卢寿楠和薛培贞二人，他们那时都未结婚。另外有一位化学系的教授，名叫范学义，也与他们住在一起。在陈永龄家迁居重庆之后，他们就住在我家隔壁，所以他们几乎每天都要来我家坐坐。特别是那位姓范的先生却是一个很特殊的人，他不但常来我家，而且对我家的事情很关心。他也是留学德国的，但是却是一个不学无术的人。学生对他很不满意，说他对于化学几乎是一无所知，但由于他是有靠山的，所以对他也无可奈何。他自己也说过他是搞特务工作的，所以，卢、薛等都叫他为"范特务"，我也如此叫他。当然，我们那时也不了解特务是什么，当然也不怕他，但是有一点却是我们看不起他的主要原因。他有一个妹子也在同济念书，两人几乎每隔一两个月就要到宜宾去开房间。但是他总是常来我家，有一次明士谈起她的八妹，他就说他会看相，明士竟将八妹的照片给他看了。他看了很久，说此人现在肯定很好，你想她，她也在远方想你等等。现在想来，这都是特务们的伎俩，借些缘由来刺探我们的亲戚朋友或过去的事情。可能他们总觉得我那年拒绝到中训团受训，并且此后离开了地质调查所，在中央大学时又因为蒋介石来当校长而苦苦恼恼地退聘，对我是始终不放心的。我那时虽然是十分天真，对他没有一点防备的思想，后来看到他对我的不接不离，并且往往出其不意地突然来访，才慢慢地对他警惕起来。

在蒳柳坪居住的，像谢苍苈教务长、物理系主任黄席椿及数学系教授卓励之等都是经常来往之人。谢为人非常和蔼，就是好酒，并且常在醉中。他喝醉了，总是叫我的儿子与他下棋。黄席椿有个兄弟名席棠，此时也在物理系任教，他自称是明士的五舅公刘厚生的干儿子，所以常常以长辈自居来我家。后来才知道他们的父亲是一位著名的新闻记者，被袁世凯迫害死于美国。卓励之教授是留法回国，在初回国之时曾在冯玉祥将军的部队工作过几年。冯将军是我很敬佩的一位老军人，那时也常常传出他的一些笑话。例如，他对部队进行教育，对他们宣讲三民主义，把帝国主义的反动和三民主义的进步举了很多事例以作对比。讲完之后，就问战士们是否听懂了，当然下面异口同声地叫"听懂了"，他就把站在前排的一个士兵叫出来，问："你说说，什么是三民主义？"士兵立刻回答："报告总司令，三民主义就是帝国主义。"如此等等。卓先生的年纪比我们都大些，那时可能已在50左右，但是他的夫人却很年轻，那时还不到30岁。他们生有两个女儿。卓先生后来的结局是很悲惨的。此外，还有校医唐哲先生，我们都要依靠他，所以也对他很亲热。

此时，医学院的预科也在李庄，这部分的主要教授是美藉的德国人斯都倍（Stobe）。他主要教授解剖学，教学十分严格，几乎每一两个星期就要考试一次，而往往因为这门功课的考试不及格就要留级，两次不及格则勒令退学。但是他对人却十分和蔼，他的学生和教授也喜欢到他的住处去谈天。在他的班里有两个学生经常来我家，记得他们都是先认得夏儿，由夏儿带来的。其中一人就是冯克燕，她是庄三舅公的外孙女，即冯飞先生的女儿，我们应是老亲，但是过去我们与她家不来往。另一位则是姓关的男生。他们都是在预科留过级的人。由于这种严格的训练，后来都成为有名的医生。冯克燕后来与她丈夫邵丙阳教授一直是武汉同济医院心血管科的著名大夫。

此外，还有一个青年人也是与我家常来往之人。他原是四姐夫丁绪宝在中央大学时的学生，是江西人，家景贫寒。绪宝经常接济他，他也时常在丁家做些抄写的工作，所以也与我很熟悉。就在敌军进攻贵阳、重庆混乱之时，他忽然从重庆来到李庄，他找到我说是重庆可能不保，他打算到宜宾去投奔他的外祖家。我问他工作如何，他说已经没有工作了。我就把他介绍给物理系黄席椿主任，做了这系的助教。他在系里很受师生的欢迎，哪知两三个月后，他竟不告而别。黄席椿问到我，我也不知道他到哪里去了。不料又过了几个月，他忽然来到李庄，穿了一身军装，还带着一个卫兵，拎了很多礼物来看我，说是他已在八十八军当了参谋。我怪他不该不别而去，走了也不来封信。我一直认这个人是很穷的，而此时却十分阔气。他告诉我，他现在还做些生意，本钱都是他姐姐的。姐姐原是一个富商的妻子，被遗弃了，后来打官司得到一笔钱。后来知道这都是假话，因此我对他就有些警惕了，但是他总是不时会来找我。

在这段时期内，我在同济测量系内担任两门课，就是地图投影学和重力测量学。前者可用我历年的积稿讲，但对于后一门却没有可用的教材，我不得不为学生写讲义。那时的困难是没有仪器，使学生有实习的机会，所以只能讲些原理以及仪器的结构和如何观测，如何处理结果等问题。那时，人们对于重力学的重要性是不能理解的，非但学生不重视，连一些测量界的人也不把它看在眼里，但是我却深信它是大地测量学上不可分割的一部分，将来一定会大有发展的。那时，我们已经知道司托克斯定理（Stokes Law）。

……①1945 年暑假，我应夏坚白先生之邀到测量学校去讲学。此时该校已经从贵州搬到北碚以北的澄江镇，我也可以趁此机会到地理所去汇报工作，同时到地质所去探望老朋友。在我临走之前不久，我接到在中央大学念书的烨妹来信，说是"你们日夜惦念之人已有了消息"。当然，我们知道她所指的是八妹雪宝。信上虽没有说她在哪里，但是也猜想她一定在延安。不料过了几天又来一信，说她要些东西，如布匹和日用品之类。明

---

① 此处原稿遗失 5 页约 2000 字。

士估计她是要结婚了，就把她历年的一点积蓄（当然，我说的不是薪水，那时票子发下来，几天就不值钱了，而是米票，随时可以按时给换钱）买了些布料、毛线以及一些日用品，由我带给烨妹转交。我到重庆见到了烨妹，才知道她所收到的信是无意之中在收发室找到的。由于怕这种信落入坏人手里会造成我们的麻烦，所以她之后经常去翻找，并且信看完了就立刻烧了。可见那时的年轻人对于特务的害怕，不像我们那样麻痹大意。

我到了澄江镇，那时学校已放暑假，但是大部分学生还是留在那里。此时教育长曹谟不在校，一切校务皆由夏先生主持。我与他的交往已经多年，但是真正了解他还是在澄江镇日夕相处的两三个月。那时政府人员的腐败已经到了十分严重的地步，往往都是上下勾结，通同作弊，测量学校当然也不能例外。夏先生处于这种恶劣环境中竟能洁身自爱，一尘不染，这是难能可贵的。记得我去了之后为了照顾我，他叫事务处买了一个木盆作为洗澡之用，哪知我刚把脚踩入盆里，盆底就脱落了，弄得一地水。他说是为了你来特意叫人去买一个好盆，后来一查帐，才知所付的钱确是一个好点的价钱，而拿来的竟是如此单薄劣货，他也只好叹叹气罢了，因为这些人都是教育长的亲信。那时，夏先生已与林静庄女士结婚，因为经济困难，不能接来同住。我们对于国家前途和测量界的腐败都谈得很多。有一天，他同我到北碚去看李四光先生，那时李先生即将赴英讲学，临时来北碚住了几天。我们的谈话主要是关于测量界的事情，我们都认为测量是一个国家的基本工作，没有地图是什么事情也做不好的。李先生也有同感，说他是搞地质工作，没有准确的地图，地质调查怎能做好。

每天晚饭之后，我们两人总是在院里乘凉。有一晚忽然听到鞭炮声，由远及近，几乎家家户户都在放。派人出去问，才知道日本投降了，这一天应当是1945年8月15日。八年抗战，总算结束了。在此之前，美国两次向日本广岛和长崎（8月6日及9日）投原子弹。苏联在8月8日向日本宣战。十多天后，关东军向苏投降。

不久，我回到了李庄。此时，学校正考虑复原之事，派了顾葆常为首的几位教授到上海去联系。起先还想把学校迁回旧址，即江湾，他们到上海后才知道江湾的校址已毁坏了。后来在上海的五角场找到日本人留下来的一座校舍，有三幢楼房可以作教学之用，又在外白渡桥旁的礼查饭店定了一层楼房作为教授们家眷的住宅。

家中一切都安好，明士得知她八妹的事情也十分高兴。此时，母亲也准备与莘妹一起到成都去，与大妹菁一起结伴到北平，我们也准备结伴东归。学校把旅费发给各家，希望他们分别结伴东归。我又一次写信与七弟望宝，希望他与我们一同东归，并为他安排了助教的工作，把领来的旅费寄去。他拒绝了。可能因为他刚结婚，夫人不愿离川，也只可罢了。

在此期间，学校却发生了一桩令人震惊的丑闻。我回李庄，知道卓励之教授病得很严重。他在宜宾住了些时候的医院，诊断是喉癌，又到了晚期。他自知不久于世了，总觉得很对不起他那位年轻的夫人，所以他每天晚饭后总约几位朋友在他家里陪夫人打麻将，自己则在小房间里静养。这些人里就有我和仲崇信教授，我们虽然不善于此道，但是为了朋友也勉强参加。此外还有唐哲先生和一位姓梁的事务员（此人是梁之彦博士之兄，因此大家叫他"老博士"），另外还有一个道貌岸然的教授。我与仲先生总觉得牌桌上的气氛有些不正常，起初我们还以为那个女人对唐哲有意，因为唐先生虽已年过40，但尚无妻室，因此我们两个也借故不参加了。谁也没有想到此事发生在那位道貌岸然，俨然不可侵犯的那个人之上，他竟经常从卓家的后窗跳进卧房与那个女人私通。最早发现此事的是一个挑水的人。他竟先下手为强，压迫事务处将这个水佚开除了。但是天下事"若要人不知，除非己莫为"，所以不久这个丑闻就传开了，宜宾的报纸也揭露此事。卓励之知道之后，就苦口婆心地劝他的夫人，说是自己已不久人世，等他死了再跟那个人又有何不可。可是这个妇人见事情已经闹穿，就大哭大闹，闹着立刻离婚。此事惊动了邻近各家，一些好心肠的太太，如谢苍篱、仲崇信的夫人等人及明士等都去劝她，也不能使她回心转意，跟着奸夫离开了李庄。此事使全校师生大动公愤，但是学校正忙于复员之事，而师生也为了东归在即，无心过问此事。此时，卓励之的痛苦是可想而知的。他把两个幼女委托了学校当局，希望东归之后把她们送交上海的亲属，自己则以治病为由到重庆去了。不久，我们就在报纸上见到他在重庆胜利饭店服毒去世的消息。

　　在此期间，我曾接到曾世英先生的来信，说是他不久将到美国去，邀我一起去。我知道他到美国做什么。那时纷传中国的大批实测地图都被运到美国，报纸上揭露此事，并想追究责任者。其实这都是最高当局，即蒋委员长亲笔批准之事。美国要整理这批地图没有中国人是不成的，所以就有一大批人去了美国。他们经过整理，将五万分之一比例的地图每幅图的图角坐标都标了出来。美国空军又应用他们的三镜头航摄机在中国东南地区进行航测，制成地图。如果我们从昆明到北京画一条斜线，则在此线之东南地区都在其航摄的范围。我想当时日本已经投降，整顿我国的地图并进行大规模的航测制图所为何事，这无非是为了帮助蒋介石打内战。当然，我在那时也还不可能有这样的觉悟。我与曾的回信只是说"我一直想用自己的知识为国家做些工作，之前因为战争而没有机会，现在太平了，我应当留在国内好做些工作"，因此拒绝了他的好意。我那时这样说的，也确实是这样想的。其实这只是一种幻想，日本虽投降，国内仍旧是内战不已，而且物价一日三涨，生活问题都无法解决，又怎能谈得上工作呢？

真是"庆父不死,鲁难未已。"

国难未已

我与明士带着一儿二女,与仲崇信夫妇带着一个儿子,以及赵公劼夫妇结伴东下。仲是生物系教授,前已提及。赵公劼教授则是学医的,与唐哲同班,已经40岁左右了,不知为什么他刚结婚不久。他的夫人也年岁不小了,可能已在30以外。赵在学校教德文,但是他的父亲是成都的著名学者。赵也因为家学渊源,文学很有根底,而且是书画家。后来他经常举行画展。

我们从李庄坐木船到宜宾。此时,事务处的事务员杨雨生也送我们到那里。他是赵元任先生的内弟,因为我与赵元任家相熟,他对我照顾备至。在宜宾分手时,他告诉我他在南京杨公井有所楼房,如果我到那里需要住房,可以租给我。因此,我后来在南京确是租了他的房子,可是搞得很不愉快。此是后话。我们从宜宾乘轮船,第一站到了重庆。夏坚白先生知道我到渝,就派了吉普车来接我。此时,测校已从澄江镇搬到重庆的浮图关,夏先生接我去的目的是想我代替他,因为那时他可能要从测校调出来。这是我万万不能接受的。我告诉他不能接受的理由,我把去年在澄江镇所看到的和听到的一些情况告诉他,不但我不敢来做此事,也劝他早日脱离这个单位。他见我十分坚决,也不好再勉强。他告诉我不久学校将迁苏州,到时希望我去兼课。又告诉我陈永龄先生已回到南京。我回到旅馆,急于东行,而苦于一时船票难以买到。有一天,在街道上遇见了张徽五。他还是那样热情,同我到他那时的工作单位去看了一下,只见室内摆满了无线电机。他对我说他现在的新任务是搞通信工作，主要是对敌人的通信进行"破译"的研究。我心里想，现在日本已经投降，还有什么敌人，当然就会想到可能是对付共产党的。我很欣赏他的能力，也很惊奇他几年来确是爬得很快，可能已是一个高级军官了。他问我什么时候动身，我说船票难买。于是他竟答应我可以为我解决。果然，第三天就派人将十张船票送来，但是也只到宜昌。在宜昌也因买不到票而耽搁了好几天。之后到了汉口，这是个大码头，下行轮船比较多了，并且船也大得多，就不再为买票之事发愁了。我到了南京，就到陈永龄先生家。他见了我就说："部长很想见你，与你谈一谈大地测量组的事情。"我为此又不得不在南京耽搁了两天。我到教育部去见朱家骅部长，在传达处等了两三个小时才得传见。我向他汇报了测量组的工作情况，那时测量组的经费都由同济大学支付，但是学校当局仍希望有个预算，所以我当时就向他提出似乎仍应当有一个计划，也应该有独立的经费。他同意了。次日，我与家人乘火车到了上海，而仲崇信一家则留在南京，可能此时仲已接受了中央大学的聘请。赵公劼夫妇则仍坐原船到上海。到上海之后，我们就住到礼查饭店四楼的一间大房子。这间房子很大，安放了两张大床之外还有很大空间，可作起居之用，还有一间卫生间。此时，已有几家住进了这层楼。我经他们介绍也去买了一个打气的煤油炉，以及一些餐具，放在卫生间作为烧饭菜之用。此时，夏儿已在同济的附中上学，到沪不久，他就住到学校去了。华儿此时正在读小学，一时也没有学校可去，她和芊芊（那时才3岁）到了上海都觉得很新鲜，总是想下楼去玩，所幸这个饭店雇了一名印度警察为他们看门，两个女儿从来还没有见过这样包着红头巾，留着大胡子的大汉，都不敢下楼，无意中为我们看管了这两个姑娘。

我们去看了明士的长兄，他此时已改名为杨健中，字介眉，知道岳父母已于两年前相继病故的情况。介眉在我们分别期间又生有一女一子，夫人是上海著名中医丁济万之妹。他在上海经商，经济上是相当富余的，有一辆自己驾驶的小汽车。

此时同济大学的校长是董洗繁，一说是朱家骅的外甥，但是我从未与他见过面，教务长则仍旧是谢苍驡。此时，测量系的叶雪安主任尚未到上海，学校也未开学。测量组中除我之外，还是那六位助理人员，事务员张某也没有跟到上海。大约一个月之后，叶主任来到，也住在我们同一层楼房。那时，传说他已做了训导长。我问起此事，他说："有此事，但是现在还未接事，要等昆明一位姓王的训导员来后才接事。"我从青年人那里已听说这个姓王的是昆明的一个大特务，于是我就劝叶千万不可以去做训导长，但是叶先生那时却热衷于"三长"，很容易为人所利用。记得他到上海的第二天早上我去看他，他的夫人正在烧早饭，把个大炒菜锅放在油炉上煎鸡蛋，头重脚轻，油炉忽然倒塌，流得一地板煤油，引起大火。夫人跑到卧室，面色都吓白了。我与叶先生拿了一床棉被，压在火上，而火苗还不时从被角上冒出。最后总算把火压灭了，地板上已经烧黑了一大片。所以我们住在这房中，总是提心吊胆的。

为测量组，我与叶主任，还有谢教务长商量了好几次，写了一个与教育部的计划，把它寄到部里，但是竟如石沉大海，一连三个月都无消息。

此时，曾世英先生已经回到上海。他与人合资开办了一个华夏印刷厂，主要是从美国买了几台彩色印刷机，为人印刷彩色图片。他常开了他的吉普车到礼查饭店找我。有一次他对我说，他与翁文灏先生已与申报馆商量，要编制一本新的中国地图，希望我参加。当时我未置可否，因为我实在很怕与他打交道，但是世间事是难以依照自己的意志出发的。

不久，谢教务长找到我，说："你们的经费一直由学校支付，部里也没有一个明确的指示。你所拟的计划去到部里，至今也没有回答。是否可以亲自去一下，找部长谈一谈。"因此，我不得不亲自到部里去。此次，我并没有去见部长，而去找了高教司。那时的司长周鸿经和副司长唐培经过去都是中央大学的教授，与我也很熟悉。他们也根本不知道我们的事情，经过调查才得知我们的计划是在第一科科长马少波手里。于是，我去找马科长。我对他说出我的来意，他从抽屉里翻出那份计划，说："部长不过是要维持你们的生活，你竟狮子大开口，一开就是一亿。"接着又说："还有一位唐世凤，竟开了4亿。"我见他态度傲慢，十分气恼，但仔细一想，他说的确是实情，所以我并不生气。我对他说："你说的倒是实话，但是我的生活还是可以自己解决的，无劳部长操心。"我离开教育部，就去找陈永龄，那时夏坚白和王之卓都在他那里。我把方才的事告诉了他们，他们劝我多留一天，说："明天要开留英同学会，朱部长是必到的，你是否同去当面对他说说。"我说："不必了。"我回到上海，一进住房就见曾世英在那里等我，一见面就说："你考虑好了没有？"我说："可以，就是有一个条件。"他问是什么，我说："此事你不参加，由我一人去做。"他答应了，就把合同拿了出来。原来翁先生和他都已签了字，只等我签字后即可送申报馆。我就这样自投罗网，重作冯妇。我也估计到将来一定会发生麻烦，后来确未出我的预料。

我将测量组之事交与叶雪安主任，而那六位助理人员后来也分别散去。张文汉、熊全滋、朱顺之及徐芝荪都考取了赴美国的公费生。后来张文汉客死于美国，朱顺之于解放之后回到上海，在上海电厂任职，熊全滋在美国芝加哥工作，解放后经常回国。他的长兄全淹是武汉大学数学系教授，与我很熟悉，所以他每次回国总来看我。朱成燐一直在北京地质学院任教，而唐徕佐则一度在治淮委员会，我在南京时与他们有合作关系，在我们迁往武汉之后,他也调到东北工作了。

我于 1947 年 3 月将家搬到南京,在成贤街以西的将军巷租赁了一层楼房。有两间大房,两间小房,中间还有一个客厅,房租每年十两黄金。我家不需要这样大的房子,将西面的两间让给曾世英的家眷居住,他本人在上海,不常回来。

我到地质调查所去,这时所长是李春昱先生,他不在南京,而副所长则是周柱臣先生。我向他商量希望借一间工作大房,他就答应将地质陈列馆旁的一大间房子借给我。记得在此大房之南还有两间较小的办公室,其中一间是地质学家侯德封先生的办公室,我占了另一间。当时商定了我们每月应付的租赁金,并说好可以利用所里的图书馆以及复照室。那时管复照的是一位山西人,名叫李时俊,与我也是深交了。我为了节省经费,暂时不请绘图员,而只请了几位高中毕业尚未考取大学的年轻人,其中两位

方俊、杨明士夫妇和他们的两个女儿在南京成贤街房内客厅

也是所中职员的子弟。为了解决他们的住宿问题，我想起了住在杨公井的杨雨生。我去找他，租了他家两间房子，房金也是每年十两黄金。我趁机买了一些家具，如书桌、木床和方桌等，这些东西都一直用到现在。

曾世英把从美国带回来的资料都交给了我，其中有全国五万分之一图的图角坐标表，美国空军用三镜头航摄机测量所编制的地图，以及部分地区的1∶20 0000地图等等。此时，我充分利用当时的条件，例如一切缩制工作都利用复照方法等等，因此工作做得很顺利，进展也很快。我原来估计这个工作可能要做两年，但是到了第二年的春季，已经把工作完成了百分之七八十了。此时，我才开始约请一两位有经验的绘图员进行清绘。

此时，我与夏坚白先生常常见面。他已调到军令部二厅，所谓二厅其实就是测量局。此时，他的处境十分不好。据说他曾到梅园新村去见过周恩来先生，因此特务们把他看住了，他住宅外面的两个香烟摊和巷口的三轮车夫，据说都是看管他的人。这种事情我当时是不知道的，但总觉得好像换了个人，说话都小心谨慎。后来我遇见一位航测队的古振今先生，才从他那里了解到一些情况。据说原来他是可以从部队调出来的，就因为此事一直不准他离开单位，后来还是他有一位在柏林相识的人到他家来与他谈论了很久，了解了一些实际情况，才把他放出来，到同济大学去做校长。这已是1948年夏秋之事了。

这时，国民党正准备召开国民大会，为了选举代表，闹得轰轰烈烈。例如，我家后面就是中央大学，在学校附近的墙壁上、树杆上，都贴满了"请选××一票"等标语。又如我在唐山大学时比我低两班的张竞存先生，此时是江苏省公路局局长，也派了客车把我们（其中有我同班的黄闻韶、徐宗尧等）接到镇江焦山等地游玩，并宴请我们，目的也无非是拉票。那时传出的许多丑闻，也是人人皆知之事。蒋介石为了拉拢人心，下令将一部分国民党员的代表资格让给党外之人，于是这些党员就举行绝食，以示抗议，而在开会之日竟有人抬着棺材游行示威。

我此时在南京的交往，除了中央大学的几位旧交外，还有不少新的朋友。此时，很多学术机关大多数都迁回南京了，但是由于忙于工作，也不能常常来往。只有贺昌群先生家则因在沙坪坝时曾同住在一起，所以往来频繁。此时，昌群也已经调到南京图书馆工作。李庄故旧则已星散，只有薛培贞先生此时在南京的光学仪器厂任厂长。有一天，他打电话给我，说卢寿楠先生从兰州来宁，打算请他到太平路上一个小西餐店吃饭，要我也去会会面。我到了餐馆，老友重逢，十分高兴。卢兄忽然问起那位"范特务"，薛说："他也在南京，但不知在做什么工作，我有他的电话。"卢当即打了电话去。我们的座位在二楼靠窗口处，俯视马路，一切都看得清清楚楚。忽然看见一辆红色吉普呼啸而来，在餐馆门前停止，从车上走下一人竟是这位范君。那时，大家都知道红色吉普是刑警队抓人的车子。餐馆伙计也很紧张，不知要出什么事情。他走到我们桌前，卢寿楠就问他："你现在究竟干什么？"他也很爽直，说在刑警队工作。我说："你是搞科学的，那里有什么工作可做。"他说："正是在那里搞科学工作。"我当时还认为他是胡说，但是后来细想他确是说了真话，可能是利用那时传说的一种美国的"测谎器"对罪犯迫供的工作。他也没有在那里吃饭，谈了一会就走了。我与薛、卢二人都觉得今后还是小心点好，这种人是不能相与的。

到了1948年的春夏之交，我住的房子一年满期了，还想继续再租下去，那房东要加价。我说已经是用黄金租赁的，为何还要加价。正在此时，我在地质所的朋友席承藩先生来看我。说起房子之事，他说他的岳母姚老太太（即席夫人姚烈英之母）有几幢房子，因为等着钱用想出卖。我问了一下价钱，还不到十两金子。我同徐宗尧去看了，觉得除了地点太偏僻之外，房子都是很好的，价钱也不贵。他那时经营一个建筑公司，答应可以为我修理。这样我就将此房买下了。又将明士的一点积蓄拿出来，请徐兄为我修理。这幢房子在大光路尚书里，他们将房子修成两间大房和一间小房，并利用旁边的下房分别修成厨房及卫生间，安上抽水马桶。房外还有一片空地，用竹篱围上，可以种些花木。这样，我们就有一个安身之处了。当然，我在公积金中支了十两黄金，也在此款中付给曾先生同等的数目。

在徐宗尧兄的事务所中有一位帐房先生为他们管理伙食，此人便是20年前我在水利委员会测量队日夕相处的李文澜先生。他因好酒，与夫人不能相处，家境也十分困难，而不得不在此得些收入。此时，他尚不到50岁，已经很苍老了。

这时，我的四姨夫余上沅先生是戏剧学校的校长，校址就在大光路，离我家不远，我们经常来往。而我的堂姊方匀此时也在此校工作，我们又得经常相聚。

但是此时曾世英先生的处境却十分困难。他们在上海所办的印刷公司已经接近破产，而股东之间又不相团结，他整天躲在家里发愁。我劝他不如来南京帮着把地图早日做完，所以他每天也到地质所来。但是他总是不安心，他又与交通部订了合同，为他们编一本交通图，此事也没有与我商量。我很生气，所以就向他说明申报馆的地图还是我一人做下去，他只搞他的交通图。

我每月收到上海的汇款，除了将工作人员的薪水发出，将本月需用的东西都买到手之外，还要把我们两家和工作人员的米粮买全。有一次，有人领我去买米，后来一打听才知道这是李宗仁夫人郭德洁的买卖。如此官商勾结，亦官亦商，难怪物价高涨，不得控制了。

我们工作人员在杨公井的住处也将到期。我正为此事发愁，忽然又遇见张徽五先生，他告诉我可以向市里领一块空地，用一些预制板盖几间简易平房，也可以住上一年半载。我把此事委托了他，免得再受房东的气。

在此期间，有两桩有关学术之事可以记述如下。一是气象研究所所长赵九章先生来找我，说是要成立地球物理学会。我说："这是你们的事，我没有兴趣。"他说："你前些时候与我提到我们应当加入 IUGG（国际大地测量与地球物理协会），这第一个 G 不正是你们的大地测量吗？"我就同意参加此事。记得那次会还有上海物理研究所来的陈宗器和傅承义二先生，这是 1947 年秋季之事。

另一桩事也是发生于此时。我忽然接到美国的一位重力学家伍拉特（Woolard）的一封信，说是他正在进行世界各地的重力联测工作，希望到徐家汇的重力点进行联测。我为此写信与徐家汇观象台台长，一位意大利的神父龙相齐（Gherzi）联系。回信说："十分欢迎，但是目前北方的天主教神父都逃难来沪，观象台住满了人，所以不能在此住宿。"我将此事转告了伍拉特。一直到了 1948 年的秋天，大约是八月中旬，我接到从青岛打来的一个长途电话，是美国驻青岛的海军陆战队打来的，说是伍拉特将于日内到上海，希望我去接他一下。我拿了地质调查所的介绍信到了上海，但不知到哪里去接头。我的内兄杨介眉是老上海，对上海的一切事情都很清楚。他对我说："你只好去找美国驻上海的总领事，你是学者，又是大学教授，他一定会接见你的。"于是我就去找这位领事，他的名字叫斯巴脱莱（Spartley）。我见了他，说明来意。他说是有这回事，问我与伍拉特是否朋友。我说："我也不认得他，可能他是看到我在美国地球物理杂志上的文章才知道我。"他听了我的话，对我更热情了，说："他们明天到，我同你去。"我说："我可以自己去。"他说："那你是进不去的。"第二天，我照约定的时间去找他，他开着车直奔江湾机场。到了机场大门，老远就看见两个大门。左边大门是中国兵把守，门前排着十几辆汽车，等待检查后才能放入，而右边大门则由两个美国水兵把守，我们的车子一到，他们将绿旗一挥，车子竟扬长入内。此时，我几乎觉得此身不在中国。进了机场才知道今天是联合国救济总署三位大员的飞机过上海回国，许多中国官员和一些记者都去奉迎。飞机降落，驶近候机楼前，几位衣冠楚楚的贵宾由迎接官员引进大楼去了。我看见最后下机的一位穿着普通茄克的人，背上背着一个大背包下来，我想这就是我要迎接的那位书呆子了。我们通了姓名，十分高兴。他抱怨说："徐家汇不能去了，飞机两小时后就要起飞，我必须搭此机回去。"又说："无论如何，我见到你非常高兴，你可以看看我的仪器。"于是他将仪器从背包里拿出来，在大楼门口安放。这是"沃登"重力仪，是那时美国最先进的重力仪。我说："你不妨就在机场测一点，将来我有机会再将它联到徐家汇的重力台。"他很同意我的意见，就在离大楼不远的地方测了一点。这个重力点是值得纪念的，大约在七八年之后，苏联地球物理所的布朗什博士用飞机载运重力仪进行中苏重力联测，我带他们到上海机场找到此点进行联测。据布朗什说，他的结果竟与伍拉特的相差极小（不过2、3毫伽）。伍拉特的测量是从欧洲联到美国，又从美国越过太平洋与日本东京相连，最后到达上海江湾机场，而布氏的测量则是从德国与莫斯科相连，然后与此点相连。

我等飞机起飞之后即随斯巴特莱回到市区，回到南京，此时，时局已急转直下。我们从收音机中已可听到共产党的播音，有一回都听到国民党的投降将领的讲话，觉得他们不杀俘虏是十分英明的，也表明他们有必胜的信心。同时，还有一桩事使我对共产党发生好感，这就是与我相交很深的土壤学家席承藩之事。他与一位美国专家一起出差，吉普车走错了路被解放军扣压了，此事曾在地质所轰动一时，哪知不到两天他竟回来了。所中请他们作报告，当然美国人是不会说中国共产党的好话的，但是他却对我们讲了一些真话。他说在我们这一边赤地千里，农民都跑光了，但是在那一边则一片青葱，农民都安居乐业，并且说对他们都很客气，如此等等，是不能不引起我们思考的。想到国民党特务任意暗杀民主人士，如李公朴与闻一多先生相继在昆明遇害，又如浙江大学学生于子三被抓，并被暗杀于狱中等等，是不能同日而语的，也只能说明国民党日暮途穷，倒行而逆施罢了。

此时，物价已如脱缰之马，失去控制。到了1948年的8月，报上公布发行金圆券，说是以银币2元合1元金圆券，而它与当时法币的比价是1元金圆券合法币300万元。不言而喻，物价上涨了150万倍。而在以后短短的几个月中，这种金圆券的发行竟然达到了几十万倍，人民生活的痛苦是可想见的了。

有一天晚上，大约已是十一二点钟时候，忽然有一辆吉普驶到我家大门。我出去一看，原来是那位范特务同了他的妹子来找我。我很奇怪他的突然来到，而且已经是深更半夜。他说明天要飞北京，特意来看我。他告诉我们说已经结了婚，夫人是中央医院的内科医生。当然也没有耽搁太久他就走了。我对他在深夜的特殊来到心中总是忐忑不安，但是还是没有警惕之心。明士倒觉得不妨趁他不在家的时候到他家去看看他的夫人是怎么一个人，于是，我们过了几天就去了他家。那位夫人确是一个很文雅的人，对人也很热情。她说不久是中秋，范将回来，要请我们去吃饭，但是我们却没有敢再去。这是我与范的最后一次交接。直到解放之后的第二年才从薛培贞先生那里得知此人确是一个特务，被抓起来了，后来可能是被处决的。这是华儿在偶然的机会中看见一个文件上所登载的。

大约在这年的12月初,申报馆经理陈训悆到南京来找我,说:"现在时局急转直下,南京肯定要毁于炮火,上海或可幸免,希望把地图工作转到上海去继续。"我很同意他的意见,因为不管届时上海是否安全,我到紧急时交给报馆,我就没有责任了。何况此时夏坚白已经做了同济大学校长,已两次来信要我早日回校,说"现在时局多变,你长期在外很不妥当",要我早日回去。但是,曾世英却十分坚持,必须在南京继续。我很生气,说:"这本是我们三个人的事,翁先生且不说,工作全是我一个人做的。现在工作已经完成了百分之七八十,只剩一些收尾的工作,就拜托你继续下去罢。"他听了我的话,就说:"我们问问翁先生意见如何。"我们就到了翁家。这时翁正因为行政院之事被孔、宋等挤下台来,十分气愤,见了我们就大骂这些人,说是这个政权早晚要垮台。又对我说:"你是搞科学的,科学是任何时代都要搞的,苏联现在的科学院还是帝俄时代科学院的继续。"所以他劝我不必走。当然,他说他是非走不成的,因为在报纸上已看见共产党也把他划为战犯之一。奇怪的是当时曾先生竟什么话都没有说。

我回到家里,即告诉明士"赶快走"。不到一小时,曾先生竟同了他的夫人章祥正来到我家。章是明士的好朋友,无非是想以朋友的感情来软化我们,但是我们仍旧在当晚坐了火车到了上海。哪知过了几天,曾先生却抱了那一大堆图到了上海来找我。我只得叹气,觉得此事仍不能脱手,我只向他要求派两位绘图员到上海。这样,我每天都要到外滩申报馆去。那时,从北四川路底到五角场也没有公共汽车,三轮车坐不起,走路要半小时才能到达。有时可坐在带客的自行车后,但十分危险。有一次,我从车上摔下来,受了轻伤,所幸没有被军车撞倒。那时,国民党军队抢运军火的卡车络绎不断。如此,我除了学校有课之日外,几乎每天都要到申报馆。

此时,物价一日数涨,生活上的困难是可想而知的。夏校长为了照顾一些老先生,派了一个工人每天为我们买菜。记得我们与夏坚白、崔希璋以及顾葆康四家合作,轮流出一块银元托他去买,可见每家每天也只是二角多钱的菜钱。那时,领了薪水就要立刻跑到外滩向"黄牛"换成银元,每月拿一大捆钞票,也只换到八块银元左右。此事多半是测量系助教张海根为我代劳,他是上海人,对上海地面十分熟悉。有一回,不知什么人与蒋介石上了一个条陈,说是大学教授太苦了,请他加发一次薪水。不知怎么,所批的条子竟多加了一个圈,于是那一次我们竟连续八天领了八次薪水,后来我们被迫离校也全靠这次多发了些才能渡过。

到了1949年的4月,南京解放,解放军迫近上海。4月20日总经理陈训念找我,说:"不行了,赶快结束。"我将所有的成图都交给当时的资方东家王君,看他收进柜里封存。陈经理问我两个绘图员如何,他只能每人给了5元美金作为遣散费。我也如释重负回到学校。到了24日,学校奉命要所有教师离校。此时,他们在五角场以南用铁路枕木筑了一道围墙,把同济和复旦两校都拦在外面。学校把我们安排在市里善钟路医学院的一个大礼堂内居住,每家只有狭长的一长条地方,我只好住到内兄介眉家里。第二天,嫂子的妹妹王太太来看见我们这里住得很挤,就邀我们到她那里去。她有一幢别墅房子,一大片草地里面只盖了一幢楼房和几间平房。在她房子的草坪上有一座俄国正教教堂,因此大门上挂着苏联领事馆的告示,说这是苏联的地产,所以国民党军队不敢去找她的麻烦。但是,她还是害怕,所以找我们去住,以充实房子。

这时,王之卓先生就住在离我们不远的地方。有一天,他来找我,说国民党当局要逼迫他们这些校长到台湾去，必要时可能要到你这里来躲躲。又过了两天，他又来说："我上次的顾虑是多余的，现在他们自己也走不了，当然就不会再来逼迫我们了。"这时，大批的物资和准备逃亡的人都云集吴淞口，运输船只也有限，所以竟有许多想走的人走不了。又过了两天，我忽然接到之卓兄从徐家汇学校打来的电话，说："老方啊，我先解放了。"到了第二天早上，我们就看见马路上都是解放军。居民纷纷拿着茶水去欢迎他们，请他们到家里，但是谁也不肯去。我从来也没见过这样和蔼可亲的军队，这一天应当是1949年的5月25日。但是，苏州河以北还有一些国民党军队在负隅顽抗，两天之后才全部肃清。

我们不久也回到学校，这才听说在我们离开学校的当晚，即有国民党的军警到校捕人。在教师中他们想抓工学院院长李国豪先生，却抓错了人，将一位外语老师李懋祥押到操场，幸而夏坚白校长及时赶到，证明他不是李国豪而被释放。当天，李国豪可能有事进城，而幸免此难。这些特务把抓到的30多位学生押到市区关了起来，后来因为解放军的进展神速，那些特务头子都纷纷逃去，看管的人也自想脱身，竟把上级要他处决这些囚犯的命令当众烧了，这30多位学生也得以生还，这也是不幸中的大幸了。到了6月20左右，国民党飞机不时到上海上空骚扰，有时还掷下炸弹，使一些市民遭受损失。有一次竟把上海电力公司的发电厂炸毁了，于是全市只靠原法国租界的一个小电厂发电供应。全市的工厂大部分都因此停工，工人生活十分困难。他们只能把厂里发的制成品，如铝锅等物资摆地摊出卖，而居民每户也只能靠一盏五瓦的电灯取明。后来，就听见传说苏联的飞机到上海支援。此事最早是夏儿告诉我的，他在同济附中，在学校的楼上可以看到江湾飞机场飞机起落的情况。我们也在马路上看见一些苏联工人在沿路布置电线。后来，有一天报上登载了国民党飞机被击落的消息，并要求市民搜索那个跳伞的飞行员。

　　我总惦记我们在南京的房子。因为临行时仓卒，只带了几件随身行李，其余的东西及家具等都交给原房主姚老太太的老家人老丁照管，并说留下的一些米、面、煤和煤油等送给他。这次回去，看见房里的东西都已搬走，只剩了些破烂家具和床板等。我去找老丁，他对我还是很客气，但是他的儿子和几个年轻人都竖眉瞪眼，也不理睬我。我不得要领，只好空手而回，也打算住几天后即回上海。哪知有一个晚上，已经到了11点钟左右，忽然听见有人敲门。我出去开门一看，是一位解放军军官，后面还站着一位带长枪的护兵。我吓了一跳，不知出了什么事。问他找什么人，他说找方俊。我说："我就是。"他又说："我是黎韦，是杨雪宝叫我来的。我问到地质调查所，才知道你住在这里。"我把他请到卧室，明士已经躲到厕所去了。我问他与雪宝的关系，他说："她是我的女人。"原来是明士日夜思念的八妹的丈夫，我就找她来相见。我们留黎韦住下，就在小房里搭两张板床，好在是在夏天，拼凑些被单将就过了一夜。第二天早上他说要出去看看，我们请他务必回来吃饭。我与明士商量，新亲来了似乎应当好好请他，但是又怕他觉得我们还是过着资产阶级的奢侈生活。最后，决定可买两三斤肉和一条鱼，可千万不能买鸡。他们回来，我也知道应该把他的那位护兵同志也请在桌上一起吃饭。我和明士都很仔细地听黎同志讲。他讲得很多，大致是一些作战的问题，后来又谈到党和毛主席重视科学和科学人才。他看我桌上有一本从地摊上买来的列宁的《进一步　退两步》，他说："你现在还不要看此书，最好是去买一本《联共党史》好好读读。"我当时觉得我又不是共产党员，为什么要读此书。他又从我的书架上翻到一本"重力学"的讲义，就说你应该把此书寄给徐特立老先生，他是提倡科学的，并在此书封面后写上徐特立和他的通讯地址。

当然，我也不敢这样做。自己是个普通老百姓，怎么可以随便与党的高级领导去拉关系。他又看到我房里的家具都是破落不堪的，就问我为什么弄成这个样子。我心直口快，把前两天到丁家去碰钉子的事说了，明士急得什么似的，就说："现在是穷人翻身的时候，你说这些做什么。"黎韦就说："不对，不对。穷人是要翻身，但是不是这样翻法，我们不能奖励流氓行为。"就拉着我与明士到后院丁家去。他们看见一位解放军来了，都出来迎接。黎韦只讲了一句："方家的东西最好还是送还给他们。"他们却是十分客气，对于我们也不像前两天那样竖眉瞪眼了，立刻将我们的家具送了回来，真是"世态炎凉"，"人情逐高低"。这桩事对于我们也是一个教育，深深感到共产党做事都是入情入理的。

他们二人在我那里住了3天，这3天可说是我解放之后的启蒙时期。他回去之后，每隔两三天总要来看我们。那时他住在山西路，离我甚远。我问他是怎么来的，他说"三轮车"。我与明士也是吓一跳，问他："我们都不敢坐，你怎么可以坐？"他笑了，说："城市交通没有搞起来，市民来往靠什么。工厂没有办好，大部分劳动人员靠什么生活。现在他们可以靠踩三轮得些收入，又便利了城市的交通，又有何不可。"这种浅显的道理我们当时就是不懂，要适应新社会，我必须从头学起。

到了规划会议结束之日，我们在怀仁堂参加一个鸡尾酒宴。竺副院长陪着周恩来总理走到我们面前，竺介绍说"这是方俊同志"，总理立刻说："对，你是搞大地测量的，你不是要走吗？现在还是通过了。你要记住，凡是对国家建设有用的事情总是会得到尊重的。"

第4篇

从上海到南京再迁武汉

解放了,学习,学习,再学习

我们回到上海。此时学校尚未开课,夏校长就组织我们少数教师到南京路一个会堂去参加学习。我总是每个星期天坐着夏的吉普车前去参加。当然,开始时是很不习惯的,因为我历来是最怕开会的,认为这是浪费时间,但是到了此时也感到过去不关心政治也是不好的。其实,我与黎韦同志短短几天的接触,确实也认识到自己不知道的事情实在太多了,参加了这种学习使自己确是得益不少。参加学习的人大多是学术界的人士,有时也请了一两位党里的人来给我们作报告。有一次,我也被邀去听陈毅市长的报告。这些都对我早期的思想改造起了积极的作用。

此时,上海的经济情况还是十分困难的,因此华东教育部就考虑将同济大学迁出上海。医学院已开始行动,而在工学院却遇到很大的阻力,全校师生都坚决反对。于是,华东教育部副部长唐守愚来校作动员报告,说是迁校之事已经由三位主席，即华东的饶漱石、中南的邓子恢以及东北的高岗等批准，毛主席也点了头。我当时对于共产党有一种崇敬的心理，认为既然如此，似乎是以搬家为好。唐也谈到上海的经济困难，我也十分同意。那时决定医学院搬武汉，而工学院则搬到东北的大连。大概是教育部考虑到很多师生的反对，就同意组织一个代表团到东北去考察。代表团由12人组成，即团长沈体兰，他是华东教育部的副部长，是一位党外人士，另有教务长刘先志，工学院院长李国豪，测量系主任叶雪安，一位解放时的积极分子，当时是总务长的翟立林，还有助教王时类以及学生和工友代表。当时并没有我，后来叶雪安不知听了什么人的话，说东北是另一个世界，去了是回不来的，坚决不肯参加。此时，我是工学院的工会主席，很多师生都希望我也参加，所以部里就把我去补叶先生的缺。

我们12人坐了火车离开上海。此时，火车还没有卧铺，所乘的可能是一节二等车，所以很空，我们每个人都有座位。火车到了南京，我们就看见沈部长在站台上陪着一位首长在谈话，仔细一认，知道此人就是市长陈毅。我们只听见陈市长问："都是什么人？"沈说："大部分是同济大学的教授。"陈说："都来，都来。"就看见沈跳上车来，说："快去，陈市长请我们到他的车里去。"这是挂在列车最后的一节车厢，与其他车厢是隔断的，不到车站无法来往。我们到了那里，见车里已有了好几位客人，都是上海的有名资本家，如荣毅仁等等。陈市长高谈阔论，只听他一个人说话。他谈了一些解放战争的事，也对国民党的一些将领作些详论。例如，他说："王耀武要得！"也谈到王是怎样被俘的。原来他已经逃脱，装成一个农民，就是发现他在"出恭"之时所用草纸不是一般农民所有的，才发现了他。他又谈到上海被轰炸之后的困难情景，说那时他几乎晚上都为很多事务所困扰而不能休息。后来他说："果然，烟花三月下江南，苏联飞机来了。"苏联飞机之来是早有传说的，此时才从他口中得以证实。那时，中央已对一些干部的腐化有所警惕，但是还没有开展"三反五反"运动，他也针对这个问题讲了不少话。他说："一个国家的财政，取之于民，又用之于民，是用不完的，在乎你如何处理这个问题。"又说："贪污之事在任何社会都难免，问题是像我们这种人能行得正，就没有什么可怕的。"有人问他为什么不坐飞机到京，他说："飞机掉下来没有命！"我正在想他这样一个出生入死的人，怎么不敢坐飞机，后来他说了实话，说："我在上海几乎晚上休息的时间都没有，到北京开会总要思考一些问题吧。如果坐飞机，几小时就到了，一到北京人来人往也不得空闲，坐火车至少可有一天一夜空闲。"他请我吸好烟，又准备了很丰富的西餐请我们。到了济南，他还是谈兴正浓，但是我们却不得不告辞了，因为此时不走，就要在此过夜了。这是我第一次与党的高层领导的接触。后来，他又领导过我们的科研工作，所以我对他是很尊敬，也十分亲切的。

我们到了天津，买到火车票后，就由沈团长打电话到沈阳，告知我们的行期和车次。哪知到了沈阳竟没有人来接。于是又打电话，过了很久才来了迎接之人。据介绍知道为头的是教育委员会的主任车向忱先生，他是一位党外民主人士。他领我们到了一个旅馆，又同我们去见东北人民政府副主席林枫。在途中，车向忱曾经对沈体兰说："你们考虑是否迁往长春？"沈说："这怎么可以。迁往大连，他们都有很大意见。"我此时正在他们旁边，所以听得清清楚楚，觉得唐守愚副部长所作的报告，似乎他与东北方面早已商量好了，为什么此时又提出一个长春问题。晚上，林枫设宴招待我们，说了许多欢迎的话。过了一天，车主任就带领我们到了大连。当天，大连大学校长吕振羽欢宴我们，他是一位党内的历史学家。同座的还有工学院院长屈伯川先生，他从德国回来不久，是学造船的，一回国就到了解放区。我们了解到此时大连大学只有医学院和工学院两个学院。他们带我们参观了大连大学，也带我们去看了市容。吕校长、车向忱等说话都是很谨慎的，除了表示欢迎之意之外，其他事情都不多谈。屈伯川是党外人士①，又是一个科技专家，说话就比较随便。有一次，我们大家在一起座谈，他竟说："我不能理解上海三百万人口的城市，两个工科大学太多，大连只有五十万人口，有了一个工科大学还要加一个。"这种话是不能不引起我深思的。过了一天，他们又引我们去看他们准备的我们迁到后的校舍，是日本人留下的一个中学，那时已改为工农中学。我用步测去量了一下，觉得这幢房子也不过是上海五角场校舍中一幢的大小。后来，又引我们到海边去看他们所接收下来的一些别墅。我想这种房子哪是我们这些穷教授可能住得起的。如果几家合住一幢，则如何分配都成问题。于此可以看出他们对于此事毫无思想准备。我们回到了沈阳，住在旅馆，团长和李国豪等就草拟报告，要我们签字。我和刘教务长一看，文中所写与我们所看到的和听见的相差很大，我们就不肯签字，说是目前夏坚白校长正在北京开高等教育的会议，是否可以见到校长再商议报告的写法。当然，刘教务长是自始至终一直反对迁校，而我则是在上海之时是坚决拥护迁校的。那时，我总觉得共产党的政策应该是正确，同时也确实看到上海的困难情况，到了大连看到了实际情况，深深地感到自己是错了。

我们在沈阳住了两天。有一天，竺可桢先生忽然来看我。我过去从来也没有见过他，但是我知道他是有名的气象学家，尤其是看到报上所登载

---

① 屈伯川（1909—1997），四川泸县人，中央大学化学系毕业，1934 年赴德国留学，1938 年获得化学工程博士学位后回国，同年 10 月到陕甘宁边区工作，曾任延安自然科学院教育处长。为中共党员。

的浙大学生于子三的遇害，他竟能在那种白色恐怖十分严重的气氛下主持正义，声明于子三之死不是自杀，而是被暗害的，对他十分钦佩。但是，他此次来找我是为了什么事呢？尤其是所谈的都是关于大地测量学之事，这使我不免困惑了个时期。

我们到了北京，见到夏坚白校长。他向我们讲了此次高等教育会议之事，特别提到毛主席也去了，讲话虽短，但是十分重要的。他传达了毛主席的简短讲话，特别是主席说"在这种情况下，还是以暂时不改为好"。夏校长告诉我说："你暂时不能走，李四光副院长要找你谈话。"因此，我想起在去年刚解放之时，李先生由英国回来，我和夏校长去看他。我们又提到测量工作之事，特别认为大地测量学十分落后，必须加强研究和培养人才。我们说："你此次回来，政府肯定要重用你的，希望有机会时为建立这门学科说说话。"后来知道在科学院成立之时，他就建议在地理研究所中设立大地测量组，仿照以前的地理研究所一样，此事因遭到竺可桢副院长的反对而没有通过。到了1950年5月，李先生又在一次院务会议提出此问题，通过了。此时竺先生正在东北考察，知道了十分生气，所以他在沈阳找我所谈都是大地测量的问题。一个真正的科学家对于一些学科可能不甚了解，所以有一些偏见，但是当他理解了它的重要性时，他是会改变态度的。我理解他的心情，所以以后每与他谈话时，总是要谈这门学科。我这种努力后来竟起了不少作用。

我们代表团回到上海后，华东教育部曾召开一次会议，地点就在善钟路同济大学的礼堂，来了校中的一些师生，还有新闻记者。唐守愚副部长主持会议。刘先志教务长首先发难，他是坚决反对迁校的，所以说话十分激烈。接着我起来发言，我首先说我原来是坚决拥护迁校的，因为我信服共产党，觉得党的领导的决定是不会错的，同时我也确实看到上海的困难情景，但是到了大连之后发现自己是错了。我将在大连的所见所闻都讲了，最后我讲我是怎么会参加此次考察的，是全院的师生对我信任要我去的，所以我不能隐瞒我的错误。在结束之时，我提到了这次高教会议时毛主席所说的话，我说由此也可见毛主席的英明伟大。后来据说我此次的发言慷慨激烈，以至在几十年后仍有人记得此事。这就是在1989年夏，我因腿伤住在武汉一家医院的病房，主治医师，一个骨科专家黄其裳有天对我说，他当时刚毕业，也在礼堂听了我的发言。后来，同济工学院没有迁出上海。这当然是那次高教会议之后的结果，与我们的发言是不相干的。在旧社会中，我是不会做这种事的，也不敢在长官面前作此等放肆的言论，这说明我的思想是解放了。唐守愚后来对我是有些成见的，但是此时他却十分平静，最后他也承认对于东北的情况了解不够。这都是新旧社会大不相同之处。

不久，我接到南京地理研究所筹备会来信，要我去开会。当然，这信是通过夏校长转给我的。我到了南京，知道筹备会主任是竺可桢，委员有黄秉维、任美锷、周立三、徐近之、施雅风、刘恩兰及我等人。开完会我回到学校，挂着科学院的徽章，在校务委员会开会时被一位老先生（已忘记其名）看见了，他向夏校长提出责问，夏也未置可否。在旧社会中，一个大学教授如果在学年结束时未收到聘书，就说明他已被停聘，可以另找工作；又如聘书送来，你不接受，退了回去，也同样可以走，但在新社会中却有个组织纪律问题，这是我当时不了解的。

我离开了同济，搬到南京九华山的宿舍。在解放之前，有三个研究所即数学、物理和化学研究所在九华山。数学和物理两所的房子都已盖好，在北面，是一幢三层的楼房，物理所的房子比较大一些，在东边；而化学所的房子尚未修好就解放了，所以在西边该所地址上只有一个地基。地理所筹备处就占了北面那个三层楼房。此时，物理所尚有少数几个人在工作，如钱临照、陈宗器等。

我大约是 1950 年的 8 月初报到的。第一个到我组里来的是何鑫同志。他是同济测量系毕业的，1943 年分配到大地测量组，但是我到李庄时，他却到西康的工程单位去工作了。我对于这种不留恋城市生活而到边疆去创业的年轻人是很欣赏的。在解放初，他到了铁道兵团，后来听说成立大地测量组，他就来找我。第二个人是测量学校毕业的韩天芑同志。我在澄江镇讲学时他也听过我的课，这次是夏坚白通知他来找我的。另外两位是同济测量系的助教张海根和张善言，是我在离校之前曾与叶主任商妥调来的，但是他们却到秋后才来。还有一位女同志何煊，她是夏夫人林静庄的表妹，是夏先生一定要我用她的。她已结婚，不久夫婿亡故，留下一子，婆母又极封建，她处境甚坏。但是，此人后来却是一个很得力的人，人也很聪明，很多计算工作几乎是一学就会。此外，还有一位韩天芑的同学林明义。此时，连我在内也不过六七人。此时组中一无图书，又无仪器，所以工作搞不起来。院里给我们的指示是要多与一些工程机关联系，设法解决他们的问题，所以，我到科学院后第一个任务就是为黄河水利委员会测定潼关和绥远（现在的内蒙古）的托克托两个天文点，作为他们地形测量起始数据之用。我到地质调查所借了我过去所用的全套仪器，和何鑫同志一起到了潼关。黄委会派了一位周工程师在那里接待我们。我们在潼关工作了一个星期，就乘火车到北京。记得那天正是共和国成立纪念日的前一天，即 9 月 30 日，周工程师要求在北京玩两天再走，我认为我们是出来工作，工作未做就先玩似乎说不过去，所以当天就坐了京绥车出发。所乘之车与我们到大连时所乘的一样，都是座位，但是车里很空，除了我们三四人之外只有少数乘客。此时，我却遇见了我在崇德中学的校长凌贤扬，我与他分别已经27年了。我还认识他,因为他的左耳是残缺的。他早已不在学校,此时还为教会之事奔波。另外,水利部为了照顾我们派了一位高级人员即傅作义部长的私人秘书董先生陪同我们去归绥(现在的呼和浩特),因为董秘书原来是绥远(现在内蒙古)主席董其武的部下,对地方情况很熟悉。火车出了南口,过张家口,夜半时到了集宁。此处正是北纬41度以上,又值深夜,我们都冷得不堪。所幸铺盖卷就在身边,打开了取棉被御寒。而何鑫则在上车之时就发现椅子下面很空旷,将被子打开铺在地上睡觉,不想遇此大寒,腰部发生痉挛,以致行动都十分困难。我们到了归绥,住在一个客店里,一间大房内放三张木板床,我们三人就在此住下。而董秘书则因此处熟人很多,另找宿处了。晚饭之后,他却同了董其武主席来看我们,就同我坐在床上,与我们谈了很久。他所讲的主要是他起义之事。他说傅作义起义之后,做了人民政府的水利部长,他是知道的,但是究竟处境如何,却是谣言很多。后来,傅作义亲自来归绥,只带了两三位原来的随从,他就放心了。原来,傅作义在一次政协会上听到解放军向西北进军之事,就请求亲自到归绥去说服董其武将军起义。中央很不放心,要派一些部队保护他去,他说:"这样我就不好说服他了。"果然,董其武看见这种情况,就说"我决定了",立刻通电起义。他这次起义将蒋介石在西北布置的一些军队以及所有的物资都截断了,所以对解放西北是立了大功的。第二天,他又邀我们到省政府去赴宴,所以在此耽搁两天。我们到了黄河边的托克托县,在此又工作了十来天。我了解到此地的鲤鱼很鲜美,而且价钱又很便宜,我就要求周工程师不必为我准备什么好菜,每顿吃鱼就是了。黄河鲤鱼是自古闻名的,我过去也曾在开封吃过,但很难买到,此次我却可以饱尝此味了。我们回到北京,他们还要留我在那里玩玩,但是我却急于回宁。

我因家已迁到南京，似乎可以长住些时候，就将母亲接到我家。此时，我的四叔也在南京，住在湖南路。他有二女，即堂姊方于及三女方安，此外还有四个儿子，即开、仲达、同及陆，及一女弥。方于与二姊夫李丹都是留法的，都是音乐家。他们与我前面提到过的匀姊是留法同学。三妹安是史国纲的夫人，也是搞文艺的。庶出的五位此时只有仲达在身边。方弥虽在国内，但在上海。匀姊则自从解放之后戏剧学校解散，就失业了。她在我家里见到黎韦同志之后，即下决心参军去了，此时在济南八妹之处。八妹在此时期曾到南京来过一次，她已改名为云实。她对我说"你是不问政治的，一天到晚只考虑自己的科学研究问题，今后希望你靠拢党，依靠党，党会把你的事业搞上去"。后来，我确是向这个方向努力的，但是也是经过一个很长的，并且很痛苦的经历才得到实现。

转眼到了1951年。这年春季，大约在3月里，我由史国纲先生介绍加入了中国民主同盟，每个星期至少有一天要去学习。那时，民盟江苏省委主任是陈敏之同志，对我十分热情。同去学习的还有南京大学的一些教授，如李旭旦、高一涵等，科学院方面也有植物园的裴鉴和单人骅等。不久，我又被选为民盟江苏省委员，开会的机会更多了。民盟省委的专职委员除了陈敏之同志之外，还有周维训、李秉祥等人。我打听到我在同济任教时的几位毕业同学都在南京，他们都是1948年毕业的，名字都很相近，并且都是四川人，即吴仕洁、谢世杰和王士杰。此时，他们都参军了，在大石桥的一个军事单位工作。我去找他们，才知道这里原来是国民党测量局的一个图库，我过去为了领地图来过几次。经他们的介绍，去看了主任李旭之先生。那时正值午饭时刻，就添了一个客饭，在他那里吃了一顿。我在此遇见了胡明城同志。我在澄江镇讲学之时，他是测校助教，所以早就认识。他送我出来，我陪他走到家。他诉说："他们年轻人没有家累，参军是无所谓的。我已有家室,我走了叫家人如何活下去。"后来,他们都跟随"二野"西征,到四川去了。

这年的5月13日,我们的次子明儿出生。他是生在四牌楼医学院的。此时,我的兄弟俨的中学同学,也是十分要好的朋友,姜泗长医师正在这个医院工作。他是耳鼻喉科专家,就劝我把芊芊的扁桃腺割除,所以芊芊的扁桃腺是他亲自动手割去的。此时,夏儿闹着要参军,我和明士都不同意。但是自从明儿出生之后,夏儿总是说:"现在有了兄弟,我可以走了。"我们也并不在意。此时他在高中三年级学习。

不久,科学院就来了第一道命令,要我去参加"土改"。我把铺盖打好,准备随时出发。不到一个月,又来了第二道命令,要我立刻到北京参加"西藏科学考察团"。我就带了已经捆好的铺盖,同张善言及吴传钧二同志一起出发。后来发现此铺盖没有用,到京之后每人发给一个美国制的睡袋,这是从朝鲜战场上俘获的战利品。我们车过天津时,就听到解放西藏"十七条决议",这事应当是5月20日以后之事。我们到京之后,由统战部部长李维汉接待,住在招待所。知道科学院此次所派的人员有地质、气象、地理、林业以及历史语言的人员,有50人左右。进藏部队十八军派了一位姓陆的科长来接我们。我们的队长是刚从英国回国的地质学者、李四光先生的学生李璞,副队长则是一位前新四军的文艺工作者,此时是珠江电影制品厂的导演方徨同志。

我们在京的几天几乎每天都参加一些会,班禅额尔德尼也来。他在解放军进入青海之时,逃到了塔尔寺。朱德总司令派人去劝他,他同意投降,但是只向朱总司令投降,所以到北京仍怕有人要害死他。他平时不敢出来,开会之时也是跟在朱总司令后面,不敢稍离。此时,他才17岁。我们于6月10日离京。在京之时,我听说黎韦和八妹也在北京,我去看他们。他们住在旅馆里，行李铺盖都收拾好了，堆在堂屋里。我问他为什么，他们已决定调动工作，但到哪里还未最后确定。我又去看我三妹，她告诉我她最近从武汉回来，说见到金官（刘锡尧，后改名西尧，金官是小名），他现在是湖北省委秘书长。我抄了个电话号码。

我们从北京乘飞机到了汉口。我与西尧打电话，他叫我乘轮渡过江，他的车子在码头接我。我乘他的车子到了阅马场的红楼（现在是辛亥起义纪念馆），在他家住了两天。我与他自从1936年在东湖划船分别后，至今已是15年了。他此时已是党的高级领导干部了，三姨和姨夫也住在他那里。三姨十分惦念她的长子桂官（刘锡荣，后改名刘棫），说现在在成都财政所任秘书，要我过成都时务必去看他。

我们又乘飞机到重庆，然后又乘车到新津，由此乘卡车爬上二郎山。此山高达3200米，在过去一直是阻碍交通的山岭，在所唱的《歌唱二郎山》歌词里有：古树那荒草遍山野，巨石满山岗。羊肠小道那难行走，康藏交通被它那个挡……山岭十分陡峭，而公路则因急于通车也没有修好，所以汽车行驶十分困难。据说新买到的苏联卡车根本爬不上去，我们乘的美国道奇卡车还是从胡宗南部队那里俘获的，才能够勉强驶行，但也是十分费力的，经常需停下来休息一些时候。我们渐渐爬上高岭，只见道旁高山壁立，而云层又很低，宛如在空中行走。李白诗说"山从人面起，云傍马头生"，只有亲临其境的人才能体会这种诗情。汽车到了公路的最高处，不但司机是筋疲力尽，连汽车也似乎不能再行走了，不得不在此休息。我们在此向西眺望，只见一片云雾，下面的山岭田野都看不见，好像我们都在云层之上。汽车由此沿着公路，绕着高山向下行驶，最后到达大渡河岸，这里就是著名的泸定城。大渡河上此时已建起一座可行驶汽车的大铁索桥，在桥旁的立柱上挂着朱德总司令所写的一副对联"万里长征犹忆泸关险，三军远戍严防帝国侵"。当年的泸定桥则仍在此桥之旁。过了泸定桥，虽然公路还是绕着山坡蜿蜒而行，但是已经平缓得多了。我们总是天还不亮就吃些干粮上车，中午也很少休息，直到天黑，满天星斗，才到前方的兵站休息，真有点像诗中所说的"晓月过残垒，繁星宿故关"之意了。如此过了丹巴、道孚、炉霍等县。只要天晴，我总争取时间用仪器测一个天文点，这些数据后来都发表在《科学通报》之上。

我们到达甘孜那天的上午，正是司令员张国华从甘孜出发之时，我在南京时见到的那位同济毕业生吴仕洁是随从人员之一。他在名单上看到我的名字，就对张司令员说："这是我的老师，是同济大学的教授，年岁大了。"据说张司令员曾向后勤司令部的政委陈明义和参谋长贺雨农交待要照顾我的身体，所以，我到甘孜很受到一些特殊的待遇。例如，从飞机上丢下来的水果和香烟等都有我一份，开始时贺参谋长常常扶着我上下台阶等。其实那时我只有47岁，由于心脏比较健全，所以在此气压很低的高原地区尚能行走自如，而有几位年轻同志反不如我。

到了甘孜之后，我们才开始知道前进的道路是困难重重的。问题不在于旅行，因为虽然那时公路只修到离甘孜不远的雀儿山，但是还是可以骑马或步行前进，困难在于给养赶不上。那时，西藏人民的主要粮食是青稞粉所制成的糌粑，以及牦牛肉和乳制品及酥油等。他们总是在冬季将大批牦牛都杀了，将牛肉挂在地窖里晾干，如此竟可以保存一年不致腐烂。这当然是那些有钱人即土司、喇嘛和贵族之事，至于贫民也只有靠糌粑度日。那时，他们的生产量也很低，自己也不够吃。现在大军进去如何能供应得上，所以中央曾命令不准部队吃本地的粮食，于是一切供应都靠那条公路。这也只是对甘孜来说的，至于甘孜以西则全靠飞机空投。就是以甘孜来说，很多粮食以及一些干菜和肉类也要靠空投，所以有人为我们算过

随十八军进军西藏,与张国华司令员(右)
和中央人民政府代表张经武(左)合影

一个账,说那里的米价是12万元一斤。在这种情况之下,部队前进已经是困难重重了,对我们这些从未经过部队锻炼的知识分子更是难上加难之事。

据他们告诉我们,解放军解放藏北重镇昌都,把驻扎在那里的藏军第九代本(相当于师,但规模和装备远不如师)打垮,代本司令阿沛·阿旺晋美投降,还俘虏了一个英国特务福克司,以后的军事行动就十分顺利。

此时,张国华到北京去见毛主席,毛主席希望他学习班定远"八十回朝"。又问他有什么要求,张说希望派两位科学家去支援。主要是一位气象学家,因为那里气候无常,对行军影响很大。第二是一位地质学家,因为那里没有煤,藏人烧饭都是用干牛粪,驻甘孜的部队就用附近的大松林的树木烧饭、取暖。这个松林里都是十分珍贵的雪松,在内地每棵比较大的雪松都要卖到千余元,而在那里,一人合抱的雪松都被砍下来当柴烧,十分可惜。毛主席说:"是呀,科学家应当支援康藏。"科学院对此有些误解，就决定派一个50人左右的考察团前往。后勤司令部当时也没好好地研究就接受了，派了一位张科长到京迎接。此时，大批人员到达才体会到困难很大，所以就决定暂时不能前进，把我们都留在后勤司令部。

陈明义政委、贺雨农参谋长以及一些首长经常对我们作些报告，所谈的大致是入藏应注意的事项，以及这个农奴社会的情况。让我们去参观了一些展览会，都说明这里的人民过去所受三大领主——寺院、土司和贵族的压迫和残酷统治的悲惨情况。例如，我们看到一个蒙有人皮的鼓，这是从一个活人身上活活剥下来的皮做成的。又如，那里的女人都是蓬头披发，面上涂着黑油，因为他们认为长得漂亮的女人都是女妖，要把她们关在寺院里任人糟蹋。所以，贺雨农说："我们也只好睁一个眼，闭一个眼，只要不闹到我们头上，也不好管。"那时随军进藏的女同志虽然不涂脂抹粉，却是白白胖胖的。又说那些天上飞的秃鹫是他们的天菩萨，是吃死人的，是千万不能碰的。说是刚进藏时，有一位战士因为用枪打下一个秃鹫，中央为了执行民族政策，下令判处他死刑，部队也不得不挥泪将他处决。关于秃鹫吃死人，我已亲眼去看过。有一天晚上，一些寺院吹动喇叭，这些秃鹫就飞集在寺院周围，准备明朝去享受一顿美餐。早上，一个人用竹篓背着死人把他放在山脚下，群鹫围集，但此时尚不敢上来，此人便用刀割下些肉丢给它们，这些秃鹫才慢慢地走近，争相抢夺，很快就将尸体吃掉，留下一具尸骨。之后还须将它捣碎，和上糌粑散给秃鹫。据说必须将尸体吃得干干净净，此人才能进天堂，这就是所谓的"天葬"。还有水葬，就是将死尸丢入河中让鱼来吃，这只是处理夭折小孩的办法，所以那里的鱼是不能吃的。至于土葬，只是他们认为有罪之人才这样处理。只有很高级的上层人物，如活佛等才能进行火葬。这也说明那里木材是很贵重的。又谈到他们的男女关系十分混乱，往往一个男人可娶另一家的几

进藏区途中

个姐妹，或一个女儿可以同时招取另一家的几个兄弟为女婿。

我们也经常参加一些文艺晚会。他们有一个剧团，是从胡宗南那里接收过来的，一些年轻的演员大多数是过去沦陷区逃亡出来的孤儿，身世十分悲惨。而在反动军阀的统治下，特别是在所派来的一个十分凶恶而残酷的教师爷的管辖下，日子更是难过，所以戏一直演不好。自从划归十八军之后，经过几次运动才把那个教师爷斗倒，这些青年人的积极性也提高了，竟能演好几出京剧，也能演话剧，并且也写出了很有水平的剧本。这时，他们时常演出，我们都去观看。我们都坐在前面，当然是席地而坐。也有一些内地来的慰问剧团来表演，例如，我们曾看到一个"万能脚"———一位没有双手的残废女孩为我们表演，如将一个木盆拆开，又把它箍上等等。

但是我总感到"此处虽好，终不是了"。此时，进路不能，退又不可。我过去每次出差总带着很多书，此次我却以"到前方去锻炼，完成一个政治任务"来对待的，所以一本书都没带。但是，在北京临出发的前一天，我走过新华书店，却进去买了一本俄文文法，我此时就利用空闲时间学习俄文。我在北京编制申报地图之时为了要利用一份帝俄时期所测绘的东三省地图，曾学过一些俄文的文法和发音（我的老师是地质调查所一位年轻地质家罗庆隆的夫人，她姓朱，是袁复礼教授的姊妹。她们都是在哈尔滨上过学的，所以俄文都很好），所以此时开展我的新学习并没遇到很大的困难。于是，我就日夜努力学习俄文。

我们到了甘孜不久，就将全团分为几组。我与吴传钧、刘新务和张善言在同一组，另外有李连捷，是一位土壤学家，是我在地质调查所时期的好朋友。日本投降后，他到美国去了，大约前不久才回来。另一位是植物学家林镕，此人我过去不认得，此时却常见面。以上两人年纪与我不相上下。经常见面的还有历史所的三位年轻同志，即王忠，一位姓张的和一位女同志王仲。此外，还有一位新从美国回来的地理学家肖前椿。这些人后来也都分散了。有一天，张善言告诉我他发现了一个在李庄的"大夫第"王家的女同志也在这里参军。我们把她找来，谈了一些我们离开之后，特别是解放之后李庄的情况。据她说张家的那几位头面人物都已被抓起来了，此事与我后来所了解之事是相符的。因为我没有去参加土改，所里就派了一位年轻同志罗来兴去参加，他所到的地方就是李庄一带，后来告诉我张官周等人都被镇压了。

我接到家书，知道夏儿已由学校保送去参加空军。我在南京时，不让夏儿去参军，到此之后看到解放军的纪律和他们对地方建设，如修筑公路、建造飞机场等，觉得这是一所大学校，青年人可以得到很好的锻炼。我的思想已有了很大的转变，但是，父子之情总是不免有些留恋。李连捷兄来了，看我这种情况，就说"儿孙自有儿孙福，他们自有他们自己的道路"。同时，我又收到何鑫和张海根二同志的来信，他们互相指责，在我面前告状。这却使我十分担心，想不到我刚走几个月就搞成这种样子。此时归心似箭了。

我再一次向陈、贺两位领导同志提出希望早日出发，哪怕以三个月或更多的时间到达拉萨也可以。他们答应研究研究，不久就同意我们出发西行，为我们配备了四匹马和一些干粮干菜等，还派了四位战士保护我们。后来还是不放心，又派了四位测绘学校毕业的测量员同行，名义上是向我们学习，其实是帮助和保护我们的。此四人中，班长是李义和同志。后来知道那四个战士都是从胡宗南部队投降过来的，他们在解放军的集体领导下是比较守法的，此时脱离了部队，就不免故态复萌，变得很难管制了。也幸亏四位测量员，帮了我处理好一些问题。

我们第一站到了雀儿山。我们在山岭上搭帐蓬，看见满天星斗，我就说："将就搭起来就可以了，今晚决不会有雷雨。"此时，在我们对面坐着两个藏民。他们旅行根本不需带什么行李，他们的大袍既长又大，平时把索腰带拦腰一索，里面就是一个大仓库，所有旅行物资如糌粑、酥油、牛肉之类都放在里面。到了休息地，将索腰带松开，长袍摊开就是一个很好的睡袋。他们二人看到我们那种忙碌样子都在指指点点说笑，可能是在取笑我们。我们睡下不久，大约是夜里一二时，忽然狂风大雨，把我们的帐蓬吹散，里面衣被也被淋湿，甚是狼狈不堪。回头看那两位藏族同胞却仍然在那里谈笑风生。幸而这个风暴并不够大，不久又雨止天晴，满天星斗了。

我们抵达金沙江边的德格，住在一个女土司降央白姆的寨子里，此人一直是全国人民代表。我们住在她寨子的大厅里，她总是整天和一些人在对面楼上打麻将。我们住了一夜，第二天发现我们的一个大木箱被盗。后来，有人来告知发现此箱在离寨子不远的旷地上，里面衣物都没有动，只是把我们准备途中使用的400块银元偷了去。此时，德格的一个头人夏格刀登却在附近。此人是红军长征时被朱德同志俘虏去的德格头人，在解放区学习到一些共产党的政策，所以放回来后就在川军与藏人统治地区之间建立了一个民主政权，自以为是很进步的。此次解放军进藏他就大力支援,不但把自己的牦牛都拿出来支援进军的运输,还动员了其他头人如此做。我们去找他,他说:"你们这次失窃是内贼。如果是外贼,我三天之内准可破案。"这说明是土司的有意破坏。我检查我那架仪器(威尔特T3),发现度盘模糊,也疑心他们破坏。其实,后来检查却是因为高原气压太低,以致一些润滑油流入度盘上面,这只要打开一擦就无问题。但是,那时却不敢这样做,因为怕将内部污染了,并且工具也不够。

到了第三天,贺参谋视察路过德格,看见我们这种狼狈相,就要我们暂回甘孜,等候安排。我们回到甘孜不久,后勤司令部与北京联系,同意我们回去,我们就这样离开了甘孜。后勤司令部为我们安排车辆,还让李义和等同志送我们回川。我们到了打箭炉(康定),去拜见西康省主席天宝(藏名桑吉悦希)。那里有个小发电厂,但是用电之人极少,所以烧饭都可以用电炉。我写了两封信到成都,一封给我内弟望宝,另一封则与表弟刘锡荣,告以到成都之事。到了成都,也是由于穿了军服,不敢坐三轮车,公共汽车又不会坐,所以只能在住处等他们,竟未见来。我打听得财政厅离我住所很近,我就去看那位表弟。他此时是一个科长,我感到这样一个过去不好好学习的人,此时已成为党的干部,对共产党十分钦佩。但是,总觉得他有些官气,不像西尧那样平易近人。至于我的内弟则未见到。我先走一天,刘新务同志比我后一天动身,却见到他赶来。他十分后悔,说是接到信时正是有课,所以迟了一天,竟未能见到。

我们到了重庆,住在测量局的宿舍。他们请我们看戏并吃饭,十分热情。我抽空到了沙坪坝,此时中央大学已经搬回南京。我到重庆大学去看了一下,见到了同济大学的教务长谢苍蓠先生,此时他在重大教书。我们从重庆坐船回到南京,此时已是11月中旬了。不久,就知道副队长方徨以及很多队员都陆续回去,他们有些人已到了昌都。此次入藏的考察队只有12人到了拉萨。方徨给我一封信，并托人带给我八九听"三五牌"香烟和五张狐狸皮，说是昌都驻军的政委送给我的。狐狸皮是他亲自打猎抓到的狐狸，在藏请人作过处理，但是没有完全硝好的皮子。他在昌都一直等我去，但是我没有去成，才交给方徨带回。香烟其实是十听，方在途中已吸了一听，另一听也打开了。此时，正是人民志愿军回国代表到南京汇报，我就把八听烟都捐献。那五个狐狸皮也请人硝了，做了一件短大衣。

回来之后，就开展了一系列的政治运动，如"镇压反革命"、"三反五反"等。这些运动，我都必须认真对待。因为年岁大一点，在旧社会已经做过十几年工作，也做过大学教授，与国民党的上层人物如翁文灏、朱家骅都有关系，所以有些人对我的怀疑也是可以理解的。在"三反"运动开始之时，我也不能表白自己的清白。那时，我通过上海的华仪公司向国外订购仪器。华仪的主办人刘隽快是留学荷兰学习航测的学者，曾在同济大学做过教授，与我很要好。有一天，周立三先生向我说："有人揭发说你曾向华仪公司借过钱。"我当时还以为是一些少数的钱，如他们或者为我付过三轮车钱等，所以，我说我要好好想一想。周说："决不是这些小钱，而是说你向他们借过500万元（当时的币制，大约等于500元）。"我说这决不可能。但是，我当时却很紧张。我写了一个报告给科学院办事处学委会的主任王可风同志，请求他查明此事。我当时提出他们这笔钱是如何给我的，如果是汇来的，请把收据拿出来；托人转给我的，是何人转交，也请将此人姓名写出来；如果是当面给我的，则是在何时何地给我的。同时，我请求学委会调查我的经济情况。那时我在银行一个存款都没有，我每月只有100余万元（旧币，相当于100元）。王可风同志把我找了去，说："你不要紧张，我们对你是信任的，商人是唯恐天下不乱，经常混淆是非。我们要好好调查。"我请他务必将事情调查清楚，以免后患。

后来在"文化大革命"中也曾以此为题材对我侮辱，但是一查，竟是子虚乌有之事。可见我当时坚持要求彻底搞清楚此事还是对的。但是，当时的"三反"运动却搞得轰轰烈烈。当时，天津地区曾将两个高级领导干部刘青山和张子善枪毙了，这是轰动一时的。这说明新旧社会大不相同，也表明了中央的决心。在地理研究所里也有两人就以一些琐碎的事情受到牵连，其中一人就是大地组的张海根同志。他只是因为将一本书从旧书摊上买来，自己觉得无用，又卖给所里的图书馆。为了自己的面子始终不肯承认此事，因此引起群众的怀疑，后来竟作为一个大老虎来打斗，他居然承认到贪污990万元（990元）。当时主席的一次讲话中曾提到千万元就算大老虎，所以只承认990万元是争取作小老虎。还有一位是地理方面复照室的工作人员邰福祥。他可能是有些手脚不清，但是也不过是十几万至多几十万元之事，也承认贪污990万。这两人都作为大老虎批斗，还把他们押架到临时法庭去听审。共产党做事都是一切倚靠群众。群众一发动起来，当然不免有偏差，但是最后落实也决不会冤枉好人。

　　我此时常到北京。我每次到京，有两个地方是必须去的。一是民盟中央委员会；二是总参测绘局。此时，民盟中央主席是沈钧儒。他事情很忙，不大容易见到，与我交往较多的是萨空了同志，他在香港时与我的大妹菁是好朋友。据我大妹告诉我，他曾想把我拉到香港去。此事倒是大妹阻止了，因为她认为我是不问政治的，而且心直口快，恐怕因此引起麻烦而作罢。据萨空了告诉我，黄国璋是很想再来做地理所的所长的。他原是从前地理所的所长，而且是解放前三个地理界的巨头，即张其昀、胡焕庸及他三人。张已到了台湾，胡则因解放前与CC的关系被停聘了，此时在北京学习，而他则自以为与徐特立老先生的同乡关系到处吹嘘。民盟中有些人对他过去的所作所为是了解的，所以，当科学院向民盟中央征求意见时，他就如实反映了。但是，在我们开始建立筹备委员会之时，还有他的名字，虽然他从未参加过我们的会议。一直到了1953年前后，由于他在土改工作上的表现，地理学会就将他的理事名义撤销，并取消了他的会员资格。这是在一次筹委会上，竺可桢先生向我们宣布的。

我也要到总参测绘局去，一般总是陈宗器先生（此时他是科学院办公厅副主任）同我一起去，并是想与他们讨论一些合作的问题。此时，局长是蒲锡文。他在解放初期曾到上海，要我们参加他们的工作。那时在上海的人对东北都不甚了解，都不肯前往，他就在南京招了一些前国民党测量局所留下的技术人员回去，其中有做过国民党测量局副局长的刘述文等。后来，他们在苏联专家的协助下建立了一个军事测量的系统，也办了测绘学校，校长就是那位刘述文先生。此时，此局已搬到北京。我们去了，他总是用很好的香烟、水果和糖来招待我们，但是对于工作则一字不谈。蒲锡文这个人是好高骛远的，在建局过程中确是浪费惊人的。而他与总参的一些领导也相处不好。他自以为是过去跟从周恩来总理多年的人，也不服从领导，所以在"三反"中竟被开除党籍、军籍和公职，一直到1954年才得到平反。当然，他也脱离测绘局了。

在南京方面，虽然运动频繁，但是我们学习还是不断的。我遵照毛主席的指示努力学习俄文。我在新华书店买到一本俄文的《矿山测量仪器学》，我看了之后，觉得不但那时中国没有一本讨论测量仪器构造的课本，就是美、德文中也找不到这样讲解详细的书，我就试图把它翻译出来。这个工作在开初时是很苦的，因为那时我对于俄文的文法，特别是一些字尾的运用还不熟悉，所以往往一句话要经过反复推敲。此时，我每晚往往工作到夜里二三时。通过我的努力，竟在四五个月里将此书翻出，同时也使我的俄文阅读能力大大地提高了。此书是由人介绍给当时的煤炭工业部的出版社出版的，为此我竟得到了大约四千余元的稿费，这相当于我两三年的薪水。我还需为我的事业作宣传，如每次开筹委会我总要对竺院长讲些测量的问题，我也利用每逢值夜班的机会向施雅风同志宣传测绘工作和它的重要性。在开始时，我很多事都是困难的。人员不足，想要大学毕业生根本不可能，就是连一个高中毕业生也是经过斗争才要了来。那时，科学院接收了徐家汇观象台，将一个日本地球物理学家坪井忠二的一架摆仪给了我们，我与张善言二人将仪器修复，作了些试验。我急需一个练习生，准备培养他做些实验工作。此时，地球物理所所长赵九章告诉我，他曾考过几个高中毕业生，有一个名叫孙永庠的功课很好，但因名额已满不能召取，特意介绍给我。我就请求将此人留给大地测量组，院里竟不同意。我当时很生气，我说："我在同济教书，院里一定要我来搞科学研究，现在连要一个高中毕业生都如此为难，不如放我回去教书。"此话被施雅风同志听到，他就打电报到北京，才得到允许留下孙同志。后来，我让他考上新成立的测绘学院，毕业后一直在我们的天文台工作。

当时，地理研究所有三个研究组，即地理组，主任是周立三；二是大地测量组；第三是制图组，主任是曾世英。第三组由于组里人员的不和，几年来也未能做出成绩，"三反"之后就自动撤销了，曾先生也离开了地理所。相反地，大地组此时竟渐有起色。1952年，组里来了三位转业军人，即张赤军、施正范和顾明兰。暑假后，又分配来同济大学测量系的专科毕业生刘祖惠和韩广英（女）等。人多了，事业当

方俊、杨明士夫妇于1955年1月合影

然可以开展，但是人事关系也复杂起来。我急需一位党员来组，老实说，我希望有党员是抱有私心的。我看到地理组周立三在施雅风、李文彦等党员的协助下，确与院里和地方上的关系搞得很好。后来，居然分配来了一位学地理的党员同志，即黄坚。他来了之后，竟出乎我意料之外，他不但与很多年青同志团结得很好，大家对他都十分信服，同时也经常把群众的一些意见告诉我，使我可以比较正确地对待和处理问题。他在大地组中威信是很高的，以致后来在分家之时为了争取黄坚同志而引起一场风波，但此是后话。

此时，新华书店为我们订购到一套德国的测量杂志，哪知竟被总参测绘局买了去。后来，他们知道是我们订购的，曾来信道歉，并答应为我们另订一套。记得这套测量杂志竟需三千余元，比上次的定价加了一倍多，可见有些东西都被我们买贵了，这套书后来也未起什么作用。在另一方面，我们在无意之中得到一台测量重力之用的四摆仪。这是一个私商进口的，他打听到这是可作探矿之用的（其实是误会），运回国后竟卖不出去。陈宗器先生听到此事，知道是我们有用的东西，即把它定下，通知我去购买。我得到它，如获至宝，立刻组织人员在京沪、沪杭线上，进行重力测量。我带领着刘祖惠、张赤军、顾明兰等人，一方面训练人员，一方面工作，测了十几个点。不久，测绘局也到了一台同样的仪器（阿斯干尼亚厂的四摆仪）。他们派了田成、史新华等四位测校的毕业生带了这台仪器到南京，于是，我们就有两队人员在津浦、北宁等线上测量。这是我国开展普遍重力测量的嚆矢。不久之后，我们又得到另一台重要仪器，这就是可以作精密天文测量之用的威尔特四分经纬仪T4。这是我在唐山大学时的同班同学罗河兄所订购的，他曾在英国学过天文，此时他是唐校的教务长。他出于自己的爱好，订了这个仪器，"三反"之时受到了批评，说是浪费。他将此事告诉我，我们就把这台仪器买下来，由韩天芑同志在南京设台进行天文观测。后来，我们在武汉建立天文台进行时间观测，这台仪器起了很重要的作用。

我们此时仍与一些工程单位进行合作。我经常参加黄河水利委员会的会议，此外，我们也与治淮委员会协作。此时，他们主持测量工作的一位工程师就是那时的大地测量组的助理员唐徐佐同志。我们商量后，决定沿淮河建立一个二等三角锁。但是，我对此事却十分外行，我不得不到苏州工业学校去请一位过去曾参加过这种测量的夏嘉贞先生。我们与治淮会共同组织了一个测量队，在夏先生的指导下进行测量。作为对苏州市和夏先生为我们解决困难的报答，我们派人协助苏州市的建设局在该市测量了一个城三角网，我也到苏州去住了几天。苏州是我小时候就学的地方，前后住过八年，所以对苏州是有深厚的感情的。他们派了吉普，让我重游旧地。那时，虎丘塔正在修理，未得上去，也到过过去从未去过的地方，例如，他们引我去看了据说是苏东坡手植的四棵松树，他们把它们取名"希、奇、古、怪"。我又一次见到李海观先生。他在解放前曾一度十分穷困，但是此时却因他所写的一本《测量学》十分畅销，每季度都有几百元的稿费，经济就宽裕了。但是，他与夫人不和，竟把所有的钱交给一个酒店老板，每天到店吃喝，真正有些"太白遗风"了。可是酒店老板哪会有好心眼的，连骗带哄，把他的一些存款都骗了去，他也因此潦倒而亡。

我们开始创办《测量通报》，由何鑫同志主持，韩广英协助，后来又请来了一位文墨较好的方佩竹同志。此刊物的目的是宣传测量事业，普及测量知识，也刊登一些论文。此时，我深感人手短缺，特别是高级科技人员太少了。夏坚白校长曾要我去聘请董钟琳先生，此人是与夏坚白、陈永龄、王之卓先生三人一起同时考取中英庚款赴英学习测量的。到英之后，知道英国的测量教育十分落后，夏、陈、王三人就转到德国学习，而董则赴美学习，回国后在复旦大学教书。解放之后，他被调到南京大学地质系。我只听说此人甚怪，但不知怪到什么程度。我接到夏先生的信就去拜望他。我把我的来意说明，他也未置可否。我听说他在美国盖瑟斯堡（Gaithersburg）国际纬度站工作过，所以认为他可能对天文有兴趣，就请他参观我们临时建立的一个天文观测台，并请韩天芑同志好好接待他，并向他请教和学习。但是，我发现他决不肯来，而又对南京大学十分不满，坚决要求调动工作。其实，他想到同济任教，而认为夏校长不让他去，所以对夏攻击地不遗余力。此事闹到教育部，夏不得已派了纪增爵先生前去疏通，并把他请到学校。他不久寄来一篇文章，是关于平差问题的。我请叶雪安先生看了，说是不能发表。我又请陈永龄先生看了，也未置可否。我为了尊重他，发表了。不久，我们就读到党诵诗同志的文章，批驳他的观点，经过审查之后也发表了。这样就惹出篓子来了。他见了这篇文章，就来信大骂，并要我们把此信发表。我们给他回信，对他还是很客气，希望他再据理反驳，谩骂是不解决问题的，但是他仍不断来信谩骂。后来，他寄来另一篇文章，叶雪安、陈永龄等都不同意发表，认为他的立论是不成立的。一直过了几年之后，那时我们已迁到武汉，忽然看见他的文章在武汉大学校刊上发表，下面注脚写着李国平教授推荐。此时，我与李经常见面，我就告诉他董的文章有问题，并将党诵诗批驳之事告诉他。他说："党诵诗是我的学生。"我说："这就好了，董一直怀疑党诵诗是我们所伪造之人。"我把党的文章给他，请他好好看一下。次日，我又见到李，我问他如何，他说："党的意见是对的。"我说："董是错了。"他竟说董也是对的。这怎么可能呢？后来，测绘学会还为这篇文章组织了一些专家进行讨论，使是非更加清楚了。

科学院在南京的研究所，除了新成立的地理研究所外，还有地质古生物研究所，所址在鸡鸣寺，所长是斯行健先生，有赵金科、王钰等研究员；还有在紫金山的天文台，台长是张钰哲先生，副台长陈遵妫先生则在"三反"之后调到北京天文馆去了；又有一个植物园，主任是裴鉴先生，研究员有单人骅等；还有一个新从地质调查所分出来的土壤研究所，所长是马溶之先生，有研究员李庆逵、席承藩等等。南京办事处的主任是周柱臣先生。他在解放初期处境十分困难，尹赞勋等人组织了一个地质委员会①，把原调查所的领导如李春昱，周柱臣等都架空了。华东办事处主任李亚农先生想把周先生调到科学院，周先生还不肯来。李知道我与周很要好，就来找我去劝说。后来，周也同意了。我知道他吃不惯宿舍里的伙食，所以每个星期总请他来吃饭。他也经常到中央商场去买些熟食和酒之类，带来共享。

此时，又开展了思想改造运动。我们这些年岁大一点的人都是重点，斯行健、张钰哲、赵金科等都比我大，还有地理所的徐近之先生则更是一些党员和年轻人攻击的对象。地理所还有一位怪人，即罗开富先生。他在解放前从美国回来，总是来我家要我们给他介绍女朋友。明士却十分热心，为他介绍了一位叫蔡太太的妇女。两人谈得很好，但是不久，他又翻悔了，把人家甩掉，使我们十分为难。后来知道他在湖南家乡是有妻子的，由于父命难违，不敢提出离婚，但又不甘寂寞。我当时觉得自己在旧社会中还是清白的，所检查的都是鸡毛蒜皮之事，当然是不能使群众满意的。后来想到在解放之后，我却犯了两个错误，也就是当了许多新闻记者的面批评唐守愚副部长之事，以及没有经过正式批准就离开了同济。这两

---

① 应指"地质工作计划指导委员会"，李四光为主任委员，尹赞勋和谢家荣为副主任委员。

件事有事实，有认识，并且是在解放之后之事，于是检讨得以通过。《新华日报》将我这篇检讨要了去，哪知第二天报上登出来的文章中竟将我认为最得意的两段文字挖掉，剩下的就空洞无物了，我觉得十分奇怪。有一天，同济大学的一个助教来看我，我告诉他此事。他说："你怎么可以承认这个错误，华东教育部确曾派人来校查过，说是有一个以方俊为首的反对迁校集团，后来竟是什么也没有查到，竟是捕风捉影之事。实际是他们自己犯了错误，把一些没有与东北谈好之事当作既定事实向师生作了报告。"

不久，就进行了评薪评级，把我定为三级研究员，并以我为标准将李善邦、傅承义等也定为三级。他们竟大为恼火，说"怎么可以与方俊同级"。院中不得已，为他们各提升了一级。但是，我觉得这对我还是高了些。我应当为党和人民尽力多做些工作，然后再看是否与这个三级研究员相称。

渐入佳境

转眼到了1954年。有一天，我到一个会场去听报告，将近中午之时方才散会。我走回九华山，刚刚走过市委大楼（过去的考试院），忽然看见所里来人，要我到市委去。我说："我刚刚听了报告回来，已经12点了，怎么又要开会？"那人说："我也不知道为什么要你到市委去。"我走进市委大门，只见有十几人在那里不知在等什么。陈毅同志也在那里，绕着荷花池散步，口里说"我不作报告"，好像是回答别人的问话。我看见周柱臣站在大楼前，我就走去与他相见，他偷偷地告诉我说："毛主席要见你们。"不久,听见飞机声音。又过了一会,一辆汽车驶进市委,毛主席从车上下来,与大家挥手打招呼。一位同志引着主席与各人相见,到了我的前面,此人说:"这是一位科学家,方俊同志。"主席握了我的手,说:"是呀,没有科学办不了事。"这是我第一次与毛主席见面。他转了一圈之后就上车走了。这是我一生最大的光荣。

在此之前,地理所的事情掌握在周立三和几位年轻党员的手中。到了1954年,派来了从部队转业的李秉枢同志。他当时是大校,还带来了一位助手,即李为祥同志。初来之时,连党内文件都看不到,但是不久就将这种局面扭转过来。特别是他来了之后,我的处境竟大为改善,开始可以看到一些文件。两李也常常与我谈一些问题,我也不时将我所为之奋斗的事业向他们介绍。此时,我还要到北京去参加会议和联系工作。那时到了北京不像现在总是住在高级宾馆,而是住在科学院的招待所。我记得住得最多的是崇文门内的木厂胡同,那里的服务员老杜与我也十分亲热。我还常到明士的姨夫戴公使(戴陈霖,字雨农)家,他们夫妇都是很和蔼的人,姨母还是明士的干娘。我也到洋溢胡同去看我们从前的老房东胡愚若先生。他过去思想很开明,并且是一位十分爱国的学者,所以我很佩服他。但是解放之后,却变得十分悲观,凡事都看不入眼。我理解他的心情,因为北大的教授被停聘了。胡太太却是街道的一个积极分子。此时,我的母亲又回到北京。二妹辇此时已与邓光同志结婚,邓是周恩来总理外事工作处的一个成员,所以他家一直住在中南海内,母亲也住在那里。我每次去看母亲总要预先约好,他们派人到北门来接,才得进去,很不方便。此时,我见到辇妹、烨妹、邓光和许京骐等,他们都向我提出希望我申请入党之事。我认为像我这样的旧社会过来的知识分子都"千疮百孔,一无是处"的,怎么能有此奢望。他们却批评了我,要我创造条件。

在北京之时,有一天,我在同济的一位毕业生谢世杰同志同总参测绘局的副局长鲁突同志来看我,并把我带到局里,与他们的苏联总顾问见面。我向他介绍了我们过去的测绘科学的研究情况,并告诉他同济大学的测量系培养了不少人才,此外还有一个大地测量组。在此之前,他是一无所知的,此时才了解到中国的测绘科学研究并不是他所想象的那样落后。此时,该局局长是陈外欧同志,他是一位少将,我那时尚未与他见面。副局长鲁突则从此次见面之后,就经常有交往。还有一位处长白敏同志,也是后来很熟悉,并且与我们合作得很好之人。例如,我们的韩天芑同志与谢世杰同志一起为他们测定一等天文点,又如田成等同志与我们一起用四摆仪测量重力等。不久,白敏同志又将总顾问带来的一本《大地测量仪器学》交给我,要我翻译。这本书是苏联测绘研究所的测量仪器专家耶利谢也夫(Елцсеев)所著,比我上次所译的那本古塞夫(Н. А. Гусев)所著的《矿山与大地测量仪器学》又精确和详细得多了。我又为此花了几个月的时间。后来在科学出版社出版,可是这次稿费却甚少,因为出版时已在50年代末,我们已搬到武汉,一切稿费都是汇到所里,都被一位处长处理去了,说是交公,真是天晓得。

我为黄河水利委员会之事到了开封。那时该会尚在开封,主任委员是王化云同志。这次会议主要是为了与苏联专家合作修建三门峡水

1953年9月12日去空军部队探视方夏时父子合照于开封市

库之事，为此要对那个地区的地图作些审查。会后，我曾为此事在北京六部坑石油部的一个宿舍里住了一个多月。我到开封的另一个目的是去探望夏儿。他这时在开封的伞兵部队，但是并不是伞兵，而是被分配为文化教员，教士兵读书。在开封初时，总教不好，战士纷纷提出意见。一些同时分配去的教员都闹情绪，要求另行分配工作。而他则向指导员反映，说以他的程度教战士是应当不成问题的，教不好，肯定是方法不对头。指导员对他这番话十分欣赏，就与他一起研究教学方法问题，因之立了功，还得到奖状。可见，此儿竟是大有父风，对事不对人，不怨天尤人。记得那天天不亮火车就到开封，我是先到夏儿部队的招待所去报到的，他们把我送到一个客店，把我带的行李打开铺在一个大炕之上。旁边睡着一个也是来探亲之人，他从梦中醒来，就叫"儿啊"。我说："我不是你的儿，是来看我的儿子的。"他又睡着了。天亮之后，夏儿来了，他同我到部队去。指导员见到我，把我揿上揿下，口里还说："我总以为方夏的父亲是位老先生，哪知这样年轻。"我那时50岁，但是身体很好。午饭时，他们为我准备了14个小碟子。我哪吃得了这许多，所以只留了两个，其余的让夏儿为我送回去。我看见招待所中开饭都是大鱼大肉，让探亲的家属吃饱。

这年10月，我随总参测绘局所组织的测绘代表团赴波兰华沙，参加那里举行的"苏新国家测绘会议"。这是苏联与东欧各国——波兰、捷克斯洛伐克、匈牙利、罗马尼亚、保加利亚、东德和阿尔巴尼亚等国所组织的测绘会议，目的是要把苏联与东欧各国的大地测量联成一体。所以，我当时的想法是西欧各国的大地测量都是用美国海福特椭球体为基础的，而苏联是以克拉索夫斯基椭球体为基础，现在把东欧各国也统一进去，就形成了海福特—克拉索夫斯基的对立。我们所参加的是第二次会议，此时又把中国、蒙古共和国、朝鲜和越南拉了进去。我们代表团的团长是鲁突，团员有刘良、张国器以及李旭之，还有水利部的一个科长薛嵩，城建部的一位姓曾的工程师，加两位翻译一共10人。那位薛嵩先生是一个年轻的党员，少不更事，我为黄委会之事曾与他打过交道，知道此人是蛮不讲理的，此时他被指定为会计。我们乘飞机到了伊尔库茨克，然后又换机西行。到了莫斯科，我们住到一个旅馆里等候。在吃中饭时，我曾提醒薛会计，请他注意我们临行时外交部派来的干部所谈出国须知的一些问题。如"要尊重他们的习惯。例如，住旅馆和到餐厅吃饭都要付小费，但不能太多，也就是百分之十左右"。我说："不要忘了付款要付小费。"他竟把我训斥了一顿，说"你不要侮辱苏联劳动人民，在我们中国都不要小费"等等。我也不便多说。这次饭食一共是九百几十卢布，他给了餐室主任1000卢布。这位主任拿着单据回来，站着不走，意思似乎希望还可多得些外快。这位薛公此时竟板着脸对翻译说，还有几十卢布怎么不找回来，翻译将此话对主任说了，他不得已只得从口袋拿出应找之钱，悻悻而去。到了晚饭时间，我们到了餐厅，坐了很久也没有人来理我们，餐厅主任在我们餐桌旁走来走去，视若无事。这下，这位会计毛了，他请鲁团长带了翻译去交涉，才勉强来开了菜单吃了晚饭。此时，薛公却接受了教训，给了很多小费，并且以后越给越多。甚至到了波兰之后，一切旅馆住宿费和伙食费都是波兰测绘局代为付费款，他还给了不少小费，我也不再管这种闲事。后来，在我们离开苏联回国之时，大使派了一位同志到车站送行，就提到给小费问题，说是有个代表团因为任意乱付小费受到外交部的批评，可能我们的乱付小费，大使馆是略有所闻的。这位薛会计还疑心是我去反映的，真是"嘴上无毛，做事不牢"。

不日，我们来到华沙，参加了会议。苏联代表团是最大的一个，团长是国家测绘局局长巴朗诺夫（Баранов），是一位涵洞专家，他在建筑地下铁道时立了大功，又写了一本《隧道学》，由此获得斯大林奖金。副团长库德拉采夫（КчАрацев）是位中将。他们都是会议中最活跃之人，我们这些小人物，只是恭听。我在此结识了苏联测绘学院的伊索托夫教授（Цэотов），保加利亚大地测量学家赫列斯岁夫（Hristou）以及东德的测量工程师查普（Zappe），后者还为我们的刊物写过文章。我们参观了他们的测绘局，我特别注意他们绘图工作的设施和工作方法。我们去参观了"华沙一条街"，这是当年希特勒禁闭犹太人的地方。我出国之前就看过波兰影片《波兰一条街》，在这个小小的住宅区竟禁闭了好几万人，死了很多人，真是惨绝人寰。此时，内部还未修缮好，原来隔离的铁丝网也未拆除，我们只能在外面瞭望。他们又带我们去访问了古都克拉科夫。这是一座宗教城市，那里的宗教势力很大，尤其是当苏军进攻华沙之时，斯大林忽出奇兵，很快占领了这座城市，把希特勒的军队消灭了，这样就更使当地人民对宗教的信仰加重了。例如，我那天走到一个教堂，没有把头上戴着的宽边呢帽取下，一位老太太走到我面前十分虔诚地在胸口划十字，然后把我的帽子取下来。我又看到墙壁上的圣母像前鲜花是经年不断的。他们又带领我们到离此60千米的奥斯威辛，这是当年希特勒的杀人场。据介绍，在这里被处死的人竟达400万之多，大抵是将囚犯驱赶进一间房子，用毒瓦斯杀死的，还将人油炼制肥皂，称为RIF（犹太人肥皂）。我们看到光是从囚犯头上剪下来的头发就堆了半间房间，脱下来的鞋子就有1600万双。我们又去参观了一个已经废弃的煤矿。此矿有四层，每层都有一个教堂，可见当地宗教势力之盛。

会议结束，我们又回到莫斯科，仍旧住在那个红场附近的旅馆。我们被邀请去参加苏联十月革命节的观礼。在此之前，我们到列宁墓去瞻仰列宁和斯大林的遗容，我们在附近的一个公园门口排队，走了近一小时才慢慢到墓口。我们从左侧的门进去，走下一个台阶，就见到列宁的水晶棺材。转一个弯，走到两个水晶棺之前，就看到他们的全体，然后由右侧的台阶走出陵墓。他们又招待我们看了立体电影。苏联的立体电影与我们过去看到的是不同的，不需要带红绿眼镜或偏极光眼镜，立体效应是通过在屏幕上的设施来实现的，这是苏联科学界引以自豪的一个创造。我们也去参观了苏联的测绘局。我自己还到了测绘研究所，通过伊索托夫会见了莫洛金斯基的学生叶里梅也夫和尤金娜（Хоркина）夫妇。我本想见一见莫洛金斯基，但是据说他最怕会客，连那个所长也不愿意做，也就作罢了。后来我经常与叶、尤二人通信，借此得到莫氏研究的新成果。我也到了测绘出版社，买了几本书。

到了 10 月 7 日，我们排队进入红场，在此观看游行的队伍。我们看到许多载着新武器的车队，这种展览几乎历时一小时，这是苏联向一些帝国主义者显示实力的大场面。整个游行前后共历四小时，但是，不久路上却行人稀少，原来他们都乘地下铁分散到各地了。

我们又去访问了列宁格勒。这都是苏联测绘局所安排的。我们参观了斯莫尔尼宫，这是 1917 年 11 月 4 日列宁指挥十月革命的地方。又到了冬宫，当年资产阶级政府的官员在此顽抗，在涅瓦河外停靠的阿莫乐号巡洋舰炮轰冬宫，迫使他不得不投降。我特别欣赏涅瓦河口的那个大桥，桥头的两对雄壮大马使人难忘。

我们回到莫斯科，仍旧住在那个旅馆里，准备候车回国。此时，翻译同志忽然来报告，说发现了从美国回国的中国人，团长鲁突就派我去联系，说这些人肯定是从美国回国的科学家，我去比较合适。我去看他们，原来是吴仲华及夫人李敏华，他们带着两个男孩。他们谈到回国的经过，说从美国出来时根本不敢说回国，只是以到欧洲游历为借口。到了瑞士，就到我国驻瑞的使馆请求回国,使馆说"我们向国内反映,你暂时在欧洲旅游,可能要个把月"。因为当时的一些保密讯息都要靠信使,后来他得到使馆的通知,欢迎他们回国,这才来到莫斯科。他们争取与我们同行,买了同一车次的车票。但是,我们的回程是波兰测绘局请客,不但旅食费用都由他们预付,并且所乘的是头等车厢,也就是软卧。不过,每个房间只有两个人,而两个房间之间有一个淋浴间,与他们的车厢相隔较远。在车中十分寂寞,沿途村落甚少,只见一片白雪。只有到了大的车站,才见到有些人到车上出售从莫斯科带来的食品,如伏特加酒、香肠之类。火车驶行六七日才到了中苏边界上苏联的最后一站奥德堡,在这里要停车四小时,因为苏联的路轨比中国的要宽 10 厘米左右,在此要将火车下的轮轴换用适合中国轨道的轮轴。此时,吴仲华的两个儿子来找我,说他们父亲病了,母亲则到站去办理签照和换钱去了。我去看吴先生,他说肚子痛得不能起床。我与翻译去找列车长,列车长到奥德堡车站找来医生,说可能是盲肠炎,要他住医院,他又不肯,好在打针服药略微好些。李敏华也主张争取过界,回国再说。到了满洲里,只见外交部派来接吴仲华之人也来了,市里的医院也派了医生来,这可能是列车长通知他们的。此时,吴仲华与李敏华十分感动,李对我说:"没想到政府对他们之事如此重视,更没有想到这样一个边境的小站有这样大的医院。"他们此时就暂时留在满洲里。

我们继续前进,又过了一天多,我们代表团回到北京。测绘局来人接我们,我是第一次见到陈外欧局长,到局时间已经很晚,但是局中还是为我们准备了晚餐。陈局长对鲁突团长讲起部队要从供给制改变成薪给制,他说:"可能白敏同志要困难了,他的儿女太多。"第二天早晨,局中派车将我送到科学院。隔夜曾经大雪,此时虽已停止,但路甚难行,路上几乎出事。胡明城同志搭我车同行，他要到城南一个医院去看他患病的儿子，此子竟因此次之病成为残废，成为神志不清之人。我到科学院汇报之后，即住到木厂胡同招待所，老杜为我买了回南京的车票。哪知到了第二天晚上我正在招待所等车到车站，忽然接到电话，是在西藏工作队一起工作的王仲和那位张同志打来的。他们听说我回国，将搭乘那次车回南京，就到车站送我，哪知火车开了，我竟未到，所以打电话来问。后来，他们也到招待所来，才知道我把开车的时间搞错了。此事当然是老杜的错误，但是我的大意也不能说没有错误，于是只好自己掏腰包另行买票，为了省钱只买了一个坐票回南京。我在京等待，到东四的隆福寺去闲逛，忽然遇见翁文灏先生。见到我，他十分高兴，说他现在住在后门的菊儿胡同，要我去看他。我从1949年见他之后至今已经六年了。我问他是怎么来的，意思是如果是三轮车，我就为他雇一辆三轮车；如果是公共汽车，我就送他到汽车站。他说"三轮而来，此外还有什么来法"，大有今非昔比之慨。

我回到南京，知道组里之事一切顺利，何鑫等同志在黄坚同志的协助下把组里各事处理得很好。此时，又从青岛工学院分配来专科毕业生杨怀水、张牙和林人傑，前二人都是女同志，来组时只有十七八岁。清华大学土木系也有专科毕业生分配来组，他们是王广运、骆鸣津和王华均。至于大学生来组，则是1956年暑期以后之事，记得首批来组的是许厚泽以及三位以"慧"字排行的女同志，即董慧凤、毛慧琴和杜慧君同志。此时，常来我家的是何煊同志，她是夏坚白夫人林静庄的表妹，与明士很亲热。明士总劝她破除封建礼教的束缚，说她年纪还轻，应当找个合适的人重新结婚。我们当时是希望将"二何"拉在一起，何鑫工作努力，为人也忠实可靠，我是很喜欢他的。但是，可能他小时候古书读得多了，总喜欢咬文嚼字，不免有些迂气，这是当年年轻人不喜欢的。

此时，《毛泽东选集》的 1~3 卷已出齐，大家都可以买到。学习毛著已是我们生活内容之一，我们不但努力学习，并且在小组中开讨论会。

转眼到了 1955 年。是年春季，科学院苏联总顾问柯夫达到南京，来所视察。他看到我们所展出的地图，就问起中国的测绘问题。他说他知道中国目前还是只有一个军事测绘局，而没有民用的国家测绘局，这是不够的，苏联过去也是这样的，吃了亏。我说我去年访问莫斯科时已经听见苏联的同行说过了。他说："你为什么不向政府提出建议？"我说："我们人微言轻，说了也没有用。"他听了十分生气，说："不对，不对。作为一个科学家应当随时随地把自己见到的向国家提出。"我受他的鼓舞，就写了一个近 3 万字的报告说明测绘工作对国家的重要性。特别提出目前只有一个军事测绘局是不够的，况且军事测绘有它的片面性和保密性，不能为国家的普遍建设之用。我将这个报告寄给竺副院长，几个月也没有后文。

到了这年夏季，于光远同志来到南京，召集我们这些老知识分子座谈。他的目的无非是想收集一些党外人士的意见，我对党有什么意见呢，但是后来我还是把这个成立国家测绘局之事讲了。于光远说："你为什么不打报告？"我说我写了报告。他说："在哪里？"我说："不知压在哪位院长的抽屉里。"于是，他说："你将这报告给我，最好是再写个 3000 字左右的节要，因为这是给陈毅副总理看的，他事情很忙，不能写长篇大论的报告。"又说他今天就要到上海去，但是这里还留下有一位同志，可以交给他。记得这天是星期日，我回家后将原文找出，请人抄了一份，又写了个 3000 字左右的节要，送给那留守的同志。大约在一个月之后，就接到国务院办公厅齐燕铭主任的来信，说："你的报告很好，现在中央已决定成立国家测绘总局。此事已送人大常委会，批准后即可执行。"我很奇怪为什么此事办得如此迅速。后来，黄秉维、施雅风同志才告诉我他们听

方俊一家合影

说此事是由副总理习仲勋办的。他已收到总参测绘局的报告，提出要求成立国家测绘局之事，但是不明白为什么有了一个军事测绘局，还要再设一个国家局。看了我的报告，才明白过来，所以很快就批准了。

但是，我仍很不放心，写了一封信与齐燕铭主任，建议总参测绘局要大力支援新建的国家测绘局，不但要在技术力量上支援，并且希望该局的领导骨干也应调一两位去领导工作，以免重起炉灶，浪费时间。

我们的夏儿回家探亲，他参军五年，此时才得告假回家探亲。他此时已经从伞兵部队调出来，在一位领导的带领下到江西的一个飞机制造厂去实习。在那里呆了一年，又调到北京新成立的单位。这个单位在南苑的东高地，原是冯玉祥驻军之地，所以有三营门、八营门等地名。后来，知道这就是七机部一院的前身，但是当时只是初创，记得只有一幢二层旧楼和一些零落的平房。我记得在1956年初去看他之时，他在一个疗养所里养病。从城里去很费时间，要坐20路公共汽车或6路无轨到永定门，然后由此搭乘24路汽车前往，光是24路这段，就要走20分钟。

1956年更是我繁忙的一年。这年一开初，我的入党问题就提到议事日程。此时，黄坚同志常来我家，也谈起我入党之事。当然，我对此是十分向往的，但是不敢提出来。有一天，李秉枢同志召集我们这些高级研究员开座谈会。会上，他提到今年的财政情况大好，政府可能要为我们加薪，并且要加得很多。他为我们算了一笔帐，说梅兰芳虽然只有140元一月，但是他有个剧团，收入是很多的；新凤霞每月是800元；一些作家出一本书就是几千以至万元，你们太苦了。我当时的发言仍是我一贯的作风，我说我现在收入虽不多，比旧社会好多了，我只希望能多做些对党和人民有益的事情，加薪之事我不敢抱有奢望。这些话都受到李秉枢等领导同志的赞赏。晚上，李为祥主任来看我，说我方才的发言很好。后来，他又谈到我们组里的事，把群众对我的意见也谈了出来。我说："你把这些意见告诉我，可见你们没有把我当作外人，我一定争取改正。"他临行说，你的事不该我管，李书记会找你谈的。我明白所说的"事"是入党问题。过了两天，李秉枢要我写自传。我用了很多时间，思考过去的事情，写了一两万字的自传，也没有结束。我深怕遗留一些重要的事情，此时不交待清楚，将来查出来是很麻烦的，所以，一直未将此稿交上去。

3月间，我到北京参加"发展我国科学技术的12年（1956—1967）长期规划"。在此同时，我被南京市委推选为先进工作者。我因几年来并未做多少工作，不敢承受这种殊荣，我再三推辞，此次又由罗来兴同志代我出席。但是，后来我仍旧以科学院的特约代表参加了会议，所以，此次到京实际是参加两个会。不过对于先进工作者会议我只参加了几次大会。记得有一天，毛主席和中央领导同志接见我们，我们排着长队在主席台前走过。许多同志都争着与毛主席和其他同志握手，旁边站着的工作人员低声对我们说"不要握手了"。我一想1000多人，如果都要握手，主席的手就会握麻了，我就主动未握手，而只与刘少奇、周恩来和朱德等同志握了手。

我们在西苑大旅社开科学会议,我们听了周总理、陈副总理和科委主任①范长江的报告,参加测绘科学的只有夏坚白和我二人。当然,后来我们也邀请了王之卓、周卡、储钟瑞、万遇贤和闵布裘等同志参加了讨论。我们当时提出的是尽快地建立我国的天文—大地测量网,大力发展航空测量,测绘仪器的研究和制造,还提出发展重力测量,建立长度检定等,为此要设立测绘科学研究所,以及建立测绘学院等等。但是,讨论时是很不顺利的。因为有些科学家片面地理解科学问题,认为只数学、物理、化学等纯粹科学才是科学,而一些应用科学则被视为技术问题,而予以排斥。而持这种主张最力的人又是当时的名流,范长江同志虽是十人领导小组的主任,但也无可奈何,所以,我们的课题一直得不到通过。我十分气愤,不想再参加这种会议,想告假回南京。

　　有一天,白敏同志来看我们,说是他们领导很关心此事,问我近来如何。我说:"题目通不过,上面有阻力。"他说:"我去找竺副院长。"我说:"他们正在开领导小组会。"他说:"我去。"就去要求参加此会。过了大约一个钟头他回来了,满面高兴,说"通过了。"我问此事经过,原来他对大家说:"你们都向我们要地图,可知道图是怎么来的?"他把测绘工作简略介绍了一下,说:"这里有多少科学技术问题。当然,很多问题外国人已经研究出来,难道就不要进一步发展吗?你们不把这个课题列入规划也无所谓,但是以后也不要向我们要图。"此时,那位权威自知理屈,躲在一边也不说话了。竺副院长就站起来说这是一个十分重要的科技领域,提议予以通过。经过表决,得以通过,此事告一段落。

　　到了规划会议结束之日,我们在怀仁堂参加一个鸡尾酒宴。竺副院长

---

① 此处指国务院科学规划委员会,成立于 1956 年 3 月,范长江为该委员会的办公室副主任,后任秘书长。

陪着周恩来总理走到我们面前，竺介绍说："这是方俊同志。"总理立刻说："对，你是搞大地测量的，你不是要走吗？现在还是通过了。你要记住，凡是对国家建设有用的事情总是会得到尊重的。"我十分惊讶，像我这样一个名不见经传的人，竟能一提到名字就知道我是干什么的，并且还知道我为此闹情绪之事。他后面所说的话也是我终身不忘的，每当我在工作困难之时，我总是回念他的教导，鼓励我不断前进。那天，又在中南海与毛主席和党和政府的领导人合影，这幅长条照片一直挂在我书房。我们也参加了五一劳动节在天安门的观礼。

李秉枢同志来到北京，就住在我房间的另一张床上。他问我自传写好了没有，我说"还未写完"。他要去看了，说"行了，行了"，就把这原稿拿去了。后来，知道不久就在所里的党支部得到通过，不久又在鸡鸣寺的总支通过。但是，那时中央却有个规定，凡是民主党派的领导都不吸收，所以，我的入党之事省里没有立刻批准，而是将问题反映到中央。一直到了1957年初，省委组织部长才找我谈话，说是我的入党问题已经批准，这天是1957年1月17日。

我每到北京，李四光副院长（此时他已兼了地质部部长）总让他的秘书找我去与他谈话，对我十分亲热。有一次，他通过他的学生孙殿卿先生（他在1933年毕业时，我曾在北大地质系兼过课，并带领他们班的毕业生到鹫峰去实习过，所以他也认我为老师）找我，说地质部要成立测绘局，要我去当局长。我认为我没有这个能力去当局长，推辞了。后来李先生也与我谈过，我仍认为我没有此能力。此事却得罪了他，从此有好几年他不再找我了。但是，我仍是很热心为他物色局长。我找到白敏同志，他说："蒲锡文出来了，也恢复了党籍，他住在城南的汇中饭店。"我去找蒲，还是当年夸夸其谈的样子。我与他谈地质部成立测绘局，要找局长之事，他也未置可否。后来，我知道该局的领导班子已经建立，也就作罢了。

我在规划结束之前，还去看过翁文灏先生。我是同他的堂弟文波和外甥李庆逵以及南大地理系主任任美锷一起去的，已经是吃晚饭的时候，他还没有回家，等了好久，他才回家，看见我十分高兴。我问他开什么会，他说"政协讨论文字改革问题"，又说"连平上去入都搞不清，讨论什么文字改革"。还是过去的谈吐。他告诉我，政府对他很好，让他到各地去参观，很多事情不能不使他佩服。例如，他提起龙烟铁矿的问题，说是过去由瑞典的地质学家去看过，认为没有开采价值。后来，他又同丁文江先生去看，认为是大有希望的铁矿，所以，他在主持资源委员会之时就大力开发这个铁矿，自以为是自己一个很大的成就。但是，他说："以过去的龙烟铁矿与现在的规模相比，真是小巫见大巫了。"他又告诉我，他在英国时与一些科学家谈，说是中国不是没有科学人才，而是多得很。

有一天，竺副院长找我，说为了落实"长期规划"，科学院已决定将地理所的大地组分出来，建立测量研究所，由新成立的武汉分院领导，要我去找分院筹备处谢文生主任和高尚荫教授。高是武汉大学副校长，是生物学家，我于1943年路过乐山已经与他见过面。不久，谢文生主任要我到武汉去参加分院的筹备委员会。记得那时筹备会主任是杨开道，那时已建立有水生生物所、微生物研究室，还有个植物园等，将建的有测绘所、数学所、哲学所、物理所等，我也被推为委员。后来，杨主任因"鸣放"错误被划为右派，筹备会也无形中止，由谢文生为主任，另有四位秘书长，即王力全、王竹生、洪范和一位陶姓的同志。可能二王是领导业务的，我们经常来往，而洪、陶则比较生疏。

此时，分院派了以常惠同志为书记的一个党小组，其中有彭长安、周金虎、朱子范等人。记得我第一次与常惠见面是在南京鸡鸣寺，那时他只有39岁，比我小13岁。他对我说我愿意一直和你一道，把你的事业搞上去。我们都很尊敬他，不但我自己，就是我全家都把他当作老师学习。他那时也很关心我，例如，他与明士说："你看方俊同志还是入党好，或放在党外更合适？"

与此同时，教育部也为建立测绘学院开过几次会。此时，夏坚白、陈永龄、王之卓等都参加了会。高教司司长唐守愚也把我叫了去，说是你对学校搬迁颇有见解，所以特意请你来，语多讽刺。后来，我谈到大专学校老师甚多，为什么不调两位来支援支援科学单位，他板着脸说："你的问题还未了结，你不要来拉人。"于此可见，他对我是始终耿耿于怀的。夏、陈、王本意是想争取在北京找地方，联系了很久也没有结果，最后，决定在武昌。我们就相与为邻了。

这年秋冬，我又随测绘代表团去参加苏新国家测绘会议。团长是新成立的国家测绘总局局长陈外欧，副团长是鲁突，他此时是总局的副局长。此外有刘良、张国器、卢福康、李旭之、王之卓和我，加上两位翻译仍是10人。此次会议在捷克斯洛伐克首都布拉格举行。我在1938年离开柏林之时，就在此处换车，但是没有到城里去。此次，住在市里的太阳公园的一个旅馆里。武汉的夏菊花杂技团此时也在布拉格演出，也住在这个旅馆。布拉格是东欧的名城，在14世纪就是这个地区的经济文化中心，称为百塔之城，从远处望去只见教堂的尖顶林立。市里交通完全靠有轨电车，已形成全市的交通系统，所以很难改进，他们只是研究如何减少有轨电车的噪音和加速的办法。

会议内容与上次在华沙的一样，一切事情都由苏联代表团团长巴朗诺夫和副团长库德拉采夫安排。他们为我们安排了到捷德边境的一个旅游地去住了两天，又去参观了地下河。这个地下河道长750米，我们乘小船而行。回到莫斯科，同样为我们安排了十月革命节的观礼。在这里我们见到陈永龄先生，他是随工会代表团来苏访问的。

在莫斯科时，代表团党小组开会，把我和王之卓也叫去参加。会上，陈外欧团长对我提出批评，说我学习不认真。我怎样学习不认真呢？原来是少去看了一次芭蕾舞。那天，我到红场附近去取汇来的钱，苏联测绘局的一个干部陪我同去。我又到测绘出版社去买书。这位干部就说："我不陪你了，我还有事，你千万不要坐地铁。"我理解他的意思，买书之后就到红场去乘出租汽车。哪知那里的汽车很少，我等了一小时才雇到车回旅馆，而此时代表团已乘车到大剧院去了。我想如果再雇车到大剧院，又要花二三十卢布，也是替公家省钱之意，竟没有去。此外，我也不能像一些人那样，在参观之时每事都问，把明知的事情也提出来问，在领导前表示自己的好学。这无非是平时对我不满的发泄，因为他一直要我们这个大地测量组，并且要我自己提出来，我当然不能这样做。回房之后，之卓就说："为什么总是这样看我们不顺眼？"我说："他批评我，与你何关？"之卓说："你已入党可以批评你，但是他那句话里没有我。"此事被一些留苏学生知道了，向大使馆去诉说。后来，外交部曾致函测绘学院向王调查此事，说是陈外欧对专家不尊敬等等。但是，我总觉得他是一位长征老干部，我对他是很尊敬的。

我们乘坐莫斯科到北京的火车回到北京，此次是捷测绘局代买的车票，还是头等车，我与王之卓同住一房。不久，回到南京。此时，党中央为了开展"反官僚主义、宗派主义和主观主义"的整风，要求党外人士向党提意见。一时间各种意见都提了出来，开展了"大鸣大放"的局面，其中就不免夹杂着很多反党和反社会主义的议论，并且还提出了很多毫无根据的，捕风捉影的事情。开始之时，只在北京的《光明日报》和上海的

《文汇报》见到，不久，《人民日报》上也登载了这种文章，这使我大感不解。在南京的民盟省委会议上，也时常听见这种议论。我此时刚刚入党，如何自处，却是一个难题。我只好看一起参加会议的一两位党员的举动行事，他们都默不作声，我也只好如此。

到了1957年的3月间，我到北京参加科学院的学部会议。那时的学部委员甚少，测绘界只有夏坚白先生一人。与往常的情况一样，我到了北京，民盟中央总要请我吃饭，顺便参加他们的会议。这次会议是在南池子的文化餐厅开的，因为这里是民主党派讨论问题的地方，有人便将它叫作裴多菲俱乐部，其实就是过去的欧美同学会。那天，参加的有二十多人。会场里用几张长桌摆成一个倒"凵"字形的座位，上面坐着三位大亨，即章伯钧、罗隆基和曾昭抡，他们都是部长级的人，也是大名流。其他的人大多数都在我坐的一侧，有钱伟长、黄药眠等人，约有十六七人。对面那一侧则坐着三位"左"派，胡愈之、史良和萨空了，十分冷落。罗隆基走来走去，到了我们的桌旁对钱伟长说："伟长，你文章写得很多，有人说你还未放够，恐怕还要主席保一保，还有更好的出来。"这也是使我十分困惑的问题。平时，盟中央招待我们总是每客2.50元的西餐，这次却加了一倍。饭后，招待人员告诉大家，还要开座谈会。我想我怎能参加这个座谈会。我当然不能昧着良心瞎说，如果说了反面的话，一定会受到围攻。我只好说胃病发了，肚子痛得不能忍，告假回到北京饭店。

第二天是星期日，我去看刘西尧。他自从湖北省委调出来，去筹备第二汽车制造厂的建立，又到苏联去学习了1年。后来"二汽"下马，他又被调到新成立的技术委员会任副主任（后来，此会也与科委合并，成为科委的一部分）。他住在三里河，三姨和姨夫也在那里。我见到他，问他到底出了什么事，他也不好多说，只是说"现在可以看看谁是真心为了党了"。我就明白确是有些人是想利用党内整风的机会向党进攻。我回到南京，就向党支部提出想"退盟"。此事反映到省委，组织部王部长找我谈话，批评我说："你只看到一时一事，而不了解民主党派对于共产党的领导的作用。"我也只好罢了，但是总是十分小心谨慎，怕犯错误。

不久，我又被叫到北京，原来是要我陪同苏联地球物理所的布朗什（Буданке. Ю. А）博士去测量重力。这原是竺可桢副院长去年在莫斯科与苏联科学院所决定的中苏科学合作项目之一，即布朗什博士用飞机装载了九台他们自制的重力仪来中国进行联测。这原定是与北京地球物理所合作的项目，但是赵九章所长却坚持不能派人参加，因为他们没有重力方面的研究。竺不得已，才临时找我去承担此事，但是后来又被一位秘书长陈康白改变了，另请白敏同志去陪同布朗什。我十分生气，为什么院内做事总是人各为政，出尔反尔。但是，我仍旧坐着布的飞机陪他们到了青岛，又连夜乘车回南京，赶到上海去等他们。他们到上海后，我又陪他一起到了江湾机场，找到当年伍拉德的测量地点。这在前文中已经提到了。

在此前后，我为《科学通报》写文章。因该刊的副主编应幼梅同志是绪宝兄的女婿，他常来找我要文章。我写了《三十年来苏联在测量学上的成就》和《认真地学习苏联的先进经验，以提高我国测量业务的水平》，分别在1954的第七期发表。我又整理了我那本《地图投影学》，先在商务印出馆出版，后来又转到科学出版社出版。我们编写了《高斯－克吕格投影表》、《高斯－克吕格投影换带问题以及用表》，都作为测量专刊发行，并写了一些文章，如《横轴墨卡托投影和高斯－克吕格投影》及《正形投影上的

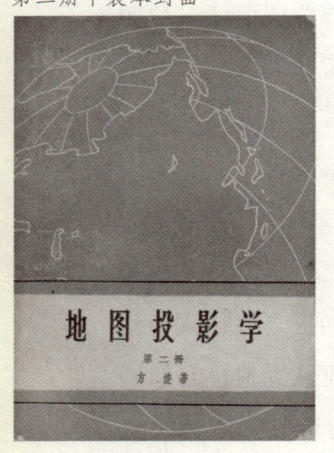

方俊著《地图投影学》第二册平装本封面

大地线方程》，都在《地球物理学报》及《测量制图学报》上发表。至于《地图投影学》第二册，是专门讨论大地测量地图投影问题的，则于1958年由科学出版社出版。至于我的译作，即苏联古塞夫所著的《矿山测量仪器学》则由煤炭工业部出版社印行，苏联耶利谢也夫所著的《测量仪器学》则由科学出版社印行。这些前面已提到了。

1957年是不平凡的一年。先是南京地理所为了配合党的整风运动，动员大家向党提意见，还办了个民主墙，张贴大字报，从同济测量系新毕业的宋文尧同志被指定主办此事。据说第一次贴出墙报后，常惠同志认为内容平淡，没有惊人之处，又重新编写张贴，后来竟成为反右批判的依据。那时，一个尖锐的问题是组中同志都要求黄坚同志不要离开大地组，随我们一齐迁往武汉。这也是我的希望，虽然那时我不在南京。但是，常惠等武汉来的同志都认为争取黄坚就是看不起武汉派去的人，为此，我们组里竟出了两个右派，即何鑫与张善言二人，其余的一些人都人人自危，批判检讨不止。而地理组中却一个右派都没有。我一再提出何张二人都是很好的同志，我可以保证他们决不会反党，所以，常惠同志一直说我的思想是右的。此事一直闹到我们迁汉，建立测量制图研究所之后。此时，谢文生同志又把我叫到武汉，告诉我院里有一个倾向，要将大地组划出去，他说："这不是党组的意见，是党外人士提出来的，因为他们认为年年这样闹，如何了结，不如划出去为好。"要我到北京去探听，并写个文件。

此次，我是和常惠一起去的。在车中，我一夜未眠，写了个声明给常惠看，他竟未看放在一边，我开始觉得他从前的话竟是口是心非的。到了北京，我找到党组主任丁瓒[①]，他告诉我这是陶孟和副院长的意见，他也

[①] 作者此处误记，丁瓒已于1953年离开院领导岗位。

是好意。那时，对党外人士的意见是很尊重的，所以此事也在未知之数。我遇见地学部主任尹赞勋先生，他要我暂留几天，说月底（3月31日）聂帅要来（那时，他是院领导之一①），你最好在他面前讲讲，或者有些帮助。我等到这天去参加会议，座上没有几个人，除了我之外，还有位胡步曾（先骕）先生，他是一位很有名的植物学家。我将我的问题向聂帅讲了，后来，此事就搁下了，也不知道是否聂帅有所交代。但是，让我十分感动之事却是聂帅对胡先生的态度。胡是坚决反对苏联的李森科的，说他是个不学无术之人，自己不做实验，还反对做实验并且取得很大成就的孟德尔派，但是由于苏联党的支持，遂使其说得以风行一时。这都是胡先骕在他的《植物学》一书的序言中写出的，一时被认为是反党反社会主义的右派言论，他的学生也十分担心他可能被划为右派。在会上，他详细解述了他为什么反对李森科，但是并不反对苏联，他指出在他书中对于苏联一些有成就的植物学家还是很赞扬的。聂帅端了一张椅子坐在他旁边，耐心地听他诉说达一个多小时。此事使我十分感动。我觉得一个领导人在事非没有完全弄清之前，能够如此耐心听下级诉说是了不起的。我曾听见钱学森先生说过聂帅对科技人员是十分爱护的。

  1958年春季，大地测量组搬到武汉。记得到武昌之日是2月28日。那时，大桥已经通行，我们的车辆冒着大雪，经过大桥到达武昌小洪山的宿舍。临走时并未想到会有如此的大雪，行李都结了票，随身衣着不能御寒，只好生炭盆以取暖。此时，我家暂住在二号楼。这时，华儿已考入南京工学院的建筑系，不能同来，芊芊则转学到华中工学院的附中，明儿已七岁，暂在分院的幼儿园半年，暑假后才考入水果湖的小学。

---

① 聂于1957年4月出任国务院科学规划委员会主任。

我们到武昌之后，即在分院的领导下成立测量制图研究所。此时，从南京来的大约有30多人。在南京时，谢文生主任同我到上海去找曾广梁先生。他是我国派赴德国学习航测的，与王南原先生二人是最早学习航测的留学生。所以，到武昌之后就请他为航测组主任，与张海根同志一起研究航测。此时，我们已买到一套航测仪器，花了56万元。但是，曾在航测上并未学到什么，回国后又未做实际工作，而又与张海根不能合作。张海根虽然对于航测没有什么研究，但是究竟还能把那套航测仪器安装起来。我对他的意见是他竟将这套仪器作为装饰，占了两间房子，自己不用，也不同意别人去用。每当领导同志来，才打开屋门引去参观，如此贵重的东西竟成为一种摆设。我又到北京争取将郭惠申先生调来。他过去曾在水工厂，曾经做出了一台水准仪。我认为他是能动手的，对他很赞赏。并建立了一个有30多人的机械厂，以为研制测量仪器做准备。此外，又接受到长春光学机械研究所调出的贾国永先生。他曾在英国学习，回国后曾在广州的一个大学做过教授，后来调到光机所。领导认为他只知道打磨光学透镜和棱镜的工艺，不受重视。他也十分不满，发了不少不满的牢骚，被划为右派，也降了职。但是，此人却是对磨制光镜有些本事的，特别是由他所训练出来的女学徒，即他的妻子黄翠芬竟有一手好手艺。我们又去调了过冉先生，与原在我所的徐治洋等为我们建立了电子学研究工作。白敏同志又将原在测绘学院任教的周江文先生调来，以领导大地测量的研究。当时的阵容是相当完备的。形成有四位研究员的所，但是那三位研究员（曾、郭、周）经常与我处于对立面，使我的设想难以实现。

我们到武汉不久，白敏同志就给我打电话，要我到北京。我知道是为什么，我请他来武汉与谢文生院长当面商量。他来武汉，就住在我家。他与谢院长谈了三个晚上，最后两方达成协议，将这个所由测绘总局与科学院双重领导。此事竟使陈外欧局长大为恼怒，不久，他们就成立了自己的研究所，这样就使我们的协作关系中断了，资料也拿不到了，使我们陷于困境。

我们迁来之初，分院已建立了水生生物研究所，这是从上海动物研究所的一部分分出来的，所长王家楫先生和伍献文、饶钦止先生都是当时知名的科学家；微生物研究所，所长由高尚荫先生兼任，研究员有简浩然先生；物理研究所，有研究员郑昌时，书记是王怀明；经济研究所，所长朱剑农先生，研究员方壮猷先生；社会研究所，所长董锄平先生；数学研究所，所长由武大教授李国平先生兼；此外，还有一个植物园，在磨山，主任陈封怀先生；高空物理研究室，主任是王世美同志；材料研究所，所长是老红军转业的曹鹏兴同志；一个图书馆，馆长是桂质柏先生，书记是洪范同志。这些单位，除了水生所在东湖边上，植物园在磨山，以及高空室在武大内之外，其余的都在小洪山，而数学所则未建房子，一直在二号楼宿舍的几间房子开展工作。此时已修建了两幢三层楼，物理所独占一幢，测量则与微生物共一幢。在二楼之南又盖了一个五层楼，作为分院办公之用。

我到武昌之后，几乎每天都要到测绘学院。原来我与夏坚白等先生之约是我在学院兼课，他们也来我所领导一些研究工作，如此可以把科研与教学密切联系起来，但是那时正是向党交心运动，并且强调党领导一切，这种愿望也就落空了。但是，我每天仍要去，因为他们新来了一位年轻的苏联专家布洛伐（Бровар），有三位助教，即管泽霖、宁津生和方瑞首同志跟着学习。方瑞首同志不幸在游泳时不慎去世。宁津生同志则又有些错误言论受到批判，但此人十分聪明，没有正式学过俄文，俄语却说得很好，专家离不开他，所以虽然受到批判，始终未划为右派。这位年轻专家自以为是莫洛金斯基的学生，目空一切，对于国际上的重力学的发展似乎是一无所知。当然，更看不起中国人了。有一天，他讲到莫洛金斯基的计算天文重力水准的模板问题，说这是一个双极坐标系统，莫氏所用的椭圆－双曲线系统是唯一解决的办法。我想科学研究哪能是"只此一家，别无道路"，我花了点时间，用直角坐标来解决此问题。文章是用俄文写的，主要是给他看的，他大为惊讶。后来，这篇文章发表在《中国科学》第七卷12期（1958年），受到苏联和一些东欧同行的赞许，被誉为"方俊模板"。

学院另有一位年轻专家名叫伊林斯基，是学航测的，也是十分自高自大的。有一天，他与几位助教辩论一个问题，王之卓教授坐在一边，默不作声，只是示意中国助教不必争论。到了晚上，之卓到宾馆去看他，告诉他说他错了，并且详细论证了这个问题，这使他十分钦佩，并且觉得王先生没有当场揭穿此事，为他保留了面子而十分感激。

那时，开展了"大跃进"，浮夸之风已甚嚣尘上。我们到武汉之后，常惠同志领着我们到汉阳的晴川阁（当年张之洞所办的汉阳兵工厂废址）去挖废铁，以响应毛主席所提出的"大办钢铁"的号召。大家一天劳动，挖出了一些废铁，周金濂称了一下，可能有三四百斤，他就以"上交钢铁千斤"作为成绩。又如我们试制仪器，一直没有什么进展，到了4月30日，就把仪器用红布包了，敲锣打鼓向书记献礼，过了五一节，又重新开始。也经常开仪器试制展览会，摆出展品，琳琅满目，但是大多是不能用的半成品。我看在眼里，痛在心里，也还要向人吹嘘自己的成绩。

此时，确有以实干起家的大庆油田，打出了十分丰富的石油，为我国的石油工业奠定了基础，但是也有以弄虚作假、伪造丰产的。湖北省也出了一个亩产稻谷四万五千斤的公社，这就是麻城县的白杲公社。市里组织我们去参观，我与高尚荫等都参加了。我们乘车到那里，在白杲镇住了一天，主要是要听那里书记的报告。他讲了丰产的事实，以及取得这种收获的经验。他还批判了一些老农的落后，说这些老农都哭了，说"祖祖辈辈都没听见过之事，将来饿死人的日子有哩"。我们还去看了那个丰产的田地，可能三四分地，里面的稻谷挤得密密麻麻的，上面用太阳灯照，又用风扇吹。我没有种过田，也没有在农村呆过，不知道一亩地有多大，也不知道一斤稻谷有多少，但是，我做梦也不会想到一个党支部书记会当众说假话。我回来时，带着一绺稻穗，我家的保姆是从小种田的，对此是很有经验的，她见了我带回来的稻子，说"就凭这些，四万五千斤不可想象"。我还批评她没有见到实际在胡说，为"大跃进"抹黑。我记得沿途都搭了牌楼，是欢迎外宾的设施。后来，据揭发，他们是把八亩即将成熟的稻谷插在这块地上的，但是，就是八亩田也不可能达到四万五千斤，可知我们的无知，跟着他们说谎瞎起哄。

我们到了武汉，常惠就把何鑫送到沙洋农场去劳动，这是一个改造囚犯的农场。我很不以为然。但是，那时正是党领导一切的时期，书记说了算，也无可奈何。何鑫去了半年，农场便把他的右派帽子摘掉，送了回来。可见只要不抱成见，是不难将一个人的好坏看出来的。但是，他回来之后日子也不大好过的。

此时，国家测绘总局与苏联布朗什博士订了合同，利用他的飞机和仪器为全国建立了一个一等重力控制网，我们也派了刘祖惠等几个同志参加了。刘祖惠是很聪明的青年，俄语说得很流利，所以，布朗什对他十分器重，特别是他的年轻的妻子柯契可娃对刘更是欣赏。但是那时，我对刘总是有些成见。他从小就失去父亲，是他的舅父把他抚养大的，一直到大学毕业，还将自己的女儿许配与他，虽未结婚，但已发生过关系，后来他喜新厌旧把未婚妻遗弃了。我十分生气，认为是忘恩负义。但是，由于布朗什喜欢他，竟提出让他到苏联去学习。我对他虽有成见，但不能阻止一个青年的前进。临行时，常惠让他来看我，我只说要他注意男女关系问题。我说："你可以丢弃你的表妹，就可以丢弃蒋××（他的妻子）。"但是后来在苏联，他就是犯了这个错误，与两个女服务员搞不正当男女关系，被大使馆开除了送了回来。回来之后，常惠就把他送往一个水利单位去劳动。当然，后来他还是改邪归正，在学术上得到很高的成绩。此是后话。

我那时也十分忙碌。为国家测绘总局编写了重力测量法规和重力测量方案等。根据这个方案，将使全国除青藏高原之外，每千平方千米至少有一个重力点。这个方案后来得到实施，在短短的20多年中完成了，而青藏地区后来由总参测绘局派队测了不少点，虽然不及内地那样密集，但也可以满足科研上的应用。1979年12月，我在IUGG17届年会上提出了《中国重力测量》的论文，引起了国际专家的重视。我又为测绘局提出了"天文－重力测量方案"，以及重力点的布设方案，也得到了实施。

这年夏季，我家搬到小洪山西区高地上新建的八号楼，这是分院为高级研究人员和领导所建的两幢（七、八号）楼之一。我是最早搬来的，后来就有陈封怀家（在我房楼上）、朱剑农及方壮猷家（在我们的对面）。七号楼则住着董锄平、王力全、谢文生等领导人。小洪山过去是个丛葬之地，也是旧社会枪决人的地方，至今还留有一个石牌楼，上面刻有"庚子革命烈士墓道"，据传是有五位烈士为了反对庚子赔款，在这里被处决的。七、八号楼在高地，夏季比较凉爽，面对着小洪山。那时，街车还未通到水果湖一带，我们到市区，总是要从小路走上小洪山，翻过山，就是宝通寺，由此下山到了洪山公园，经过施洋烈士墓和他的遗像，出公园门就到了大马路——瑜珞路。由此可搭公共汽车，但也只到江边，由此乘轮渡可直达汉口的热闹地区江汉路及六渡桥等地。无轨电车则是六十年代才修成的。

　　这年秋冬,我又随代表团出国到匈牙利的布达佩斯去参加苏新测绘会议。此时,中苏关系已十分紧张,出国时行李检查十分严格,特别是对于书籍文件尤为注意,连一张纸卡也不遗漏。但是,匈牙利人却对我们十分热情。他们在1956年冬季发生叛乱,苏联派兵去镇压,此时,周恩来总理去了,为他们解决了一些问题,所以他们总是念念不忘。我们带着发热的脑袋向他们吹嘘我们农业的高产。我们告诉他们稻谷亩产四万五千斤,他们没有意见,因为他们不知道一亩有多少大,一万斤粮食有多少。但是,当我们把这个数字折成每公顷几吨时,他们跳起来了,说我们匈牙利虽然不能说是产量最高的国家,但也是数一数二的,也难以想象这样一个天文数目。但是,他们还是要求我们团长给他们作报告,主要是讲讲中国共产党是如何落实知识分子政策问题的。他们说:"你们毛主席提出'人民内部矛盾'问题,是个了不起的创造。"鲁突团长不敢去讲,而张国器同志却自告奋勇去了,他在会上大吹中国的丰产问题,并且说"在中国吃饭不要钱"。

　　会议之后,我们回到莫斯科,照例到红场参观十月革命节。布朗什约我和之卓去吃饭,他的老父也陪着我们。他少年时曾在德国当过兵,能说德语,已经几十年不说了,知道我们到过德国,用德语与我们对话,布朗什也很高兴。忽然,他似有所触,板着脸说:"我至今也不知道你们为什么把刘祖惠调回去。"我也不便与他多说,因为我知道他也是刘一类之人。我听见叶里梅也夫和尤金娜说,他原来的夫人是一位很贤慧的,并且也是一位很努力的工作人员,受到研究所同人的爱戴,而布竟与他的学生乱搞男女关系,而把夫人遗弃了。

　　这次是坐飞机回国的。

又入困境

浮夸之风，日益尘上。生产就必然搞不上去。一切供应都十分紧张。解放以后，一切生活上的供应，如米面肉类以及油盐酱醋全是凭票供应。此时，供应紧张，凭票也买不到东西了。买点东西都要排长队。记得我常常天不亮就到菜场排队等开门。进去了，只见后面架子摆着各种菜蔬，十分整齐。但是这只是为了展览，而不出卖的。前面摊子上所摆出的菜蔬，才是出卖的。都是一些零落不全的菜叶和菜帮之类。到饭店吃饭也要排队。人们总是站在就餐之人椅子之后，等候座位。不久，就开始了历时三年的困难时期。

测量制图所也是困难重重。与总局的关系不好，许多合作的科研都停顿下来。而与总参测绘局的合作也是困难重重。当时，领导地学部工作的副院长是裴丽生同志。他十分关心我们的工作，把我叫到北京，与我商量是否可以将研究方向转向为国防服务。他叫我与数学所叶述武研究员联系，一起去找钱学森先生——他那时尚在力学所。我与叶述武是初次见面。但是，他的夫人邹仪新却是十分熟悉的。邹是从广州中山大学的天文系毕业的。在南京时，我们经常见面。我向钱学森请教，可以为他们做些事情。我认为我所从事的地球重力学的研究对于高空技术是很重要的，美国的NASA对此也十分重视。又提到苏联第一颗人造卫星上天不久，捷克的天文学家布萨（Bursa）就从它的轨道的运行推算出地球的扁率为1/283，与苏联根据天文-大地测量所推算出来的相同，也可见高空技术与地球形状学之间的密切关系。但是，在当时的情况（努力要将卫星抛上去）下，也无暇及此。此时，我常与钱学森见面。后来，他调到国防科委，每次见面都要预先联系。好在他们有一些工作人员，如茹家欣①、张振广等同志就住在东高地。与夏儿住在一地，联系也很方便。

我们又与长春的光学机械研究所协作研究"人造卫星观测仪150"的设计方案。光机所的所长是王大珩先生，书记李明哲，龚祖同先生原来也是该所的研究员。此时则已经调到西安，成立新所去了。但是，每次开会他必来，并且与我住在一起。我与他自从1938年自瑞士的威尔特仪器厂相识以来，已经分别20年了。还有我在耶拿和李庄时的好友卢寿楠先生也在那里。他不适应东北的寒冷，经常闹病。也因为工作不顺意（在附设的学校教德文），情绪不好。王所长和李书记知道我与他很要好，要我去劝劝他。我只能把他的意见反映了一下，也不知是否可以有些改变。

那位李书记却是一个很能干的人。据陈宗器先生告诉我，光机所过去也是很不振作的。花了很多钱，搞了不少设备。但是，工作一直搞不上去。自从李去了之后，与国防单位进行协作，竟大有起色。不过此人办事虽有魄力，品德却不好。他与学校的一个女生乱搞男女关系，竟把发妻遗弃了。后来竟谣传他毒死了妻子。这些都是龚先生告诉我的。一直到60年代光机所在上海建立分所，他竟以王大珩专家之名，大事铺张，引起上海市委的不满，而他毒死妻子之事也被揭发出来，被判了刑。

长春还有一个应用化学研究所，所长吴学周先生，也时常见到。此外，明士大姊院生的长子沈瑶也在这里。他从清华大学毕业后即分配到第一汽车制造厂为工程师。他的父亲沈祖衡（权吾）于解放前夕因伤寒病去世后，家境一直很困难。此时，他有了工作。大姊长女沈珍也从医学院毕

---

① 中国运载火箭技术研究院总设计师，曾为协作项目随方俊学习。

业，与一位解放军转业的干部结了婚。两人同在包头的钢铁厂工作。次女沈理也将从地质学院毕业。经济情况略为好转。

  这年冬季，我又为接受一项中苏协作之事到了北京。这又是竺可桢副院长与苏联科学院谈判科学协作项目之一。即根据 1957 年"地球物理年"所提出的开展固体潮研究的规划，与苏联的地球物理所合作在中国观测固体潮之事。当时规定是与北京地球物理所协作的。但是也是由于赵九章所长不肯接受这个任务，而不得不把我拉了进去。我与杨慧杰和翻译徐炳麟陪着派来的专家多勃罗霍多夫以及一位年轻人带着仪器坐火车到了兰州。我们和专家都住在兰州饭店，而仪器（两台阿斯干尼亚厂的 GS 区号重力仪）则安放在兰州地球物理所在蔴柳坪的实验室内的观测台上。多勃罗霍多夫是一位年岁比较大的人，为人很正派。但是，那位年轻人则极为轻佻。走在道上，总喜欢去追赶年轻女人。老先生对此十分厌恶，总是与他背道而行。这使我们的翻译为难，不知去照应哪位好。我在兰州住了些日子，见事情已放置妥当，观测也顺利进行，便把此事委托了杨慧杰和徐炳麟二人，自己回武汉了。从通讯中知道观测工作很顺利。但是，那位年轻专家却越来越不像话了。他认识了一位从上海调来的年轻姑娘，经常到她的家里去。此事使杨、徐二人十分为难，又无法阻止这位苏联专家的行动。后来总算半年的观测工作结束了，他们同专家回到武汉。此时中苏关系已十分紧张，招待专家的规格也大大地降低了。我陪了他们到东湖去划船。在荷花池内，老先生看到荷花盛开，大为赞赏，说："真迷人呀！怪不得！"我不解他所指是什么。还是徐炳麟告诉我，那位兰州的上海姑娘的名字中有一个"荷"字。

  自此之后，我们就将这项研究作为所的研究方向之一。我们向德国阿斯干尼亚厂订购了三台 GS 重力仪。但是，仪器运到时已开始了"文化大革命"。不久，研究所又为地震局归并。一切研究计划都打乱了，竟使这个研究课题推迟了20年。

我自1957年1月在南京被批准入党。到武汉之后，应当是可以转正之时。但是，一直没有消息。机关党委书记戴洪同志十分关心。但是，也不能告诉我究竟如何。一直到了1959年春季，她也在北京开会。我们同住在木厂胡同招待所。她通知我说我的转正已经批下来的，并告诉我长久未能批准的原因。说是曾经发现一个与我同名同姓的逃亡地主，现在，这个地主被抓住了，才把事情搞清。

在1960年以后，我们这些研究员到北京就不再住木厂胡同了。那时，科学院在东安市场北门外的金鱼胡同东口的新侨饭店之旁，租到了几幢平房。这个地区原来是那桐花园。记得1919年，我初到北京之时。一位北洋政府的大官在此庆祝寿辰，演了三天三夜的堂戏。北京的名角如梅兰芳、姜妙香、杨小楼、余叔岩及肖长华等都来了。他们同台演出，而且也不是一出，而是每人两三出。这都是当时的官员所送的。父亲带我去了。他的同事如赵敬谋、史审甫等带着到处游览。许多亭台楼阁和回廊，十分壮观。解放后，在西北角建了大楼，这就是新侨饭店的主楼。东部的老房子，经过修缮，安上暖气和卫生设备，住进去很舒适。科学院在这里占了好几幢平房。记得那时常到此居住的还有青岛海洋所曾呈奎所长。

我在这里第一次见到新从美国回来的王天眷[①]先生。他夫妇二人，带着一个女儿。王穿一身灰布棉军服。我开始还以为是一位转业的老干部。

[①] 王天眷（1912—1989），浙江黄岩人，早年毕业于清华大学物理系。1947年赴美留学，1953年获得博士学位。1960年2月归国。王天眷在哥伦比亚大学攻读博士和工作期间，参加了导师C. H. Townes教授领导的微波受激发射（Maser）研究。该项研究成为光受激发射（Laser）理论的先导，并最终导致激光的发明。为此，Townes与两位苏联物理学家分享了1964年诺贝尔物理学奖。

后来，知道他却是一位资格很老的共产党员。他自1936年在清华大学入党之后就一直是地下工作的干部。不久，他被分配到武汉，在物理所任研究员。在那里从事"铯钟"的研制工作。他与我很要好，几乎每天都到我家来。但是，我发现他对党有不满的言论，而且对分院的领导干部看不起。而这些干部对他也多有指责，并且怀疑他可能是个叛徒。种种谣传，不一而足。他的工作也迟迟没有进展，以致一些年轻人也怀疑他是否是一个真正的科学家。但是，我对他却深信不疑。因为他曾将一些杂志给我看过，主要的是他老师的文章，常常提到他的名字。有一天，他来告诉我他的老师得了诺贝尔奖，要打电报去祝贺。我知道党内一些同志对他的意见，所以，劝他最好是由研究所出面，这样对他的工作也有利。他不听我的话，自己花了几十元打电报。后来，回电来了。电文是："这是我们大家的工作。我不过代表大家在接这个荣誉罢。这里面也有你一份。"所以，我对他在国外的成就是不容质疑的。但是为什么现在做不出来。我估计是他在老师领导之下，可能是尽了不少力的。现在，独立创办就不免困难重重了。其次，是工艺问题。我们工厂曾为他做过零件，但是都不合格。

尽管如此，我在常惠同志等的告诫之下，总不免有怕犯错误的思想。而王天眷每天总在我家，有时坐到夜间。晚上是我最重要的时间，我大部分工作都在夜里做的，我就有意冷落他。他有所觉察，就不来了。我为此事曾与裴丽生副院长谈过。裴院长说："他所说的都是真的。确是30年代的地下工作干部。日本投降后到美国去，并不是党派他去的，但也没有阻止他。直到现在，还没有发现他有什么反党之事。他原想留在北京，我们没有满足，这是他不满的原因。他既与你很好，你应当团结他。但是，有什么不对的言行应当及时向组织反映。至于那些流言，也不足深信。"我回到武汉，又去找他，仍请他常到我家。他可能已觉察我对时间很珍惜，

晚年方俊夫妇（右一、右二）与亲家
王之卓夫妇在一起，中为秦子青

所以，稍坐即去了。

此时，我所又创办了《测量制图学报》。那份《测量通报》则已交与测绘总局刊行。学报发行了两期之后，也同样交与总局，继续发行。名义上是测绘学会的会刊。

我们的长子夏儿此时已与王之卓先生的长女守恬（百乐）结婚。长媳守恬是学医的。结婚之后，他们就住在卫生部的一个单位，在天坛的宿舍里居住。一年之后，我们的长孙女出生。她是生在小洪山的。所以，取名洪洪。满月后，母亲带她回京。到了周岁，又送了回来，为我家增添了许多乐趣。此时，芊芊已入中学，明儿也在小学上学。此时，华儿也从建筑系毕业，与同班同学柳孝图结了婚。不久，也生了一子。但是，不到周岁，就因医疗事故夭折了。次年才生了我们第一个外孙柳隽。继此之后，夏儿与守恬又生了我们的长孙。因为出生后回珞珈山，取名为珞。

1961年，武汉分院与广州分院合并，成立科学院的中南分院。院长是湖南军区的司令陈志影同志，还有主要领导人李明轲，也是从军区调去。新添的副院长蔡永祖与汪心一同志则是当年（30年代）陶铸书记在湖北应城的汤池办训练班时所培养出来的党的领导干部。谢文生同志也是副院长，专管湖北的一片。还有一位党外专家黄友谋先生也是副院长之一。

我到广州开分院会议。自从1911年我离开广州，至此已经50年了。广州的街道和一些老式房屋还依稀记得，特别是那些供应茶点的茶楼，也十分亲切。我接到母亲从北京寄来的信，说父亲那所学校就在观音山下的"积厚坊"。我问了许多人，都不知这个地方。这时我正住在越秀公园附近的分院里，我知道越秀山就是当年的观音山。还记得当年父亲带着我弟兄匆忙出走时，观音山上清兵的炮台不时向我家附近轰击，我家的花园里还落下一颗炮弹。有一天，我在越秀公园附近散步，忽然发现在一条小弄堂的口外墙壁上，写着"积厚坊"三个大红字。我进去找了很久，也未找到那幢房子。我记得1937年乘意大利邮船赴欧途中遇见父亲的一位学生，他说已改为女子职业学校。也未找到这个学校。我到了黄花岗去凭吊那些牺牲的烈士，看到很多华侨所赠送的匾额和锦帐等，可见华侨对祖国的盛衰的关切。我走到红花岗找到温生才烈士的墓碑。我站在那里很久，凭吊这位我幼时十分钦佩的刺杀清朝将军孚琦的烈士。

这次分院会议主要内容是各所的体制和研究方向。我所与总局关系紧张，很多合作项目都不能进行，分院对此很关切。在他们的建议之下，我们决定发展大地测量学的另一方向，即物理大地测量学，也就是我长期以来所进行的地球重力场的研究。而这一学科又与高空技术有密切关系，并将研究所改名为"测量与地球物理研究所"。当时，曾有人对此指责，说是"不伦不类"。这又有什么不好呢？后来欧洲也出现好几个同名的研究所。

分院又将材料研究所归并我所。此所没有什么研究力量，所长惠鹏兴是一位老红军。来了之后，任我所的党委副书记。又有高空研究室也划入我所，成为第二研究室。原来的书记王世美到来后任副书记兼副所长。这个室的科技力量是很强的。主要是几位年轻人，如李钧、黄信榆等都是很努力，很有前途的。有一位副研究员韦宝锷先生却不愿到我所。常惠要我去看他。他对我说："你们把我的名义加了一个字，又把我的薪水减了很多。"其实，他被划右派是华中师范学院之事。那时，他还没有调到科学院。我也不好勉强，他就到了物理所去了。

在这个时期，我经常到广州。秋季，我们又到了汕头，在对岸的岩石岛上开会。在那里开会的原因很简单，因为武汉、广州等大城市的供应很差，汕头的供应则比较好些。我们住在岩石的一所中学校里，那时正值暑假，学生都不在校。我接到明士的来信，说我小时的好友翟光耀来信，就在汕头的医学院教书。我按地址找到了他。那时，他一个人在家，夫人到广州开会去了。我这才知道我们所住的岩石中学原来是一个教会学校，原来的校长就是他的岳父。老朋友相见十分欢乐。他过去与我的通信总是断断续续的，往往通了几封信后，又会断绝两三年，我们谈到傍晚。临行时，他很不放心，怕路上出意外，所以将我的手表和一些值钱的东西都取去。我渡海到了岛上，此时，道路已是十分黑暗，又到处都是大树林。我竟迷了路。忽然看见前面灯光，原来是驻军的一个守候所。他们把我引到学校。

在这次会议上我与常惠同志为了所的方向问题，大吵了一场。他态度十分恶劣。谢文生副院长就出面阻止，并把常惠留下，对他进行了严肃的批评，并逼着他向我道歉。在中午吃饭之时，他向我道歉。我说："我平时总是把你当作一个老师来学习。不但我尊敬你，连我全家都是如此。但是，你总是以这种态度对待我。本来，不同意见也是常有的，又何必如此生气呢。"后来，分院竟因此事把他调离我所。

1962年2月我又去参加了国家科委所召开的制定科学发展的十年（1963—1972）规划的会议，住在新建成的八层大楼羊城宾馆。在2月16日的开幕式上，陶铸、范长江、韩光和聂总都来了。陶铸书记报告，中有"在北京开了有7 000人参加的五级干部会"，又说要"白天出气，晚上听戏，两干一稀，大家欢喜"。

到了3月2日，周恩来总理来了，给我们作报告。邓颖超同志也来了。还有参加在广州同时召开的文代会的老舍、沈雁冰和曹禺也来了。总理讲到知识分子问题，认为知识分子不是一个阶级，而是社会分工中的一个阶层，不能老是以资产阶级知识分子来对待他们。这是大家所关心之事，于是拍手希望他讲下去。总理说"不成了"。他这次为主持广交会的开幕仪式来的，又接见了外宾和华侨，又在文代会讲了一个多小时的话。此时已4点多钟，5时还要飞回北京。他说："我已与陈老总（毅）说了，要他给你们和文代会各做一个报告。"到了3月5日我们就听了陈副总理的讲话，他从下午1时讲起，一直讲了六七个小时。他上来就说："如果总理没有给你摘帽子，今天我来为你们脱帽加冕。应当是劳动人民的知识分子了。"他分析了当时国际和国内形势。他对一些干部提出批评。譬如，针对一些自诩为深通马列主义的人，他说："你有几两几钱。中国出了个毛泽东就使国家发生了翻天覆地的变化。"可见这是不容易的。他又提起过去盛传广东的土豆亩产百万斤之事。他写过文章，此文还译成几国文字。他说："不是我胡说。我上了当了。"他的讲话爽直坦率，引起了一阵阵掌声。但是却得罪了不少党里的干部，在"文化大革命"中受到指责。他最后说："我在文代会也作了同样的讲话。一位朋友跳上台来，与我握手，说'陈老总呀！不是我今天亲耳听你所说，总以为这是最大的右派言论'。"

3月19日，新丰江新建水库地区发生了大地震。这个地区是从来没有发生过地震的。不知此次地震是否与水库有关。陶铸书记在报告中，要求科学家为此做些贡献。说北京地球物理所已在那里建立了地震台。蔡承祖副院长也对我提起此事，要求测地所为此作些贡献。我向所中提出此事。但是，由于大地组的主任周江文先生的反对，都不能在学术委员会中通过。但是，正如1956年周总理对我说的"对国家有用之事，早晚会得到支持的"一样，此事竟得到广大青年的支持。我们和广州的一些单位，如城建局、测绘局等协作，做出了一些成绩，受到广东省的赞扬。次年，我到北京，李四光副院长的秘书又来找我，说李院长要见我。我问什么事。他说："可能是新丰江之事。"我说："主持此事的室主任周江文也来了。希望也接见一下。"我同周到李家。李先生在门口迎接我们。他与周先生谈得很投机。他们都是湖北人。而周的老师刘述文（也是湖北人）又是李先生早年的同学。由此开始了我所大地室的近代地壳运动的研究。

此时，广州分院的领导时常到武汉来。他们住在东湖客舍，而总将我叫去与他们做伴。有一位新调来的院长周小舟同志，是一位党内的老同志，在庐山会议上，与彭德怀元帅等一齐受到批判而下放到广州。我与他相处了一两天。他告诉我他从前曾在北京师范大学读书，但是，他当时主要是搞党的工作，所以，书没有念好。又说马哲民是他的老师，是最早在中国传播马列主义的人。这使我想起1958年，我初到武汉之时，经常到民盟省委去批判的两个人，民盟原主委马哲民和副主委朱裕璧（原是湖医二院的院长）。朱的态度比较好，而马则十分顽固。有一天武大校长李达来看他，这是我最早见到这位校长。后来，周小舟竟含恨自杀了。蔡承祖、黄友谋等副院长来，都找我去陪过。记得黄友谋领明儿（那时大约是十二三岁）去学习游泳。

10月初，我接到院里电报，要我到北京。到京之后才知道他们为我安排了到西北基地去参观导弹发射试验。接待我的人是那里派来的一位大校乔平同志。他要我住在民族饭店等候，不日乘飞机前往。我在旅馆里住了几天，也没有消息。十分气闷，又不能离开。有一天，晚上睡不着，起来散步，忽然在服务台上看到一张号外。才知道我国第一颗原子弹在西北地区空中爆炸了。这个大喜讯使我惊喜若狂。第二天，乔平来了，说现在只好坐火车前往。我们坐火车到了兰州，然后到嘉峪关以东的清水站。由此，换乘他们的专用铁道的火车到达基地。这个地区是有名的戈壁滩。我在30年代编图时就知道弱水北流，分成两股流入北面的湖里。现在，他们已在弱水上流截流建筑了水库。靶场就在附近。此时，赵九章和顾震潮先生都已先到了。我们在那里住了几天，看见了两次导弹的发射。目的地是在新疆的一个靶场。发射后不久，那边就来了电话，告知着陆地点，以验证发射的准确程度。司令员李福泽同志原是武汉军区的司令员，但是，我并不认识他。此时，他每餐都陪着我们吃饭。这个月的26日是我60岁的生日。感到能在这个国防基地度过60岁整寿是十分荣幸的。因此，就不免在散步时对赵先生说了，叮嘱他千万不可透露出了。可是在我们临行的时候，却为我们准备了面条。当然也不过是心照不宣。

到了1965年，我又奉科学院之命，到匈牙利的布达佩斯去参加罗兰大学成立200周年的纪念会。这是一所很有名的大学。由于罗兰父子都是该校的名教授，所以，解放后就改称此名。其中的小罗兰就是我在前文中所提及的发明扭秤的厄脱弗斯。此次是与地质学家吴雷伯先生同去的。他是李四光的地质力学所的研究员。我在会上，看到我在耶拿实习的老师曼塞尔。他见到我十分高兴，领我去与他的夫人见面。我们分别已经27年了。想起他当年是个狂热的纳粹信徒，而此时却是民主德国科学院院士，这在中国是不可想象的。他告诉我要到美国去讲学,这在欧洲是个莫大的光荣,一登龙门便身价十倍。到了第二年,我接到他去世的噩耗。此时已开始"文化大革命",我连打个电报去的权利也被剥夺了。

我们回到莫斯科,住在大使馆里。记得这天正是9月了。馆里庆祝国庆节,邀我去参加,而没有吴雷伯。他从未到过莫斯科,闹着要出去走走。此时,中苏关系已十分紧张。我不敢出去,怕遇见熟人,也只好把他交给使馆,跟随一些人出去游玩一下。

记得这年夏季我已参加了农村的"四清"工作,是临时抽出来出国的。回国之后,又回到农村。我被分配在应城县近郊的周扬大队。所中为了照顾我,派了李兴甲与我在一起。工作队队长是汪心一副院长,他的驻地离我们很远。副队长是王力全,住的地方离我较近。所中还有其他同志也参加了。如段宝义同志也在附近,可以时常见面。我住在一个老贫农梅

左起:方华、方夏、杨明士、方明、方俊(在小洪山)

婆婆之家。她是解放初年，农村工作的骨干。她有两个儿子。长子梅早发，过去被人将肺部打伤，整天咳嗽不止。晚上他们母子二人的卧室就在我们的隔壁，又是半截墙，他们的动作我这里都听得清清楚楚。他夜中咳嗽不止，竟使我不得安眠。想起国家解放已经十多年了，我们的农民还如此穷苦，以致有病也不能得到医疗。我想我是否可以出把力，把他送进医院？我想他们从未接受过医疗，药物疗效应比我们经常接受医药的好。那时，有一位刚从医学院毕业的王梅同志，也来参加"四清"工作，并且也在周扬大队。她的父亲是鸡公山疗养院的院长，所以，对医疗问题是比较熟悉的。我与她商量，她也很赞成。但是，王力全同志听到此事，就立刻派人来阻止此事，说："这不是个别人的问题。何况就是梅早发一人的病，你能负起他医疗费吗。"也就只好罢了。后来，我还是为他向公社请求，将他送进医院，住了一两个月。当然，也不可能把病治好。要批评我不自量力，是可以的。但是，后来在"文化大革命"中，竟成为我"收买贫农"的一大罪名。

李兴甲同志是一个很好的党内同志。他在农村对我照顾得无微不至。他是朝鲜人，小时跟父亲逃亡到我国东北。但是，他与父亲不是走同一道路。父亲是参加资产阶级的民主革命，后来就回到南韩去了。他则一直跟着中国共产党。后来就加入了我党，并在江西与刘翠莲同志结了婚。此时，在农村的一切工作都由他去做。只是到了关键时刻，才把我叫出来。这时的斗争对象是一些走资本主义道路、私自经营贩卖的农民。有一天，所中派了刘福祥同志来，要找李兴甲。他正在外开会。刘等到三四点钟，急着要去搭乘最后的班车回武汉。他对我说："你为我问问李兴甲，他到底是想做中国人，或朝鲜人。"此时，中朝关系曾一度十分紧张。所以，省委要我们征求他的意见。晚上，兴甲同志回来，我将刘福祥的话对他说了。他说："我是中国人民把我养大的，我对中国共产党是有深厚的感情的。至于平时曾想回去看看老家和家人，也是人情之常。"我与他很亲热。但是，他却好酒，酒喝多了，就难免说错话，做错事。所以，我与他相约每月请他到应城去吃一顿，可以喝些酒，工作时，不能喝酒。

汪心一副院长到周扬大队来找我。那时，省委三申五令，不准"四清"工作人员乘小汽车进村。但是，他还是坐着小汽车来了。在红堂——一幢天主教堂，此时已成为公社开会的场所——附近的小石桥坏了。车子未能直达我住处。他同了一位解放前的老战友，曾做过应城县的文化局长，儿子现在也是县的公安局长，要到汤池去住几天，邀我同行。汤池是30年代陶铸同志在那里讲学的地方。当时，国民党的一些比较进步的人士如石瑛（湖北三怪之一）等为了想培养一些有能力和廉洁的干部，就利用石瑛当时是建设厅长之力，开办了这所训练班。我党就将陶铸打了进去。他们引我去参观了当年陶铸讲学的场所。就在这里，培养很多党的领导干部，如我前文已经提到的汪心一和蔡承祖等。那里的农民对陶铸同志都十分亲切。汤池温泉水温甚高，以致我们现在的浴室里，放水之后都要等上半小时，等浴汤凉了，才能进池入浴。记得后来，汪心一又来了一次，也同我一齐去了。此次，却在一个军区设立的浴室。他们经过陶铸同志的批示，拿到十余万元，建立了水塔，才有冷水来源。附近的小河中所流的河水也是温度很高的。当地人就利用这个条件将一些越冬的农作物都移到这里来培养。在回程之时，我们在皂市稍事休息。主要是他们二位要寻找当年旧游之处。皂市是京山、天门和应城三县的交界处。在解放之前，是三县共管，但也可以说"三不管"的地方。我党就利用这个条件，在那里设立了一些活动的据点。他们二人要去看那所当年英美烟公司的工厂，因为同去的那位老战友的夫人曾在这里当过工人。此时已改成另一工厂。因为正是星期日，不能进去。厂的对面，据说是当年的新华书店。当时，站柜台的两位女将，一是陶铸的夫人曾志同志，另一则是后来成为纪增爵教授夫人的郑连燕同志。我与纪增爵是极熟的朋友。记得 70 年代前后，我每到春节到他家拜年之时，郑同志总给我讲述斗争的情况。她们与蔡承祖、汪心一等都是很熟的。蔡告诉我郑连燕同志因车祸受了重伤。他们把她送到昆明去休养。大概就在此时，认识纪增爵的。

次年初春，我又被抽调出来，到长春去参加光机所的会议。到长春之时，正是深夜。那晚气温已降到零下 27 ℃。接我之人对我说，宾馆就在对面。但是还是劝我坐车去，因为天气太冷。我没有听他的话，径自步行前往。虽然在路上还不到十分钟，但我的左腿竟冻僵了。到了宾馆，睡在床上，左右都不是。第二天，连走路都成问题。会议完后，我回到北京，院里同志要我去参加周总理所召集的一个会。我问是什么事。他说："可能是邢台地震之事。"此次大地震发生在 3 月 8 日，震中在宁津县的耿家桥，震级达 6.8。过了两天，又发生了 7.2 级的大震。中央对此十分关心。周总理也坐了直升飞机去慰问。我到会场，坐在台上。记得那天台上是三张方桌。总理和郭沫若院长坐在最右边的一桌旁。邓颖超同志也去了，还有几位领导。我坐在最左边的一桌。下面则和平时一样，有许多听众。总理讲了地震之事和一类救济措施。后来，他又谈到批判吴晗的《海瑞罢官》的问题，也提到了批判邓拓的"三家村"问题。记得他说："一篇文章没有什么，两篇也无所谓。文章多了就要成大地震了。"郭院长也讲了话。这就是"山雨欲来风满楼"的讯号。

所中派来参加这次会议的还有郑松华同志，他是一位留苏生。来所之后，一直在计划科工作。会后，院中的同志要我到邢台地震区去看看，说是周总理说的。我就与郑松华坐火车到了石家庄。又由那里的地震工作队，派了一辆吉普，将我们送到宁津县耿家桥的震区。只见那里的房屋大部分都倒塌了（80%）。一些无家可归的难民都转移了，有一些则住在帐蓬里。大批的救济物质已从各地运到，堆积如山。我们在帐蓬里住了两晚，就回武汉了。

  到家之时，所中造反派就登门来斗我。墙里墙外都贴着"打倒反动学术权威方俊"的标语，并且要我站在门口的椅子上，背上也贴了这种标语。来人大约有十几二十人。为头的是过冉和黄剑书。他们都是我们迁武汉才来的，但是，与我相处七八年了。有几位我不认识。后来知道是新从总参测绘局调来的。其中有游泽霖、宋永厚和王启梁以及党内同志熊行政、秦道信等等。其中，前三人对我特别苛刻。游泽霖年岁比较大一些，以"老夫子"自居，很多歪点子都是他出的。两位党内同志当时对我还是比较温和。例如，同时来些红卫兵抄我的家，他们要翻我的大木箱，是秦道信阻止的，说："我们已经看过了。"我一时竟被搞糊涂了，不知所措。真是"匹夫无罪，怀璧其罪"！

  我抽空去看分院在武汉的院长王泽江同志。我把我的困惑向他诉说。他说："你没有经过，而对于我也是第一次。现在他们如此斗你，将来不知道如何对付我呢。"这是运动一开始他对我所说的话。我每天上班，都要受到批判。并且，每天早晚四次都要高举那个"红本本"（语录），向毛主席像请示。我们还须到武汉大学去参加批判校长李达。他们的党委书记朱劭天等三人站在台上。我们都坐在台前的草地上，跟着大伙高呼"打倒×××"之词。我在两年前与他在东湖宾馆相见，此时再见就成了这样的局面。李达是一个资格很老的党员，在理论上做过很多工作。他曾写了论著解释毛主席的《矛盾论》和《实践论》，都受到主席的赞许，而此时却成为他的罪状。老年之人，经受不起这种不人道的折磨，不久就病倒了，在医院里含恨而去。

此时，我被分配到一个劳动队里去劳动。其中除我之外还有王世美、范仲文、曾广樑、郭惠申、周江文、贾国永、何鑫、韩天芑、张善言、潘盛年、傅练（女）及沈禹昌等人。最初，要我们背粗糠。那时，食堂都用此烧饭。这对我却是个苦役。每背一次，就使我汗流浃背。何况，我的左腿行动不便，我就到医院。那位长期与我们看病的樊少卿医生是从部队来的，对我很好，为我开了便条。我将便条交上去，竟被他们撕掉。后来，还知道他们为此曾到医院去造反，把樊医师的空白便条都收去了，说他没有资格做这种事。这当然是很晚之后才由樊少卿告诉我的。当然，我们队里的同志看见我这种样子，也不让我背糠了，而在天文台的草地上拔草。

我家两个大的子女，即夏儿和华儿都不在武汉。他们对此也无可奈何。次女芊芊那时中学已毕业，没有考上大学，在一个单位工作。单位领导赵铁夫是个老同志，对她很好。后来又一起到了咸宁的茶园去劳动，就无形地保护起来了。所以，我的罪恶就落到我的次子明儿和孙女洪洪身上了。他们扬言，洪洪在武汉没有户口，要驱逐她。又因我家老保姆王桂贞（她是一个地地道道的贫农出身）的户口也被调回她的家了，成了黑户，也在驱逐之列。我不得已，只好由王桂贞带着孙女到北京夏儿那里。在火车中，她看见许多红卫兵到北京去造反，就对阿姨说："这下好了。红卫兵都走了。不会斗爷爷了。"这个四岁的娃娃已经懂点事了。至于明儿，则为我之事受难很多。例如，他们说有个盗窃小集团，逼着我们将明儿送到为此专办的学习班。儿子掉着眼泪对母亲说："爸爸究竟犯了什么罪？"不肯去，明士也不得不安慰他让他去了。去了不久，被"支左"的解放军送了回来，说："没有他的事。"此时，明儿才十五六岁。后来，发动"上山下乡"运动。他就请求到鄂西山区去劳动。此时，我的心情是十分矛盾的。一方面觉得他年纪尚幼，离家诸多不便。但是，也希望走得远些，以免再受我的牵连。他到了竹溪县，跟着一位老农在山地种药材。

此时，测地所的新大楼已经盖好。我们都搬进去工作。门前树立了两三道竹围屏，作为张贴大字报之用。在运动一开始，常惠就给造反派写了两封信。把过去党委的许多事情都摊到我与王世美的身上，并且加油添醋，又加重我们罪责。他总记恨于我，认为他的调动，是我之故。其实，他那次调动是因为他与院里争夺领导权，而被人挤走的。游泽霖等三人又去找过他几次，将许多"莫须有"之事都加在我的身上。他们几人，在一个时期，每天都要审问我一小时，问些毫无边际的问题。例如，有一次，他们问我："你说过'德赛精神'，这是什么意思。"我觉得可笑，连这个五四时期所提出的"民主与科学"的术语都不知道。我还能说什么呢。我与丁文江、翁文灏的关系是很深的，他们也是我最敬佩的学者。当然，他们后来都做了国民党的大官，翁文灏还做到行政院院长。但是，他们却难以了解，我与他们的关系是什么。他们太无知了，连一些常识也没有。常惠后来的处境也不妙。他的手伸得太长了，竟在长沙煽动了一次武装斗争，死了150余人。他可能有后台，只在机关管制罢了。其余的人都被判了刑。

那时的大字报一天换几次。但是，说来说去都是那几个问题。所以，经常有人在大字报上说"为什么对方俊总是批不起来"。我虽然每天都要挨斗，有时为了斗别人，也带到我身上。但是，我始终没有戴上高帽子去游行，也没有让我去住"牛棚"。有一次，他们把一些人送到沙洋农场劳动，也说我年岁大了，没有让我去。

只有一天，他们斗争郭惠申，让他戴了高帽子去游行，也将我和王世美带上。一人打鼓，一人打锣，开道前行。我们走到测绘学院，王之卓先生也在排队观看。真是"千年不挑粪，出门碰见亲家公"了。他们为了斗我，也经过了一些锻炼。那时，明士每天上午在家属的学习班开会，经常听见对面所里的一些人的对话。后来才听出，他们是在练习台词。我听了却是捏一把汗，不知如何应付这个场面。此时，斗得最多的是贾国永。他自己始终不承认是右派，态度十分顽强，而群众对他的态度也十分粗暴。例如，让他弯着腰，将两手向后张起，这就是坐飞机。有一天，确是轮到我了。这是一个工人张儒杰所挑起的。我平时对于工厂是很关心的，特别是对于工人，觉得他们很辛苦，我几乎每隔几天总要去一次，这是党委的领导所不肯做的事情。所以，一些老工人，如王雨田、王德元、向增湘、丁朝西等都与我很亲热。但是，张儒杰却对我很有成见。他原来是个干部。他的母亲曾与一个地下工作的人姘居，过去曾认为他们保护了此人。所以，从农村提拔出来当了干部。后来，省委查出那位地下工作者的被捕，实际是他母亲出卖的。所以，下令要我们开除此人。最后，省委又觉得开除出去会造成社会上的麻烦，要我们将他降职留用。此事是常惠让我去宣布的，他就记恨于我。他那天气势汹汹，说我反对毛主席的戏剧改革。其实是他为我买了汉口车站上一个戏院的票。那天演的是京剧《桑干河畔》①，我回来时在汽车上说了一句话"把京剧演成话剧了"，他就以此为据说我反对毛主席。他又指责我说："你吸的香烟是哪里来的？都是我从高级宾馆，或飞机场替你买来。"对此，我是承认错误的。他竟踢了我两脚，又打了我一个耳光，在群众劝阻之下才罢手。到了晚上，朱仲芬同志到我家。他是从不来我家的。他此时来，我不知何故。他对我说："群众的眼睛是雪亮的。今天之事不是大家的意见。我们现在有两派——"井冈山"和"天安门"——为了团结，我们不便多说。但是，到了紧要关

---

① 剧目疑为《箭杆河边》。

头，自有人挺身而出的。"在此之后，每逢斗我，或者斗别人，我陪斗之时，前面总坐着两排人，是否是保护我的，就不敢说了。此时，又使我想起在我刚回来之时。有一夜，我从所里回家，见家里墨黑，明士为我开门，说："你看什么人来了。"我看见段宝义同志坐在那里。他是冒着风险来找我的，交代我不要想不开，并且不能承认之事，绝对不能承认。他对我的关心是我难忘的。又如有些人诬告我说我在农村搞"四清"还养八哥。此事的来源可能是有一次我与李兴甲在红堂开会，屋顶上八哥很多，我说："这种东西在城里买起来是很贵的，想不到这里是这样多。"李说可以逮一个回去养养，说过也就算了。不料他竟逮到一个，放在一个纸盒里养着。这个野东西钻出来在我房里乱飞，以致我的被褥都被鸟屎搞脏了。但是，此时我早已离开了那里，并且，从此也没有再回去过。李兴甲和段宝义在一次会上，为我辩护。为此，他们二人竟被强迫劳动了两个月。这是他们出来之后，贴了大字报，我才知道的。可见主持公道的人是很多的。我离开周扬大队之后，我们的"四清"队的队伍也调到汉川去继续"四清"工作。当然，我是回不去了，也有一部分人调了回来。

在运动开始之时，部队派来的"支左"指挥长第一任是徐营。他从来也没有与我谈过话。接着换了一位姓李的，也是如此。后来，又换了一位也是姓李。这是那位李指挥长在一次会议上告诉我们的，说接替他的也姓李，但是，名字不大好，是李修正。这些人与我都没有什么接触。当然，在讲话中都牵涉我这个"反动权威"。工人的"支左"队伍也换了两三批。我此时当然是无法工作的。我就利用这种条件，努力学习毛主席的著作。在一年多的时间里，我将四卷《毛泽东选集》，从头至尾通读了三遍。后来，何鑫同志又为我买来了毛选的英文译本，接着又为我买到了法文译本，以作长期钻研的打算。英译本1 400多页，当我读到1 300多页时，我解放了。后来又忙于其他事情，至今也未能继续下去。

此时，分院的其他部门的斗争也十分剧烈。社会研究所所长董锄平同志是受害最厉害的一个。他是个老党员，早年曾跟随刘少奇同志做过不少工作。后来，又流亡菲律宾，解放之后才回国，此时，却成了斗争的重点。军区将他抓了去，不久就病死了。还有经济研究所的方壮猷先生，他就住在我家对门。不知为什么也被隔离，后来，因心脏病发作送回家来。家中将他送进医院，两天之后也去世了。

此时，有些造反派已将斗争矛头指向党的老干部了。我每天上班，经过分院大楼时，经常看到几位干部，如李乐之等，低着头站在大厅内，接受批判。一部分造反派要将分院的档案运往北京，王泽江院长到车站阻止他们。但是，怎么能扭过造反派的行动呢。他们还是将档案运上火车。王泽江不得已，只好跟着一起赴京。到京之日，正值北京科学院的造反派正在院门外开斗争会，很多被斗对象都跪在雪地。就在这一次，著名地质学家谢家荣先生①夫妇竟在斗争之后，抱恨自杀了。

我们这里，造反派又将我们这些人组成一个学习班，称为"牛队"，即"牛鬼蛇神队"。前面所写的十几人都在其内。此外，还有胡楚彬以及二室的几个人。总共大约是20多，不到30人。我们每天学习。各人都讲述自己的身世，并且坦白自己的一些不好的思想。贾国永是从来不承认自己是右派，说这都是光机所的领导强加于他的。他自谓很有学问，正在写一本总结"光学发展的万年史"。我们要求他拿出来大家欣赏欣赏，其实他什么也没有写。那位胡楚彬同志，人家都叫他"糊涂兵"，此人确也糊涂得可笑。他是武昌南边流芳岭的一个地主，父亲是北洋的军官，据他说

---

① 谢家荣先生工作单位不在中国科学院，他于1966年8月8日在中国地质科学院被批斗，8月14日自杀去世。

是上将。他讲起他如何在几年之内，从一个上士，提升为上校的故事。就是每隔几个月他就被派去学习，学习回来，就升级。这可能是他父亲的余荫，受到照顾而已。到了解放之时，他带着几个人逃到贵州。到了一个山上，走不动了，被解放军俘虏。也没经过什么周折，就转业到一个测量队。他是以上校级的测量工程师的名义到我们所的。这都是常惠去请来的。至于曾广樑先生则竟是危言耸听了。他说他在柏林读书时，就是国民党中统的中坚分子。他描述他如何骗取他同屋一个人的抽屉钥匙，窃取此人机密，因此主动进入柏林特务组织的核心。还有一位王世美同志从高空组带来的女同志傅练，她曾被国民党囚禁在上饶集中营的，造反派说她是叛徒，她竟自己承认了。如此等等。大多数人在历史都是有了结论的。此时，被造反派一闹，又将旧账都翻出来了。

我们被派到豹子澥地磁台去劳动，主要是去拆一幢房子。豹子澥在武昌以南，汽车去时，要经过流芳岭。这是50年代北京地球物理所所建立的，后来归属我所。十多年来已经积累了不少观测数据。"文化大革命"一来，一切都打乱了。此时，公社要收回租给地磁台的一块地皮。但是，房子是地磁台盖的。所以，就派我们去把它拆了，将材料运回。这都是损人不利己的事。我们在那里劳动半个月，又回到所里。

在不久之前，工厂工人丁朝西到我家里，板着脸说："你拿这样多钱。觉得好意思吗？"我说："我已贴出大字报，请求降薪。"他说："你做得对，你要多少钱呢？"我说："这哪能由我说，你给多少就是多少。"他就拿了个算盘。说："你们两人伙食，你有老母亲，需要寄钱。抽烟多少，吃药多少。"一共打了150元。我说："太多了。"他说："我们说了算数。"就这样，我每月可拿150元。而其他与我相同的人每月只有十七八元。

此时，国内一些地方，地震频繁。如邢台地区又于1968年1月16日又发生了大震，1969 年 7 月 16 日渤海地区地震，以及 1971 年 9 月 14 日云南思茅地区也发生了地震等等。中央对此十分重视，成立了地震工作组，组长是张魁三同志。不久，又成立了地震局，将科学院的几个地球物理所都划归该局。我所也是划归该局的研究所之一。此外，还有哈尔滨的工程力学所和两三个生物研究所。据说这是李四光副院长与刘西尧同志所决定的。当时，刘是周总理派驻科学院的代表。我对此是反对的。我认为以我们研究所为例，除了少数的几个人之外，对于地震都是一无所知。把这些外行聚在一起，只有误事，并且也将他们的研究打乱了。但是，我有什么办法呢？只好听天由命了。不过我还是为一些人做了些工作。这时二室的单身汉都住在我家里，将我的客厅和书房都占据了。由于经常接触，也了解他们的困难。电离层的观测也无法进行，研究工作也停顿了。我将此事向刘西尧同志反映。他就写信与当时省科委主任易鹏同志。易鹏就将这个部门调到武汉物理所，成立高空研究室。在划归我所之时，是 28 人。此时虽未全部划到物理所，但是也有二十五六人。至于我们自己，我是无法说话的。因为我深知这里主要是我的问题。他们不论如何骂我，但是这条"大鱼"是不会放走的。此时，在湘、赣、鄂交界的山区也发生了地震。地震局来电话要我们派人去视察。这时的新指挥长李锡山同志是武汉空军调来的，能说会道，但是脑子也是充满看不起知识分子的思想。此时，他竟要我陪他一起到长沙去。没有买到火车票，我们只好坐了吉普车，绕道蒲圻、咸宁和通城。由此越过幕阜山到达湘境，再到长沙。他沿途与我说说笑笑，使我这个被"文化大革命"一棒打懵，又长时间被歧视之人，真有点受宠若惊了。我们到了长沙，找到了那里，地震损失并不严重。住了几天，就乘吉普走原途回到武昌。此时，工宣队也换了新人。来了四位从武汉锅炉厂派来的工人，他们都是从上海调来的。其中一位年纪比较轻,可能是个副指挥长,也是能说会道的。另外有两位年岁比较大一些的。一位姓王,另一位是奚毛囡同志(因为名字很特别,所以能记得),对我很好,特别是奚毛囡经常找我谈话。

此时,我的次子明儿从鄂西北回来。因为有病,所以得到准许回家治病。他回来之后,终日默默不乐。整天睡在一个行军床上,也不肯吃东西。我们也不知道是什么缘故。幸而嫂嫂守恬来了,看出他是患肝炎,立刻送到医院就医。经过打针服药之后,竟很快地好了。病好之后,他每天与几个朋友在篮球场打球。有一天发现二号楼上冒烟,跑去一看,原来是发生火灾了。他们几个人奔走相告,使一些人能够及时赶回家,将家中的东西运出来。特别是我所的杨家骏同志,他们夫妇二人因为家中无人照应,总是把他们的小女儿捆在床上,此时也得以及时救出。明儿又和他几个球友,找一些人来救火。楼前原有一个自来水龙头,而且消防设备也很齐全。但是,这种设备与自来水龙头竟是不配套的,不能将水管接上。这都是平时过于大意,从未做过一次试验。后来,只好打电话到消防队。火势虽已煞住,但是,房子却烧得不能再住人了。幸而,个人损失有限,特别是没有伤人。此时,马增光的父亲却住在此楼。他是个地主,造反派就怀疑是他放的火。其实已有人指出是一个小孩玩火所引起的。但是,这个小孩却是造反派一个头头的儿子。此事也就不了了之了。

此时,我的处境确是有明显的改善。有一天奚毛囡同志要我好好地做个检查。我把检查的稿子给他过目。我检查的第二天,他又把我叫了去,告诉我他们领导小组已经讨论过,说是明天就要宣布我的解放问题。他又提起说:"你的钱到哪里去了。"我说都被造反派收去了。此时,一位名叫李弼珊的干部进来,说:"你所交代的与翁文灏的关系与我们调查的不符。"奚就问:"这与他解放有什么关系。他的解放你也是同意的。"李说:"没有关系。"奚就说他:"那你问这是什么意思"?他又对李说:"他们的钱最好还是还给他们。在你手里不好。"于是,李就将我引到他的房里,将钱算还了给我。

在此事之前不久,我的第二个孙女出世了。她父亲来信,说是住在北京打算取名方京。我立刻写了回信。说这个名字不能用。因为我的挨肩兄弟就叫这名字,小时候得了骨痨夭折了,改后就取名方兴。因为是生在大兴县的。此时,我的次女芊芊已从茶场调了回来,分配在新成立的手表厂工作。她与水生所的助理研究员张甫英同志结了婚。张是无锡农村的贫农,从南京大学生物系毕业之后分配到水生所,至此已是一年了。就在她们的儿子张皋出生之后不久,我恢复了党的组织生活。但是,我的日子也是不好过的。我被分配到生产组工作,处处仰人鼻息,连拟个文件也要受到许多指责。这大约是1970年年初之事。

就在这个时期,八妹云实来到武汉。我自从50年代与她分别之后,至此已经18年了。记得她和黎韦同志一起在昆明。此时,黎韦是昆明市长,而她也是一个医学院的党委书记。记得在他们临行之时,四叔曾经把他的长女方于和女婿李丹重托他们。于姊和姊夫李丹都是留法的,学音乐,当时在云南大学任教。于姊信佛,家里有个佛堂,和一些三教九流之人经常来往,这是令人担心的。当时,军区正找音乐教员,他们就将于姊介绍去。当然,李丹、于姊都是十分高傲的人,不会把这些老粗看在眼里。去了些时候,竟出乎意料地发现这些战士的聪明才智决不是他们想象的那样笨拙。教了半年,竟把一出交响乐演奏得十分出色,这使他们对解放军和党的领导发生好感。如此黎韦等的工作也好做。从此,他们竟取消了佛堂,与一些三教九流之人断绝了关系。

云实来后,看见明儿,说:"长得这样高大,会打篮球吗?"我告诉她明儿每天都在打篮球。于是云实写了信给昆明的一位女同志，要她打听昆明军区招收运动员之事。过了几天，回电来了。说军区的勾司令正在物色篮球人才，要明儿立即前去听候测验。记得这晚正是己酉年除夕①，八妹在我家吃了午晚饭回到大姊家。我们令明儿将电报送去，就决定立即让明儿动身去昆明。后来知道，他到昆明军区去报到，经过测验同意他参军。从此，他就在军区入伍，参加他们的球队。经过长期的训练，就组队到各地去比赛。至此，我们的一些困难都逐渐好转。

在此时期，我不可能有什么著作，这是很自然的。可以一提的是我曾写了《卫星大地测量学的发展》一文，在《科学通报》发表（1973 年 5 期）。我所在"文化大革命"前后曾编绘了《湖北省地图集》，此图的编绘采取了许多新措施。例如，那时已引进了日本的植字机，所以，地点都比较清晰，也比手写更为便利。又如山地的地形分层也从过去常用的红色改为灰色，使图面更为美丽。但是，这在"文化大革命"中成为我罪状之一，说"方俊怕红"。此图之出应归功于当时的副省长孟夫堂同志。由于他的支持才能在这个动乱时期，得到安排工厂印刷和发行的。但是，此图出版不久，他竟去世了。此外，我在恢复党的组织生活之后，每晚都在整理我那本《重力测量与地球形状学》第二册。

那时，在我家居住的二室单身汉都已迁出，接着周江文先生夫妇就搬到我们的客厅和书房居住。此时外孙张皋也寄住我处。有一天，南京的华儿回来，说"张皋"二字听起来好像是"糟糕"，建议改一改。我与芊芊等商量，将他的名字改为张伟。他很活泼，与周江文先生也相处得很好。一直到四五岁时，才回到他父母身边。

---

① 1970 年 2 月 7 日。

我去见郁文秘书长,他同我去见李昌同志。他要我到这个新出来的所去做所长。我说:"这不是我个人的问题,我是为了事业。还有这许多人都处在水深火热之中,我不能独善其身,死也死在一起。"

第5篇 重建测地所

为事业而斗争

到了1971年的秋季，北京地震局的方维清到武汉来找我。他说是奉局里政委董铁城同志来的，想要将我暂时调到北京工作一个时期。他是局里被人称为"三霸"（方维清、李国栋和吴华）之一，是造反起家的。局里之事，大多是取决于此三人，大家都怕他们。但是，此时来找我却对我很客气。同来的一位女同志是吴兵。方问我现在做些什么？我就告诉他正在整理我那本书。他将稿子取了去，看着大抵整理好了，就将此书带回去，交给科学出版社。但是，也经过四年，即1975年，才得以出版。我跟他到了北京，安排在三里河离科学院只有一站之远的国务院第五招待所住下。同去的是陈俊甫同志。我见到董铁城同志，他对我十分亲热，问了很多事。但是，在那个时期，有些事我也不敢直说。他的热忱很使我感动。此时，我正在做用扭秤进行垂线偏差异常的研究。当然，我提出这种研究是有一个前提的。他们曾经用重力仪在京津、津唐一带做了重力剖面测量，据说一天之内，重力异常竟可以差到 40 微伽左右。在这种情况下，似乎垂线偏差也可以产生相应变化。这是我提出扭秤观测的前提。那时，当然不可能为此向国外去订购新仪器。我所用的都是 50 年代地质部物探局从匈牙利进口的扭秤。此时已陈旧不堪，并且也残缺不全。我从他们的仓库里取出一些，经过修理，有些则将两台并成一台，借此勉强使用。我日夜工作，所以董铁城对我也十分看重。有一天，他问我："你住的地方如何？"我说："住在招待所很好。"他说："不是这里，我问你家住得如何。"我据实说了。他就很生气，批评方维清说"你要检查一下，是如何落实主席的知识分子问题"。

我也能时常参加一些党的会议。又如 1971 年 9 月 13 日林彪乘机摔在蒙古温都尔汗，我也是较早地听到这事的传达的。他们又要我去视察北京西北一带的地震台站。我坐了吉普车出发，出了西直门，只见沿途都站着岗警。司机对我说："今日要小心，可能是皇帝出巡了。"他指的是东非埃塞俄比亚皇帝塞拉西一世，那时正在我国访问。他就将车停在路边，等候汽车队过去。因为他曾因此受过处分，我们等了半小时，见车队过去，才敢向前驶行。我们到了南口、昌平、延庆等地看了一些台站。回程之时，在小汤山暂息。同行的一位肖同志指着树林对我说，你可知道树林那边是什么。我当然不会知道。他说："有一次，我在这里看见树林里出来十多辆红旗车，在这样荒凉的地方怎么会有这些车驶过，问了别人，才知道那边是有个高级监牢，这就是秦城。"

此时，我常去的地方是计量院。丁绪宝兄在那里工作，现在虽退休了，家还住在附近。同时，也因交通方便。我住的"五招"离 13 路公共汽车的出发站只有一站，而计量院又离此路汽车的终点站不远，所以来去都不要排长队去挤车。计量院重力组的几个青年人，如郭有光、李德禧等正在研制绝对重力测量仪器。我也参与他们的讨论，并向他们讲解一些重力学的问题。绪宝兄也来听讲，他那时已经80岁了，还如此好学。计量院的党委书记是李乐山同志。他对我说："你这位亲戚是一个好人。他原是一级教授，调到北京每月只拿170元。到了我们这里，也是如此。我们觉得每月170元已经够低的了，所以退休之后，也没有打折扣。"我告诉他："你还不知道，他曾对我说过，曾经去了解了工厂的工人每月平均工资只有50元，他要请求减薪呢。"绪宝每月都忙于学习，经常到图书馆去。郭有光等同志的仪器不久制成，经过很多试验，觉得十分完满，他们就将仪器带到法国巴黎附近的塞林勒（Sèveres）去检定。那里是日本学者佐久间（Sakuma）工作的地方，已经20年了，他的仪器是被认为最精确的。郭、李等到了那里，这个日本学者是不会看得起他们的，就指定一个仪器台，让他们测量，而不把这里的重力值告诉他们。但是得出的结果，却与他的数据完全相同。他十分惊讶，也十分高兴，当晚就设宴招待郭、李等人。这些都是光机所所长王大珩告诉我的。他那时正在那里访问，他也参加了这次宴会，觉得"也与有荣焉"。后来，国家测绘总局的徐某竟与意大利订了合同，用他们的仪器在中国测量，据说此事是当时华国锋主席在意大利访问时批准的。这种有损国家荣誉的行为已经令人不服气了。而在此时，苏联地球物理所的布朗什博士写信给我，说他们正在组织法、英、苏的绝对重力测量的比对，也希望中国参加，我就为计量院向科委申请，而徐某竟通过他们在科委的代理人，极力贬低郭、李等的成就。我见到科委副主任武衡同志，就将此事向他反映。他说要好好查一下，但是我仍劝他不必了。因为我深知一些人总是通过他们的代理以达到他们不可告人的目的。

我在北京住了四个多月，每天都是努力工作。回到武汉之后，我们又组织了一个工作组，带了几台扭秤，到新疆的震区去工作。但是，此事却以失败告终。因为我所依据的"前提"是根本不成立的，他们在测量重力剖面时所发现的异常都是仪器误差所发生的错觉。

我回武汉之后，也是不得清闲的。尽管一些人这样骂我，极力地贬低我，他们还是不能不把我选入党委，而且是个常委。我明知这是假的，他们屈服于群众的压力不敢不这样做，但我却可以利用这个职位，与一些不讲道理的人展开斗争。那时有一个党员周某与一位同志的妻子发生暧昧行为，他竟利用职权将这位同志派到西康工作，并且长期不让他回来。后来，这位同志回来了，发现妻子与周某的不正当关系，就用大字报揭露此事，许多知情的群众也贴出了大字报，要求党委开除周某的党籍。这时的党委书记是分院派来的李乐之，他却很喜欢这个党员周某，百般为他辩护，但是在证据确凿之下，他也只好同意可以考虑。记得为了此事，竟开过四五次会，总是会议通过开除周某的党籍，而不予执行，到下一次会，他又提新的翻案文件。我对这种议而不决、决而不执行的作风，十分厌恶，也不愿去参加这种会议了。后来，一些主持公道的党员又去找副书记高忠同志。他是一位老同志，过去是以打小鼓、收卖破烂来掩护他的行动，为党做了许多工作。但是，"文化大革命"中却受了批判，下放到沙洋农场去劳动。平反之后回到武汉，就调到我所。来了之后，即卧病在床。此时，他扶病参加了党委会议，为那位同志伸张正义，周某才被开除出党。李乐之为何如此庇护周某，群众也是有强烈反映的，但是，我也不便过问此事。

我们自从1958年搬到武汉之后，省委一直是王任重书记与张体学省长领导之下的。他们都是很有经验和魄力的人，并且也能坚持党的基本原则，特别是党的民主集中制的原则，所以能够把湖北的一些企业办得生气勃勃。记得那时，我几乎每隔几天就要去听他们的报告。王书记一讲就是四五个钟头，我对省里的许多事情都是从他的报告得知的。张省长对于我们十分亲切，经常找我们开会，了解科学院的情况。记得有一次，我为分院的一个医生草菅人命而十分恼火。起因是一位女同志病倒，已经晕过去了，医生还说她睡着了，不肯将她送进医院去抢救，以致误了事，病人死了。此事群众反映强烈，而分院领导受了蒙蔽。我将此事在会上诉说，张省长立刻将分院党委书记关来福同志叫了来，要他好好调查和处理此事，所以我对这两位领导是很尊敬的。到了"文化大革命"，一切都发生了变化，两人也不能相处，彼此指责，这就为一些别有用心之人开了路。后来，张省长不幸去世，王书记也因病不能工作，调到中央去了。

军区有一位司令，在过去确实也是一位能征善战之人，为解放战争立下不少功劳，不然他也不可能提到这个地位，但是此时却十分狂妄。他主要的毛病是不相信知识，当然更看不起知识分子。在他手里，主管过三项工程。一是焦枝铁路的兴建，这是一条770多千米贯通南北的铁路，是很重要的。他只盲目地追求速度，而不重视工程的质量，又不肯听取工程人员的意见，以致建成之后几年也不能通车。我记得李锡山指挥长对我们讲他的实干精神，其中有一桩事情不能不引起我的深思。他讲这位司令有一天把一位工程师叫了去，要他在三天之内设计一座桥。这个工程师说："设计桥梁起码也应当去看看，还要测量，然后才能设计绘图，起码也是一两个月的问题。"他说："你不会把长江大桥截一半吗？"这位工程师就知道他遇见了什么人，竟是张宗昌一流的武夫。于是，只好说："这倒是个好主意，但是一头搁在岸上，那另一头怎么安放呢"？对此这个司令却能理会，于是说："你就将广州珠江大桥取来好了。"这是我亲耳听到李锡山说的，他对我们讲这些话，也就说明他脑子里装的是什么了，这说明他对此是一点知识也没有，设计一座桥梁难道只是桥跨度问题？其中有当地的地形条件，地质条件，还有岩土力学问题，都必须进行调查研究，这里都是学术问题。于此，也可以知道这些人的狂妄自大和无知了。他们总认为做一个领导是高于一切的，什么事都是领导说了算数，当然更不会听取这些知识分子的话。这自然是那时的通病，认为知识分子是"臭老九"，就连知识分子自己也感到自己确实很臭的。

第二项工程是第二汽车厂的建立。这位司令竟把这个厂设在一个山沟里，前后相距20多千米，交通不便，建筑费用自然是很大了。又坚持用"干打垒"修建房屋，这些房子盖好之后，当然不能作为工厂之用。后来，又为拆除这种房子花了不少人力和物力。建厂十年，连一辆五吨的卡车也拿不出来。

第三项是葛洲坝的建筑问题。这是我被派去听传达周恩来总理讲话之时才得知的。据说这位司令不但不相信知识分子，连工人也不肯相信的，他所用的都是临时招来的民工，所以坝址的水泥墩里面都是空洞（即所谓"狗洞"）。所以，总理的录音说："这多危险！一旦倒塌，武汉就成了泽国了。"录音中又说："这样建坝必会危及长江航运。"所以，他批评长办主任林一山同志说："你为丹江口水库之事，曾与张体学省长争执不下，结果张省长也不能不听从你的意见，现在你怎么不敢说话了。"总理说："把这几个坝都炸掉。"最后，又听见他说："副总指挥是这样一个人，总指挥就可想而知了，都撤了！"这是我第一次听见总理的动怒。我当时时常被派去听取这种报告，回来还要向党委汇报。我那时已65岁了，由于青年时的锻炼，走路、赶汽车或无轨电车都还不成问题。

到了1974年，我的问题似乎开始有些转机。钱学森同志倡议召开地球重力场研究的会议，我到北京参加这次会议，那天到会的不过20多人。代表地震局的是一个造反派头头，名查志远。那天，李国栋也来了一下，我请他参加听听，他指着查说"我管不了，你找他"，似乎有些失势的味道。钱学森同志在台上主持会议。他见我坐在头排，就对我说："你十多年前就提醒我，你的研究和高空技术有密切关系。那时，我们忙于把东西抛上去，能否上去还成问题，所以无暇及此。现在再不研究这个问题，就要犯错误了。"会后，他邀我和那个查志远谈话，希望地震局能调30人给我，进行这项研究。查竟斩钉截铁地一口回绝了。钱学森叹了口气说："地震虽重要，但是国防任务还是应当保证的，我日后找你们局长谈谈。"查竟说找局长也是如此。可见当时的权力都在这些造反派手里，领导都是傀儡。

这天是3月5日，所以这个会就被称为"7435会议"。虽然没有什么结果，但是对后来事情的转化却是十分重要的。我临行之时，钱学森又对我说："你现在很困难，不可能进入深入的研究，但是我急需知道我们大地测量的原点的坐标与实际的差多少。"他说也只需一个大概的数字，我估计他所说的"大概"是准确到千米就可以了。我国自从1970年4月24日成功地发射了第一颗人造卫星东方红Ⅰ号之后，又于次年的3月3日发射了东方红Ⅱ号卫星，进展十分迅速，所以我就体会钱学森先生要我估计我国大地测量的原点的坐标误差，可能是他们要研究回收问题了。我花了些时间，就从我国当时实际条件出发，利用我国特有的"天文—大地水准纲"作为基础来推算。这是50年代，国家测绘总局采纳我们的建议所布置的，是个每边千余千米的方格，其中密布了重力点，所以精度是很高的。我从这个水准纲推算出一些天文点之间的高程异常差，然后又应用国际所发表的根据人造卫星观测资料加上地面实测的重力值所推算出来的球阶函数表达式（记得是6阶乘6阶）直接算上述点子的高程异常差，由此推算出我国大地测量原点的坐标误差。记得大约都在30~40米之间，但是有一个轴，即赤道平面上指向90°经度的Y轴相差达180多米。这篇文章只打印了十几份，其中三份载有计算所得的数据，一份寄与钱学森，一份寄给总参测绘局，我自己留一份。由于保密的关系，同时我也不很满意，所以一直没有发表的。后来见报，我国果然发射了回收的卫星，而其中一颗竟与预计的地点相差很大。我去看钱学森同志，问是否用了我的数据，造成这个失误。他说："这不关你的事，他们并没有用你的数据。"所以，我也放心了，觉得没有为此事犯错误。当然，我也从未觉得自己有什么功劳。但是，却有人剽窃了我这文章，改头换面，写出论文，据为己功。其中一人曾拿他的文章给我看过，并且也承认他是读过我这篇东西的，但是在他文章中竟一字不提，这就是一个科学道德问题了。我告诉他，这条道路没有前途，最根本的方法是要从美国所发射的导航卫星的观测来解决。但是，苦于美国对于这种卫星的精密参数是保密的。我曾与钱学森先生谈过这个问题，他说："目前达到这种精度也可以了。因为导弹的弹头都是原子弹，杀伤范围是以千米计的，将来到了"打井"（因苏美的导弹都是按放在井里的）的时代，就当别论。但是，我始终希望这个时代不会来到。"

在这期间，我的处境略有改善。朱煜成同志竟放弃了他在抗震队的支部书记来帮助我工作，总参测绘局也派了五六个人来。名义是向我学习，实则帮助我，也有些保护我的意思。

在这个时期，武汉测绘学院已瘫痪了。夏坚白院长竟被调到师范学院，家也搬到那里去了，处境十分恶劣，并且他也病倒了。王之卓和陈永龄先生也是处境困难，以致之卓的二女婿竟要与他断绝关系。世态炎凉都是考验人的,一个人的道德品质在这种时代就暴露出来了。只有李庆海教授此时却十分神气,他时常来找我,认为我是个特殊人物。我说:"我还不是和夏、陈、王之流一样,所不同的是我想得开而已。"此时,学院的人事处长杨坚同志有时也与我来往。她是军区王步青将军的夫人,她曾与我谈起夏院长的处境,但是她也无能为力。

在此期间,总参的军事测绘学院也搬到武汉,把武汉测绘学院的房子占了。院长就是刘良同志,他邀我去讲学,还请我吃了饭,说他们的炊事员是老通成(酒楼)请来的。果然,那天是吃到豆皮的。我这时真有点受宠若惊、感恩不尽的思想了。

测绘总局此时也瘫痪了,许多人都无事可做。有人来找我,希望我将此情况向刘西尧同志反映。我为此事曾向西尧谈过,他说:"还是应当向国务院打报告。"我说:"无用。到了收发处,都退回来了。有人说可否请你将报告转与周总理?"他答应了。我就去找当时在北京的李庭赞局长。他见到我,诉说了许多伤心之事。他说:"许多人都无事可做,有些人到商店去站柜台,有些人在粮店去卖米面。大批的资料和未成图也堆积在仓库里,无人保管。"我将与西尧同志的谈话告诉了他,请他写个报告,我代他交上去。他竟不敢写这个报告。我心里想,自己的事情也毫无头绪,为什么还为他人之事操心,就不想再管此事了。哪知回到武汉不久,就接到田成同志(50年代与我们一起测量重力的一位同志,后来,他被调国家测绘局,在西安分局当工程师)的信。他将西安分局一些闲散人员座谈会的纪要寄给我,还附了一份向国务院呈请恢复测绘局的呈文,要我务必转给西尧同志。我将全部文件寄给夏儿,要他亲自送去。过了两个月,国家测绘总局竟恢复了。当然,我不知道西尧是否把这个文件转给总理,恢复之事是否另有原因,所以,我从来没有将此事作自己的功劳。我想起我为成立测绘总局也是出过力的，所以，我总觉得我对该局是对得起的。后来，他们的一些人为此歧视我和排斥我，心中总是不平的。

此时，夏儿回到家里，看到我的困境，就将外孙张伟带到北京。我送他们到车站。上车之时，小孩还是兴高采烈。到开车之时，他见我不上车，竟大哭大闹起来。幸亏同车的一些女同志将他抱起来，慰抚了很久才转悲为喜。

我又奉命要到北京开会。临行之时，施汉雄、连文彬和朱煜成来，要我这次到北京必须去找刘西尧，将我们的事向他反映。他们三人都是我兼任一室主任时先后担任支部书记的，与我相处已十多年了，对我是很了解的。我说："我总认为自己的事情，不大好开口。"他们说："这是大家之事。这样多的同志，终日无事可做。"这次我是与朱煜成同志一起到京的，记得是参加地震局的一个会。那时，美国曾经宣称："花十亿美元，十年解决地震预报的问题。"日本人也同样提出这个课题。但是，一位与古登堡（Gutenberg）齐名的地震学家利希特（Richter）却说："在目前的条件下，要搞地震预报是个疯子。"于是，他们就开会来批判这位全世界闻名的科学家，真是"蚍蜉撼大树，可笑不自量"了。夏儿同我一起去看刘西尧同志。此时，我总是吃了晚饭去，因为他家，三姨和姨夫与他是分灶的。他有些特殊的供应，一个炊事员专门为他做饭，而两位老人则自己另起灶。我看他吃一碗蒸鸡蛋，吃得十分香甜。他吃着饭，忽然若有所思地说道："地震当然重要，但是把别的学科一齐砍光是不对的。"我不知他所指为何，但是觉得此时可以开口了。我就将我们的事情向他说了。他要我写个材料与他。他看了我所写的文件，就批了五条，据说是批得很中肯的，主要不过是从所里分一部分人跟我进行钱学森同志所提出的任务。他将批件送到科学院。此时，地学部已经瘫痪，就转到地震局，局里就将此事压了下来。

我每次到京都要到总参测绘局去。他们对我十分友好，他们曾经两次派车让我去长城十三陵游览。在一年之前，我带着长孙珞同去，他们的史建章处长陪我一起。此次，我将外孙张伟带到旅馆，第二天一起去游长城。那位司机解放军叔叔竟背着他到处去玩，我也只能坐在茶桌上等他们。但是，我与局里的同志从不谈工作，可见此时他们的工作也是停顿了。

后来，武衡同志曾一度在科学院主持工作。他把我叫去，要我写个文件，并指定数理化学部主持天文工作的沈海章同志帮我的忙。记得此时，我们住在东高地夏儿家，李同志来回跑了三四次，才把文件写好。武衡同志在文件上写了批示，当政的李昌和王光伟等都画了圈，总以为此次可以见些眉目了。不幸在我尚未离开北京之时，王光伟也反水了，武衡被批成"孔老二的孝子贤孙"。此事又一场无结果。此次也是朱煜成同志与我一起的。他见此情况，回到武汉，也反了，开始批判我，说"不要跟方俊走了，他是'自我奋斗，白专道路'"。我始终认为他是个好同志，但是怎么可以如此没有耐性呢。

1975年秋季，科学院秘书长郁文同志打电话要我到北京。我问是什么事，他说："还不是刘西尧同志批示之事，已经批了半年了，我们不管是不对的。"我到北京，知道他曾经到过兰州，在那里把两个单位的工作恢复了，因此加强了信心，所以也想为我们的事情做些工作。他要我与地震局的领导一起开个会讨论。我说："这不会有什么效果。他们是代表组织，我只是代表个人，一句话就把我压下去了。"他派人到地震局去调取西尧的批示，竟回说找不到了，可见他们的嚣张，目中无人。此行也是以毫无结果而告终。但是，此次却为总参测绘局在天津的一个单位解决了一些小问题。局里派了胡治良同志陪去，在天津住了几天。我自1927年在天津住了大半年，至此已经半个世纪了。队里派了一辆吉普车在市里转了一下。我去找当年的工作地点，意租界五马路的一幢房，而竟未找到。我到八里台，那里是南开大学和北洋大学（现在的天津大学）所在地。此时副校长吴大任是我的六姨夫。想起当年，我几乎每个星期天都要去，因为我的好朋友张志荃在那读化学，也与陈省身、吴大猷等人常得会面，后来他们都成了知名的大学者。吴大任是大猷的堂弟，夫人陈鹭是我的六姨，但是比我小五岁。

我的次子明儿也参军五年，此时也要复员了。芊芊为他的事奔走，后来与武汉的天一印染厂联系好，将明儿调回武汉，到厂里当工人。这也是无所谓之事，但是到厂之后，他们竟不给他安排工作，而要他打篮球，这就很不妥当了。明儿也十分不愿，几次请求安排工作都不得同意。据说这也不是他们领导的意图，而是一位人事科长的安排。我为此事十分烦恼。芊芊就建议我去找西尧同志。我趁到北京的机会，去看西尧。他却住在医院，夫人陈景文同志却十分热心，说是可请西尧写信与武汉市委书记文祥同志，他是西尧一手培养起来的干部。我为此事迟疑不决，总觉得私人小事也去麻烦他不好。后来，还是在夏儿的劝说和陪伴下去医院看了西尧。他已从景文那里知道了此事，就写了个便条与文祥市长。芊芊通过他的秘书，使我们得去会见这位市长。也就是因为他的关心，使明儿能够调出天一厂。又经过一些周折，调到武汉大学，在物理系的一个实验工厂当工人。明儿在此，一方面工作，一方面学习，竟在电子学上得到不少知识，为他后来的进展打下基础。

辗转到了1976年，这是个不祥的岁月。一过年，在1月8日就从电视中知道周恩来总理去世的噩耗。我一下惊呆了，感到国家从此完了，我还活着做什么？他从 1972 年起已重病在身，还是终日劳累不止。"四人帮"的迫害干部和篡权的阴谋，也因为毛主席身边有了他，才难以得逞。我看到电视中所展现的在北京长安街头，成千上万的人，冒着严寒，伫立道旁，等候他的灵车过去，与这位全国人民敬爱的总理诀别。感人之深，莫过于此。

接着朱德总司令也于 7 月 7 日去世。而一个月之后，即 9 月 9 日，毛泽东主席也离我们而去。国家领导人，相继逝世。

在此期间，又发生了唐山的大地震（7 月 28 日），真是天灾人祸，接踵而来。唐山市以及附近地区几乎全毁了，死伤了几十万人。这年阴历是闰八月，这在中国历来被视为凶年。记得年初报纸上就登载破除迷信的文章。但是，我记得唐代大诗人杜甫的长诗《长征》里，开头就写着"皇帝二载初，闰八月初吉"，这就是天宝之后，安史之乱的第一年。此时，唐明皇流亡四川，人民颠沛流离，唐代从此一蹶不振。又如 1900 年，八国联军攻打北京。西太后带着光绪皇帝和大阿哥逃亡西安，也正是闰八月。所以中国人迷信闰八月是有历史根源的。过去的历书都设法安排以避免闰八月的出现。其实这也不过是差几小时的分别，不过是掩耳盗铃的工作，自然灾害自有它自己的规律，与这种迷信是不相干的。

在地震发生的第二天早上，副所长曹鹏兴同志到我家来，告诉我这个消息。我问他是怎么知道的，他说是雷剀歌同志告诉他的。这位高中毕业的工程师，从 1956 年北京地球物理所在武汉建立这个地震台，就一直在此工作。20 年来，他已成为地震测量的专家了。我又问大约在什么地方，曹鹏兴说雷剀歌认为可能在三河县。我吓了一跳，三河离北京只有 60 千米。但是，在北京，华国锋主席打电话到地震局，值班人是从我们所调去的李贵同志。李贵拿着电话听筒手都抖了，连说"我们有罪"。华主席说：

"现在不是追究谁有罪的事,我要知道到底在哪里震了。"他竟无法回答。而且在一两天之内,整个地震局都没有一个人说出在哪里震了,后来还是空军派了飞机去照像,才知道震区在唐山,震中就在离市里不远的丰南县附近。丰南县就是当年的胥各庄。我于20年代初年在唐大念书之时,时常与一些同学到校舍西的一个树林去散步,从树林西望就可以遥遥见到胥各庄的车站,离校舍也不过五六千米。也知道校舍全毁。当然,此时唐山大学早已迁往四川的峨嵋,但是还有几位老师和同学住在那里。后来得知这些人竟安然无恙。

我想雷剀歌同志凭一个单台就可以立刻判断出三河县,地震局全国建立了许多台站,为什么不能说出地点。当然,他们也辩论说近台仪器都已出格了,但是还有不少远台。如果每个台站的坐标都准确地测定(这是很容易办到的,因为我国的天文—大地测量网已密布全国),而每台仪器的方向又经测定,是不难将震区交会出来的。当然,还有个通讯问题,但这在当时,以他们的财力以及政府对他们的大力支持,都是很容易做到的。而他们竟把这种基本建设都视作无用的赘疣,而整天忙于他们那种毫无根据的"地震预报",企图一鸣惊人,震动世界。在唐山地震之前,他们确也曾经注意到这个地区,认为京津一带可能出事。这是海城地震所引起的,海城地震确实是预先有些感觉,劝说居民迁离大楼,所以大震来临时,居民的伤亡是比较少的。但是,海城地震是很特殊的,是从小震开初,几乎每天都有一两次地震,而且不断升级。居住在那里的人都会预料大震要来的,并且劝说居民住进平房也是当地驻军所做工作。他们竟归为己功而大肆宣传,认为他们已经解决了"地震预报"问题了。而唐山地震却是另一种模式,是先来个大震然后接着一连串的余震。这就使他们茫然不知所措了。

周总理和毛主席等相继去世之后，政局竟发生急剧的转变。华国锋主席在叶剑英、李先念等同志的协助之下，将"四人帮"的江青、张春桥、王洪文和姚文元扣押了起来。这真是一件大快人心之事。但是，"四人帮"虽倒，而混乱局面仍未得到纠正，一些人还利用这种混乱来扩大自己的权力，并且气焰高涨，继续迫害一些坚持真理之人。例如，那位地震局长刘某，几次讲话都要"立足于震，立足于大震"，这无非是对政府施加压力，进行讹诈。一位处长是曾在苏联学习的，回国之后就吹嘘他是中国唯一深通莫洛金斯基理论之人。他有一次竟在会上指名道姓地批判我，说是"典型的复旧主义者"。又如有一次，顾功叙先生和曾溶生、秦馨菱等五人竟倡议撤销地震局。这是他们认为十分忠诚之人，平时也经常吹捧他们，此时竟造了反，"是可忍，孰不可忍"。于是，组织了五个批判组，把五个人分别摆在组里批判。他们竟如此猖狂，对一些老科学家，特别是很有成就的学者，进行人身迫害，是很难容忍的。但是，这也是司空见惯之事，也不只限于地震局。

此时，美国和日本当局也开始认识到"地震预报"的道路是十分艰巨漫长的，目前对地球内部的结构，特别是形成地震的机制的认识还十分肤浅，也就听从了一些真正的地震学者的建议，不再支持这种毫无根据的"地震预报"了。当年"花十亿美元，十年解决"的宏伟规划也不再拨款了。当然，十年早已过去，十亿美元也花得差不多了。有些人还不死心，跑到中国来，与地震局开会，地震局借此招摇。

我每次到北京，总要到后门科学院的第一宿舍去看望一些领导，其中如竺可桢和吴有训两位副院长是我去拜见的主要人物。竺先生此时已是耳聋得不能对话，总是他的夫人陈汲同志在旁帮助。陈汲与我是有些亲戚关系的，她是著名文学家陈源的胞妹，也是丁绪贤（绪宝之兄）的夫人陈淑的堂妹，我早在 30 年代就认识她了，曾为她的婚姻事操过心。当时，竺先生的张侠魂夫人还在世。后来，在抗战初期，张夫人在迁移途中因病去世，竺先生才与陈汲结婚。但是，我从未将我们的亲戚关系谈过，当然，他是知道此事的。我去看吴有训，谈话就方便得多了。他虽年老，但耳朵还是很好。郁文秘书长也同住这个院里，不过我没有事是不去找他的。

这宿舍里还住着杨钟健先生。他是一位知名的地质学家，也是古生物学者，当时是古脊椎动物与古人类研究所所长。这是我十分敬重的师长，也是与我很要好的朋友。在北碚之时，我们几乎每天见面。他不但是科学家，在文学上也很有修养，写过不少评论文章。有人告诉过我："你只要到陕西，就会知道关中的三杰，即国民党元老于右任先生，水利专家李协（仪祉）先生和杨钟健先生。"但是，这时他却十分狼狈，所长职务也不能行使了，研究工作也不能继续了。例如，在发掘明十三陵的定陵（明神宗陵墓）时，他是自始至终都参加的。此时，北京市委将陵墓中发掘出来的骨殖送给他，请他检定，他竟不知道此事。他已重病在身，也得不到医治。后来有一晚，他竟大吐大泻起来。那晚正好停电，夫人王国桢同志去服侍他，竟抓了一手黏糊的东西。用火柴来一照，竟是一手鲜血。夫人慌了，打电话给郁文同志。郁文见他病成这种样子，

方俊在北京长子方夏家，左起：儿媳王守恬、孙女方兴、孙儿方珞、孙女方洪

立刻向卫生部反映此事，总算安排进了医院。但是已经晚了，不到两天就去世了①。这都是郁文后来告诉我的。

地震局的领导层中，也不是没有主持公道之人，如副局长安启远和卫一清等同志都是对知识分子比较好的人。特别是卫一清同志，他过去长期在地球物理所任书记，对这个学科是比较了解的。同时，他与赵九章、傅承义、李善邦等也是相处得很好。他对我也很好，可惜局里的权力却不在他手里。有一次，科学院要我写个报告与地震局，无非是为了恢复工作之事。这时卫一清从东欧回到北京。夏儿见报之后，就给他去了电话，说我想去看他。他说："哪有让老先生来看我之理，自然我去看他。"他到夏儿家时，我们正在吃晚饭。他也同我一起吃了一顿饭。我将所拟的稿件请他过目，他说写得很好，也提出一些修改的意见。第二天，我把誊好的稿件请他过目，意思是想请他交上去，他竟不肯为我转去。到了第二天，他也翻了，在批驳中也签了他的名。这种事情现在看起来是很滑稽的，但是那时确是如此。

到了1977年，情况似乎有些好转了。这年，科学院召开了地学部的会议，这是自从地震局成立，将很多研究所归并之后，使整个地学部瘫痪之后的第一次会议。在此前，他们竟将一切地学研究所转属于地震研究之中，而他们的所谓地震研究也不是真正的地震学，而是他们所提倡的所谓"地震预报学"。这次地学部会议的召开也不是偶然，也是由于国家政局的进一步安定，开始纠正歪风之时。多少年不见面的地学部同志欢叙一堂，很多人都支持我，使我十分感动。

我去见郁文秘书长，他同我去见李昌同志。李对我说："你一个人出

---

① 杨钟健逝世于1979年1月15日。

1977年方俊（后排左三）参加学术会议

来，一点问题没有，因为地震局这些人很怕你。现在，地震局已经同意将北京地球物理所分出一部归还科学院。"他要我到这个新出来的所①去做所长，并且告诉我他们将把这部分搬到长沙。我说："这不是我个人的问题，我是为了事业。还有这许多人都处在水深火热之中，我不能独善其身，死也死在一起。"这些话使李昌和郁文都很感动，不然，他们后来为什么这么帮忙在方毅同志百忙之中为我们安排见面之事。记得李昌同志还要我写个报告与当时地震局政委周村。我说我不认得这个人，但是我是知道此人是蛮横不讲理的。李说："你可以写这个报告，同时将副本给我们和钱学森先生。钱先生说句话是可以起作用的。"我说："钱学森决不会管此事。"果然，那天下午我就同着夏儿去看钱学森。我把李昌的话对他说

---

① 北京中国科学院地球物理研究所。

了，钱笑着说："地震局是做不出什么事来的，但是推卸责任的本事是很大的，因此，李昌不敢管。他不敢管，我怎么敢？"

我遵从郁文同志的意见，写了一个报告与方毅同志，送与他过目，并请他代为转交。郁文就对他的秘书说，要安排见一面。但是，方毅同志日夜忙碌，哪有工夫来接见我。有一天，地学部办公室主任王遵伋同志来找我，要我立刻去见方毅。原来那天上天的会提前于午前11时就散了，离吃饭还有一小时。我去见方毅同志，他说："你的事我都知道了。现在开会把恢复研究所之事提出来，中央批示，就可以解决了。"我觉得他太不了解事情的复杂性，地震局那些人的本事是很大的，中央的批示也可以加以歪曲，而不予执行。但是后来方毅同志确实为我提出解决问题的途径。他说："你一回到武汉就去找省委书记陈丕显同志，他是我的老战友，是很好的同志，他一定会帮你的忙。"我说我不认得他，方毅说："我写信与你介绍。"为了这封信，我又等了好几天。王遵伋同志将信交给我，只是简简单单的两行，大意是"介绍一个科学家与你。请你务必接见"。

我拿着信回到武汉。当然不敢请地震所转交，到他们手就可能被没收了。也不能请省科委转，科委主任易鹏同志是刘西尧同志一手提起来的干部，西尧曾将我的事情与他谈过，在此之后，他对我的态度是好多了，但是决不会支持我的。还是我的次女芊芊将此信请她在省委熟悉的人转与陈书记的秘书。

三天之后，陈丕显书记就派副书记顾大椿同志接见我，同时接见的还有省科委正、副主任易鹏和简文同志。顾大椿说："本来陈书记是要亲自接见你的，他因事下去了，要我与你先谈谈。"我简略地向他汇报了事情的经过和我所坚持的科研的重要性。他说："我听你的汇报，觉得此事是很重要的。当然是重要的，不然方毅也不会写这信，这信我看见了。"我心里想：这信我也看见了，只是两行。顾又说："你们的事情关键在北京，一方面是科学院，另一方面是地震局。省委是没有能力为你解决问题的。但是省委要为你做工作，什么工作呢？要在道义上全力支持你。"此语一出，两位科委主任的态度立刻转变了。

又过了三天，陈丕显书记带了两位新闻记者来我家，同来者还有易鹏和武汉市委书记王群同志。我非常感激他对我的支持。他说："今天不谈工作，只拉家常。"他在屋里到处转，大约是看我居住的条件。此时周江文先生家亦已迁出，明士大姐院生正在我家。他问院生和明士是哪里人，她们说是无锡人。他说他是半个无锡，可以说很流利的无锡话，他的夫人也是无锡人。又说他在江苏三十年，头十年是在阳澄湖一带打游击。最惨的时期，他手下只有两位女将，其中一位就是陈毅同志的夫人张茜同志。第二个十年是在上海当政十年，后来在"文化大革命"中，又在那里待罪十年。平反之后，调到昆明，此时又从昆明来到这里。我问他黎韦同志的近况，并告诉他黎韦是我的连襟。他说黎韦是位好同志，当然，在主持昆明市委工作也不免有些错误，受到了很大的冲击，此时正在北京党校学习。后来，黎韦同志学习结束之后，原定是调到福建的，因为他是福建人。陈书记就要求把他调到武汉，成为湖北省委的副书记。我不知道是否陈丕显同志与我谈话时已经起了这个想法。黎韦来了，云实也来了，与大姐、明士可以常常见面了。

自从陈书记到我家之后，所中一些人的态度就大变了，再也不敢骂我了，也不谈什么"白专道路"、"复旧主义"了。但是，我的斗争尚看不到一些眉目。我想起几年前，他们把测地所一口吞没，那时所中人员是370人。一两年后，他们竟将人员发展到五六百人，大多是一些亲戚朋友的子女，阿狗阿猫都做了科长或主任，而把一些学有专长的专门人才都压制下去，不让他们进行自己的研究工作。例如，朱灼文同志是学数学的，已经开始在研究重力学的问题。他们将他调到打井队，我在党委作多次斗争，才将他调出来，但是也不准他参加我的工作。又如我的研究生骆鸣津同志，周江文的研究生郗钦文同志都是学有专长的人，也被调了出去，等等。他们占据了新建的大楼，一个我们花了很大力量，有藏书四五万册的图书馆也落入他们手中。还有一个工厂，一个仓库，都是我们花了不知多少力量建立起来的。当然，这些书籍、仓库中所储藏的器材和仪器对他们也没有用场，他们只是作为一种财产而已，自己不用，也不让别人用。记得有一次，新成立的省测绘局局长孟亚洲拿着胡克实同志的信来找我，想调用仓库里的一套航测制图仪。这套仪器也是生不逢时，我们花了56万元买来，一直作为装饰品展览，从来也没有在它上面作过任何的科学研究工作。归并到地震所之后，就被打入冷仓，收藏在库里。我对孟亚洲同志说："你找错人了，我做不了主。"但是还是为此事向党委反映，李乐之和李锡三都坚决不肯。我说："你现在调给他们，他们是很感谢你的，还可以拿到一笔钱。再过一两年，恐怕送他们也不要了。"后来，孟亚洲确是订购到了更为先进的仪器，这套倒霉的仪器也只好依然躺在仓库里。

为了复所之事，我还需作不屈不挠的斗争。但是，此时已与以前不同了，不但我自己在叫，也有人帮助我在叫了。那位王群市委书记十分同情我，与我站在一起与李乐之等人展开斗争。他也经常参加我们的会。有一次，他举了所中几个人，说是他们无事可做，李乐之竟胡说他们正忙于某项工作。我深知他连这几个人学的是什么不知道，在那里信口雌黄。我十分恼怒，我说："你怎么可以在领导面前扯谎。"这时的斗争是很尖锐的。我坚持非要120人不可。有一次，易鹏同志找我，要我适可而止，并说夜长梦多。我想确是如此，再来一次地震，可能此事又完了。易鹏告诉我说他与地震局方面谈过，大约出来 30 多人是不成问题的。我觉得此时该所虽有五六百人，但是大多数都是无用的。他们的行政人员我是不敢要的，还有一部分搞仪器研制的，我也不敢领教。几年来的仪器研制使我伤透心，弄虚作假，并没有研制出一台可用的仪器。我算了一下，真正对我有用之人也不过五六十人而已，所以，我就对易鹏说"不超过 40 人"，他听了我的话，很高兴，说："今晚就在所里开党委会，讨论此事。"晚上，易鹏同志来主持会议。他开始就说："你们都要向方俊同志学习，他是很能照顾大局的，他原来要 120 人，现在也同意可以考虑我们的意见了。"他把分所之事提出来。于是，李乐之、李锡山、范仲文和熊继平等人都纷纷表态，表示支持。我对他们除了人员之外，其他一无所求。我始终记得郁文同志对我的指示，郁文曾对我说："你不要苦苦恼恼去争名额，也不要去争财产，关键是你自己。只要你能出来，我们就有办法将这个研究机构重建起来。"我在会上，只提了一个要求，就是在青黄不接的时期，暂将他们的老楼房借几间与我，作为临时办公之用。接着就是人员的问题了。李锡山和一位人事科长拿着名单来找我，我也揣着所拟的名单。我偷偷看到李锡山手里的名单，上面所写的大多是我想要之人，有些我没有想到的也列了几个。于是，我就完全接受了他所提出的名单，连我在内是 54 人。这里有周江文先生，是他坚决要来的，这也是我所希望的。三位研究员之中，我一直认为只有他是有真才实学的。有两位工厂的工人，即丁朝西和向增湘，至于王雨田和王德文等老工人是不会给我的。行政人员一个也没有，施汉雄和连文彬同志也是以科技人员的名义给我的，这也符合我的意愿。许厚泽同志也不在名单上，后来是陈丕显书记下了条子，才把他调来的。我很奇怪，他们为什么竟把我所希望的人列入名单，后来知道这些人是长期与我一起工作的，认为他们中方俊之毒太深了，不如将他们送出去为好。此时，王世美和李兴甲同志都闲散在外，他们也管不着，我就把两位请来。还有段宝义同志，此时已调到计量局，为了请他来却费不少周折。分院的人事科长李真英同志想让我把李弼珊同志请来，我对他是有成见的。在"文化大革命"后期，他出尔反尔，与我为难，我是不能同意的。后来，还是通过简文副主任的努力，才把段宝义同志调来。此时，彭长安、张治安和王广运三同志来找我，迫着我将常惠请回来，在我家里坐了三个钟头。我对他们说："我是没有恩怨的，他做得太过分了。你们要知道，我恢复这个所，不久还要退下来。我是为了这个事业，也为了大家。我问过一些人，他们都怕常惠，我怎能使后来的人再忍受我过去所受

方毅（前排右二）、陈丕显（前排右三）等
领导同志与方俊（前排左一）等专家座谈

的痛苦呢？"我这些话不是随便说的。我在开始这场斗争之初，就抱着"功成身退"的思想。他们后来就造王世美的谣，说她与造反派的某某头目有牵连，但也无损于事情的发展。我就依靠王世美、李兴甲、段宝义、施汉雄和连文彬等同志建立了我们新的领导班子。

新所恢复之后，分院就立刻为我提升了一级，成为一级研究员。我觉得不好意思，去问过郁文同志。他说也不是完全因为恢复所的关系，院中早有此意了。我从1953年被定为三级研究员之后，李善邦和傅承义二先生就大闹，院中不得已，为他们提到二级。周柱臣先生对此不平，几次提出要将我提为二级。我对他说："我是否能够得上三级，还要经过考验。"到武汉后，建立了测量制图研究所，分院将我提为二级，此时才提成一级。我总觉得作为一个科学家，不但学术水平要相称，对于事业也应该当之无愧。

此时，过去在我们天文台工作的，并且因肝癌去世的刘道隆同志的女儿亦来找我，希望能到所里来。我说："你们的父亲是死在任上的，我有责任为你安排。但是只能来一位，你们哪个来由你们自己决定。"后来就来了刘立松同志。测绘学院的杨坚同志也同了她的女儿来找，我认为她过去对我和夏坚白等老先生关怀，也将她的女儿王小兰同志安排在所里。后来，王小兰竟得一种奇怪病，可能是红斑狼疮而去世。又在1977年秋季，我正在北京开会，一位北京天文台的同志告诉我说夏坚白先生去世了。夏先生在"文化大革命"中受尽了折磨，竟未能逃出这个厄运。临终也未能见一面，也是憾事。

"严霜烈日皆经过，春风次第到茅舍。"此时，确是春天来了。院中拨款不久就下来，为了找地方建设新的办公大楼和同志们的住舍也费不少精力。我一定要躲开那些令人生厌的嘴脸和天天在里面受罪的大楼，我必须将研究所搬到更为宽旷的地方去。次女芊芊告诉我她所在的武汉手表厂附近空地甚多，她领我去看了他们附近的一块空地。我觉得很好，只是那里太荒凉了。后来，与手表厂的同志讨论这个问题，他们说："很多单位如湖北日报社、纺织厂和电业局都在这里兴建房屋，将来这个地区是一定会热闹起来的。"这样，我就决心买下这块地。但是还要解决200多个劳动力的安排问题，这都是省委为我们解决的。这块地有66亩，中间还有一块高地，我计划在此设立我们的天文台。修建大楼之时，监工是北京院里派来的一位退休人员，他误会了我的意思，一开始就把那块高地推平了，利用土山的土去填平附近的洼地。于是，将天文台一起搬迁的设想落空了，只得仍在旧址。但这也没有什么，天文台原址也是我们的，我将它继续占据下去，也不过分。将所设在这个地方是遭到一些人的反对的，他们认为那里没有商店，连买菜都很困难，又没有小学，将来小孩上学如何解决，他们都主张将大楼盖在小洪山分院前面的篮球场上。这里是一点发展余地都没有的，尤其是我听了手表厂同志的话，深信这个地区将来一定会热闹起来的，所以我对此是毫不动摇。许厚泽同志曾说过："你就盖好房子，我也不搬去。"我说："我第一个搬。"后来，新所搬去不久，就商店林立，菜摊也有好几处，也开办了小学和中学等。有几次胡克实同志和赵飞克秘书长也先后到那里看过，他们都说："像你们这块地方，如果在北京上海，都是三个所的问题。"还有一次，院人事局张志林同志来开会，也赞美这个所址。这次许厚泽同志说了一句真心话："还是老师的眼光看得远。"这就是在徐东路54号的新所址。从大门北行几百步，就是梨园的大门，门前是几路公共汽车的终点站。现在正在修建长江大桥，大桥修成,到汉口更方便了。

　　自从"文化大革命"以来,根本不可能进行科学研究工作。所以,除了那篇前面已经提的并没发表的关于国家坐标原点的误差问题之外,并没有什么述作。可以一提的是那本在"文化大革命"中所整理,后来在1975 年由科学出版所印行的《重力测量与地球形状学》第二册。我对此书也是不很满意的,由于条件的限制,只写到莫洛金斯基的理论。虽然已经比过去的经典司替克斯理论出发用一个虚拟的大地水准面作为基础(一些学者纷纷提出各种假设,以便将地面上的重力值归算到大地水准面之上的混乱局面)要进步多,它已经初步实现了 30 年代德国学者所提出的"无假设的理论",这就是一些学者所说的,地球重力场理论的第二个里程碑。在这个时期,一些更为先进的理论,如瑞典的比雅哈默(Bjrehammer)球已经提出来了。我的书中竟未及将列入。

枯木逢春　壮志不已

　　复所之后,第一个大事就是确定研究所的研究方向。此时,一切研究工作都被打乱了,我首先考虑是要恢复一些理论研究,特别是地球重力场的研究。此时,我已经意识到要向动力大地测量学发展,但是从何着手也是毫无头绪。还有一些幸存下来的研究,也必须加强发展,如天文台的工作。天文台在韩天芑同志领导下是很有成绩的。开始之时,全凭那台 50 年代初期进口的 T4 经纬仪,经过他们的改装提高了精度。又从德国进口了一整套石英钟,竟是四个一人多高的大柜,也说明当时的仪器制造水平

方俊与孙女方洪在武昌小洪山宿舍家园

不过如此,但是却是当时守时精度很高的设备。后来又买到一台大型的等高仪,以及守时精度更高的铯钟。他们与上海、北京等天文台协作,成为我国时间工作的主要据点,后来成为国际时间局BIH(Bureau International de l'Heure)的成员之一,在国际时间工作作出了很大的贡献。虽然在"文化大革命"以及改成地震所时期里受到了冲击,但总算能保存下来。复所之后,就要加强这项工作。其次是张善言同志所主持的海洋重力仪的研究。记得他们在"文化大革命"之前,曾由一位海军司令员的大力协助,将仪器安放在潜水艇中进行过试验,后来就受到运动的冲击而中断了。此时,也需恢复这项研究。我和周江文先生又开始招收硕士研究生。

1978年春,我被推选为第五届政协委员。我原是省政协的委员,但是省政协在"文化大革命"中瘫痪了。记得在60年代初,我曾被提名为全国人民代表,已经通知了我,但是,当时的中央精神要尽量将一些代表名额让与党外人士,临时分院又提举了物理所的女同志来代替我。这对我也未必不是一件好事,不然,我在"文化大革命"所受的冲击可能还要更大一些,"人怕出名猪怕壮"呀。在北京开会期间,我和武汉去的几位同志都参加了特邀组。其中有武汉铁路局的项志选工程师,武铁四院的严铁生主任，他也是唐山大学毕业的；姚雪垠，一位文学家；地质学家池际尚，她当时在武昌的地质学院，后来调回北京；二汽的工程师许政润；武钢总工程师陈茂力；武汉分院院长钱保功；武汉建材学院教授沙钟瑞；鄂医一院眼科教授孙信孚等。此外，还有伍献文、陈伯华、陶述曾、唐哲，但后面几位都不与我同组。我们都住在东城大雅宝胡同（即从前我住在北京时的大哑巴胡同）的空军招待所。我们与很多文艺工作者在同一组，我与著名京剧演员袁世海同志经常交谈。我也与我的那位亲戚吴祖光先生常常交谈，他是我在前文中提到过的我的三舅公庄思老的外孙。思老有三个胞妹，二妹是嫁到吴家的，我叫她二姨婆，三妹庄耀孚（茝史）就是我的外祖母，是个很有名的画家，四妹庄闲则是个书法家，是上海陆稼先医师的夫人。

我住在大雅宝胡同，由此西行，穿过南小街就可以到外交部街、干面胡同一带。再前走穿过东单北大街就到了金鱼胡同，到东安市场。我经常步行去。有一次，我到东堂子胡同菁妹家，与她一起到新侨饭店门口的对外部吃了一顿西餐。此时，去吃西餐都是要付一笔押金，以防有些人临走时将餐具偷走。我在会议期间（这也可能不是第一次）见到一位香港长城制片厂的导演李莉彬先生。我估计他可能过去也在上海的，就问他抗战前在什么地方。他说："在上海联华。"我问他有一位贺孟斧导演是否认得，并告诉他孟斧是我的大妹夫。他说："孟斧不幸在抗战时期病死了，但对你也并非不是好事。如果他活着，你的大妹和你们一家就要遭灾了。"原来他们都对那个"下三烂"蓝萍是很鄙视的，并且也很了解她的底细。这就难怪菁妹对于过去之事总是讳莫如深，在"文化大革命"之初，就请求退下来，那时她也不过50多岁，又将所有的照片都烧了。她的人缘也比较好，所以虽受了些冲击，总算安然渡过，亦算幸矣。

1978年，比利时皇家天文台台长梅尔基奥尔（Melchior，P）教授①来访，他此时是国际大地测量与地球物理联合委员会（IUGG）的秘书长。他来，主要是想了解一下，中国是否愿意加入这个组织。科学院将我叫到北京去陪他。周培源教授以国家科协主席的名义宴请他。记得那晚的筵席只有几个人，两位贵宾、梅教授之外，还有比利时比中协会的主席达尔曼（Dahlman），另外就是一位翻译，我坐在两位贵宾之间。周主席致欢迎词后，就介绍了我国在大地测量学和地球物理学的一般情况，并表示是很愿意加入这个组织的。梅教授讲话只是说他来是探听一下，中国是否有这个愿望，目前协会中反对此事的人还是很多，能否通过，也是一点把握也没有的。达尔曼就很生气地说："你来是征求中国的意见的，怎么说这样的话。事在人为，总可以找到一条路得到通过的。"我听了这话，就觉得他对中国是有深厚的感情的。他自己说，他在我国解放前曾在上海经商十年，我国解放之后才回国的。他说他曾在上海资助过一些中国的工人，至今引为荣幸的是有位他所帮助过的工人现在在中东一个国家做了大使。他是比利时的一位富商，在英国和埃及都有他的子公司。

第二天，我就陪着梅教授去游览长城和十三陵，沿途我就将我国的大地测量工作和科学研究作了介绍。在短短的20年间，从无到有，在全国密布了天文—大地测量网，用航测方法绘制了精密地图，并在全国密布了重力测量网，进度之速是世上无双的。我也介绍了我们的科研工作。至于其他部门，如气象研究和其他地球物理学的研究，我虽所知不多，也尽我所了解的作了介绍。游长城之时，我因年老，不便陪他上长城，由翻译陪

---

① Paul Melchior（1936—2004），比利时天文学家和地球物理学家，曾任皇家天文台台长、比利时鲁汶大学教授。1973—1991年担任国际大地测量与地球物理联合委员会（IUGG）的秘书长，1958—1995年，任国际固体潮中心主任。

他上去。外国人到了这种地方，看到这种伟大的建筑，都不能不为它的宏伟气魄所折服。记得几年之前，我陪苏联地球物理学家布朗什博士来游，也是感叹不止。到了十三陵，布朗什说："天宫在哪里，难道我们真的到了天宫了吗！"此次，陪梅教授去也是如此。这些都是民资民财所垒积起来的，为此不知花了多少钱，死了多少人。据我所知，几乎所有被抓去修建陵墓的劳苦工人在陵墓建成之后都被他们杀死了，以免消息漏出去，引起盗墓之事。现在，都已回到人民手里，供人游览凭吊。

梅教授回去不久，竟在IUGG的一次会议上，通过了邀请中国参加这个协会之事。此后，就是派人去参加他们的会，并且筹备参加1979年冬季召开的第17届联合会议之事。我对此也不过问了。但是，却引起了一个与我所有关之事，即梅教授向我国提出固体潮研究的协作问题。这事是王震将军所批准的，认为他确实帮了我们的大忙，不好拒绝他，并将这项协作由我们的新所去执行。我奉命于是年冬季，带着许厚泽、李某和游某去商谈协作之事。后两人是地震局塞进来的，目的是要监视我的。我也觉得好笑，他们一句外国话都不会说，我不到场，连饭也吃不上。我们乘民航机西行，中途在巴基斯坦的伊斯兰堡停留了一小时，然后直飞巴黎。在戴高乐机场降落，又换飞机，抵达布鲁塞尔。

梅尔基奥尔到机场接我们。我乘了他的车，其余三人则另坐车，到一个宾馆。那里的宾馆都是不大的，但所住的是一个高级的宾馆，因为我听到大使馆的人说，国王博杜安同了他的王后在那里吃饭。我这时却怀着一个很沉重的包袱，因为自从30年代末回国之后，就很少与西方人士接触，并且也很少与他们办过交涉，并且估计可能要用法文谈判。我请求大使馆派一位翻译来帮助我，他们竟拒绝了。但是，我也从去年与梅教授的接触中知道他英语说得流利的，所以就决定用英语与他谈判。但是每天晚上还要努力学习，仔细考虑一些用词。其实，谈判时间也是很少的。梅教授经常开着车子同我到处游览，车子是开得很快的，我坐在前座，要用保险带围在胸前。现在，我国的一些大城市也开始采用这种办法了。

这时已入寒冬，他们的房子里都是用木柴烧火的壁炉，在外地的一些台还是很冷的，他们就用电炉，以防我这个老人受寒。在布鲁塞尔市里，一个十分吸引人注意的是一座小孩子铜像，他正在尿尿。据传是从前有一个坏人点燃一根火药引线，企图爆炸这座建筑，被一个小孩发现了。他想去报告大人来抢救，但是来不及了，用脚也踩不灭这个火头，于是，只好拉泡尿将火浇灭，避免了一场灾难。我们又在散步时，看到一个建筑物，由五六个大圆球所组成，球与球之间还有管道通接，大门上写着"行星宫"（Planetarium），我觉得莫测高深。后来，梅教授领我们进去，原来是一座咖啡馆。每个圆球就是一个咖啡室，中间放着四五个茶点，人们可以站在管道的滑行地毯从一个圆球到另一个圆球。梅教授又把我们带到当年拿破仑大败于英军的滑铁卢战场。我们看到一座大理石刻雄狮，梅教授告诉我们，初建时狮头是朝南的，朝向法国，在第一次大战之后才转向东方，面向德国。比利时是1830年才建立的，一直受到德国军国主义的侵凌，长期被德军占领，在1918年，德国失败之后才真正的独立。但是，在第二次大战之时，也是德军侵略受害最严重的地区。现在则已成为欧洲的经济文化中心了。比利时主要是由两个民族所组成，即讲法语的瓦隆人和讲荷兰语的佛莱芒人。语言的纠纷常引起政局的混乱，甚至有一次，由于语言的冲突，竟使一位宰相也不得不引咎辞职。就在我们离去不久之后，那个国际闻名、历史悠久的鲁汶大学也因为语言之故而一分为二，现在也时常在报上看到比利时可能会因语言之故而分裂。我总觉得，人民都是善良的，也是能够和平相处的，可厌的是那些政客，他们为个人或小集团的利害，从中挑拨而产生种种纠纷。

在此期间，由梅教授主持的国际固体潮中心 ICET（International Center for Earth Tides）召开了一次座谈会。这个中心是大地测量委员会的一个小组，由皇家天文台代管。在会上，我认识了奥地利的著名大地测量学家莫利兹（Moeitz）教授。他是与我经常通信的海斯干宁（Heiskanen, W. A.）的学生。海斯干宁于二战之后就从芬兰到了美国，在俄亥俄大学建立了美国第一个测量系。我又认识了德国的波纳兹（Bonatz, M.），他此时正在研究提高阿斯尼亚的 GS 型重力仪的精度，以便可以将它用于固体潮观测。我又认识了天文台副台长巴奎脱（Paquet），以及法国斯特拉斯固体潮站的莱柯拉什（Lecolazet）教授。美国纽约哥伦布大学的地球物理学家，一位美籍华人郭宗汾教授也是 ICET 成员之一，但此时没有来。

我们住在宾馆里，一切膳宿都是皇家天文台支付的。但是，宾馆里并不是每天都供应伙食。所以，梅教授也经常请我们到外边吃饭，几乎每次都在他所熟悉的中国餐馆。在布鲁塞尔，竟有大大小小三百多个中国餐馆。大多都是由一个家庭所经营的，顶多也不过雇佣几个厨子和招待人员。有时，我也必须到外边吃饭，总要打电话与使馆问清楚哪家可去，因为有些中餐馆是以饭馆为掩护，进行不正当营业的。

有一天，我在那次北京的宴会所认识的达尔曼先生请我去赴宴。他只请了我一人，去之前，还需为其他三人的吃饭安排好。我到他家里知道他所请的还有坦桑尼亚大使夫妇。人虽不多，但是很隆重。我趁这个机会向他提出是否可以代我们向美国订购几台拉科斯德的重力仪，他竟一口应承，并把他在英国主持一个子公司的儿子介绍给我，让我们细谈。我知道美国人是不肯把这种精密仪器卖给中国的，但是后来我经过几次通信联系，他竟为我们订购了四台，其中两台是 G 型的，两台是 E 台型，后者是专门为固体潮观测设计的。但是后来也是经过不少周折才将仪器买到。

会谈结束之后，梅教授将我们带到卢森堡的一个台站。主持此台的弗立克（Flick）先生，也是梅的学生。那天，我也是坐着梅教授的车，其他三人则乘另一车前往。在高速公路上，车开得很快，我注意到车里的速度表，竟指着时速 100 千米。但是，他却很注意前方是否有戴着白盔，骑着摩托的监视人员，因为按规定是时速不能超过每小时 80 千米，如被发现是要罚款的。在卢森堡住了一晚，第二天回到布鲁塞尔。记得回程途中正飘着雪花。那位弗立克先生后来也常到中国，每次来总要到武汉来看我。他也是一位社会活动家，他有时是随同比利时的工会代表团来中国的。

我们回到国内。此时，国际通航都是以北京东郊机场为出发点。我回到北京，向科学院汇报了此次商谈的结果，并且将协议书请院里审查批准。我也将订购仪器之事向器材局作了汇报。此时局长是胡乔木同志的夫人谷羽同志，她与我也是很熟悉的。后来，竟为仪器拨款之事，费了很大的周折。他们认为我没有还价，仪器买贵了，但这也是后事。

这年的 12 月 22 日，召开了党的十一届三中全会，邓小平同志（我遵照决议也称他为同志了）出来主政，从此国家进入一个新的时代，为今后的安定团结，走向繁荣富强开辟了道路。会议中提出了四个现代化，也就是农业、工业、军事和科技的现代化问题，并且强调农业现代化是首要的。因为多年以来，由于"四人帮"的干扰，农业生产已经受到了很大的破坏。会议提要解放思想，认为不解放思想，四个现代化都没有希望。而解放思想，首先要实现民主。又提出"实践是检验真理的唯一标准"，也提到了"三不主义",即不要随便抓人,不要指名批判,不要乱打棍子等等。并且要求干部学会用经济方法管理经济,要扩大管理人员的职权。这就为尊重知识和知识分子开辟了道路。

1979年春,明儿与测绘学院的颜承鲁教授的第四个女公子玉莲结婚。我在30年代末,在中央大学地理系兼课之时,就经常在物理系主任周同庆教授的房里见到颜承鲁。那时他可能还是一个助教。我们虽相识,但是从来没有交谈过,后来也分散了。哪知经过30年之后,我们竟成为亲家。在此以后不久,明士生了病,咳嗽不止,并且也有点发烧。我与芊芊同她到同济医院去诊治,主治医生就是我的表妹冯克燕。记得在40年代初,我到同济大学测量系任教,她正在医学院的预科学习,由此相识,往来密切。后来她毕业,与同学邵丙阳结婚。此时,夫妇二人都成为教授,也是同济医院心血管科的名医了。她此时与明士作了仔细的检查,还有一位顾经原教授也为明士的病诊视。他与冯教授怀疑是肺癌,虽然没有对我们说,但是我与芊芊看见他们紧张的情况,以及偶尔露出的神情,也是十分担心的。此时,放射科的龙名扬教授也为明士之病操劳。他自从前年陪张体学省长到北京治病之时,自己也病倒了,长期休养。此时,他竟抱病操作,为明士拍了许多片子。他一边检查片子,嘴里老是说"证据不足"。芊芊听了也不知他是什么意思,也不知是凶是吉。最后他为明士拍了一张侧片,看到肺部的轮廓平滑,只是痿陷了,断定是"肺不张",这是长期营养不良的结果。明士与我结婚之后,我家经常处于贫苦之中,解放之后,虽然生活上有所改进,但是经济仍是困难的。我经常在外开会,自己也不知道节约,以致家用总是十分拮据。何况她又是一十分俭朴之人,有些好菜总是先尽我和小孩吃。在"文化大革命"中更是困苦。多年的折磨竟患了这种病。冯、顾二位医师也接受了龙教授的建议,告诉我们此病已不是先前所想象的那样严重,但是必须赶快治疗,打针服药,特别是加强营养。此时,夏儿已赶回武汉,得知这个诊断之后,就把母亲接回北京。长媳王守恬是学医的,与夏儿结婚不久就调到七机部一院的七一一医院。几年之后,她竟成为这个医院内科的主治医师。明士到京之后,也没有住医院,就住夏儿家中,因为医院离家很近,走五六分钟就到了。她每天到医院诊视,吃药打针,家中有两个孙女及珞孙照护。记得我家的老保姆王桂贞也同去了。明士的病情不久就好转了。但是,此时又发生了一桩不幸之事,母亲竟于是年的8月24日去世。母亲比父亲小14岁,青年时曾经享受过几年的舒适生活。那时,父亲在广州办学,收入比较丰富。革命之后,家搬到苏州,生活还是可以过得去的。后来中交票子贬值,接着政府又长期欠薪,以致家境变得困苦异常。父亲去世之后,家庭发生家难,我与她分居。但是,我还是按月将收入的一半交给她。此时,她一直住在北京,由我的三位妹妹照应,医疗上也有夏儿和守恬照顾,生活就慢慢好起来了。她年轻时患有肺病,经常吐血,那时也没有条件可到医院去诊治,只是靠一些懂医的亲戚为她把脉,开个药方而已,后来身体竟逐渐好起来。这是解放所带来的好处。她这次的病也不是什么大病,经医生诊治也认为是无碍的。但是,后来病情突然恶化,以致不起,所以妹妹们及夏儿也没有及时通知我。等我得到这个噩耗后赶到北京,她也已火化了。这不能不使我抱恨终天。

明士于9月10日回到武汉,病情已得到控制,并且也发胖了,但是仍旧需要继续服药,并加强营养。她回家不久,我们就买了一台日本的20英寸电视机。这是所中同事钟群同志的哥哥从美国买回来送与他们的母亲的,钟群将这台电视机卖给所里。后来由于当时的规定,公家不许收买这种昂贵的娱乐品,就让给我了,花了2 500元。明儿总认为是买贵了。他在武汉大学的工厂已经学习了不少电子学的知识,此时又转到所里,考上了电视大学,又半工半读地学习了五年,对电视机的结构已经摸得很熟了,所以这台电视机经他的不断检查和修理,竟用了十几年。

梅尔基奥尔教授带了几个学生来到中国,在长江流域一带,设站进行固体潮观测。当然,我们也派人参加了。记得他于9月30日来我家与我们一起欢度国庆。此时,市上供应还是很紧张,是芊芊找到一个点心铺里为我们定制了一些点心。那几位年轻人,如杜卡米(Ducarmi)和凡隆贝克(Van Ryungberg)等也经常来我家,有时也在我家吃便饭。凡隆贝克是经常来的,他后来回忆说,在十多年间,他到中国十次,我家也至少来过七八次。他还拿出一张抱着我们次孙瑞瑞小时候时的相片。

方俊和梅尔基奥尔教授在测地所

1979年12月,我跟随我国代表团参加国际大地测量与地球物理联合委员会(IUGG)的第17届大会。这个组织有七个协会,即大地测量学协会(IAG)、地震与地球内部物理学协会(IASPE)、火山与地球内部化学协会(IAVCE)、地磁与宇航学协会(IAGA)、气象与大气物理学协会(IAMAP)、水文学协会(IAHS)和海洋物理学协会(IAPSO)。由于大地测量学协会是历史最老的组织,并且人员很多,而又与地球物理学有着千丝万缕的联系,所以在IUGG的名称上是并列的。我国是第一次参加这个会议,派去了46人,几乎每个学科都参加了。这次代表团的主席是顾功叙先生。我本来是大地测量组的组长，是印在文件上的，但是在临行之时，被科学院外事处的方均同志篡改了，以测绘学院的李庆海教授代替我。这在当时都是通病，上级的决定，甚至印在文件之上的，下面的人也可以依仗他手中的权来改变。此次参加之人除了前面所提到的，还有傅承义、张文佑、叶笃正、秦馨菱、施雅风、曾溶生、刘庆龄、许厚泽、刘祖惠等人。我们乘火车到了广州，又转乘广九路车到香港。然后乘香港的国泰班机直飞澳大利亚的悉尼市，然后转机飞到澳大利亚首都堪培拉，住在国立堪培拉大学。此时正值他们的春假，学生都离开了。所以各国来参加会议的2000多人都可以安排在学校居住。我们的一部分人住在法学院。

我回忆过去常与我通信的著名大地测量学家，如美国的播威博士（Bowie, W）、芬兰的海斯干宁（Heiskanen, W. A.）、荷兰的维宁－曼乃苏（Vening－Meinesz），都是当年活跃在IUGG舞台的人物，都先后做过IUGG的会长和IAG的主席，现在都不在了。又想起在30年代初，在我国徐家汇做过观象台台长的雁月飞神父（R. P. Lejay）此时也没有来。我也从IUGG的年报中知道台湾在50—60年代曾派了曹谟和尹钟奇先生参加过会议，此时被排斥于外。

我们参加了大会，听到了澳大利亚IUGG会长安格斯－勒班（Angus－Leppan, P. V.）、澳科学院院长伊文斯（Evans, L. F.）以及澳总督齐尔曼·柯温（Sir Zelman Cowen）的欢迎词，又听了IUGG会长埃及的阿苏尔（Ashour, A. A.）的开幕词，知道我在50—60年代访问东欧时所结识的保加利亚大地测量学家赫列斯多夫（Hristow, U. K.）也来了，但是，后来我并没找到他。又知道外来参加的人是1 495人，加上本国参加的460人，共计1 955人。

我与许厚泽等同志的主要活动当然是在IAG委员会。记得第一次参加这个委员会的会议，主席是英利苏教授，是去年在布鲁塞尔认识的。一开始，他们就为意大利的年轻先生山索（Sanso）发奖，以表彰他在研究莫洛里斯基问题上的贡献。此时，梅尔基奥尔教授也在台上，还有山索的老师，意大利著名大地测量学家马鲁西（Marussi，A.）也在座。此时，我才初次认识他。后来，他曾多次来到中国，我与他才慢慢熟起来。在这个场合中，我见到了美籍华人郭宗汾教授。我也开始认识了美国俄亥俄大学测量系的教授米勒（Mueller，A. A.）和拉普（Rapp）。我还见到当时澳大利亚测绘局局长邦福特（Banford，A. G.），他告诉我他的父亲曾在中国测量局做过顾问。后来，他曾写信与在英国的老邦福特，所以我在回国之后曾接到这位老先生的来信，回忆40年代初我们在重庆见面之事。

我在一次会议上做了"中国重力测量"的报告，引起了听众的很大兴趣。认为中国在短短的20多年中，完成了这样辽阔的土地上重力测量，并且布局又十分理想，是史无先例的。但是，也正因为他们的重视，使我后来十分被动。回国之后，就经常接到来信，要重力资料。这在当时是十分保密的，我只好请他们直接向我国测绘总局去索取。

我与米勒和拉普商谈我所希望派留学生到俄亥俄大学进修之事。我也与当时美国测绘工作的负责人卡特（Carter）交谈合作之事。此时，美国的海岸陆地测量局已不存在，归并到国家海洋与气象管理局 NOAA（National Oceanographic and Atmosphiric Administration）。我与郭宗汾教授接触较多，知道他每年都回上海。他还有一个老母亲已经80多岁了，与他的姐姐住在一起，所以我后来每到上海必去看望这位老人，并为她们的住房问题费了很多精力。苏联的布朗什博士也参加了这次会议，他是前两届的大地测量委员会主席（1971—1975）。我们从北京出发之时，曾听到一个指示：对于苏联和台湾的人，不要主动与他们交谈，但是如果他们主动来找你，也不要拒绝。所以，我见到他也没有与他交谈。后来，刘祖惠同志与他联系上了，刘是他的学生，当然是躲不了的。他将刘祖惠叫到房里，谈了很久，并问起我。刘说是来了。他说："我也看见他了，不知能否见一面。"刘将此事告诉我，我就在饭厅门口遇见他时，主动与他打招呼。我们谈得很高兴，已经分别十几年了。不过，我发现他总是躲着那几位同来的青年人，才能与我畅谈。我们也曾遇见一位在大学学习的台湾女学生，也与我们谈得很多。这时大学图书馆的主任是一位中国人，王先生。他对我说："这里离祖国太远，很难见到同胞的面，这次来了这许多人，是从来没有过的。"他为我们办了一个图书展览，用很多图片来表达当年被贩卖去的华工的悲惨生活。英国殖民者在澳大利亚发现金矿，就利用这种劳力去开发金矿。东南海港墨尔本（Melbourne）建立于1835年，不久也发现了金矿，大部分的劳苦华工也为金矿的开发和墨尔本市的建设付出了很大的代价。所以，中国人一直把墨尔本叫作新金山。北方的悉尼（Sydney）也是因金矿而起家的。两个城市为争夺作为首都，相持不下，1927年政府才在两市的中间选择了堪培拉（Canberra）作为首都。这个地区靠山临海，四周还有众山围抱。澳大利亚地广人稀（770万平方千米，住着1 400多万人），堪培拉也是如此。那里是不准盖二层以上的高楼的，大学里都是一两层的房屋，而且很分散，中间都是草地。住在这里，心旷神怡。王先生也开了自己的车子，将我和许厚泽等带去参观一些地方，如一处袋鼠的保护区。我们也到了政府的议会大厦去参观，也只是一幢二层的房子。

我们的会开了两个星期（12月3日—15日）。最后，有一个晚宴，大家拿着盘子，排队到一个侧厅去取菜，那里卧着一条整烤的大牛，由厨师在牛头或身上割下一块肉放在盘子里。这可能是澳大利亚土著的风味了。

第二天，我们就离开堪培拉。有几位代表如张文佑、施雅风等还抽空到墨尔本游览了一天，我则由堪培拉直飞悉尼，候机回国。在悉尼也没有多少时间可以出游，我和许厚泽等只到了一个音乐厅的附近看了一下。我们仍旧乘国泰的航班机飞港，中途在马尼拉休息了一小时。到香港的第二天，就乘车回到广州。在广州却住了三天，住处据说是过去林彪的行辕，此时还驻有军队。回到武汉，已是 80 年代了。

1980 年开春，我们的次孙，明儿与玉莲的儿子瑞瑞出生了，为我们家增添许多喜乐。他是 2 月 15 日出生的，但是阴历还是己未年的除夕，所以还是一头羊。

春季，我到北京参加科学院之会，副秘书长赵飞克同志宣布了新当选的学部委员名单。他说原来的地学部学部委员现在只有 11 人了，这次又增选了 64 人，总共是 75 名。我计算了一下，这 75 人，起码有三分之一是过去地质调查所出来，可见那个所是出人才的。此次，我是以全票，即 11 票当选的。其他的人只要获得半数，即 6 票即可当选。回到武汉之后不久，就接到古脊椎动物与古人类研究所贾兰坡同志的信，并且寄给我一张在周口店测量时的照片，信中说"你看了这张相片，可能会有不少感慨"。这是很自然的。在那个时期，他刚刚从高中毕业，在新生代研究室为助理员，我也是没有大学文凭的。现在，他已是国际闻名的古人类学家了。此次增选，武汉有 10 名：方俊、高尚荫、刘建康、钱保功、黎尚豪、王之卓、陈华癸、查全性、池际尚、郝诒纯。最后两位女地质家当时在武汉地质学院，不久她们都调回了北京。所以，武汉地区连同原有的学部委员、数学所所长李国平同志，共是 9 人。

我自去年冬天从布鲁塞尔回来之后，就一直考虑如何在我所开展固体潮的研究问题。这个课题是 1957 年国际地球物理年所提出来的，我们开

1980年在京参加绝对重力仪鉴定会(前排中为方俊)

展这项工作也不算太晚。我们在1959年已经与苏联地球物理所协作,在兰州开展了近半年的测量工作。当时,是由苏联专家多勃罗霍夫与杨慧杰、徐炳麟同志一起进行的。为了开展这项研究,我们还向德国订购了阿斯干尼亚的GS型仪器。但是,后来的"文化大革命",接着测地所又被地震局所并吞,竟使这项有重大意义的研究工作推迟了20年。此时,可以借与比利时皇家天文台协作的机会,正式开展这项研究。除了前面已经提到的积极订购仪器之外,还必须建立我们的研究队伍。我为此要开讲一些课程,以培养人才。但是,我自己知识也是有限的,要好好地学习这个课题。梅尔基奥尔教授曾经送给我用英文写的《固体潮》,我花了不少时间来读他这部著作,觉得一些理论问题说得过于深奥了,如果不听他的讲演,是很难理解的。于是,我想是否可写得更通俗一些,由浅入深,将一些深奥的理论说得更能使青年人接受。同时,我也应该通过这种学习和写作来提高自己的知识。我开始收集资料,在这一点上,我却占了近代复制技术的便宜,只要知道杂志名称和年月以及作者与文章名称,都可以请图书馆的熟人为我复制,有些文章也是用同样手稿从国外寄来。但是收集资料也并不是一蹴而就的,是通过文章介绍文章,逐渐扩大自己的知识范围而来的。有些作为固体潮研究的基础,如弹性力学和潮汐理论等,我都花了不少精力去学习。我早就知道潮汐理论只是一个数学问题,是很容易从太阳与月球的位置计算出来的,这就是所谓的平衡潮。而海港上的潮汐预报则并不是遵守这个规律,而是与海港地形相关的,所以潮汐预报却是个十分复杂的问题。我也花了不少时间去学习各种预报方法。又如固体潮与天文学以及大地测量学的密切关系,也是通过对于有关文章的研读得来的。我翻阅了当时的日记,回忆起当时为了写此书时学习的情况。很多章节都经过一再修改,最后定稿共是8章,全书65万余字,于1984年10月出版。在此书出版不久,就收到钱学森先生的来信,说:"我偶然到新华书店,看见你这本书。读了序言,知你已80高龄了,还能写出这样有分量之书,令人佩服。"他的关怀和过奖,我是不敢当的,但是对我是一个很大的鼓舞。后来,此书于1986年获得中国科学院的"科学技术进步奖"二等奖,得了3 000元。

方俊著《固体潮》封面

院中批准了我所朱灼文和张承泽两同志赴美进修之事,我与俄亥俄大学测量系主任米勒和拉普两教授联系,安排了他们在此校进修之事。临行之时，我希望他们二人和衷共济，互相帮助，早日学成，回来为我国的科学事业做贡献。但是，二人的性格是格格不入的。出国之后，两人竟各行其是，来信也互相指责，我为此增加了不少忧虑，尤其是朱灼文同志，性情孤僻，与人难以合作。系主任米勒先生是1956年匈牙利发生动乱时逃到美国的，对于中国学生总是存在一些偏见，朱灼文竟处于困境。幸而那位拉普教授是一位很公正的人，他发现朱在数学上的优势，就指示朱去钻研一个问题。朱写出论文，他大为赞赏，竟将此文推荐在大学刊物上发表，这就是朱灼文后来长期钻研的地球重力场的理论问题。回国之后，他仍继续这种研究，为此建立了以他为主任的"开放实验室"。张承泽同志回国之后也在测地所工作了一段时间，后来调到深圳一个大学去任教了。

我此时的头衔很多，是全国政协和湖北省政协委员，又被选为省科协副主任，测绘学会、地球物理学会和宇航学会的副主席，天文学会、地理学会理事，又是省测绘学会和地球物理学会的主席等等。所以，我总是忙于开会，有时还要到外地，如北京、上海、南京、成都等地去开会。而武汉市的邮电局长熊局长也找到我，说要成立集邮协会，要我去担任会长。我从小就有收集邮票的癖好，我曾收集了不少邮票，如果能留到现在，可能有些还是很值钱的。可惜的是1946年我从李庄东归之时，将一个书箱交与图书

方俊与孙女方洪（左一）、孙儿方瑞（右二）、孙儿方珞（右一）合影于小洪山家中客厅

馆代运，竟因翻船而沉入江底了。解放之后，我又重新开始集邮。每次到京，总要在集邮公司买些邮票。此时，我只收集整套的纪念邮票和特种邮票，其中也包括早期的东北版的同样邮票。至于外国邮票则只选择那些有特殊意义的或票面十分美观的邮票。后来在"文化大革命"中，我的邮票册竟被没收了，后来还给我之时，已有不少珍贵邮票被盗窃了。我经常去开会，也抱有一些私心，无非希望能趁此将一些残缺的邮票补全。熊局长也常到我家。他是先认识芊芊之后才认识我的，我们都叫他熊大哥。

转眼到了1981年。一件大快人心之事是作恶多端的"四人帮"都被法院判了刑，陈伯达及林彪的余孽也分别判了刑。这标志着过去动荡不宁的时期的结束。但是，遗留的问题还很多，还要经过一段时间才能走上真正的团结安定的局面。

此时，我十分忙碌，除了所中之事以及对学生讲课之外，还要参加不少社会活动。而国外的友人，美国的弗林（Flinn）、意大利马鲁西（Marussim）、瑞典的比雅哈默（Bjrehammer）等都相继来访。而过去在大地测量组工作过的熊全滋先生也到武汉，来我家欢聚。他是武汉大学数学系教授熊全淹先生的兄弟。还有唐山大学的同学秦子青先生也来了，他是之卓兄的同乡，说与我在唐山是同学。我无论如何也想不起来了。后来，我与之卓送他到机场，他才提起他的原名叫秦万选，这才回忆起他是1927级的，比我高一班。又有与曾广樑先生一起在德国学航测的王南原先生也来了。我记得前面曾写过在解放初年，夏坚白校长同我一起到外滩去参加一个学习会，在最初的两次会上还见到他，后来竟不见了。此时，他在南美巴西，经营香蕉种植。他告诉我他在50年代初期也是很困难的，先经营橡胶园，后来种香蕉也是秦子青教他的。

此时，我被选为"国际固体潮中心"的组员，于8月中旬到美国纽约去参加这个中心的会议。这是我一生中唯一一次访问这个金元国家。我与许厚泽、毛慧琴同志一起从北京于 8 月 15 日出发，飞机飞到上海，下午 6 时由上海东飞，飞行 12 小时，到达旧金山。旧金山时刻比北京早 15 小时，所以到达时仍是上午。由于飞机晚点，未能赶上东行的班机，而此时美国的航空控制台罢工，很多班机都停航了，我们只能预订到晚间的班机。我们由驻旧金山的领事人员（科技处的张朝行同志）接到领事馆休息。我们顺便到火车站去看了一下，只见入口处三个斗大的大字，写着"三藩市"，可见那里华人的众多和势力了。领事馆的同志再三告诫我们出门要小心，主要是一些黑人经常要抢劫，特别是中国去的人，因为其他国家以及台湾的旅客多半是用旅行支票的，而中国人则总是带着现款，所以是他们抢劫的对象。他们告诉我们就在前几天，一个地震局的代表团到这里第二天要回国了，竟在隔夜出去散步，被抢走了 1 000 多元。我们晚上回到机场，知道上午所订的班机已无座位，不能成行，但行李则已运走。我们不得不在机场过夜。找到服务台，想找个住处，而服务台里竟是一位黑姑娘。我听了领事馆的人的话，当时就对这位黑姑娘怀有戒心，不敢相信她的话，恐怕她串通一些黑人来陷害我们。我打电话到领事馆，他们说在机场附近就有住处，飞机来时有班车去接。我们搭班车到了这个旅馆，已经是夜里二三时了。整天的劳累，此时才得到休息。许厚泽很不放心托运的行李，他就用床头的电话给他在纽约的姑母打了个电话。第二天清晨，我们又到机场，一直等到下午 4 时才乘机东飞。5 小时后，到达纽约的肯

方俊在哥伦比亚大学留影

尼迪机场，驻联合国代表团招待所的张炳吉主任来接。他是莘妹在外交部的朋友，我到旧金山时曾用电话告诉了他。他把我们接到招待所（第42号街，也是一个黑人区）住下。此时已是深夜，而许厚泽和毛慧琴二人还要到机场去取行李。我很不放心，几乎一夜都未能合眼。第二天早上，我还不得不赶到喜来登（Sheraton）宾馆的会议场所，因为这天上午正是我与约翰生（Johnson）先生主持会议。此时，郭宗汾、梅尔基奥尔都到了，还有日本学者大江昌嗣（Ooe Massatsugu）和佐滕忠弘（Sato Tadahiro），还有莫利兹、杜卡米、凡隆贝克也在场。我国除我们三人之外，还有地震局的郗钦文等。我这几天总是一人独立行动。我每天从住处步行到旅舍，在路旁的咖啡店吃些点心，我要看看美国的穷人是怎样生活的。我每天都看到一两个衣衫褴褛的人沿途翻弄垃圾桶，翻到一些破烂衣衫或布块，也当宝贝藏起来。有时也可以翻到半瓶啤酒，或者半截香烟。我又看到几个失业的工人聚在一起，谈论他们的苦楚。

此时，柳孝图已来纽约，在哥伦比亚大学进修。他来看我，我们同到联合国大厦，坐着代表团的车子进去是不要票的。我们参观了会议厅，以及安理会和殖民地托管会议和经济开发等的大厅。我们又到了世界贸易中心，登上107层楼，乘电梯上去也要一分钟（高约440米）。然后又站在自动电梯（Escalaton）再上三层，在此可以瞭望整个纽约市。门票2.50元，老人（60岁以上）折半。我与柳孝图等也去游览了中国城，那里有个孔夫子大厦和孔子铜像。

此次大会一共开了6天（8月18日—23日），宣读论文80篇，中国去了38人。会议结束之后，郭宗汾教授宴请了我们，在一个中国饭店，一共15桌，每桌8人。此时，我才第一次见到郭夫人以及莱柯拉什的夫人。她还送了明士一条床单。

1987年11月在京西宾馆参加中国科学院地学部会议（右四为方俊）

我和许、毛二人乘直达班机离开了纽约，5小时后到达旧金山。郗钦文等已先期到达，搭乘这次航班同行。飞行了12小时50分钟到达了上海机场，又北飞北京，抵达北京东郊机场之时已是北京时间夜12时了。此时，一个麻烦问题是女婿孝图所托带的一台电视机。通过检查台时，经毛慧琴的交涉，总算没有上税。但是，院中并没有人来接，我们不得不在机场的招待所住一夜。我此时已77岁，在纽约一个星期的会议和游览，特别最后的24小时的连续飞行，真是筋疲力尽了，深深地感到年岁不饶人，确是老了。

回到武汉，仍是不得休息。要参加许多会，所中之事也不得摆脱，还要忙于我前面所说的那本书的写作。此时，珞孙已考入了测绘学院，时常可以来谈谈。外孙张伟也考入了中学。他的祖父，一位无锡近郊的老农民也来武汉，住在他们家。时常来，与我诉说农民的辛苦。

次年，我到北京参加了全国科协的第二次会议。此次大会的主要问题是如何恢复各学会的活动问题。几年以来，由于"四人帮"的干扰，使很多科学……①

安度晚年

1989年3月24日，这是个难忘的日子。那天下午我到楼梯口去取报纸，那里靠墙放了三辆自行车，我竟被倒下来的车子压断了左腿。这时我并不感到痛楚，只是坐在地上起不来了，明士和王桂贞想把我扶回房间，我怎么能起来？此时，有两位工人从厨房买了饭回家，明士就请求他们把我抬回房间。此时我才开始感到痛，而且痛彻肺腑。明士打电话到所里，司机张汉武同志开了一辆轿车来，知道我不能坐此车到医院，又回去换了一辆小货车来。此时，明儿也回来，正在商量送什么医院，而玉莲也从医院回家。她说"送一医院"，这就是她工作的医院，她知道这里的骨科是有名的。他们用竹床将我抬上车子，此时我已痛得有点昏迷了。车子一颠或拐个小弯，我也痛得叫起来。到了医院就直接开到透视室，幸亏X光机在楼下，可以少受些痛苦。此时，只听到玉莲一人在指挥，她不等照相完就立刻去找外科主任。照相之后，也没有送到手术室，而是把我抬到一个大病房。此时，抢救班子已经组织好，他们为我手术。我已经有点昏迷，

---

① 本章以下原稿遗失。

一点也不感到痛楚。只见几个人在忙碌，把我的左腿固定在一个框架之上，然后为我输血输液。后来知道我此时是很危险的，血压低到60/40。此时，芊芊和施汉雄、连文彬同志也先后赶到。施等到医院办公室为我办理了住院手续，并重托了院领导。这时，云实的女儿黎辉同志正在医院实习，把这个事告诉了她的父母。第二天黎韦和云实来看我，并把此事向省委反映了。所以，我虽然住在普通病房，但是对我的照顾是很特殊的。过了两天，夏儿和华儿也相继赶到。此外，同济的裘法祖教授也正与许厚泽同志在北京开完人代会回来，也来医院看望。他是骨科主任黄其裳大夫的老师，也再三嘱托，并将所拍片子也拿了回去检查。过了两天，他们把我转到一间三个人的病房里。后来，又将原来住在那里的一位老工人转移到别的房间，我为此事竟哭了一场。此时，我的几个儿女轮流看守，明士也为我日夜操劳，为我烹调可口的好菜。所中也每天派车，不时也有人来看我。黄主任也不时来看我。一位护士长更是十分关心，常常让一些护士来陪我谈天以解愁。这都使我十分感动。无独有偶，我的大妹菁也几乎与我同时把腿骨跌断了，送到协和医院治疗，竟很快就好了。是否她比我小几岁，或者北京协和医院的医疗条件较好，则不可知了。

武汉分院也出了几件事。在我摔跤的几天之后，高尚荫先生忽然去世。他是长期患病，此次据说用药不当竟不治了。院长钱保功先生在我进院的次日，还搭了明士的便车想到医院去看我，走到大东门，由于临时的阻碍未能通过，过了两天，竟中了风。又分院退休的徐希书记也在不久之后在医院去世。真是流年不利。

我在病房中受到很多照顾，子女轮流陪伴，明士每隔一两天也来看我。黄其裳主任除了每天查房之外，晚上也来问长问短。那位护士长更是无微不至，使我十分感激。所中也不时有人来。无非是使我身心愉快早日康复。我此时对于腿伤已不大在意，反正绑在那里迟早可以恢复的。但是，却产生了大小便不能自主的困难。在手术之后，小便是插管的，管子拔了之后，明儿为我套上皮管，可以不必起床解决问题。但是，大便却发生了困难。我一脚绑在床上，不能起来，又不习惯用那种扁平的大便盆，这样就形成了大便不能自主，而由其自流的毛病。儿女们日夜为我打扫卫生，但是每天还是要换几次被单。起初是不敢多吃东西，后来竟使我有了吃不下饭的毛病。明士每天在家操劳，为我做可口的饭菜，送到医院，我也吃不下。医生对此也没有办法，只是每隔几天就为我输血和输液，以维持生命。如此一直到了6月底，经过几次拍片（这都是他们将X光机拿到病房来拍的），说可以松绑了。我对此是有些担心的，因为松绑之后，就要抽去那根销钉。我曾听见施汉雄同志说过他那次骨折治好后，拔那根销钉时，痛得满头大汗。可是，到了那天上午，我总以为黄主任亲自来处理此事，但是却来了一位年轻的医生同一位助手。两人在我床边操作了不到十分钟，我只感觉到一些轻微的震动，竟已将那个销钉拔了。我很惊奇，可想见我国的医疗是发展得很快的。我记得在隔夜医生将我的左腿用纱布条包得很紧，整整一夜，左腿和腿部都麻木了，这可能就是为抽销钉作准备。但是，那夜我竟一夜也不成眠，左脚无论怎么放都不自在。这夜是华儿值夜，她几次为我去找医生，而值班医生也不知如何处理。

这时，黄其裳主任宣布，他的任务已经结束，即日转到内科，并且一定要我住进高干病房。退休的老院长何钦圣教授为我安排了一间单身房，他也因养病住在那里，还有过去经常与我诊治眼疾的孙信孚教授也因病住在那。此时，我已能够坐起来，有时还遵医嘱下床站一两分钟。慢慢地锻炼，可以扶着床框走一两步，但是，大小便的不能自主仍折磨着我。

此时，我的次婿张甫英正在美国明尼苏达的德鲁斯大学（Univ. Deluth）进修。由于国内的情况，他留在纽约。芊芊则工作忙碌，又要照顾儿子张伟，所以不能常常来值夜。这就引起了他们兄弟姐妹之间的矛盾。俗语常说"久病床前无孝子"。这无非是说一个耐心的问题。我几个子女对我都是很好，当然不存在这个问题。而由此引起他们之间的不和，使我十分不安。我千方百计说服他们，要他们和好起来。有一个晚上，黄主任来我处。那时正是夏儿陪着我，黄忽然对夏儿说："我想起来了，你父亲为了同济之事是出了力的。"原来，那次我在记者招待会上发言，他也在场，那时他刚医学院毕业。现在我回想此事，如果那时任凭唐守愚部长把同济迁往大连。这个大学也就不存在了。

我请求早日出院。我已经意识到我的病是长期休养的，不是医疗可以急切治好的了。医生经过讨论，同意我出院，但是很不放心，要我如果感到不适，要立即回来，这间房子还是为你留着。于是，我就于7月20日出院了。在医院一共住了198天。在回家途中，看到市面上的风光，顿时身心舒畅。回到家里，反觉快活。第二天，朱瑞赓和沈理同了一位退休的老中医邓吉顺先生来看我。他们告诉我，瑞赓去年中风，医疗好了之后，总是手足麻木不灵，走路和做事也很困难。经人介绍这位医生为他针疗，竟逐渐恢复了。所以，特意同他来为我诊视。我对中国针灸的疗效是早有所闻的，所以我在医院中也曾要求为我针灸，希望能解决我的大便的问题。但是，经过几次试验，仍旧不能解决问题。邓医生的针疗与我那次所见的却大不相同。首先，他只是用针穿刺，而不用艾灸，并且每次都要插上十几乃至二十针，从腰部沿着大腿，直到脚背。使我很惊奇的是，在腰部刺针之时，一直到腿背都感到震动。此时，我睡在客厅里安放的一张小床上，瑞赓则睡在对面的小床上，继续他的针疗。瑞赓对我说这位邓医生的针疗在武汉是很有名的，同时，他也是一位很好的中医，要我把我的大便问题向他诉说。邓为我开了药方，只服了三剂药，我的大便困难竟奇迹般地解决了。我此时也不能不感谢我所里一位与我家十分要好的木工师傅郭仁义同志，他立刻为我做了一个木椅，使我可以安安逸逸地坐在上面大便。这不但将我的大便病痛解决了，并且也解决了我几个月来的心病。我就开始锻炼，要同时解决小便问题。邓医生每天来，总是由瑞赓的学校派车，先将瑞赓送到我家，然后去接医生。医生回去则由我所派车送。后来，我家的客厅竟成了一间病房，我与瑞赓二人各占一床，还有钟群同志（此时，她已调到岩土力学所去了）也来针疗她的背痛，还有一位力学所的潘同志，每天为他的从小患有痴呆症的儿子针疗。后来，邓医生又为我按摩。这时正值大热天，我见邓医生满头大汗，他为我辛劳，心中十分过不去。瑞赓已告诉过我，说邓医生说过要三个疗程，每个疗程10天。我从8月1日起针疗，到了8月31日正好30天（中间有一天邓因事未来）。邓医生对我说："你的病基本上好了，明天不来了。"我还是很不放心，希望他隔天来一次。但是后来我也知道他确实不能来了。他已在汉口开设了诊所，把他的针疗为更多的病人服务了。同时，我也应该通过自己的努力来恢复行走问题。此时，雷德隆同志又根据黄主任的嘱咐为我买了一副拐杖和一辆轮椅，这都是很贵的东西。我立意要自己练习走路，把拐杖退了，但那辆轮椅却没有退掉，但对我也没有起什么作用。后来，竟方便了几个人。

我的迅速康复惊动了一些人。分院郑跃华书记来看我，问长问短。我都向他汇报了。他就想把邓医生接来，为钱保功院长治疗中风后的手足麻木病症。但是，此时邓医生日夜为他的诊所忙碌，不能来了。钱院长只好由夫人顾薇同志陪着到他诊所去治疗，但是效果也不显著。还有那位同济医学院院长唐哲先生，在我住院期间，在桂林开会，也不慎跌断了腿。医学院用车子将他接回武汉，开刀时因麻醉事故而中风了，躺在床上，不能

方俊院士晚年在工作

行动,也想找邓医生为他诊治。但是邓医生既不能出来,他也不能去,因此耽误了。

我康复之后第一桩事就是将我在住院之前所写的那篇《地球自由振荡线性反演中的参数核》的初稿加以整理送到《中国科学》,后在这个刊物的1991年第1、2期发表。编辑却又要我写英文稿,《中国科学》的外文版并不是把它的每篇文章都转载在外文版之上,可能是认为这篇文章还有些可取的地方,所以把它转载了。第二桩事情是我的两位研究生,即小方明和李斐同志先后通过论文答辩毕业了。至此,我一生的事业也宣告结束了。在此之前,明士已将我的书籍束之高阁。那个与我朝夕相伴的朋友——那台Sharp1500计算机也被送回所中,并且从此不让我见到它。我对此也无所谓了,也没有什么悲哀。我知道我确是老了,很多青年人已相继成长,有些也已初露头角。我深信他们一定会把我的事业继续下去,他们的成就将会远远超过我所能期望的。但是,我却十分羡慕他们,他们身逢盛世,前途无量。

我的次婿张甫英从美国回来。他是贫苦农民出身。我记得有一年,他的父亲掉着眼泪向我诉说农民的困苦。后来,我又在应城的周扬大队亲眼见到农民的穷苦情况,使我十分不安。解放20年了,我们的农民还过着这种生活,这不能不承认这是我们党的一大失误。现在的青年,都向往着美国,认为他们富有,也很民主,因而也就得出一个结论,认为资本主义比社会主义更为优越,这就很容易受一些狂妄的野心家所蛊惑了。青年人的思想幼稚,也说明了我们对他们所进行的爱国主义教育实在太差了,我们的中小学教科书中，几乎很少提到我国过去的悲惨历史以及国际的形势。

社会主义的兴起只是近代之事。1917年，苏联建立成第一个社会主义国家。此时，世界的经济已经牢牢地控制在资本主义，特别是几个帝国主义的国家手里。苏联不得不利用自己的力量和资源来进行建设，在斯大林的几个五年计划之中，竟把经济很快地搞上去了。他们发展了工业，特别是重工业和国防工业，以及尖端科学技术。进度之快史无前例。这是斯大林的功绩，是不可否认的，特别是他在对希特勒的战争中立下了不可磨灭的功勋。西方人总是把他形容为一个暴君，一方面当然由于他们对他的恐慌和歧视，他当然不可能不犯了些错误，杀了不少人，其中也有不少是错杀的。赫鲁晓夫一上台就把他全盘否定了。从这时起，苏联就没有出过一个成器的领导人。后来每况愈下，竟使这个社会主义强国分崩离析，而东欧各国也随之崩溃。这是历史的悲剧，也是一个历史的教训。

至于中国，事情更是可悲了。中国人民自从鸦片战争以来就一直在帝国主义的铁蹄之下过着十分悲惨的生活。我曾读到一篇文章，讲中国两次大出血之事。一次是1894年甲午战争之后，中国对日赔款白银2.3亿两，这相当于日本4年的政府开支。第二次是1900年，八国联军入侵中国，这次赔款是4.5亿两白银。两次共计白银6.8亿两，张之洞在湖北开办汉阳钢铁厂，总投资也不过白银580万两，两次赔款就等于开办80个像汉阳钢铁厂规模的钢铁厂。后来，日帝侵略军入侵我国，占领了几乎半个中国，不但死了成千万的人，也把我们所有的设施破坏殆尽。而蒋介石的反动政府竟无一点抗击的能力，但是对于搜括民财却很在行。他们逃亡台湾之时，带去了大批物资，其中单是黄金就200多吨。所以，中国共产党在接收这个政权之时竟是一张白纸。这就是为什么，我们花了这样大的力气，经过了几个五年计划，我们的农民还是那样地贫困。

就这样进入了90年代。这年夏季，明士旧病复发，起初也只是咳嗽，有些低烧。张善言的夫人赵明医生与她打针治疗，也不见效果。此时，夏儿回来，见此情况，就决定同她到北京就医，我也跟着到京。此外，保姆王桂贞也同去。我们到京，住在夏儿家里。明士每天去就诊，打针吃药，并且更重要的是加强营养。我们每天都由孙女和珞孙陪着在楼下的公园里散步，身心愉快，明士的病也慢慢地好转，我也心情愉快。每隔几天，夏儿总同我到商店走走，来去一个多小时。

北京的地球物理所要举行30周年纪念会，而地震局也抢着要为他们的地球物理所进行30周年的会。我想，地震局不过是乘混乱之中将原来科学院的抢了去，据为己有。后来，又不得不将一部分人员归还科学院，恢复原来的地球所。现在，它居然也抢着要做30年会。地震局是什么都争着要，要人、要房产，还争着要荣誉，就是不做事。我参加了他们的会，是在民族学院南路的所址开的。在会场，我见到严济慈老先生，他此时已93岁了，还是精神矍铄。我也见到了新任命的一位女副院长胡启恒同志。我作了一次发言，叙述我国大地测量学和地球物理学的发展。顾功叙、傅承义和翁文波先生也相继讲了话。

次日，我到科学院地球物理所去参加他们的年会，我也同样讲了话。我利用这个机会到地理研究所去，想去看望黄秉维、吴传钧、高泳源、陈述彭等老朋友。但是，一个也没有遇到，只与当时的所长左大康同志谈了一会儿。晚上，我参加了他们的晚宴。地球物理所的所长刘光鼎前来与我打招呼，说是今晚的饭菜每人限止在15元之内，可能他是知道我对浪费国家钱财来请客是很反感的。15元在当时可能已是相当克制了，但是对我来说，已觉得很高了。两次会议都是孙女洪洪陪我去的。

总参测绘局也派了车来接我去。局长张国威和孙秀文同志都陪着我，还有俞兆祥同志，此时已升任郑州军事测绘学院的院长，也正在家中，也陪着我。此外，还有我在同济大学的学生吴仕洁、谢世杰和王仁杰也在一起。他们备了很多菜请我吃饭。我很想见见我过去的老熟人，如刘良、张国器和史建章等，但都未能见到。

到了春节临近，学部又接我去参加一个联欢会。这次我与吴仲华和李敏华夫妇同桌，我们已经多年不见了。同桌还有邹承鲁及夫人李林同志。邹是30年代初，我住在小院胡同时二房东胡愚若教授的外甥，那时他还是一个十来岁的儿童。但是，他的哥哥承曾和姐姐都是我们家的好朋友。李林是李四光院长的女儿，我在地震局时是经常相见的。还有我在地质调查所时的老朋友李连捷教授，此时已是龙钟不堪了，背也驼了，由人扶着才能行走。我又到陈永龄和高棣华桌子上坐了很久，谈得很高兴。这次也是洪洪陪着去的。

就在此时，学部通知要增选学部委员，我们每人有3票。我考虑到我所应提二人，即许厚泽与朱灼文同志，但是每个候选人应有2票，这第2票哪里来呢？不久，连文彬和杨怀冰来京，告诉我多个研究单位（包括院中各所和各部

1992年1月方俊与学生许厚泽院士在一起

间的研究所)、大专学校和各学会都可以推举候选人,说所里已决定成立一个推选小组,要我当组长,我毅然地答应了。在春节期间,总参测绘局局长孙秀文和俞兆祥同志看我,并希望我为他们一位航测研究人员推举候选人。在此同时,测绘局的陈俊勇也找我去参加测绘学会为推举候选人的集会。他们已经列了一个名单,此次会也不过是从名单中圈出几位候选人而已。我顺便将总参测绘局长所提之人列入名单。此时竟未见到陈永龄先生,他们说他因眼睛不好不能来,但是,我觉他虽不能来,但还是要征求他的意见。我同陈俊勇到他家,告诉他:"我们都老了,不能工作了,应该把我们的接班人安排好。"他当然同意我的意见。

我和明士于3月10日回到武汉,参加了所里的推选会议。此时,明儿、玉莲等已搬到徐东路所里的宿舍去了。所里也动员我搬去,并准备装修一所房子。我考虑这个问题,因为如此可以减少所里的一些麻烦。但是,后来明儿也调到宋兴黎同志在分院所创办的一个企业,这样我就没有理由搬去了。他们也搬了回来,与我们同住。

4月份,院里召开评议本院所提的候选人的初审会议,来电话要我到北京去参加。我觉得我刚回来,身体又不好,不想去了。但是,对方说:"你这学科只有你一人,不来不好。"刚放下电话,许厚泽同志来了。我告诉他:"我要到北京,我虽提出二人,但是估计是不会同时上去的,我此去将力保一人。此人是谁,你应当明白的。"我顺便劝他以后处理所中事要从事业出发,希望他多依靠党委。当然,此时他对我的话是很听得进的。

在北京,我住在京西宾馆新楼,我此时是不敢出去了。三个妹妹和妹夫等,以及夏儿、守恬轮流来看我。我发现我的耳朵全聋了,右眼也模糊了,开会之时总要工作人员坐在我旁边,为我解说。我看到名单上有秦大河的名字，我虽不认得他，但是我对他步行穿过南极之事是很欣赏的。我认为一个科学人员，不但在学术上要有所成就，并且也能身体实践。他步行穿过南极，也可以看作科学实践的一个成就。但是，他的领导施雅风同志（兰州冰川所所长）却不同意我的看法，说是他在参加南极考察之前，研究工作是没有做好的。这与他本人交谈过，他也承认确是如此。现在，因为南极工作却出了名，名实不符，还是等下一次再提罢。可见我们老一辈的学部委员对于选拔候选人之事还是十分认真而严肃的。我所参加的小组只有三人，即我与傅承义和地球物理所所长刘光鼎同志，所审查的也是三人，即我所二人及傅先生的学生。此人在毕业后竟因个人打算投到陈宗基的怀抱之中，傅先生对他大为不满。过了几天，我回到了武汉。以后还有一连串的会，我都不能参加了。最后是10月份的投票，学部为了照顾我，将选票用特别的保密邮递寄给我，我圈定之后，也用同方法寄回去。我是亲身到邮局，由他们密封寄出的。

此次增选共选出新学部委员210人。中南地区（武汉及长沙）有10人，即丁夏畦（武汉数计所）、王淀佐（长沙中南工大）、许厚泽（测地所）、李钧（武汉物理所）、李德仁（武汉测绘大学）、杨叔子（武汉华中理工大）、杨弘远（武汉大学）、陈宜瑜（水生所）、俞汝勤（湖南大学）、姚开泰（湖南医科大学），连前共有20人。除了不幸去世的钱保功院长和水生所的黎尚豪同志之外，还有18人。

此时，外面市场已日益繁荣，过去买东西都要票证的日子已一去不复返了。不但买东西排长队的现象不复存在，店员都是笑脸迎人，那种不耐烦，视顾客如仇敌的态度也不见了。有一次玉莲同我到水果湖去买些粮食。我选了几样东西，共计20余元。玉莲付款时，还缺少几角钱，我就要拿去一件，那店员竟说："不要了，老主顾了，下次再找补罢。"我此时才感到顾客真是"上帝"了。

改革开放才十几年，已经开始取得明显的效果。我们的改革是先从农村开始的，那时的口号是"先让农民富起来"，这是我举双手赞成的。我曾听见过一种说法"无农不稳，无工不发，无商不富"，这是十分正确的。我们党是一贯重视农业的。我们的解放战争，后来的工业建设，其资源都来自农村。后来，我看到农民还是那样穷苦，是十分痛心的。但是，我只看到一个方面。中国历来是以"地大物博"自豪的。解放之前，曾看一位地理学家发明了"中国地大而物不博"之说，这在当时似乎是实情。我想起我在四川北碚时，每年秋季都有运载川北柑橘的船驶来。四川人是不大吃这种柑橘的，说是吃了会上火，但是，下江人却很喜欢它，而且，价钱也很便宜，每一称（10斤）只售3角多钱。我发现每次运来的柑橘也只能销售极少一部分，其余的都被倾倒在河里，以便空船回去。又如我1926年秋季初参加工作之时，从连镇坐着卡车奔赴南宫县，途中所看见被夕阳照耀下闪发出金黄色的那座梨山，也是由于运输不便而白白地焖在地里。所以，中国不是没有东西，只是由于交通不便，商业不发达，以致大批的生产都白白地糟蹋了，而城市里则买不到东西。所以，发展经济，繁荣市场是十分重要的。过去对此是不敢多谈的，因为一谈到这个问题就意识到走资本主义道路，人就变"修"了。在解放初期经济学家马寅初先生提出了人口问题，受到很大的批判，以致后来人口失控。又如梁漱溟先生提出的农民问题，都受到了批判。当然，这些人的话也未必完全正确，但是总应该听取，加以研究，择其善者而行之，完全不听是不对的，将来吃亏还是自己。古语说："众人的诺诺，不如一士的谔谔。"我始终认为党的领导是十分重要的，但是党的领导是集体的领导，是集中多数人的智慧的集体，更需要征集党外人士，特别是有关专家的意见。在过去，这种风气是很难形成。正气不能抬头，邪气就可通行无阻，以致出现林彪、"四人帮"等野心家的篡党夺权，造成很大的祸害。

我也很注意到我国体育事业的发展。当我在民国初年在苏州进小学之时，曾经开过一两次远东运动会，参加的除中国之外，还有香港地区，以及菲律宾等国。第一次，中国得了第一名。那位足球名将李惠堂先生是广东五华人，当时他所领导的省港（广州及香港）球队是远东无敌的。那时，中国刚刚革命，建立民国，还有一些新风尚，以后就每况愈下，名次也下落了，不久也风消云散，不再开了。国家战乱频存，人民生活穷困，体育事业是谈不上的。我国体育初露头角是解放初年的乒乓球队，连年夺取冠军，震动了世界，也振奋了全国人民的心怀。接着就是女排的连年夺冠，我竟手舞足蹈，乐不可支。我国体育初露头角是1988年参加在美国洛杉矶所召开的第23届奥运会那次，中国选手获金牌15枚，名列第四。以后的两次，即1992年在韩国汉城的第24届和最近在西班牙的第25次都是名列前列。但是取得更辉煌的成绩，特别是打破世界记录之举，也只是近年之事。中国体育长期落后，解放之后才慢慢地赶上去。所以，只能在一些薄弱环节上，先行突破，并且大多出现于女子项目之中，如女排和女篮等。这也说明我国妇女的解放是远远为那些帝国主义，现在自评为民主国家所望尘莫及的。

至于属于脑力劳动的科研工作，则发展和进步也迟缓了。我曾为我培养的许多研究生一个个出国之后不肯回来，而苦恼和愤怒。现在我也想通了。我国解放之后，科研人才辈出，大部分的人都为国家科学事业，默默无闻地献身于事业之中。人各有志，有的以荣身而自喜，有的则为国家民族的事业而奋斗。人各有志，不可勉强。我有幸认得钱学森先生这样热爱祖国的导弹专家。他抛弃了美国优裕生活，顶住了美国迫害和阻碍回到祖国，为我国创办了导弹技术。我曾参观了清水的靶场，那时也尚在试验之中。但是到了1970年1月，我们第一颗人造卫星就上天了。我也约略知道一些一手创办我国原子弹的邓稼先先生的事迹。他是杨振宁先生的好友，两人从小在一起，因为他们的父亲都是清华大学的教授，后来二人一齐考入崇德中学。这也是我的母校，他们可能比我晚十多年。我曾收到北京第三十一中（崇德中学的后身）的纪念刊，上面印有李鹏同志在邓稼先住院时授予他"全国劳动模范"奖状的图像。

我们的一些科研，特别是与国防有关的尖端科学，是保密的。说到我们科技人员默默无闻的贡献，也想到了我的长子方夏。他只是一个高中生，参军之后，调到七机部一院二一一厂，先后担任科、处长之职，又担任了附属学校的校长，培养了许多科技人员。在第一颗"澳星"发射之时，我的长媳以主任医师被派去做随队医生，后来发射失败，守恬来信，十分懊丧。而我却很有把握，我认为看一个军事指挥官，不但要看他如何打胜仗，也要看他如何打败仗。他能在几秒钟之前，就发现了毛病，而紧急煞住，这是了不起的。果然，不久之后就顺利发射了。现在中国的长征捆绑火箭已是全世界知名了，这都是这些默默无闻的人日夜辛勤所研制出来的成果。

我查了一下我过去的收入。在80年代，我的薪金是322元，已经是很高的了，但是我是总入不敷出。到了90年代，我不能工作了，薪水却加了一倍，并且还有特殊津贴200元，并领到了国务院颁发的"政府特殊津贴"的证书。这是我一生中最大的光荣。我也每月有些节余，这也是我一生从来没有之事。

1992年7月，院中通知说有一位德国新到任的马普学会会长哈尼斯（P. Harnisch）来到武汉访问，要我和裘法祖教授接待他。他于21日到测

从练习生到院士——方俊自述
From a Trainee to an Academician: The Autobiography of Fang Jun

方俊（左一）、裘法祖（左三）、许厚泽（右二）院士等会见德国哈尼斯博士（左二）

地所与我见面，裘教授也同来。因为他怕我德语说得不好，交谈有困难，并也来了一个翻译。但是哈尼斯的中国话却说得流利，原来他过去曾到过中国，学习了中国话。于是，我们就直接交谈了。他这次来中国主要是访问一些在二战之前在德国学习和工作的中国人，在武汉是4人。除我与裘教授之外还有两位学工的。他问我为什么要到德国，跟谁学习和学习的情况。我告诉他我那次出国并不是去上大学学习的，因为所拿到奖学金数很少，也是短期的，而且国内正打着仗，我也不忍离开。我认为学术的问题是可以从书本上得到，但是有些关键问题却一时搞不清。我是抱着寻师访友的目的到德国的，所以，我到德之后访问的人很多，无非是从他们那得一些启发。我在曼塞尔教授的指导下，为他的仪器做了一些实验，但是最大的收获是他每星期参与他助手们的讨论会，在那里可以听到不少意见。我到蔡司厂去实习，后来又到瑞士威尔特厂去实习，都是为了得到实际的知识。我又谈到虽然希特勒和纳粹分子对我们的歧视，他们看不起中国，也十分憎恨中国留学生，但德国人民是对我们很友好的，特别是曼塞尔教授夫妇对我亲如一家人。我们谈得很高兴，谈了两个多小时。

到了1992年的冬季，我的精神日渐委靡，也不想吃饭，身体也消瘦了。我在80年代每次到北京开会之时，总要在宾馆的磅上称一下，一般是55公斤。在摔跤之后，有一次在体检中，竟跌到90斤，掉了10公斤，此时可能更轻了。到了1993年的春季，我精神恍惚，一天到晚胡思乱想，觉得自己又不能工作，不如早日报销完了，以免虚耗粮食。正在此时，张赤军同志为我送了一份"中国芳香智悟气功"的图解和说明书。他告诉我他自从去年在北京被汽车撞折肩骨，虽经医院治疗痊愈，一直背部疼痛不止，一个手也不能抬起来。后来，他开始做这种"香功"，病情竟慢慢地好转了。所以，特意介绍给我，要我每天练习。我当初也是将信将疑，开始练时也是十分困难的，根本站不住，只能坐着照图练习。慢慢地，我竟能立起来做一二分钟，但是还是很困难的。我受张赤军和其他同志的鼓舞，坚持练习，我的精神竟奇迹般地好转，那种胡思乱想也不再出现了。我每天总是做两次，每次20分钟，其中早上一次是立着做的，第二次则在午睡之后在床上做的。我的毛病却很快地好转了。玉莲曾给我买来了一本"香功"的宣传书，说得十分神奇，也有祖师爷，去找他就可以医治百病，我对此当然不会深信的。这是我第一个转机。就在此时，长媳守恬回到武汉，看我那样瘦，吃饭也不好好吃，她观察了好几天，认为可能是"甲亢"。因为没有症状，所以医生检查不出来，就让我试服甲巯咪唑片（"巯"读"球"音，是化学专名，代表SH）。我吃了此药几个月后，身体竟日益好转，也吃得下饭了，不再挑菜了，晚上也能安眠了。所中同志来，也说我比春天时胖多了。

从练习生到院士——方俊自述
From a Trainee to an Academician: The Autobiography of Fang Jun

上图：1993 年 10 月方俊院士在武昌过 89 岁生日

下图：1994 年 10 月方俊院士九十寿辰祝寿会在北京"中国运载火箭技术研究"长征宾馆礼堂举行

测地所内的方俊铜像

我从去年就开始写我的自传,因为精神不好,而停止了很久。身体好了,我继续这个工作,每天可以写1 000~1 500字。明士和子女们都劝我不要写,怕我劳累了。其实一个人思想有所寄托,不但不会使身体受伤,反而会好起来。几个月来也证明了这点。但是,我的困难也是有的。我的右眼已经全瞎了。这大约是一年多以前之事,家人与所中同志十分关心此事,为我联系医院动手术,特别是同济医学院的裘法祖教授也为我介绍医院的眼科名医张乐同志为我医治。我去了几次,每次为我检查,给我眼药,也不谈起手术之事。我估计可能是要先将我的角膜炎治好,才能考虑开刀之事。但是,我很怕要在医院住上一个多月,动手术,能用左眼应付一时罢了。①

2004年10月26日纪念方俊院士百年诞辰铜像揭幕仪式暨座谈会合影

---

① 回忆录原稿至此结束。

附 录

方俊1951年赴藏区考察途中家书选

方俊亲属人物关系简表

方俊年表

方俊主要著述目录

人名索引

方俊1951年赴藏区考察途中家书选

(一)①

明：

今日收到六、七日信，此信由京转来，走了月余。迩来家中安好否，至为念。到此后曾寄一信，不知何时方能收到。

我们到此已一星期，工作问题尚未十分确定。因为军队尚未进入拉萨，沿途政权尚未建立，加以给养困难（西部给养都赖飞机空投），故工作队除少数人随军进藏外，余人须留在西康一个时期。随军西进之少数人恐亦须今冬或明春方能入藏。我因南京所中不能久离，拟不在此等候，将与吴传钧、张善言二君在康工作至初冬即东返。

来此后，吴传钧卧病数日，李连捷亦卧病，我虽年岁最长，但身体甚好，饮食因部队对专家特别优待，每饭必加两菜。在此见到1949年毕业之同学二人（即前年在大光路来我家吃饭之数人），另有测量员及测量学校毕业生数人在前进中。他们闻我来，都极兴奋，与他们不少鼓励。我将带两个测量人员随行，授以必要技术，俾能解决天文测量问题。队部中对我及李十分尊敬。

今日参观了三个喇嘛庙，喇嘛有数千人，中日除唪经吃茶吃糌粑外，一无他事。

---

① 此为方俊从四川甘孜致夫人杨明士的信，因转寄给方夏而为方夏留存。

参加劳动者多为女子。有一个庙内的小活佛只有十二岁,看上去不过八九岁。此处除军队外,大部分都是藏人。他们对解放军十分爱戴,此则军队中严格执行政府之民族政策之结果也。甘孜气候比其他地方为暖,但早晚必须穿皮衣,即中午也必须穿绒线衣服。附近雪山终年积雪,风景伟丽,雅砻江就在甘孜之旁,目前除全力修建机场外,将建设新市区于旧城之南。此间英国香烟极廉,但我等有烟供给,不必另买,且亦不准向民店购买也。

所中情形如何,家中想都安好。夏、华想都已放假,可多在家温课,以便明年考学校。芊芊身体如何?饮食如何?闻小明身体甚好甚慰。母亲身体好否?念念。李连捷有一女三儿,女儿即在北碚见到的。

此请 近安

俊上(一九五一)七.十晚

母亲大人前请安,四儿至念。

(二)

第三号,海子山^①

夏儿:

在甘孜寄两信,想先后到达。我们于九月四日离甘孜,当天汽车送达公路末端海子山。本拟明日即骑马西进,因各事尚未准备妥当,故决定后日启程。已决定先赴昌都,大约本月底可以到达。到彼后,或向北行到玉树再转邓柯返甘孜,于年前东返;或走南路到巴安东行,转康定东返。连日宿帐篷,尚习惯。今日出去试马,一切甚好。海子山原无人烟,目前为入藏物质转运站。汽车将粮食物质运到此处,然后由毛牛西运,现土司头人等已将牦牛组织好,每日有牛一千五百头担任此任务。所惜毛牛走得太慢,每日不过四五十里,且易走散,损失甚巨。此间气候,日间极热,与南京夏天不相上下,而夜间则奇寒。来此之日天气极佳,乃至夜半雷雨交作,继以冰雹,帐篷内几全部淋湿。所幸我等三人身体尚好,未曾伤风。

---

① 以下为方俊赴藏考察途中写给方夏的信,"第三号,海子山"为原编号和写信地点,下同。

你在校学习情形如何？至念。年底返宁后，当偕母亲来看你。以后来信，可先寄到家中，再由家转寄，以免遗失。

此问 近好

父字 九．六

这里可以见到鸟鼠同穴。所谓老鼠，其实就是野兔的一种。全身只有三四寸长。去年十八军军粮运不过来，又不许向藏民买，地老鼠曾解决了不少问题。全军只靠打老鼠和挖野菜来作粮食。

（三）

第四号，德格

夏儿览：

上月廿五日在甘孜寄一信，计算已可收到。我于四号离开甘孜，到海子山。这是目前汽车路的末端。参谋长何君特派吉普车送我。唯行李卡车直到晚上九点才到，所以弄得饥饿不堪。在海子山寄第三信，想到达时更迟了。

八号由海子出发，全部人十八（我和吴传钧、张善言、清华地理小教员刘心务、测量学校学生四人、战士十人），马十七匹，当天爬了海拔4000公尺的海子山，共走六十里，到达竹箐，一半骑马，一半步行。我身体不好，有些吃不消。幸吴、张等照顾，次日休息一天。十日翻过4200公尺之勒纳山，到达官寨子。这日弄得十分狼狈，原因是据兵站上了解是六十里，实际上走了九十里，又遇大雨，山路十分泥泞，所以弄到晚间十时方到。一部分战士则掉队，住于山顶之牛皮帐篷中。官寨子是清代赵尔丰征藏时所筑之营房，现已无人居住，仅一藏民在看守房子。藏民对我们极好，半夜三更起来为我们烧茶煮饭。

次日到柯罗洞，十二日到德格，住于兵站。这个兵站就是德格土司的官寨。以为是门禁深严，可以高枕无忧，乃于次日发现被偷去两个箱子。现由德格土司及县政府清查，仍未找到。闻此间盗匪甚烈，由于政府的宽大政策，致无所忌惮，专盗窃解放军的东西。此种情形，对于军队实为难以解决之问题。因若对这些人严厉，则违反政府政策，且将使土司头人恢复从前压迫人的故态。若听其自然，则以后物质的损失将变本加厉。德格土司原为金沙江东西最大土司，辖地有德格、同普、白玉、邓柯、石渠五县，现在势力已渐衰矣。其手下头人名夏克刀登，在红军长征时被俘，经过教育后放回，自此以后彼在地方上十分进步，解放后用全力支援入藏部队。目前他在藏民中威信远比土司为高。现此人任西康藏族人民政府的副主席。

此间天气已渐寒，昨夜在外工作，须穿两件皮衣。江南想已秋凉，你在校如何，十分悬心。家中想时有信，我离甘孜后，即无法接到家信，一部分信想已转到昌都。你来信可与母亲转。

此问　近好

父字（一九五一）九．十八

（四）

第五号，玉隆

夏儿览：

我们因运输员不慎，将经纬仪损坏，又在德格遗失一部分东西，故决定不再西进。于九月一日离德格，十日到玉隆。派人返甘孜取信，接到你九月五日由徐州来信甚慰，同时接到母亲十九日信，知家中一切安好。想你不常接到信也。我将于今日搭汽车回甘孜，在甘孜接洽车辆，即沿公路线在炉霍、康定等地工作一时期（后）东返。预计十一月中旬当可返抵成都，届时如走宝鸡转陇海路东返时，当在徐州下车来看你。不然则将俟返抵南京后再抽暇前来。我此次由甘孜赴德格，计行一月余，其中马行十日，因路太难走，故损失甚重。在海子山及德格各寄一信，皆寄杭州，想皆可转到。这里天气寒冷，虽穿两件皮衣及皮裤，犹觉寒气袭人。经过大山皆降大雪，最深者已积雪尺余。太阳出来，反觉光甚烈，不能开眼。此间同志害眼病者甚多，且有流血者。你替我买的黑眼镜乃大得其用。十八军虽发黑色风镜，但玻璃太薄，未至公路都已打碎。我身体尚好，但因无蔬菜又无水果，故消化不良，遵医生嘱吃丙种维他命稍好。玉隆为西康藏族自治政府副主席夏克刀登之家，此人原为土司之头人，从前红军经过时曾将渠俘虏，经教育后释回，故甚为进步。目前支援入藏部队不遗余力，金沙江以东之运输得力于此人者甚多，江西则情形复杂，有待军部方面之努力。目前十八军正全力修筑由此至金沙江边之公路，计有七团人从事工作。你在徐州学习情形如何，至念。

  此问 近好

父字 十．十四

我于昨日下午到甘孜，复信可寄康定邮局留交。又及 十五日

（五）

第六号，新津

夏儿览：

  上月十四日由玉隆寄一信，不知已否收到？我在甘孜又住了十天，于廿三日乘车东行，当日到炉霍，次日到道孚，廿五日抵营官寨，廿六到康定，在康定住到月底。本月一日到团牛坪，已越过二郎山。因高度降低，气压渐高，温度亦渐暖，精神顿觉舒适。今日回到新津，拟于明日赴成都，在彼耽搁四五天赴重庆，大约二十左右可返宁。我本想经宝鸡乘陇海路车东返，拟在徐州下车来看你，今因军部方面希望我们到重庆与西南军区接接头，故决定坐船东归。接祖母信，说你常回家，我想大约是写错了。但我归后，你能否回家一行？不然我当来看你。我近来身（体）甚好，高原气候饮食对我实不相宜，故胃病和背上风湿时发，有一次背痛得抬不起头来。现在数日未发。从德格骑马回返时所过高山均积雪甚深，沿途且遇大雪，汽车过折多山时亦遇小雪。闻前此二日已封山一次，运输中断者十余日。二郎山则尚未降雪，不然汽车行驶十分危险。过二郎山天气骤然温暖。夜宿天全县，晚上仍盖鸭绒被，夜里热得不能睡觉。一山之隔，气候相差如此之大。若不亲身到此，不会相信也。你近来学习进步如何？忙否？念念。

  此问 近好

父字 十一．三

方俊亲属人物关系简表

本书方家主要人员及配偶简表

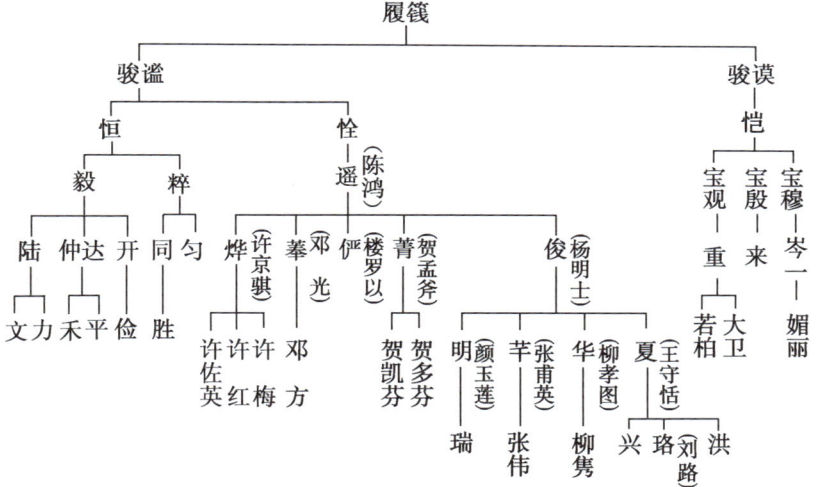

书中涉及方俊夫人(杨明士)杨家人员关系表

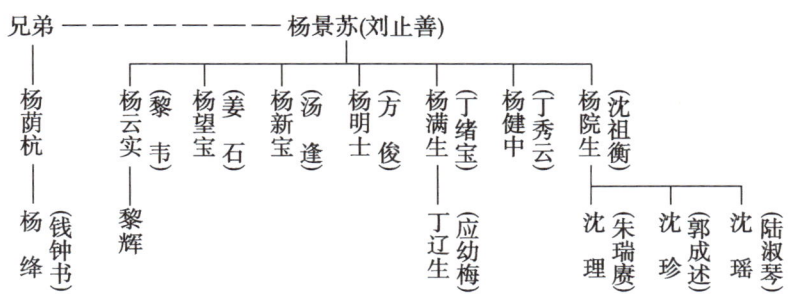

本书陈家主要人员及配偶简表

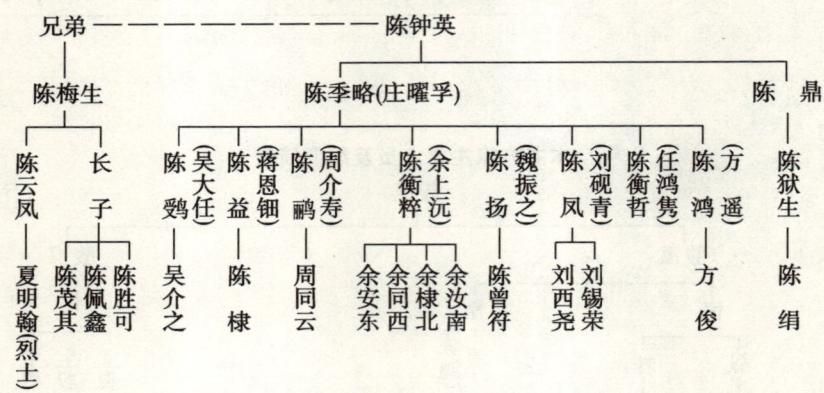

书中涉及外祖母(庄曜孚)庄家人员关系表

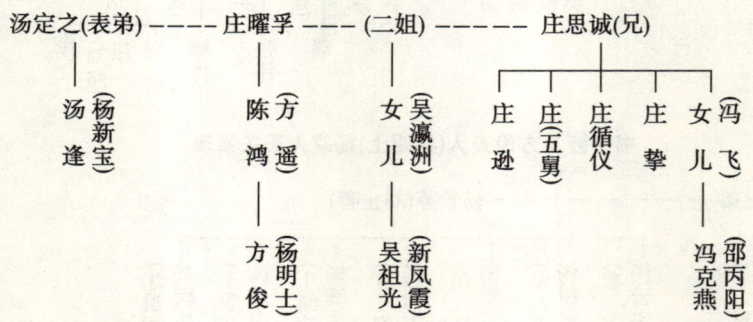

方俊年表

1904 年　10 月 26 日，生于广州市。

1912 年　就读于苏州第一师范附小。

1919 年　就读于北京崇德中学。

1923 年　考入唐山交通大学预科。

1926 年　辍学，考入天津顺直水利委员会当练习生。

1930 年　进入实业部地质调查所，参加申报馆地图集的编纂。

1937—1938 年　赴德国在耶拿的地震研究所进修。

1939—1941 年　在重庆中央地质调查所物探室工作。

1941 年　任中央大学土木系教授。

1943 年　任中国地理研究所大地测量组副研究员，兼任同济大学测量系教授。

1950 年　任中国科学院地理研究所（南京）研究员。

1957 年　8 月 1 日，以中国科学院地理研究所大地测量组为基础成立了中国科学院测量制图研究室，任主任。

1958 年　2 月，随测量制图研究室由南京迁至武汉。全家随迁。

1959 年　测量制图室扩建为中国科学院武汉测量制图研究所，任所长。

1961 年　测量制图研究所、武汉高空物理研究所、湖北机械研究所三所合并，改名为

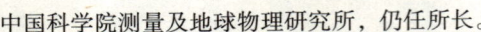

中国科学院测量及地球物理研究所，仍任所长。

1966年　"文革"中受到冲击。

1970年　测量与地球物理所划归国家地震局，改为武汉地震大队。

1972年　开始为恢复测量与地球物理所而努力。

1978年　方俊带领50余人，重建测量与地球物理研究所，仍任所长。

1980年　当选为中国科学院地学部学部委员。

1981年　被批准为我国第一批博士生导师。

1982年　任中国科学院测量与地球物理研究所名誉所长。

1984年　最后一本著作《固体潮》出版。

1991年　在《中国科学》上发表最后一篇论文。

1993—1994年　撰写回忆录。

1998年　5月5日，在北京病逝。

方俊主要著述目录[1]

中国地形图. 曾世英、方俊编. 北平：实业部地质调查所，1932.

地图投影. 地质专报（乙种）. 实业部地质调查所. 北平研究院地质学研究所印行，1934.

中华民国地形挂图. 曾世英、方俊、周宗浚编. 上海：申报馆，1939.

中国分省新图. 丁文江、翁文灏、曾世英编纂，方俊增订. 上海：申报馆，1934年订正版.

中国舆图用兰勃脱投影表. 制图汇刊. 经济部中央地质调查所印行，1943.

地图投影学. 方俊著. 上海：商务印书馆，1952.

高斯-克吕格投影表（15°~30°）. 方俊著. 测量专刊，1954.

矿山和大地测量仪器学（2册）.（苏）古塞夫（Н. А. Гусев）著，方俊译. 北京：燃料工业出版社，1954.

测量仪器学.（苏）耶利谢也夫（С. В. Елисеев）著，方俊译. 北京：科学出版社，1956.

地图投影学（第一册）. 方俊著. 北京：科学出版社，1957.

地图投影学（第二册）. 方俊著. 北京：科学出版社，1958.

---

[1] 方俊院士的论文，可参考许厚泽院士和张赤军研究员所撰《方俊传记》（见本书"出版说明"）附列论著目录，大都收在《方俊院士文集》一书中，此处从略。

重力测量学. 重力测量与地球形状学（上册）. 方俊著. 北京：科学出版社，1965.

地球形状及地球重力场. 重力测量与地球形状学（下册）. 方俊著. 北京：科学出版社，1975.

固体潮. 方俊著. 北京：科学出版社，1984.

方俊院士文集. 北京：科学出版社，2004.

人名索引

A

安秉坤 92

艾立逊（S. Elisson，安立森） 76

B

巴朗诺夫（Баранов） 240，251

白 敏 238，243，248，249，254，257

白翥彬 92

毕庭芳 126

卜美年 103，113，117，124，156

卜 彭 156

宾 果 102–104，124，125，137

布朗什（Буданке. Ю. А）
  202，254，260，262，292，319，327

C

蔡 杨 75

曹 谟 177，178，190，326

曹鹏兴 258，302

查志远 296

常 惠 250，255，259–261，267，270，280，281，284，312

陈百屏 166，167

陈本端 59

陈殿珍 58

陈 范（陈宧） 6

陈封怀 258，261

陈衡哲（二姨） 26

陈 鸿（作者母亲） 13，92

陈晋模 77

陈康白 254

陈 鹂（成双） 158

陈茂其 95

陈梅生 95

陈明义　221，223
陈佩鑫　95，101，102
陈丕显　308，309，311，312
陈盛可　95
陈　韬（季略）　5
陈外欧　238，243，251，252，258
陈　扬（逸飞）　7，24，75
陈耀庭　145
陈　毅　68，210，211，236，245，309
陈永龄　178－181，183，187，193，
　　　　194，196，233，234，251，
　　　　252，297，345，346
陈志影　269
陈宗器　201，216，230，232，264
崔炳廉　84，90

D

达尔曼（Dahlman）　318，321
戴陈霖　114，237
戴　洪　266
邓吉顺　340
丁味余　77
丁文江　20，91，92，100，125，129，
　　　　134，157，250，280
丁文渊　177，178，180，181
丁文治　185
丁绪宝　97，131，132，149，188，291
董锄平　258，261，283

董其武　217
董铁城　290，291
董钟琳　233
董作宾　184
杜卡米（Ducarmi）　325，335
段宝义　274，282，312，313
多勃罗霍多夫　265

E

厄脱弗斯（Eötvös）　137，146，273

F

凡隆贝克（Van Ryungberg）　325，335
范长江　247，248，271
范学义　187
方　奉（作者的二妹）　172，184
方从哲　2
方福森　164，169
方　洪　305，316，332
方　徨　219，227，228
方　菁（大妹）　155
方奎文　59
方　莱　36
方　珞　305，332
方　明　274，342
方佩竹　233
方瑞首　258
方维清　290，291
方　夏　121，131，238，239，274，

305, 350
方　俨　154, 155
方　遥（作者父亲）　5, 92, 124
方　烨　92, 168
方　毅（国务院副总理）　307, 308, 312
方　毅（叔远，作者的四叔）　85
方　匀　124, 200
方　重　36, 172
方壮猷　258, 261, 283
冯克燕　188, 323
冯玉祥　39-41, 66, 67, 133, 187, 246
凤　山　11
傅斯年　181, 184
傅作义　217

G

高棣华　180, 182, 184, 345
高仁山　35
高尚荫　172, 250, 258, 259, 329, 338
高咏源　152
耿以礼　88
龚祖同　147, 264
谷　羽　322
顾大椿　308
顾功叙　304, 325, 344
顾孟余　157, 175
顾明兰　231, 232

顾毓琇　163
管泽霖　258
桂质庭　172
郭沫若　277
郭仁义　341
郭有光　292
郭宗汾　321, 327, 335
过　冉　257, 278

H

哈尼斯（P. Harnisch）　350, 351
海斯干宁（Heiskanen, W. A.）　321, 326
韩广英　231, 233
韩天芑　216, 233, 234, 238, 279, 315
何　鑫　216, 217, 225, 233, 244, 255, 260, 279, 282
何　煊　216, 244
贺昌群　169, 199
贺孟斧　131, 184, 317
贺雨农　221, 223
贺振三　47
胡秉正　148, 174
胡楚彬　283
胡　芳　104, 121
胡　芬　59, 104, 121
胡焕庸　151, 152, 164, 170, 172, 175, 180, 229

胡 筠 104, 121, 157, 166
胡克实 310, 314
胡明城 218, 244
胡先骕 256
胡壮猷（愚若） 59, 104
黄秉维 215, 245, 344
黄 炽 61
黄国璋 180, 184, 229
黄汲清 138, 151, 157
黄继渼 164
黄 坚 232, 244, 246, 255
黄剑书 278
黄其裳 215, 338, 339
黄润韶 60
黄寿恒 55
黄席椿 180, 187, 189
惠鹏兴 269

J

纪增爵 234, 277
贾国永 257, 279, 281, 283
贾兰坡 156, 329
江 鸿 177
蒋介石 107, 108, 136, 139, 158,
　　　166, 177, 187, 192, 198,
　　　205, 217, 343
降央白姆 226
金开英 102, 125, 126, 151, 164

K

柯夫达 245

L

雷剀歌 302, 303
雷世骏 60
黎 辉 338
黎亮（黎锦炯） 61, 62
黎 韦 207, 208, 210, 218, 219,
　　　287, 309, 338
李秉枢 237, 247, 249
李 昌 300, 306 – 308
李承三 180, 184
李春昱 136, 138, 177, 197, 235
李 达 272, 278
李德全 40, 133
李德禧 292
李斐英 55
李国栋 290, 296
李国豪 206, 211, 213
李国平 172, 234, 258, 329
李惠年 122
李乐山 292
李连捷 225, 345
李懋祥 206
李敏华 242, 243, 345
李明哲 264
李 璞 219

李庆海	298，326	刘海云	45
李善邦	150，152，153，156，157，236，306，313	刘庆林	150，151
		刘述文	230，272
李书田	85	刘树勋	164，177
李思浩	74	刘锡荣	220，227
李四光	126，150，163，190，214，219，235，249，272，273，285，345	刘锡尧（刘西尧）	136，220
		刘先志	211，214
		刘新务	225，227
李庭赞	298	刘印紫	85
李文澜	75，77，200	刘祖惠	231，232，260，262，326，328
李文彦	232		
李锡山	285，294，311	柳克述	58
李新吾	48	柳孝图	268，335
李兴甲	274，275，282，312，313	龙伯纯	10，14
李旭旦	166，218	龙名扬	323
李学清	152	龙相齐（Gherzi）	201
李义和	226，227	楼罗以	132，153，155
连文彬	299，311，313，338，345	卢寿楠	145，180，187，199，264
梁思成	42，47，185	鲁巨川	92
梁之彦	177，191	鲁　突	238，239，242，243，251，262
林　超	180，184		
林徽因	42，47，185	吕梦云	16
林静庄	190，216，244	吕振羽	212
林　镕	225	罗　河	59，121，232
林　庄	88	罗家伦	153，157
刘光鼎	344，347	罗开富	235
刘光黎	60	罗来兴	225，247

罗隆基 253
罗孝登 61
罗云平 177
罗忠忱 54
骆鸣津 244, 310

M

马橪庭 61, 127
马溶之 235
马廷英 93
曼塞尔（Otto Meiβer） 144, 146, 273, 351, 352
毛主席 207, 211, 214, 215, 222, 230, 236, 237, 247, 249, 259, 262, 278, 281, 282, 302, 304
茅以升 54, 57, 68, 69
梅尔基奥尔（Melchior, P） 318, 319, 325, 327, 330, 335
孟夫堂 288
孟亚洲 310

N

宁津生 258
诺林（Norin） 93, 146

P

庞炳勋 127

Q

裴丽生 263, 267
裴文中 113, 141
蒲锡文 230, 249
齐燕铭 245, 246
祁大鹏 150
钱保功 317, 329, 338, 341, 347
钱临照 216
钱铭如 85
钱伟长 253
钱学森 256, 263, 264, 295-297, 299, 307, 331, 349
秦大河 346
秦馨菱 150, 151, 180, 304, 326
秦子青 268, 333
裘法祖 338, 350, 351, 354
裘祖源 107
屈伯川 212, 213

R

任美锷 215, 250
阮冠世 167, 168
阮维周 115

S

萨空了 229, 253
桑吉悦希 227
沈海章 300
沈权吾 97

沈体兰	211，212
沈　瑶	174，264
施汉雄	299，311，313，338，339
施雅风	215，231，232，245，326，329，347
施正范	231
史多玛（Thomas Scott）	42，43，45，48
史国纲	218
斯都倍（Stobe）	188
孙殿卿	115，249
孙荩清	20，21，23，110
孙光远	167
孙鸿哲	68
孙庆泽	88
孙永庠	231

T

汤　涤（定之）	10，96
汤　逢	97，98
汤心济	32，97
唐守愚	210，212，214，215，235，251，340
唐馀佐	178，196，233
唐　哲	188，191，193，317，341
陶孟和	185，255
陶　强	167，168
陶　铸	269，271，272，276，277
田　成	232，238，298

童第周	177，181
涂久成	60

W

汪德熙	121
汪德耀	121
汪德昭	121
汪瑞凯	29
汪心一	269，274，276，277
王大珩	264，292
王公衡（王世铨）	62
王光伟	300
王恒守	173
王菊蓉	67，68
王　群	309，310
王任重	293
王世美	258，270，279，280，284，312，313
王守恬	305，324
王天眷	266，267
王锡光	113，115，129，130
王耀武	211
王泽江	278，283
王之卓	178，196，205，233，248，251，252，259，268，280，297，329
王　忠	225
王　仲	225，244

王子平　63－67
王遵伋　308
韦宝锷　270
卫淑祎　46，47，185
卫一清　306
魏易　76，85
魏贞度　25
温生财　11
文祥　301
翁文灏　91，92，96，100，103，125，134，151，152，157，177，195，228，244，250，280，286
巫宝三　185
吴传钧　152，219，225，344
吴大任　167，172，301
吴敬恒（吴稚晖）　8，73
吴雷伯　273，274
吴仕洁　218，221，345
吴思远　87，88，113
吴学周　264
吴研因　21
吴仲华　242，243，345
吴祖光　8，317
伍拉特（Woolard）　201，202
伍叔傥　167
武衡　292，300

X

郗钦文　310，335，336
奚毛囡　286
席承藩　199，203，235
夏格刀登　226
夏嘉贞　233
夏坚白　178，189，193，196，198，204－206，213，214，216，233，244，248，251，253，258，297，313，333
夏湘蓉　115
肖吉三　59
肖前椿　225
谢苍蓠　177，180，181，187，192，195，227
谢世杰　218，238，345
谢文生　250，255，257，261，269，270
熊全滋　178，196，333
须戒已　21，22
徐邦荣（徐正）　86
徐炳麟　265，330
徐家麟　60
徐近之　215，235
徐芝荪　178，196
许厚泽　144，244，311，314，319，326，328，329，334，335，

338，345-347，351

许建良　107

许密特汉尼（Schmidheiny）　147

薛培贞　145，180，187，199，203

薛　嵩　240

薛志高　178

Y

雁月飞（P. Lejay）　142，326

杨葆恒　20

杨步伟　132

杨呈吾　74

杨　度　45

杨慧杰　265，330

杨家喻　163

杨　坚　298，313

杨健中　67，194

杨锦辉　62，63，65

杨康祖　45，49

杨明士　5，59，121，128，131，197，231，274

杨同宝　97

杨雪宝　207

杨雨生　193，198

杨志洵（景苏）　97

杨钟健　305，306

叶明升　168

叶述武　263

叶雪安　178，179，195，196，211，234

伊　吞　55，68，72

易　鹏　285，308-311

尹赞勋　157，235，256

应幼梅　254

游泽霖　278，280

于光远　245

余上沅　200

俞文鼎　57

郁　文　300，305-308，311，313

袁复礼　95，115，224

袁世海　105，106，317

Z

曾广梁　257

曾世英　87，91，92，94，98，113，115，119，120，127，131，136，192，195-198，200，204，231

翟光耀　24，73，270

翟立林　211

张承泽　331，332

张赤军　231，232，352

张德裕　111，116，119，134，135

张甫英　287，339，342

张国华　221，222

张海根　205，216，225，229，257

张鸿逵　60

张徽五	193，201	周介寿	158
张继绵	92	周立三	215，228，231，232，237
张竟存	60	周同庆	152，323
张善言	216，219，225，231，255，279，316，344	周小舟	272
		周赞衡（柱臣）	125
张体学	293，295，323	朱炳海	152，168
张文汉	178，196	朱成燐	178，196
张肇瑾	177，180	朱广相	114
张志基	28，32	朱家骅	126，178，180，181，184，194，195，228
张志荃	301		
张宗燧	165–167	朱剑农	258，261
赵飞克	314，329	朱经农	175
赵公劼	193，194	朱瑞赓	340
赵九章	201，231，254，265，273，306	朱 森	162，163
		朱顺之	178，196
赵烈文	3	朱 寅	62
赵迺传	105	朱煜成	297，299，300
赵 柔	3，130	朱仲芬	281
赵淑嘉	173	朱灼文	310，331，332，345
赵元任	126，131，132，193	竺可桢	159，213–215，230，254，265，304
郑松华	277		
郑逸群	96	庄耀孚（茝史）	7，25，317
郑跃华	341	庄蕴宽（思缄，思老，庄思老）	7，8，75
仲崇信	180，191–194		
周恩来	176，198，230，237，247，249，262，271，295，301	卓励之	180，187，191，192
		邹仪新	263
周江文	257，272，279，288，309–311，316	左大康	344

图书在版编目(CIP)数据

从练习生到院士——方俊自述／方俊著. —长沙：湖南教育出版社，2012.6
(20世纪中国科学口述史／樊洪业主编)
ISBN 978-7-5355-9619-2

Ⅰ. ①从… Ⅱ. ①方… Ⅲ. ①方俊（1904～1998）—自传
Ⅳ. ①K825.8

中国版本图书馆 CIP 数据核字（2012）第 131282 号

书　　名	20世纪中国科学口述史
	从练习生到院士——方俊自述
作　　者	方俊 著
责任编辑	张丽英
责任校对	曾朝晖
出版发行	湖南教育出版社出版发行（长沙市韶山北路443号）
网　　址	http：//www.hneph.com　http：//www.shoulai.cn
电子邮箱	228411705@qq.com
客　　服	电话0731-85486742　QQ 228411705
经　　销	湖南省新华书店
印　　刷	湖南天闻新华印务有限公司
开　　本	710×1000　16开
印　　张	24.75
字　　数	299 600
版　　次	2012年7月第1版　2012年7月第1次印刷
书　　号	ISBN 978-7-5355-9619-2
定　　价	69.80元